"十三五"江苏省高等学校重点教材

（编号：2020-2-139）

U0653319

公司财务

GONGSI CAIWU

姚文韵　陈　榕　主编

更多教学资源请扫码

南京大学出版社

图书在版编目(CIP)数据

公司财务/姚文韵,陈榕主编. —南京:南京大学出版
社,2021.8(2023.9 重印)
ISBN 978 - 7 - 305 - 24502 - 2

Ⅰ. ①公… Ⅱ. ①姚… ②陈… Ⅲ. ①公司-财务管理-高等
学校-教材 Ⅳ. ①F276.6

中国版本图书馆 CIP 数据核字(2021)第 103709 号

出版发行 南京大学出版社
社　　址　南京市汉口路 22 号　　　　邮编　210093
出 版 人　王文军

书　　名　**公司财务**
主　　编　姚文韵　陈　榕
责任编辑　王日俊

照　　排　南京开卷文化传媒有限公司
印　　刷　江苏凤凰通达印刷有限公司
开　　本　787×1092　1/16　印张 19.25　字数 506 千
版　　次　2021 年 8 月第 1 版　2023 年 9 月第 3 次印刷
ISBN 978 - 7 - 305 - 24502 - 2
定　　价　52.00 元

网　　址:http://www.njupco.com
官方微博:http://weibo.com/njupco
微信服务号:njuyuexue
销售咨询热线:(025)83594756

前　言

本教材面向高等学校经济与管理类本科生,以公司价值管理为内容主线,以公司财务理论新进展与我国财务发展实践成果为重要编写依据。

从结构上看,本教材分为四个部分:第一部分介绍公司财务的基本原理,包括财务目标、代理问题、财务报表分析及资金时间价值理论等;第二部分主要讨论投资决策,包括有价证券投资决策、项目投资决策及投资决策中的风险管理等;第三部分主要讨论公司财务中的融资决策,包括股权融资及债务融资中的相关理论和实务;第四部分主要讨论营运资金管理,即短期财务决策。

"文化铸魂 数智赋能"是本教材最大的亮点。本教材注重将中华优秀传统文化、党史财经故事等与现代财务理论深度融合,采用中国案例分析财务问题,倡导诚信教育,增强文化自信。同时,为了适应新商科培养跨学科复合型人才的需求,本教材强调人工智能、大数据与财务管理理论的融合,倡导智慧财务、智能财务、智囊财务的发展方向,追踪理论前沿,关注业态革新,力求在内容上与时俱进。

本教材在体系与形式上也颇具特色。编写团队致力打造具有专业特色和适合人才培养的立体化精品教材体系,包括教材、多媒体课件、试题库、案例库、习题解答、电子教案、网络学习平台等;同时充分利用现代信息技术手段,实现教材的线上线下交互,搭建以网络为平台,多层次、多功能、交互式教学科研资源服务体系。该教材采用"文字＋电子"形式,将重要概念和知识点制作成视频,用二维码方式在书中呈现;每章章首均以微型故事或企业案例导入教学要点,章节中对核心知识点设置了拓展阅读和思考,章末植入生动鲜活思政元素,并对核心知识点进行总结,配合相应思考题,以多种形式来呈现每章教学内容。

本教材由南京财经大学会计学院姚文韵和陈榕担任主编,负责总体框架结构、大纲制定和总纂及定稿,参加编写的还有张莉芳、张帆和丁乙。具体分工如下:姚文韵负责第一章、第三章和第十章的编写;陈榕负责第八章和第九章的编写;张莉芳负责第二章和第十一章的编写;张帆负责第五章和第十二章的编写;

丁乙负责第四章、第六章和第七章的编写。在此还要感谢南京财经大学会计学院王玉春、胡建雄、王小武、石文亚、陆兴顺、王永杰等的贡献。

本教材的编写参考和借鉴了大量文献及研究成果,并得到南京大学出版社的大力支持,在此表示衷心感谢。

因学识和写作水平所限,本书难免存在疏漏与不足,恳请各位读者批评指正。

编　者

2021 年 6 月

目　录

第一章 导 论

学习目标

1. 掌握财务管理的基本内容
2. 了解企业的组织形式
3. 掌握财务管理目标的主要观点
4. 熟悉代理问题产生的原因以及协调代理关系的相关机制

引导案例

1931 年夏,时任党中央特科负责人的陈云同志交给秦邦礼两根金条,指示他以开店为掩护,为党建立秘密交通站,筹集和保护党的经费。在短短几年时间里,秦邦礼的米铺由一间扩大到六间,两根金条变成了八根。抗日民族统一战线建立后,秦邦礼在香港创立了联合行,打通海上运输,发展国外贸易。

新中国成立后,联合行改组更名为"华润",成为国家对外贸易的窗口。1952 年,华润已成为一家拥有 2 000 万美元资产的外贸企业。1983 年华润集团成立后,逐渐从综合性贸易公司转型为以实业为核心的多元化控股企业集团,加大投资步伐,积极参与国际大循环。

2020 年,华润集团实现净利润 590 亿元,总资产高达 18 300 亿元。在 2020 年《财富》杂志公布的全球 500 强排名中,华润集团位列第 79 位。

(资料来源:华润集团纪录片《润物耕心》,https://www.bilibili.com/video/BV1K7411t7pq?p=6)

我们可以看到,伴随着商业成功,华润集团也在促进社会进步、实现民族复兴的征途中持续做出贡献。在华润创立和发展的过程中,怎么选择投资项目,如何筹集资金和进行资本运营,这些都是公司财务的主要内容。

引 言

公司财务是关于财务决策的一门学科,财务决策包括投资、筹资和营运资本管理。公司的财务决策依存于现金流,从这个角度,公司的任何决策都与财务相关。财务管理以价值增长为主线,以创造价值为目标,融合了经济学、管理学、法律知识及其他相关理论。本教材主要讨论公司制企业财务管理。

第一节 财务管理概述

企业在日常经营活动中经常面临以下财务管理决策问题:
(1) 如何选择投资项目? 如何进行投资活动?

（2）如何筹集资金？

（3）如何管理短期的财务活动？

这些就是企业财务管理的三个基本问题,从广义上来说,财务管理研究的就是回答这三个问题的方法。只有回答了财务管理的基本问题,才能为实施具体的财务活动和协调有关各方利益关系奠定坚实的理论基础。

一、财务管理

财务管理是企业组织财务活动和处理财务关系的一种经济管理活动。其中财务活动是指企业投资、筹资和营运资本等一系列行为。从整体上讲,它包括投资引起的财务活动、筹资引起的财务活动以及营运资本管理活动。财务关系是企业在组织财务活动过程中与各相关利益集团发生的经济利益关系,包括企业与所有者、债权人、被投资单位、债务人、内部各单位、职工、税务机关等群体之间的财务关系。

二、财务管理的内容

企业的财务活动是先确定投资项目,然后从资本市场上筹集资本,投资于生产性经营资产,并运用这些资产进行生产活动。其中,投资主要指长期投资,筹资可以分为长期筹资和短期筹资,而短期投资、短期筹资和营业现金流管理关系密切,可以统称为营运资本管理。因此,本书将企业财务管理的内容分为投资管理、筹资管理和营运资本管理。

（一）投资管理

企业财务管理首先要考虑的是投资问题。投资活动是企业资金的运用,是为了获得收益而进行的资金投放活动。在企业购买经营性资产或者各种证券时便产生资金支出;在企业变卖其对内投资的各种资产或者收回对外投资时便产生资金的流入。这是因投资而产生的资金的收支,即由投资而引起的财务活动。

投资管理中要研究的重要内容是投资的种类,以及不同类型投资的收益性和安全性或风险性。根据资金投放方向不同,可分为对内和对外两种方式。对外投资大多属于间接投资,即将资金投放到金融资产上;对内投资一般属于直接投资,即将资金投放到实物资产或无形资产上,并迅速形成生产能力。根据投资时间的长短,投资又分为长期投资和短期投资。长期投资的使用时间在一年以上,短期投资的使用时间在一年以内。一般而言,长期投资比短期投资收益高、风险大。流动资产流动性强、收益性差,一般采取的管理策略是一次投资,反复周转;长期资产的流动性差、收益性强,其管理的重心在于投资前的可行性研究,这种可行性研究又称为资本预算,是投资管理的核心问题,因此投资管理的重点是长期投资管理。

投资是企业资金运动的中心环节,企业在投资过程中必须考虑投资方式,同时还必须通过投资规模和投资方向的选择,来确定合理的投资结构,以提高投资效益,降低投资风险,这是公司财务的主要内容之一。资金投放是现金流动的中心环节,它不仅对资金筹集提出要求,而且是决定未来经济效益的先决条件。

（二）筹资管理

筹资活动是指企业为了满足生产经营的需要,筹措和集中所需资金的过程。筹资活动的关键在于合理确定筹资的总规模,选择合适的筹资方式以及筹资结构。

　　企业的长期资金来源主要分为长期债务资本和权益资本。长期债务资本是指公司以长期负债方式借入并到期偿还的资金,来源包括银行借款、发行债券、融资租赁等。权益资本未来不需要偿还。权益资本按照来源可以分为投资人的原始投资和公司的留存收益。留存收益又称为内部筹资,由公司的股利分配政策决定。股利分配决策是指在公司取得盈余后如何进行分配,包括公司是否分配股利、选择何种股利分配政策、分配多少股利等内容。在进行分配时,既要考虑股东近期利益的要求,定期发放一定比例的股利,又要考虑公司的长远发展,留下一定的利润作为留存收益。由于股利分配政策决定了公司的内部筹资额,因此把股利分配也作为公司长期筹资活动的一部分。

　　筹资决策的主要问题是筹资规模决策和资本结构决策。在筹资过程中,企业要根据发展战略及经营计划合理确定筹资的总规模,以保证投资所需要的资金。借入资金按照偿还的时间长短不同,可进一步划分为一年内(或超过一年的一个营业周期内)归还的流动负债以及一年以上归还的非流动负债。由于流动负债期限短、利率低但偿债压力大,而非流动负债期限长、利率高但偿债压力小,因此一般将流动负债并入营运资金管理,长期负债与所有者权益之间的比例就称为资本结构。债务资本和权益资本有很大不同,企业必须对它们进行权衡,确定适宜的长期负债与权益比。这个比例决定了企业的资本成本和风险,企业要通过筹资渠道、筹资方式或工具的选择,合理确定资本结构,以降低筹资成本和风险。资本结构问题是筹资决策的核心问题。

(三)营运资本管理

　　营运资本管理决定了企业的流动性,主要分为营运资本筹资和营运资本投资。营运资本筹资主要是如何筹集短期资金,包括是否利用供应商提供的信用折扣、向谁募集短期资金、如何募集资金等。营运资本投资的内容包括现金和现金等价物的管理、应收账款的管理和存货的管理。营运资本管理的目标是有效地运用流动资产,力求其边际收益大于边际成本;选择最合理的筹资方式,最大限度地降低营运资金的资本成本;加快资金周转,提高资金利用效果,获取更多的报酬。

　　营运资本管理主要需要权衡流动性和盈利性问题。营运资本充足可以保证企业对短期资金的需求不会由于缺乏资金而陷入流动性危机,但是由于营运资本的回报率较低,配置过多将降低企业的盈利性。反之,如果一味地为了提高盈利性而对营运资本配置得不足,将使企业面临短期资金缺口,流动性风险升高。

　　此外,营运资本管理过程中还需要考虑企业的现金流量模式。有些企业的现金流量模式经常呈现出季节性和周期性,当预期企业现金流量即将下滑时,就需要企业配置更多的营运资本以保证其流动性;相反,当预期企业现金流量上升时,企业就可以减少营运资本的配置,节约资本成本。

　　上述三种活动相互联系、相互依存,共同构成了企业财务活动,为实现企业财务管理目标服务。投资活动是首要考虑的前提条件,决定着企业需要筹资的规模和时间。筹资是基础,离开筹资企业就不能生存和发展,而且企业筹资数量还制约着投资的规模。企业所筹措的资金只有有效地投放出去,才能实现筹资的目的,并且不断增值和发展。筹资和投资的成果都需要依赖资本的营运才能实现,投资和筹资在一定程度上决定着企业日常经营活动的特点和方式,但企业日常活动还需要对营运资本进行合理的管理与控制,努力提高营运资本的使用效率和效果。

这三类活动在财务报表中体现的位置也不同：长期筹资活动主要决定企业的资本结构，因此主要体现为资产负债表中的长期负债和权益；长期投资活动决定了企业的长期资产构成，所以主要体现在资产的下半部分；营运资本管理活动决定了企业的营运资本构成，所以主要体现为企业的流动资产和流动负债（见表1-1）。

表1-1 投资、筹资、营运资本管理在报表中的位置

资　产	负债与所有者权益
流动资产	流动负债
	非流动负债
非流动资产	所有者权益

知识拓展　　请扫码 → 财务管理的历史起源

三、财务管理机构的职能

财务管理机构是指在企业中组织、领导、管理和控制财务活动的机构，是财务管理的主体。独立的财务管理机构能够帮助企业完成投资决策、资金筹集等方面的工作。图1-1是简化的企业组织结构图。

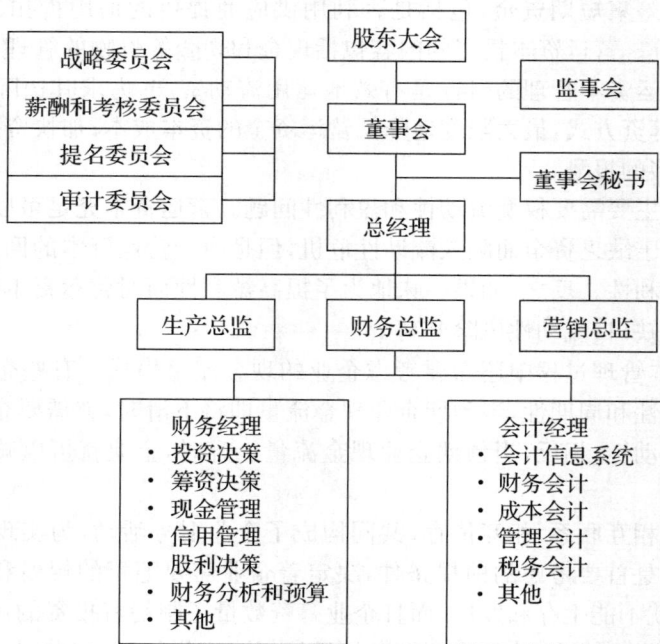

图1-1　简化的企业组织结构图

由于企业所处的行业特点以及企业本身对财务管理的需求各不相同，因此，企业在决定财务管理机构的工作职能和人员的设置时也会有所不同。但总的来说，一般企业财务部门

的职能与财务活动相关。

在现代企业的管理中,财务经理每天都必须面对众多外部环境的变化和内部事务的处理,比如企业之间竞争的加剧、技术的突变、通货膨胀和利率的变化、未来经济的不确定性、汇率的波动、税法的变更、投资的决策、融资的决策、资产管理的决策等,这些都属于财务管理的工作范畴。

小思考

如果你是华润集团的财务经理,你知道公司的财务管理工作包括什么内容,又应该做些什么,怎么做吗?

四、财务关系

财务关系是指企业在组织财务活动过程中与各有关方面发生的经济关系。企业的投资活动、筹资活动、经营活动与企业内部和外部的各方面有着广泛的联系。公司的财务关系主要体现为以下七个方面。

（一）企业与所有者之间的财务关系

这主要是指企业的所有者向公司投入资金,企业向其所有者支付投资报酬所形成的经济关系。企业所有者主要有以下四类:国家、法人单位、个人、外商。企业的所有者要按照投资合同、协议、章程的约定履行出资义务,以便及时形成公司的资本金。企业利用资本金进行经营,实现利润后,应按出资比例或合同章程的规定,向其所有者分配利润。企业同其所有者之间的财务关系,体现着所有权的性质,反映着经营权和所有权的关系。

（二）企业与债权人之间的财务关系

这主要是指企业向债权人借入资金,并按借款合同的规定按时支付利息和归还本金所形成的经济关系。企业除了利用资本金进行经营活动外,还要借入一定数量的资金,以便降低公司资金成本,扩大企业经营规模。企业的债权人主要有:债券持有人、贷款机构、商业信用提供者、其他出借资金给企业的单位或个人。企业利用债权人的资金后,要按约定的利息率,及时向债权人支付利息,债务到期时,要合理调度资金,按时向债权人归还本金。企业与其债权人的关系体现的是债务与债权的关系。

（三）企业与被投资单位的财务关系

这主要是指企业将其闲置资金以购买股票或直接投资的形式向其他企业投资所形成的经济关系。随着经济体制改革的深化和横向经济联合的开展,这种关系将会越来越广泛。企业向其他单位投资,应按约定履行出资义务,参与被投资单位的利润分配。企业与被投资单位的关系是体现所有权性质的投资与受资的关系。

（四）企业与债务人的财务关系

这主要是指企业将其资金以购买债券、提供借款或商业信用等形式出借其他单位所形成的经济关系。企业将资金借出后,有权要求其债务人按约定的条件支付利息和归还本金。

企业同其债务人的关系体现的是债权与债务关系。

（五）企业内部各单位的财务关系

这主要是指企业内部各单位之间在生产经营各环节中相互提供产品或劳务所形成的经济关系。企业在实行内部经济核算制的条件下,企业供、产、销各部门以及各生产单位之间,相互提供产品和劳务要进行计价结算。这种在企业内部形成的资金结算关系,体现了企业内部各单位之间的利益关系。

（六）企业与职工之间的财务关系

这主要是指企业向职工支付劳动报酬的过程中所形成的经济关系。企业要用自身的产品销售收入,向职工支付工资、津贴、奖金等。这种企业与职工之间的财务关系,体现了职工和企业在劳动成果上的分配关系。

（七）企业与税务机关之间的财务关系

这主要是指企业要按税法的规定依法纳税而与国家税务机关所形成的经济关系。任何企业,都要按照国家税法的规定缴纳各种税款,以保证国家财政收入的实现,满足社会各方面的需要。及时、足额地纳税是企业对国家的贡献,也是对社会应尽的义务,因此企业与税务机关的关系是依法纳税和依法征税的权利与义务关系。

五、企业社会责任

企业在运营过程中,还应当关注企业与社会的关系,具体体现为企业社会责任。

（一）企业社会责任的内容

企业的社会责任是指企业在谋求所有者或股东权益最大化之外,所负有的维护和增进社会利益的义务。具体来说,企业社会责任主要包括以下内容。

1. 对员工的责任

企业除了负有向员工支付报酬的法律责任外,还负有为员工提供安全工作环境、职业教育等保障员工利益的责任。按我国《公司法》的规定,企业对员工承担的社会责任有:按时足额发放劳动报酬,并根据社会发展逐步提高工资水平;提供安全健康的工作环境,加强劳动保护,实现安全生产,积极预防职业病;建立公司职工的职业教育和岗位培训制度,不断提高职工的素质和能力;完善工会、职工董事和职工监事制度,培育良好的企业文化。

2. 对消费者的责任

企业的价值实现,很大程度上取决于消费者的选择,企业理应重视对消费者承担的社会责任。企业对消费者承担的社会责任主要有:确保产品质量,保障消费安全;诚实守信,确保消费者的知情权;提供完善的售后服务,及时为消费者排忧解难。

3. 对社会公益的责任

企业对社会公益的责任主要涉及慈善、社区等。企业对慈善事业的社会责任是指承担扶贫济困和发展慈善事业的责任,表现为企业对不确定的社会群体(尤指弱势群体)进行帮助。捐赠是其最主要的表现形式,受捐赠的对象主要有社会福利院、医疗服务机构、教育事业、贫困地区、特殊困难人群等。此外,企业社会责任还包括招聘残疾人、生活困难的人、缺乏就业竞争力的人到企业工作,以及举办与企业营业范围有关的各种公益性的社会教育宣传活动等。

4. 对环境和资源的责任

企业对环境和资源的社会责任可以概括为两大方面:一是承担可持续发展与节约资源的责任,二是承担保护环境和维护自然和谐的责任。

此外,企业还有义务和责任遵从政府的管理,接受政府的监督。企业要在政府的指引下合法经营、自觉履行法律规定的义务,同时尽可能地为政府献计献策,分担社会压力,支持政府的各项事业。

(二)企业目标与社会责任

企业目标与社会责任在许多方面是一致的。企业在追求自己的目标时,自然会使社会受益。例如,企业为了生存,必须要生产出符合顾客需要的产品,满足社会的要求;企业为了发展,要扩大规模,自然会增加职工人数,解决社会就业问题;企业为了获利,必须提高劳动生产率,改进产品质量,改善服务,从而提高社会生产效率和公众的生活质量。

企业目标与社会责任也有矛盾的一面。企业履行社会责任,会导致企业在一定时期内经营成本增加,减少企业当期的盈利,削弱企业的竞争能力,如履行政府环境保护的要求会产生环境投资;增加员工福利也会增加企业的成本。正因如此,从股东的角度考察,成本的增加减少了股东享有的剩余收益,为降低成本,企业可能会采取逃避社会责任的行为。为了防止企业与社会的冲突加剧,通常采取以下一些协调方法。

(1) 立法。通过立法,规定企业承担应有的社会责任,如《中华人民共和国反垄断法》(2007)、《中华人民共和国环境保护法》(2014)、《中华人民共和国消费者权益保护法》(1993)等。

(2) 建立行业自律准则,使企业受到商业道德约束。

(3) 社会监督。要求企业随时接受舆论媒体、群众和政府有关部门的监督。

即测即评

1. (单选)企业在规划、组织财务活动的过程中,与各个经济主体发生的(　　)为财务关系。

A. 经济关系　　　　　　　　　　B. 公共关系

C. 产权关系　　　　　　　　　　D. 会计关系

2. (单选)长期筹资中最重要的筹资决策是(　　)。

A. 债务结构决策　　　　　　　　B. 股利分配决策

C. 资本结构决策　　　　　　　　D. 短期资金决策

3. (多选)企业财务管理的基本内容包括(　　)。

A. 投资管理　　　　　　　　　　B. 筹资管理

C. 营运资本管理　　　　　　　　D. 成本管理

4. (判断)企业与债权人之间的财务关系实质是债权、债务关系。　　　　　(　　)

5. (判断)在激烈竞争的环境下,对于一个利润处于较低水平的公司,不需要承担社会责任。　　　　　(　　)

第二节　企业组织形式

企业是一个契约式组织，它是从事生产、流通、服务等经济活动的，以生产或者服务满足社会需要，实行自主经营、独立核算、依法设立的一种营利性的经济组织。设立一个企业首先面临的问题是要采用哪种组织形式。企业组织形式通常有三种类型：个人独资企业、合伙企业和公司制企业。

一、个人独资企业

个人独资企业是由一个自然人投资，财产为投资人个人所有，投资人以其个人财产对企业债务承担无限责任的经营实体。投资人对企业的投资仅来自个人资本，即使有少量的举债也需要有个人财产做抵押，因此，投资人的个人财富和企业融为一体，投资人既对企业的全部资产拥有所有权，也使得其对债务负有无限的偿还义务，可追索到其私有财产，在法律上承担的是无限责任。在这种类型的企业，投资人既是经理也是雇员，经营所取得的利润归其所有，发生亏损也由其全部承担，即个人独资企业本身是一个经营实体，所有者和经营者合二为一，都与自然人相联系。个人独资企业本身并不纳税，由所有者交纳个人所得税。当所有者结束经营或死亡时，个人独资企业也就结束了。即个人独资企业无任何法定的结构，其结束和创建一样方便。

总之，"简"而"易"是个人独资企业突出的优点，其组织费用少，成立无法律要求，可以轻而易举地开始经营，企业的存续有时间限制，且规模小、容易控制。由于两权不分离，因此没有利益冲突，便于管理。但是，个人独资企业承担的风险大，在法律上承担无限责任是其最大的缺点，因而这类企业对外筹资困难，在规模上难以进一步扩大。

二、合伙企业

合伙企业是由各合伙人订立合伙协议，共同出资，合伙经营，共享收益，共担风险并对合伙债务承担无限连带责任的营利性组织。通常，合伙人是两个或两个以上的自然人，有时也包括法人或其他组织。

合伙企业的优点和缺点与个人独资企业类似，只是程度有些区别。《中华人民共和国合伙企业法》(1997)规定每个合伙人对企业债务须承担无限、连带责任。每个合伙人都可能因偿还企业债务而失去其原始投资以外的个人财产。如果一个合伙人没有能力偿还其应分担的债务，其他合伙人须承担连带责任，即有责任替其偿还债务。法律还规定合伙人转让其所有权时需要取得其他合伙人的同意，有时甚至还需要修改合伙协议。因此，其所有权的转让比较困难。

此外，还有特殊普通合伙企业。它是指以专门知识和技能为客户提供有偿服务的专业机构，这些专业机构可以设立为特殊普通合伙企业，如律师事务所、会计师事务所、设计师事务所等。特殊普通合伙企业必须在其企业名称中标明"特殊普通合伙"字样，以区别于普通合伙企业。在特殊普通合伙企业中，一个合伙人或数个合伙人在执业活动中因故意或者重大过失造成合伙企业债务的，应当承担无限责任或者无限连带责任，其他合伙人则仅以其在合伙企业中的财产份额为限承担责任。

由于合伙企业与个人独资企业存在着共同缺陷,因此一些企业尽管在刚成立时以独资或合伙的形式出现,但是在发展到某一阶段后会转换成公司的形式。

三、公司制企业

公司(或称公司制企业)是指由投资人(自然人或法人)依法出资组建,有独立法人财产,自主经营、自负盈亏的法人企业。公司作为法律主体,以其名义拥有财产即公司的法人财产。该财产由所有者投入,资本一旦形成便具有完全的独立性,它与所有者的其他财产(除投资资本以外)有明确的界限,公司以其法人财产承担民事责任并交纳所得税,因此,所有者在其出资范围内对公司债务负有限责任,而且公司可以永续存在。个别所有者发生投资转移或其他变动都不会影响公司的运营。在公司这样一种组织形式下,不仅法人与自然人相分离,而且所有者与经营者也是分离的,即公司是一种法人治理结构,由所有者(股东)、董事会和高层经营管理人员三者组成,通过股东大会行使自己的权利并维护自己的利益。对拥有众多所有者的公司而言,还需要选举少数股东组成董事会,董事会代表股东的利益,是公司的最高决策机构。公司的高级经理人员受聘于董事会,在董事会授权的范围内拥有对公司事务的管理权和代理权。三者之间形成一定的利益关系:股东大会与董事会之间是一种信托关系,即董事会受股东大会的委托,管理公司的共有财产并负责公司的运营;董事会与公司经理人员之间是一种委托代理关系,即经理人员受聘于董事会,是公司的代理人,董事会全权委托经理人员在授权的范围内行使管理权限及代理权限。

根据中国现行的公司法,公司可进一步分为有限责任公司和股份有限公司两种。有限责任公司简称"有限公司",是指股东以其认缴的出资额为限对公司承担责任,公司以其全部资产为限对公司的债务承担责任的企业法人。根据中国《公司法》的规定,必须在公司名称中标明"有限责任公司"或者"有限公司"字样。股份有限公司简称股份公司,是指其全部资本分为等额股份,股东以其所持股份为限对公司承担责任,公司以其全部资产对公司的债务承担责任的企业法人。

总之,公司这种组织形式的优势主要表现在:① 股东对债务负有限责任,使股东的投资风险仅限于投资额本身;② 便于筹集大规模的资本,易于集聚资金;③ 由于两权分离及严密的管理组织,便于专业经营、有效经营;④ 由于可以自由认购股份、转让股份,使产权具有社会性、公众性及流动性。

但公司也有难以克服的缺点:① 由于公司作为法人要交纳所得税,股东从公司取得投资回报后还要交纳个人所得税,双重纳税使得公司具有较重的税收负担;② 由于两权分离及其委托代理关系的存在,所有者与经营者之间难免出现代理问题,即股东是公司的所有者,而经营者则是公司的代理人,如何激发经营者的积极性使其能全心全意为股东服务,这是一个难以解决的问题;③ 由于股份制上市公司的信息要披露,使公司难以保守商业秘密也被视为一种缺点。通过表1-2可对三种不同的组织形式及其特点加以总结。

在这三类企业组织形式中,虽然个人独资、合伙企业的总数较多,但公司制企业的注册资本和经营规模较大。因此,财务管理通常把公司财务管理作为讨论的重点。除非特别指明,本教材所讨论的财务管理均指公司财务管理。

表 1－2　企业的组织形式及其特点

	个人独资及合伙制	公司制
创建难易程度	创立较为容易	组建成本高
存续	有限期存续	无限存续
债务责任	负完全债务	有限责任
产权转让	比较困难	自由转让
税收负担	单一税负	双重纳税
筹资	筹资规模受阻	极大化筹集社会资金

即测即评

1.（单选）承担有限债务责任的企业组织形式是（　　）。

A. 个人独资企业　　　　　　　　　　B. 合伙企业

C. 个体工商户　　　　　　　　　　　D. 公司制企业

2.（单选）独资企业不同于公司制企业的特点之一是（　　）。

A. 双重税收　　　　　　　　　　　　B. 设立费用高

C. 负无限责任　　　　　　　　　　　D. 存续时间长

3.（多选）与独资企业和合伙企业相比,公司制企业的优点有（　　）。

A. 无限存续　　　　　　　　　　　　B. 容易转让所有权

C. 承担有限的债务责任　　　　　　　D. 组建公司的成本高

4.（判断）普通合伙企业的合伙人必须对合伙企业的债务承担无限连带责任。　（　　　）

5.（判断）股份有限公司与独资企业和合伙企业相比具有对公司收益重复纳税的缺点。

（　　　）

第三节　财务管理的目标

企业财务管理目标是企业财务理论要素的重要组成部分,也是财务工作者首先要明确的目标。企业财务管理目标要符合企业发展目标的要求,要正确理解各种企业财务管理目标的内涵和差异,首先应该对现代企业理论有一个基本的了解。

企业自设立起,就成为一个独立法人,自主决策,独立核算,自负盈亏,自负法律和经济责任。其所面临的首先是生存,其次是发展,然后是扩张,这是所有企业的基本目标。如果做进一步阐述,从财务管理角度来说,其目标表述有很多种,较为集中的观点有:利润最大化、股东财富最大化和企业价值最大化。以下分别对这三种观点进行介绍。

一、利润最大化

在评价一个企业经营是否成功时,人们最先想到的往往是企业的利润,即赚了多少钱。与之相对应,企业的目标就是利润最大化。以利润最大化为目标的优点是:反映了企业经营行为的本质动机,也为企业加强管理、降低成本、提高生产效率提供了动力,并且利润最大化目标简单明了,便于比较和理解,易为人们所接受。

同时,利润最大化目标的缺点是显而易见的。

(1)利润最大化目标没有考虑利润获取的时间。投资收益现值的大小,不但取决于其收益将来值总额的大小,还要受取得收益时间的制约。因为早取得收益,就能早进行再投资,进而早获得新的收益,利润最大化目标忽视了这一点。例如,在投资决策中,今年获利300万元和明年获利300万元的项目,若仅以利润来衡量,忽视现金流入的时间,就难以做出正确的判断。

(2)利润最大化目标没有考虑风险。在市场经济条件下,收益与风险并存,一般情况下,收益与风险成正比。如果盲目追求利润最大化,忽视风险因素,可能导致企业陷入严重危机。

(3)利润最大化目标没有考虑所获利润与投入资本额之间的关系。利润是一个绝对指标,无法在不同资本规模的公司或同一公司的不同时期之间比较、评价公司的经济效益。例如,同样获得300万元的利润,一个公司投入资本2 000万元,另一个公司投入1 800万元,哪一个更符合公司的目标? 如果不与投入的资本额相联系,就难以做出正确的判断。

(4)利润最大化目标容易导致企业的短期行为。以利润最大化为目标会导致企业无法进行有价值的长期投资。比如一家高科技公司,斥巨资研发一个新的项目,在研发阶段很可能一年甚至几年都是亏损的,但是一旦研发成功,就会带来巨大的经济效益和社会效益,并形成公司的核心竞争力,有利于公司的可持续发展。但在即期利润最大化的目标下,这样的投资行为不会被支持。这种情形就属于企业管理者的短期行为,导致企业追求短期利润而不惜损害长期利益,对企业和社会都没有好处。

(5)利润不能准确反映真正实现的企业价值。利润指标属于会计账面指标,容易受到公司管理层的操控,经过粉饰的利润指标很可能掩盖公司经营的真实风险和问题,损害投资者的利益。

因此,利润最大化目标在现实中往往不被接受。

二、股东财富最大化

股东财富最大化即基于委托代理条件下的受托财产责任,经营者应最大限度地谋求股东或委托人的利益——提高资本报酬,增加股东财富,实现权益资本的保值增值。这种财务管理目标常常采用的评价指标是股票市价。

随着我国市场经济的逐步完善及股份制的普遍推行,加之西方财务理论的全面引入,股东财富最大化作为财务管理目标开始受到重视,被认为是比较科学的财务管理目标。股东财富最大化是指企业通过合理的经营,为股东带来最大的财富,在股份制经济条件下,股东的财富是由其所拥有的股票数量和股票市场价格两方面决定的。在股票数量一定时,当股票价格最高时,股东的财富达到最大。对于一个企业来讲,股票的数量增加并不是经常发生的,从而力图使股东财富最大化的财务管理就集中在使股票的价格最大化上。这样,股东财富最大化就演变成了股票价格最大化。这里的股票价格指的是现行市场价格。财务管理的目标就是使企业每股的现行市场价格最大。

与利润最大化目标相比,股东财富最大化目标的优点在于:

（1）股东财富最大化考虑了风险因素和资金的时间价值。企业经营所面临的风险大小，对其股票价格有重大影响。因此，企业在追求股票价格最大化的过程中，不能不考虑风险因素。股票的市场价格理论上可以是股票未来预期收益的现值之和。在现实的交易中，人们购买股票主要考虑的也是它所具有的未来预期收益的现值，并与付出的现值（股票价格）相比较。理论和现实的股票价格形成都考虑了资金的时间价值，要使股票的价格最大化，当然得考虑资金的时间价值。

（2）股东财富最大化有利于克服企业的短期行为。股票未来的收益决定现在的价格，旨在追求股票价格最大化的任何财务决策不能不考虑其对公司股东未来收益的影响，不能不考虑公司的长远发展，这无疑将减少公司经营的短期行为。

（3）股东财富最大化目标容易量化，便于考核。上市公司的股东财富用股票价格计量，这使得股东财富最大化目标非常容易量化，便于检验目标完成的情况。

股东财富最大化目标的显著优点，使它在西方财务管理中得到了广泛的认同，被认为是最为合理的财务目标之一，它在实践中也得到了广泛的应用。但是，股东财富最大化作为财务管理目标仍有不足之处：一是股票价格作为股东财富的度量，对上市公司可以，但对非上市公司难以行得通。股东财富最大化容易使管理当局侧重于公司短期的管理行为，并可能导致其信息失真。而且，对于非上市公司来说，由于没有股票价格这一衡量标准，那么股东财富最大化作为理财目标便失去了基础。二是从形式上只强调股东利益，对其他相关组织和人员的利益不够重视。三是股票价格受许多种因素影响，并非都在公司控制之中，把不可控因素引入财务管理目标不尽合理。

三、企业价值最大化

以企业价值最大化为目标的观点是指企业财务管理的总目标是使企业价值不断增加。

企业价值的衡量可采用资产评估的方法确定。对整个公司的价值进行评估，一般有两种方法：一种是对企业的各种资产的价值分别进行估计，然后把各种资产的价值相加，便得到整个企业资产的价值，此即为企业价值；另一种方法是对企业未来现金流进行估计、折现、求和，以此作为企业的价值。这两种方法，前一种一般用于企业破产清算时的资产评估，后一种适合于持续经营企业的资产评估。作为确定企业考核目标之需，对企业价值进行的评估，是以企业持续经营为前提的，用后一种方法比较合适。以企业未来现金流现值计算的企业价值，可以用下式表示：

$$V = \sum_{t=1}^{n} \frac{NCF_t}{(1+i)^t}$$

式中，V 为企业价值；NCF_t 为年经营活动现金净流量；i 为折现率；t 为取得经营活动现金净流量的具体年数；n 为预计企业持续经营年数。

从上式中可以看出，企业的总价值 V 与各年的 NCF_t 成正向变动关系，与折现率 i 成反向变动关系，并与时间有关。NCF_t 与风险有关，在市场经济条件下，报酬与风险是成正比的，即企业要想获得较高的报酬，就必须承受较大的经营风险。同样，折现率 i 也与风险有关，折现率 i 是所有者要求的必要收益率，企业经营风险越大，所有者要求的必要收益率也越大，即折现率与风险正相关。从对经营报酬的影响看，经营风险有增大企业价值的作用；从对折现率的影响看，经营风险有减小企业价值的作用。因此，对企业价值最大化的追求,必须要考虑经营风险,使风险处于一个恰当的水平。

企业价值最大化目标是人们对现代企业财务管理目标深层次认识的进一步拓展,因而成为现代企业理财目标的理想选择。企业价值最大化的真正实现,是建立在正确处理企业的各种利益关系及保证企业长期稳定发展基础之上的。它在考虑了股东的利益、使股东财富达到最大的同时,还充分考虑了其他利害关系人的利益,使他们也得到了利益的最大满足。企业价值最大化目标的特点如下:

(1) 充分尊重和满足了企业各相关利益主体的利益要求。

(2) 更好地体现了财务管理的本质。要求企业价值的大小,不仅与企业当前和未来的盈利能力相关,还与企业的产品开发能力、市场开拓能力、各种资源的运用能力、偿债能力、防范与控制风险能力、社会贡献能力等密切相关。

(3) 能促使企业更好地履行社会责任。如维护社会公众利益、保护生态平衡、防止环境污染、节约能源资源、支持教育与福利事业、促进社会和谐发展等,都有助于企业经营目标的实现。

即测即评

1.(单选)关于企业财务管理的目标,目前我国理论界普遍赞同的观点是(   )。

A. 利润最大化   B. 股东财富最大化

C. 企业价值最大化   D. 企业产值最大化

2.(单选)企业价值理论上是(   )。

A. 债券未来市场价值   B. 股票未来市场价值

C. 未来预期现金流量的现值   D. 企业新创造的价值

3.(多选)财务管理目标为利润最大化的缺点有(   )。

A. 没有反映增收节支   B. 容易造成短期行为

C. 没有考虑时间价值   D. 没有考虑风险因素

4.(判断)股东财富由股东拥有的股票数量和股票价格两方面决定。如果股票数量一定,当股票价格达到最高时,股东财富达到最小。   (   )

5.(判断)企业价值不仅包含了新创造的价值,还包含了公司潜在的或预期的获利能力。
                                                                            (   )

第四节 代理问题

我们已经了解到企业的目标是企业价值最大化。在企业的经营活动中,经理在组织实施企业年度经营计划、投资方案和生产经营管理等多方面负有直接的责任和决策权,经理为了满足自身的利益需要,可能会有一些其他的目标。这些目标有可能与企业价值最大化目标相冲突,由此引出了对代理关系的研究。

一、企业的利益相关者

根据传统的微观经济学理论,企业是一个由投入到产出追求利润最大化的“黑匣子”。

至于企业的性质是什么,一直未能得到关注。直到 1937 年,美国经济学家科斯发表了经典论文《企业的本质》之后,这一问题才得到西方经济学家的广泛关注。以科斯为代表的一部分经济学家认为,市场上的任何交易都可以被视作是交易双方达成的一项契约,交易成本就是围绕着交易契约所产生的成本,它主要来自签订契约以及监督和执行契约所花费的代价。而企业作为一种组织形式,它之所以和市场同时并存,是因为有些交易在企业内部进行交易成本更小。即通过企业这一组织形式,可以使一部分市场交易内部化,从而避免或者降低一部分交易成本。

现代企业理论把企业视为利益相关者签订的一组契约的集合。所谓的利益相关者,是指与企业相关的利益集团。企业的组织形式、管理结构等因素直接影响到利益相关者的构成。在现代企业中,所有权与经营权的分离不可避免,股东与管理者的矛盾日趋激烈。同时,由于债权人和股东之间的利益目标并不一致,债权人和股东之间也存在利益冲突。除此之外,由于股东构成和利益来源的差异,股东之间的矛盾也日益突出。总之,由于各个利益主体之间的利益目标存在着差异,企业应该为谁服务成为一个必须要解决的问题,由此产生了各种企业财务管理目标理论。

二、代理关系

所谓代理关系,是一种契约或合同关系,即委托人按照契约或合同雇用代理人来代表他们完成某项服务或活动,并授予代理人一定的决策权。在财务管理中,最基本的代理关系主要存在于三个方面,即所有者和经营者之间、所有者和债权人之间以及大股东和中小股东之间。代理关系处理得如何,直接影响企业财务管理目标的实现。

(一)所有者和经营者的代理冲突

在现代企业中,经营者只是所有者的代理人。所有者和经营者分离之后,所有者的目标是使企业价值最大化。作为委托人,所有者要求经营者以最大的努力去完成这个目标。经营者也是最大合理效用的追求者,其具体行为目标与委托人不一致。具体内容可能包括:

(1)增加报酬。包括物质和精神的报酬,如工资、奖金等,并提高在社会公众面前的形象和社会地位等。

(2)增加闲暇时间。包括较少的劳动时间和在有效劳动时间中较小的劳动强度等。

(3)避免风险。经理努力工作可能得不到与之相应的报酬,为提高公司价值而去冒风险,公司价值上涨的好处将归于股东,而一旦失败,经理的"身价"将下跌。因此,经理常常会放弃一些收益高但风险高的投资机会。股东则总是希望经理全身心地为股东服务,站在股东的立场上进行决策。

(二)所有者和债权人的代理冲突

企业向债权人举债后,两者之间形成一种债权债务的关系。债权人把资金交给企业,其目标是到时收回本金,并获得约定的利息收入;企业借款的目的是用它扩大经营,投资有风险的生产经营项目。由于通常风险与收益成正向关系,企业往往会把资金投向风险高的项目,这样两者的目标并不一致。所有者与债权人的矛盾主要表现在:

(1)所有者可能未经债权人同意,要求经营者投资于比债权人约定的风险高的项目,这会增大偿债的风险。

（2）所有者或股东未征得现有债权人同意，而要求经营者发行新债券或举借新债，致使旧债券或老债的价值降低。

（三）大股东和中小股东的代理冲突

大股东与中小股东间的权利不对等，使得大股东有侵占中小股东利益的条件和倾向，在上市公司的经营活动中表现出大股东与中小股东间利益的冲突，主要表现在：

（1）选举董事会和监事会时的冲突。具体表现在股东对董监事职位的角逐上。在资本多数决定原则下，上市公司董监事会成员的选任不仅基本上被控股股东操纵，而且很多董监事完全就是控股股东的代表。控股股东一旦控制了董事会、监事会成员的选任，实际上也就控制了公司的日常经营和股利的分配，中小股东没有委派代表担任公司董监事等高管职务，基本上被排斥在公司经营管理之外，而沦为一个单纯的出资人。

（2）股利分配上的冲突。上市公司股利分配的标准，应当遵循股份平等分配原则。但是，在存在控股股东的公司中，控股股东往往采取有利于自己的分配方式和分配时机。上市公司现金分红的利益侵占问题，表现在控制性大股东热衷于通过派发现金股利的方式对中小股东进行掠夺。有的公司在经营状况不尽如人意的情形下，将再融资所得现金作为红利分配，甚至借钱分红，无疑是以牺牲公司整体利益和长远利益为代价来满足控股股东对私利的追求，同时也间接损害了中小投资者的利益，造成不公平结果。

（3）公司并购中的利益冲突。上市公司在收购过程中，收购公司为了节约成本常常私下与一些大股东协商，以较高的溢价收购其持有的股份，对中小股东则采取漠视态度，使得中小投资者没有机会以较高的溢价出售自己的股份。目标公司的中小股东只能成为被动的参与者。

三、代理成本

为了保证经理能为股东的利益而努力工作，减少经理与股东之间的利益冲突，企业必须增加开支，也就是代理成本。按照詹森和梅克林（Jensen and Meckling，1976）的定义，代理成本是指委托人为防止代理人损害自己的利益，需要通过严密的契约关系和对代理人的严格监督来限制代理人的行为，而这需要付出代价。其中主要包括监督经理行为的费用，调整企业组织结构，以限制经理行为偏离组织目标的花费。此外，股东不可能通过经理从债权人那里获得更多的财富。首先，这是一种不道德行为，在商业世界里，不道德行为没有活动空间。其次，由于存在着股东利用各种方式从债权人那里得到额外收益的可能，债权人必须在借款合同中加入限制性条款，如规定资金用途、规定不得发行新债或限制发行新债的规模等。最后，如果债权人发现公司有剥夺其财产的意图，他们将拒绝给企业提供贷款，或提高贷款利率以补偿由于企业隐瞒项目实际风险可能造成的损失。

企业在追求企业价值最大化时，企业价值取决于企业是否能长期稳定地从市场上获得所需资本，为了确定有长期稳定的资本来源，就需要公司与债权人之间保持平等合作关系，彼此共同遵守有关合同的条款。因此，从长远的利益来看，企业价值最大化的经营目标将意味着企业要公平地对待社会各个群体，而且，这些群体的经济利益与企业的经营状况和企业价值密切相关。

小思考

假如你是一家公司的控股股东,子公司总经理李明由于业绩的压力,偏好于扩大投资规模,而且李明个性张扬,有铺张浪费行为,这样做对企业价值的增加是不利的。你是否想要解雇李明? 如果不能解雇,你如何控制李明的行为呢?

四、代理冲突的协调

在前面已经指出了代理关系中存在冲突的三组主要关系,分别是所有者和经营者、所有者和债权人、大股东和中小股东。在了解了他们存在冲突的原因以及代理成本存在的客观事实后,针对这三组关系分别提出了协调方法,旨在缓解代理冲突、降低代理成本。

（一）协调所有者和经营者的代理冲突

为了协调所有者与经营者的代理冲突,防止经理背离股东目标,一般有以下两种方式:

(1) 从经营者的角度出发,主要包括被解除聘任以及企业被强行收购或吞并的风险。其中解除聘任是指所有者不再聘任经营者为其服务,结束之前的聘任合同或者协议。这种方法是利用所有者的特权约束或者控制经营者的直接手段。所有者发现经营者没有实现合同或协议约定的经营业绩或者没有达到预期的目标,就可以按照约定条款解聘经营者,经营者为了职业前途,就会努力工作,积极实现既定的目标。而另一种则是间接约束经营者的方法。如果企业的经营业绩不好,所有者没有获得预期的收益,所有者有可能将企业转让,或者企业被强行收购,这样经营者就很有可能被解聘,从而丢失工作,影响职业前途。因此,经营者为了避免被市场接收,就会努力工作,提高经营业绩,实现财务管理目标。

(2) 从监管者的角度出发,主要是使用激励的方法。激励就是将经理的管理绩效与经理所得的报酬联系起来,使经理分享企业增加的财富,鼓励他们自觉采取符合股东目标的行为。如允许经理在未来某个时期以约定的固定价格购买一定数量的公司股票。股票价格提高后,经理自然获取股票涨价收益;或以每股收益、资产报酬率、净资产收益率以及资产流动性指标等对经理的绩效进行考核,以其增长率为标准,给经理以现金、股票奖励。但激励作用与激励成本相关,报酬太低,不起激励作用;报酬太高,又会加大股东的激励成本,减少股东自身利益。可见,激励也只能减少经理违背股东意愿的行为,不能解决全部问题。

（二）协调所有者和债权人的代理冲突

所有者与债权人上述矛盾的协调,一般通过以下方式解决:

(1) 限制性借款。它是通过借款的用途限制,借款的担保条款和借款的信用条件来防止股东剥夺债权人的债权价值。

(2) 收回借款不再借款。它是当债权人发现公司有侵蚀其债权价值的意图时,采取收回债权和不给予公司重新放款的方式来保护自身的权益。

（三）协调大股东和中小股东的代理冲突

解决大股东与中小股东利益冲突的主要措施:

(1) 对大股东加强内部监督和外部监督。加强对大股东的监督是治理大股东侵占行为,减少两者利益冲突的根本措施。从内部来看,完善独立董事的激励与约束机制,实施大股东表决回避制度,推进大股东诚信体系建设;从外部来看,加大对大股东的市场监管力度,尤其是对控股股东内幕交易行为的监管,严格信息披露制度,防止大股东之间为攫取私利而进行的勾结行为,建立健全大股东之间相互制衡的机制。

（2）加强中小股东的法律保护。从法律上加强对中小股东利益的保护,建立中小股东保护的法律体系,加大对大股东滥用权力的惩罚力度。

（3）在监管手段上做到法律手段与市场手段并重。法律手段不仅应加强相应的法律法规制度的建设,更应完善保证法律制度的执行效率。在市场手段上,应充分发挥媒体和社会中介机构的监督作用。媒体的关注会迫使大股东按照社会的行为规范来活动,从而抑制大股东的侵占动机并降低侵占程度。

即测即评

1.（单选）股东和经营者发生冲突的根本原因在于（　　　）。

A. 在企业中的地位不同　　　　　　　B. 具体行为目标不一致

C. 承担的责任不同　　　　　　　　　D. 掌握的信息不一致

2.（单选）协调经营者和所有者的利益冲突的方式是解聘、接收、股票期权和绩效股,其中解聘是通过（　　　）约束经营者的办法。

A. 债务人　　　　　B. 监督者　　　　　C. 所有者　　　　　D. 市场

3.（多选）现代公司之下,代理关系主要表现为（　　　）。

A. 所有者与经营者的关系　　　　　　B. 所有者与债权人的关系

C. 股东与监事会的关系　　　　　　　D. 大股东与中小股东的关系

4.（判断）企业股东、经营者在财务管理工作中的目标是完全一致的,所以他们之间没有冲突。　　　　　　　　　　　　　　　　　　　　　　　　　（　　　）

5.（判断）股份有限公司财务经理人员受聘于董事会,在董事会授权范围内组织公司财务活动等。　　　　　　　　　　　　　　　　　　　　　　　　（　　　）

第五节　金融市场

广义上的金融市场是指一切资本流动的场所,包括实物资本和货币资本的流动。广义上金融市场的交易对象包括货币借贷、票据承兑和贴现、有价证券的买卖、黄金和外汇买卖、办理国内外保险以及生产资料和产权交换等。狭义上的金融市场一般是指有价证券市场,即股票和债券的发行和买卖市场。

一、金融市场的功能

金融市场是金融资产买卖或交易的一种媒介,是资金融通的场所,是把储蓄配置给实物资产最终投资者的场所。金融市场交易的对象是银行存款单、债券、股票、期货等证券。金融市场的功能有以下四个方面。

（一）资金融通

金融市场提供一个场所,将资金提供者手中的富余资金转移到那些资金需要者手中。这种转移,使资金从那些没有生产性投资机会的人们手中,转移到那些拥有这些机会的人手中,从而提高了经济社会的效率,增进了社会的经济福利。与此同时,这种转移使消费者在最需要消费的时候得以购买商品,也使直接消费者受益。

（二）风险分配

金融市场将实际资产预期现金流的风险重新分配给资金提供者和资金需求者。集聚了大量资金的金融机构可以通过多元化分散风险,因此有能力向高风险的公司提供资金。金融机构创造出风险不同的金融工具,可以满足不同风险偏好的资金提供者。因此,金融市场在实现风险分配功能时,金融中介机构是必不可少的。

（三）价格发现

金融市场上买方和卖方的相互作用决定了证券的价格,也就是金融资产要求的报酬率。每一种证券的价格可以反映发行人的经营状况和发展前景。公司的筹资能力取决于它是否能够达到金融资产要求的报酬率。如果企业盈利能力达不到要求的报酬率,就筹集不到资金。这个竞争形成的价格,引导着资金流向效率高的部门和企业,使其得到发展。而效率差的部门和企业得不到资金,会逐步萎缩甚至退出。竞争的结果,促进了社会稀缺资源的合理配置和有效利用。

（四）调节经济

金融市场为政府实施宏观经济的间接调控提供了条件。政府可以通过实施货币政策对各经济主体的行为加以引导和调节。政府的货币政策工具主要有三种:公开市场操作、调整贴现率、改变存款准备金率。

金融市场的结构调节功能主要是通过调节资金流量,进而调节资金存量而实现的。资金流量的增加与减少,将引起资金存量的增加与减少,资金在不同部门、企业间的流动将引起资金结构的调整与重新配置。例如,在经济衰退时中央银行可以在公开市场买入证券,增加基础货币,增加货币供给;还可以降低商业银行从央行贷款的贴现率,增加贴现贷款数量,增加货币供应;也可以降低商业银行缴存央行的存款准备金率,扩大银行的信贷规模。增加货币供给的结果使得利率会下降,投资需求增加,就可以达到促进经济发展的目的。

央行货币政策的基本目的不止一项,通常包括高度就业、经济增长、物价稳定、利率稳定、金融市场稳定和外汇市场稳定等。有时候这些目标会有所冲突,因此操作的时候需要综合考虑各种因素及后果。

小思考

有专家预测,最近几年,银行利率总体上仍是下行趋势。如果你是公司财务经理,你认为这种情况对企业的财务活动会产生什么影响?

二、金融市场的构成要素

构成金融市场的基本要素包括交易对象、交易主体、交易工具和交易价格。

（一）交易对象

金融市场的交易对象是货币资金。无论是银行的存贷款，还是证券市场上的证券买卖，最终要达到的目标都是货币资金转移。与商品市场上商品买卖的不同之处在于，金融交易大多只是货币资金使用权的转移，而商品交易表现为商品所有权和使用权的同时转移。

（二）交易主体

金融市场的交易主体包括任何参与交易的个人、企业、各级政府和金融机构。其中，个人、企业和政府部门并非专门从事金融活动，它们不以金融交易为业，参与交易是为了自身在资金供求方面的需要。专门从事金融活动的主体则主要由以金融交易为业的机构或个人组成，包括各类银行、保险公司、证券公司、财务公司、经纪人等，我们可把这一类主体分为银行和非银行金融机构。它们是连接投资人和筹资人的桥梁，起到中介作用。

（三）交易工具

金融市场的交易工具被称为金融工具，金融工具是在信用活动中产生，能够证明金融交易金额、期限、价格的书面文件。它对于交易双方所应承担的义务与享有的权利均有法律约束意义。金融工具一般具有期限性、流动性、风险性和收益性四个基本特征。

（1）期限性是指债务人必须在一定的期限内偿还本息，偿还期限可为零和无限期这两个极端。活期存款的偿还期可看作零，而股票或永久性债券的偿还期则是无限。

（2）流动性是指金融工具迅速变现而不遭受损失的能力。发行者资信程度的高低，对金融工具的流动性有重要意义。例如，国家发行的债券流动性通常要比公司债券流动性强。

（3）风险性是指持有金融工具的违约风险和市场风险。

（4）收益性是指持有金融工具所获得的收益。

（四）交易价格

金融市场的交易价格是利率，即资金使用权的价格。我国利率分为官方利率和市场利率。官方利率是政府通过中央银行确定公布，并且各银行都必须执行的利率；市场利率是金融市场上资金供求双方竞争形成的利率，随资金供求状况而变化。市场利率要受官方利率的影响，官方确定利率也要考虑市场供求状况。一般来说，两者不应有显著脱节。对财务人员来说，最好是能准确预测未来利率，在其上升时使用长期资金来源，但实际上很难准确预测利率。因此，只能合理搭配长短期资金来源，使公司在任何利率环境中都能生存下去。

知识拓展　　请扫码 → ▢ 我国主要的金融机构

三、金融市场的分类

一个国家有许多金融市场，其种类繁多，每个金融市场服务于不同的交易者，有不同的交易对象。金融市场按照不同的标准可以有不同的分类,这里只介绍与企业筹资关系密切的几种类型。

（一）货币市场和资本市场

金融市场可以分为货币市场和资本市场,两个市场所交易的证券期限、利率和风险不同,市场的功能也不同。

货币市场经营一年以内到期的短期证券,融资期限短,是公司短期资金筹集的主要场所。由于这些短期证券变现能力强,因此投资风险也相对较小。货币市场包括银行短期信贷市场、贴现市场和同业拆借市场。资本市场经营一年以上长期资金,是企业筹集长期资金的主要场所。资本市场包括银行长期信贷和长期有价证券市场。

（二）一级市场和二级市场

一级市场即为发行市场或初级市场。它是指新证券在发行者与购买者即投资者之间进行交易而形成的市场。它包括证券发行的规划、承购、销售等一系列活动过程。这一市场的特点是,它是新证券的市场,是一个抽象的无形市场。

二级市场也称次级市场或流通市场。它是指已发行在外的证券在投资者互相之间进行转让、买卖而形成的市场。在这个市场上,买卖对象是已发行在外的证券,这一市场的主要功能是为投资者提供证券的流通变现。二级市场在其结构上可分为以下三类:一是交易所市场,是在证券交易所内部进行集中证券交易的市场;二是场外交易市场,又称为柜台交易或店头市场,是在证券交易所之外进行的证券交易的市场;三是第三市场和第四市场。第三市场是指已在正式的证交所上市却在证交所之外进行交易的证券买卖市场。第四市场是指完全撇开交易所和经纪人,由买卖双方通过电信网络直接进行交易的市场。

一级市场和二级市场有密切关系。一级市场是二级市场的基础。没有一级市场就不会有二级市场。二级市场是一级市场存在和发展的重要条件之一。二级市场使得证券更具有流动性,正是这种流动性使得证券受到欢迎,人们才更愿意在一级市场购买它。某公司证券在二级市场上的价格,决定了该公司在一级市场上新发行证券的价格。在一级市场上的购买者只愿意向发行公司支付他们认为二级市场将为这种证券所决定的价格。二级市场上证券价格越高,企业在一级市场出售证券价格越高,发行公司筹措的资金越多。因此,与企业理财关系更为密切的是二级市场,而非一级市场。

（三）债券市场和股权市场

按照证券的索偿权不同,金融市场分为债券市场和股权市场。债券市场交易的对象是债务凭证,如公司债券、抵押票据等。债务凭证是一种契约,借款者承诺按期支付利息和偿还本金。债务工具的期限在 1 年以下的是短期债务工具,期限在 1 年以上的是长期债务工具。有时,人们还把 1～10 年的债务工具称为中期债务工具。

股权交易市场的对象是股票。股票是分享一个公司净收入和资产权益的凭证。持有人的权益按照公司总权益的一定份额表示,而没有确定的金额。股票的持有者可以不定期地收取股利,但是没有到期期限。

股票持有人与债务工具持有人的索偿权不同。股票持有人是公司排在最后的权益要求人,公司必须先向债权人进行支付,然后才可以向股票持有人支付。股票持有人可以分享公司盈利和资产价值增长。股票的收益不固定,因此风险比债务工具大。债权人只能按照约定的利率得到固定收益,风险比股票小。

（四）场内市场和场外市场

金融市场按照交易程序分为场内市场和场外市场。场内交易市场是指各种证券的交易所。证券交易所有固定的场所、固定的交易时间和规范的交易规则。交易所按拍卖市场的程序进行交易。证券持有人拟出售证券时,可以通过电话或网络终端下达指令,该信息输入交易所,撮合主机按价格从低到高排序,高价优先。出价最高的购买人和出价最低的出售者取得一致时成交。证券交易所通过网络形成全国性的证券市场,甚至形成国际化市场。

场外交易市场没有固定场所,而由很多拥有证券的交易所分别进行。任何人都可以在交易所的柜台上买卖证券,价格由双方协商形成。这些交易所互相用计算机网络联系,掌握各自开出的价格,竞争也很充分,与有组织的交易所并无很大差别。场外市场包括股票、债券、可转让存单、银行承兑汇票、外汇交易市场等。

四、有效市场假说

1965 年,美国芝加哥大学金融学教授尤金·法玛(Eugene Fama)发表了题为《股票市场价格行为》的博士毕业论文,并于 1970 年对该理论进行了深化,提出有效市场假说。2013 年10 月 14 日,瑞典皇家科学院宣布授予尤金·法玛等三位经济学家该年度诺贝尔经济学奖。

有效市场假说提出后,便成为证券市场实证研究的热门课题,支持和反对的证据都很多,是目前最具争议的投资理论之一。尽管如此,在现代金融市场主流理论的基本框架中,该假说仍然占据重要地位。

有效市场假说是建立在以下三个基础假设之上的:

(1)理性。假设所有投资者都是理性的,当出现新信息时,所有投资者都会理性地调整对证券的估价。

(2)独立的理性偏差。完全理性经济人在现实中是不存在的,人类总是非理性的。乐观的投资者往往会高估价格,而悲观的投资者则总是低估价格。但是只要这两类非理性人在数量上大体相当,那么价格变动的空间和市场有效性预计很可能是一致的。即使大多数投资者,甚至所有投资者都是非理性的,只要非理性能够互相抵消,有效市场假说依然成立。

(3)套利。假设市场上只有非理性的业余投资者和理性的专业投资者两种投资者。非理性投资者由于自己的非理性行为往往推动股价偏离有效价格,而理性投资者会进行理性分析后采取行动。如果他们发现股价被低估,他们会买进;如果他们发现股价被高估,他们会卖出,也就是套利。经过理性投资者的套利行为,股票价格会回到有效价格,市场依然有效。

根据有效市场的假定,信息可以立即反映在证券价格中,投资者只能获得正常的报酬率。公开披露后才获得信息并不能给投资者带来任何好处,因为价格在投资者进行交易前已经结束变动。另外,在有效资本市场中,公司能够提前预测到发行证券融资获得的公允价值,无法通过愚弄投资者获得融资空间。如果市场是无效的,证券价格根据新信息进行调整就可能存在过度反应和反应不足的问题。投资者在这样的市场中适时买卖就有获得超额收益的可能,而公司在这样的市场中发行证券融资就有价值增值和减损的可能。

在现实世界中,不同种类的信息对证券价格的影响速度不尽相同。为了分析证券价格对不同信息的反应速度,信息可以分为过去价格信息、公开信息和所有信息三类,分别研究不同类型的信息对证券价格的影响。经济学家定义了三个层次的市场有效性,以证券价格中反应信息的程度来区分:① 如果资本市场完全包含了过去价格的信息,我们认为资本市场是弱型有效的,或者说满足弱型效率假说。如果市场是弱型有效的,股票价格将是随机游走的,不可能通过研究过去的报酬率一直获得超额收益。② 如果资本市场中的证券价格包含了所有公开信息(公开的财报信息和历史价格信息),那么市场达到了半强型有效,或者说满足半强型效率假说。与弱型有效市场相比,半强型有效市场中的投资者获利更困难,因为股票价格将对公开信息立即调整。③ 如果市场中的证券价格包含了所有的信息(公开信息和未公开的内幕信息),那么市场达到了强型有效,或者说满足强型效率假说。强型有效市场中,市场足够有效,以至于那些有内幕消息的投资者都不能凭此获利。目前来说,并没有市场能够达到强型有效。

即测即评

1. (单选)按照证券的索偿权不同,金融市场分为(　　)。
   A. 场内市场和场外市场　　　　　B. 一级市场和二级市场
   C. 货币市场和资本市场　　　　　D. 债券市场和股权市场
2. (单选)证券交易所有固定的场所、固定的交易时间和规范的交易规则,是(　　)金融市场类型的特点。
   A. 债券市场　　　　　　　　　　B. 一级市场
   C. 场内交易市场　　　　　　　　D. 场外交易市场
3. (多选)金融工具的特征是(　　)。
   A. 具有流动性　　　　　　　　　B. 具有风险性
   C. 具有投机性　　　　　　　　　D. 具有收益性
4. (判断)金融市场货币资金的交易价格是用于表现资金的使用价值,通常用股票价格来表现。　　　　　　　　　　　　　　　　　　　　　　　　　　　　　(　　)
5. (判断)金融市场按功能分为一级市场和二级市场,即基础性金融市场和金融衍生品市场。　　　　　　　　　　　　　　　　　　　　　　　　　　　　　(　　)

本章小结

1. 公司财务是指企业在生产经营过程中客观存在的资金运动及其所体现的经济利益关系。企业财务管理的具体内容主要分为投资管理、筹资管理以及营运资本管理。
2. 三类最基本的企业组织形式:个人独资企业、合伙企业与公司制企业。
3. 企业财务管理目标要符合企业发展目标的要求,财务管理目标理论主要有三种观点:利润最大化、股东财富最大化和企业价值最大化。
4. 所有者和经营者、债权人之间的代理关系会引起代理冲突,需要采取合理的方法解决这些冲突。
5. 企业的许多融资和投资活动需要运用适当的金融工具,在金融市场完成,金融市场有一级和二级之分。

关键术语

公司财务	投资管理	筹资管理	营运资金管理	个人独资企业
合伙企业	公司制企业	财务管理目标	利益相关者	利润最大化
股东财富最大化	企业价值最大化	代理关系	企业社会责任	金融市场

复习思考题

1. 公司财务的主要内容是什么？
2. 企业有哪些组织形式？
3. 财务管理目标理论有哪些？为什么说企业价值最大化是较理想的理财目标？
4. 在实现企业理财目标时，应注意协调哪些关系？
5. 代理冲突产生的原因是什么？如何解决代理问题？

课程思政案例

从上市公司财务造假事件中思考如何规范公司财务行为

2019 年 12 月 28 日，第十三届全国人大会议通过了修订后的《中华人民共和国证券法》，其中显著提高了财务造假行为的违法违规成本，比如对于欺诈发行行为，从原来最高可处募集资金百分之五的罚款，提高至募集资金的一倍；对于上市公司信息披露违法行为，从原来最高可处以六十万元罚款，提高至一千万元；对于发行人的控股股东、实际控制人组织、指使从事虚假陈述行为，或者隐瞒相关事项导致虚假陈述的，规定最高可处以一千万元罚款等。

该政策的出台旨在规范上市公司行为，维护资本市场合理秩序。但是，目前资本市场中财务造假丑闻依然频频爆出，屡禁不止。无论是近年来瑞幸咖啡虚构 22 亿元收入事件，还是康得新连续四年造假过百亿元事件，都给资本市场带来巨大震荡。因此，规范公司财务行为具有重要意义。

【课程思政要点】引导学生去思考规范公司财务行为对于投资者、资本市场、政府等监管机构的重要意义，用真实案例来告诫学生在未来的职业生涯中谨遵会计职业道德，保持职业操守的重要性。

第二章 财务报表分析及财务预测

学习目标

1. 了解财务报表分析的目的,熟悉财务报表分析的基本方法
2. 熟练掌握各基本财务指标的计算和评价,熟练掌握上市公司相关指标的计算和分析
3. 掌握杜邦分析法在公司综合评价中的应用
4. 了解财务预测的作用,熟练掌握营业百分比法预测的步骤和方法

引导案例

东方金钰(股票代码:600086),名字优美又朗朗上口,公司经营以翡翠为主的珠宝玉石首饰产品的产供销业务,曾经被誉为"翡翠第一股"。然而,这家公司干的事情却并不光彩,甚至可以用"胆大妄为"来形容。

"以全资孙公司为平台,虚构翡翠原石购销业务,通过造假方式实现业绩目标","主观恶意明显"。2020年4月24日,监管部门措辞严厉,点名上市公司东方金钰财务造假,公司股票随后连续两个交易日应声跌停。相比2015年市值高点,暴跌超过90%!

(资料来源:改编自《"翡翠第一股"成新年退市第一股 光辉不再 *ST金钰黯然离场》,http://finance.sina.com.cn/stock/relnews/cn/2021-01-15/doc_ikftssan6308695.shtml)

上市公司财务造假,最受伤的莫过于股民,一旦碰上便损失惨重。投资者可否运用财务分析的工具与方法,读懂、读通、读准财务数据,避免投资受损?

从2009年到2019年,东方金钰只有2012年经营现金流为正,其余全为负,这么多年经营都赚不到钱。2019年年报显示,东方金钰的货币资金余额仅674.3万元,一年内到期的非流动负债余额却高达49.42亿元,存货余额75.54亿元,占公司总资产的78.79%,存货主要为翡翠原石、翡翠成品及黄金。由此可见,东方金钰的短期偿债能力很弱。东方金钰的应收账款周转天数从2013年的0.45天急剧上升为2019年的2 990.91天,存货周转天数从2013年的263.32天急剧上升为2019年的35 995.71天,说明该企业销售状况不佳,运营能力下降非常迅速,反过来加剧了公司的流动性风险。

财务报表是公司的一幅缩略图,浓缩了公司经营的方方面面。走进它,了解它,剖析它,就会从中找到你所需要了解的信息。由于财务报表是由人编制的,有时会因各种原因披上一层朦胧的面纱。只有掌握了特有的技巧和方法,才会拨开迷雾,看清"庐山真面目"。

引 言

财务报表是以一系列财务数据来反映公司财务状况、经营成果和现金流量状况的报表。

对报表使用者来说,这些数据资料是原始的、初步的,还不能直接为其决策服务。例如,现金流量表提供了有关现金流量的数据资料,这是判断偿债能力的重要依据。但它还不能直接对偿债能力做出评价,也不能据以做出各种决策。因此,报表使用者还必须根据自己的需要,运用各种专门的方法,对会计报表提供的数据资料进一步加工、整理、分析和研究,从而为预测和决策提供正确的依据。

第一节　财务报表分析概述

财务分析有狭义和广义之分。从狭义上看,财务分析是指财务报表分析,即依据公司财务报表数据和相关信息,对公司财务状况和经营状况做出评价,为报表的使用者进行经济决策提供重要信息支持。从广义上看,财务分析是在此基础上,还包括对公司概况、优势、未来前景,以及公司在证券市场的表现等进行分析,它把对公司的财务风险分析扩展到经营和管理等方方面面,从而提供一幅全面而完整的信息资源缩略图。本章主要以狭义的财务报表分析为主。

一、财务报表分析的目的

财务报表对内可反映公司资产增减的情况、财务基础是否稳定、偿债能力的强弱和盈利能力的大小;对外可反映公司财务价值的准确性,借以反映公司信贷和扩大经营规模的能力。通过财务报表分析,可以评价公司过去的经营业绩、衡量现在的财务状况、预测未来的发展趋势和反馈信息,为决策者做出相关决策提供可靠的依据,以减少决策的不确定性。简而言之,财务报表分析是从财务报表中整理出对决策有用的信息。财务报表分析的主体包括投资者、债权人、经营管理者、员工、供应商和客户、政府、中介机构等。不同的主体出于不同的利益考虑,在进行财务报表分析时有着各自不同的具体目的,使得他们财务分析的目的既有共性又有不同的侧重点。

（一）投资者

对于投资者来说,他们必然高度关注资本的保值和增值状况,即对公司的投资回报极为关心,而盈利能力是其投资回报的基础和保证,是资本增值的关键。公司投资者不仅关心盈利能力,为了确保资本增值保值,他们还会密切关注公司的发展前景和风险程度。对于一般投资者来说,他们更关心公司的利润、股利支付能力和发放形式。对于拥有控制权的股东来说,他们考虑更多的是如何增强竞争实力、扩大市场占有率、降低财务风险和纳税支出、追求长期利益的持续稳定增长。

（二）债权人

对于银行、公司债券持有人等债权人而言,他们主要关注公司的偿债能力。偿债能力是公司利用资产支付利息和清偿本金的能力。短期债权人比较关心公司的短期财务状况和资产流动性,这与他们能否按期收回款项密切相关;长期债权人更关心公司未来的盈利能力,因为长期偿债能力不仅取决于公司当前的资产,更多地取决于公司未来的长期获利所带来的资产增量和现金流量。另外,由于信用和风险的存在,债权人还将偿债能力、盈利能力和资本结构分析相结合,因为盈利能力和风险是影响信用安全的重要因素,资本结构直接涉及放贷的风险。因此,全面了解公司的偿债能力和盈利能力是债权人进行财务分析的目的。

(三) 经营管理者

对于公司经营管理者而言,他们非常关注公司的营运能力。营运能力是公司有效利用资产的经营运转能力。经营管理者面对投资者和债权人的约束,不仅要关注公司的盈利能力、偿债能力、股利支付能力等信息,还要关注影响这些结果的形成过程信息,即进行资产结构、营运能力、经营风险和财务风险等信息的分析,发现影响公司盈利能力和偿债能力的因素,采取有效措施,扬长避短,充分利用有限的资源,提高公司的盈利能力,并保持盈利能力的稳定增长。

(四) 政府相关部门

政府对公司财务状况的关注分为两个方面。一是经济管理部门,对所在地区公司的经营运作及发展状况进行全面了解和掌握,便于在宏观上制定政策,进行投资和产业发展方向的指引,而且还要借助财务报表分析,检查公司是否存在违法乱纪、偷税漏税等问题。这些部门主要包括财政、税务及有关经济管理部门。二是国有资产管理部门,肩负着对国有资产保值增值的使命,同样需要对国有公司给予高度关注。财务报表分析对这些部门及时了解和掌握公司财务和经营状况具有重要意义。

(五) 供应商、客户等其他利益相关者

供应商通过对公司财务报表的阅读和分析,了解公司经营状况,便于分析产品的市场占有率和产品需求状况,以决定是否继续合作为其提供产品、劳务和商业信用。客户通过对公司财务报表的阅读和分析,可以了解其产品的需求能否得到保证,掌握是否继续与之建立长期的往来关系。同时,也便于公司决定选择采用何种商业信用政策。公司员工通过对财务报表的分析,能够了解本公司经营情况及自己的切身利益能否得到保证,有助于他们坚定继续服务于公司的信心。社会公众对公司的关心也是多方面的。通过财务报表分析,社会公众可以了解公司的环境保护状况、就业政策的落实,以及产品和销售政策等。他们中有些也是潜在的投资者和债权人,是准备下一步与公司合作的利益相关者。

尽管不同利益主体进行财务分析有着各自的侧重点,但就公司总体来看,财务报表分析可以归纳为偿债能力、营运能力、盈利能力、发展能力四个方面,它们相辅相成,共同构成财务报表分析的基本内容。

知识拓展　　请扫码 → 公司财务报告的哈佛分析框架

二、财务报表分析的基础

进行财务报表分析所依据的主要资料是公司的财务报告。公司财务报告是公司对外提供的反映公司某一特定日期的财务状况和某一会计期间的经营成果、现金流量等会计信息的文件。公司的财务报告是由财务报表及其附注和其他应当在财务报告中披露的相关信息

和资料组成的。财务报表主表包括资产负债表、利润表、现金流量表和所有者权益变动表。

财务报告集中概括地反映了公司的财务状况、经营成果和现金流量等财务信息。对其进行财务分析，可以更加系统地揭示出公司的偿债能力、营运能力、盈利能力、发展能力等。

后面举例时需要用到的 A 公司的资产负债表、利润表，如表 2-1 和表 2-2 所示。

表 2-1　资产负债表

编制单位：A 公司　　　　　　　　　　2021 年 12 月 31 日　　　　　　　　　　单位：百万元

资　产	年末数	年初数	负债及所有者权益	年末数	年初数
流动资产：			流动负债：		
货币资金	113 079	99 610	短期借款	22 067	18 646
交易性金融资产	1 182	1 083	吸收存款及同业存放	572	881
应收票据	35 911	32 256	应付票据	10 835	9 767
应收账款	7 699	5 814	应付账款	38 987	34 552
预付账款	2 161	3 720	预收账款	9 792	14 143
应收利息	2 257	1 890	应付职工薪酬	2 473	1 876
应收股利	0	0	应交税费	4 848	3 908
其他应收款	300	272	应付利息	133	196
存货	20 011	16 568	应付股利	1	1
			其他应付款	4 617	2 607
一年内到期的非流动资产	0	0	一年内到期的非流动负债	0	1
其他流动资产	17 110	10 341	其他流动负债	63 361	60 912
流动资产合计	199 710	171 554	流动负债合计	157 686	147 490
非流动资产：			非流动负债：		
发放贷款及垫款	9 071	6 675	长期借款	130	112
可供出售金融资产	2 216	2 174	应付债券	0	0
持有至到期投资	0	0	长期应付款	0	0
长期股权投资	2 250	110	递延收益	168	128
投资性房地产	540	516	递延所得税负债	536	403
长期应收款	0	0	其他非流动负债	0	0
固定资产	18 385	17 482	非流动负债合计	834	643
在建工程	1 664	1 020	负债合计	158 520	148 133
生产性生物资产	0	0	所有者权益：		
固定资产清理	1	0	实收资本（或股本）	6 017	6 015
无形资产	5 205	3 604	资本公积	93	124
开发支出	0	0	盈余公积	3 499	3 500
商誉	51	0	未分配利润	81 939	55 738
长期待摊费用	4	2	减：库存股	0	0

资　产	年末数	年初数	负债及所有者权益	年末数	年初数
递延所得税资产	11 350	10 840	其他综合收益	−550	−91
其他非流动资产	787	1 010	少数股东权益	1 716	1 568
非流动资产合计	51 524	43 433	所有者权益合计	92 714	66 854
资产总计	251 234	214 987	负债与所有者权益合计	251 234	214 987

表 2 - 2　利润表

编制单位:A公司　　　　　　　　　　　　2021 年　　　　　　　　　　　　单位:百万元

项　　目	本年数	上年数
一、营业收入	200 023	150 019
减:营业成本	138 234	99 562
税金及附加	1 741	1 513
营业费用	18 899	16 660
管理费用	4 365	2 454
研发费用	5 988	3 617
财务费用	548	431
资产减值损失	261	264
加:公允价值变动损益(损失以"−"号填列)	46	9
其他收益	857	202
投资收益(损失以"−"号填列)	106	396
其中:对联营公司和合营公司的投资收益		
二、营业利润	30 996	26 125
加:营业外收入	317	510
减:营业外支出	40	20
三、利润总额	31 273	26 615
减:所得税费用	4 894	4 108
四、净利润	26 379	22 507
五、每股收益		
(一)基本每股收益(单位:元)	4.36	3.72
(二)稀释每股收益(单位:元)	4.36	3.72

三、财务报表分析的方法

　　财务报表分析的方法是实现财务分析的手段。财务报表分析的方法和技术种类繁多,在实务中广泛使用的有比较分析法、比率分析法、因素分析法等。

（一）比较分析法

比较是财务报表分析最常用也是最基本的方法，没有比较，分析就无法开始。通过比较分析，可以发现差距，找出产生差异的原因，进一步判定公司的财务状况和经营成果。财务报表的比较分析法，是指对两个或两个以上有关的可比数据进行对比，从而揭示趋势与差异。根据比较对象的不同，比较分析法分为趋势分析法、横向比较法和预算差异分析法。

1. 趋势分析法

趋势分析法是指通过对比两期或连续数期财务报告中相同指标，确定其增减变动的方向、数额和幅度，来说明公司财务状况和经营成果的变动趋势的一种分析方法。用于进行趋势分析的数据可以是绝对值，也可以是比率或百分比数据。观察连续数期的财务报表，比单看一个报告期的财务报表更能了解到公司的信息和情况。通过有关项目的对比，可以从差异中分析公司的发展动态，判断引起变动的主要原因以及这种变化是否有利于公司，并进一步预测公司未来的发展趋势。

根据基期选择的不同，趋势分析中常用的百分比分析法，可以分为定基趋势百分比分析和环比趋势百分比分析。

定基趋势百分比是以某一时期的数值作为固定的基期数值而计算出来的动态比率。其计算公式为：

$$定基趋势百分比 = \frac{分析期数值}{固定基期数值} \times 100\%$$

环比趋势百分比是以每一分析期的前期数值为基期数值而计算出来的动态比率。计算环比趋势百分比，以观察每期的增减变动情况并判断发展趋势。其计算公式为：

$$环比趋势百分比 = \frac{分析期数值}{上期数值} \times 100\%$$

在进行趋势分析时，应注意选择合适的基期和分析期，计算口径应保持一致。当上期为零或负数时，不可用环比趋势百分比分析。在分析中，如果发现异常数值变动，应予重点关注。

下面以净利润为例进行趋势分析。

【例 2-1】　鑫达公司的净利润数据如表 2-3 所示。

表 2-3　鑫达公司的净利润趋势分析表

项　目	2019 年	2020 年	2021 年
净利润（万元）	120	150	180
定基动态比率（%）	100	125	150
环比动态比率（%）	100	125	120

从表 2-3 数据可见，该公司的净利润在 2020 年和 2021 年呈现大幅度的增长趋势，尤其是 2020 年增长更为迅速，环比发展速度为 125%。

2. 横向比较法

横向比较法又称水平分析法，就是将公司的主要财务指标与同行业的平均指标或同行业中先进公司的指标进行对比,从而全面评价公司的经营业绩和市场竞争能力。与行业平均指标的对比,可以判断该公司在同行业中所处的位置;与先进公司的指标对比,有利于汲取先进经验,弥补本公司的不足。

水平分析法经常采用的形式是编制比较财务报表,包括比较资产负债表、比较利润表、比较现金流量表等。这种比较财务报表可以选取最近两期的数据并列编制,也可以选取数期的数据并列编制。前者一般用于差异分析,后者则可以用于趋势分析。

3. 预算差异分析法

预算差异分析法是将分析期的预算(计划)数额作为比较的标准,用实际数与预算数进行对比的一种分析方法。实际数与预算数的差异可以反映预算计划的实际完成情况,通过差异分析能够从中发现问题,完善管理。

（二）比率分析法

比率分析法是把某些彼此存在关联的项目加以对比,计算出比率,据以确定经济活动变动程度的分析方法。比率是相对数,能够把某些条件下的不可比指标变成可比指标,以便于分析比较。任何两个数字都可以计算出比率,但是要想一个比率有意义,计算比率的两个数字之间就必须具有相互联系。在财务报表中这种具有重要联系的相关数字比比皆是,可以计算出一系列有意义的比率,这种比率通常叫财务比率。比率指标的类型主要有构成比率、效率比率和相关比率三种。

1. 构成比率

构成比率又称结构比率,是某项财务指标的某个组成部分数值占总体数值的百分比,反映部分与总体的关系,以考察总体构成的合理性。其计算公式为:

$$构成比率 = \frac{某个组成部分数值}{总体数值} \times 100\%$$

它通常反映会计报表各项目的纵向关系。比如,如果以资产负债表中的资产总值为基数,可以计算出存货、应收账款和现金等各资产项目占资产总值的百分比。通过结构分析,可以看出公司的资产结构、负债结构、资本结构和盈利结构等。而且通过结构的配合,可以考察总体中某个部分的形成和安排是否合理,某个部分在总体中的地位和作用,发现有显著问题的项目,揭示进一步分析的方向,为优化公司资源配置等提供支持。

2. 效率比率

效率比率是某项财务活动中所得与所费的比率,反映投入与产出、收入与耗费的比率关系。利用效率比率,可以进行得失比较、考察经营成果、评价经济效益。比如,将利润项目与营业成本、营业收入和资本金等项目加以对比,可计算出成本利润率、营业净利率以及资本金利润率等利润率指标,可以从不同角度对比公司盈利能力的高低,并观察其增减变化情况。这类比率旨在反映公司运用资源产生收益的能力,因而可以反映公司的经营效率,故称为效率比率。

3. 相关比率

除上述构成比率、效率比率之外的其他财务比率,统称为相关比率。相关比率分析就是将两个性质不同但又相互联系的财务指标进行比较,求出比率,并据此考察公司中彼此相关联的业务安排是否合理,以保障运营活动能够顺畅进行。例如,将流动资产与流动负债加以对比,可计算出流动比率,据以判断公司的短期偿债能力。

比率分析法是最受欢迎和应用广泛的财务分析工具,它的优点是计算简便,计算结果容易比较判断,而且可以使某些指标在不同规模的公司之间进行比较。但比率分析法也有局限性,突出表现在:① 比率分析属于静态分析,难以分析动态方面的情况;② 比率分析使用的数据是历史性数据,对于未来预测并非绝对可靠;③ 比率分析使用的数据为账面数值,难以反映物价水平的影响等。因此,在运用这一方法时,一是要注意将各种比率有机地联系起来进行全面分析,不可孤立地看某种或某类比率;二是要注意考察公司的经营状况,不能只着眼于财务状况的分析;三是计算比率的分子项与分母项之间必须有一定的逻辑联系,计算时间和范围等方面保持口径一致;四是要结合其他各种分析方法。这样才能对公司的财务状况有一个比较详尽的分析了解。

(三) 因素分析法

因素分析法是根据分析指标与其影响因素之间的关系,从数量上确定各因素对分析指标差异影响程度的一种技术方法。这种方法的出发点是,当若干因素对分析对象发生影响作用时,假定其他各因素都无变化,顺次确定每一个因素单独变化所产生的影响。因素分析法从数量上测定各因素的影响程度,可以帮助人们抓住主要矛盾,明确指标完成好坏的原因和责任。这一方法是进一步分析中最为重要的方法。因素分析法根据其分析特点又可分为连环替代法和差额分析法两种。连环替代法作为因素替代法的主要形式,在实践中应用比较广泛。

1.连环替代法

连环替代法是将分析指标分解为各个可以计量的因素,并根据各个因素之间的依存关系,顺次用各个因素的实际值替代基准值,据以测定各因素对分析指标的影响。

假定某一综合指标 N 由 a、b、c 三个因素的乘积构成。其实际指标与基准指标以及有关因素的关系由下式构成:

基准指标:$N_0 = a_0 \times b_0 \times c_0$　　　　(1)

实际指标:$N_1 = a_1 \times b_1 \times c_1$　　　　(2)

实际指标与基准指标的差异:$\Delta N = N_1 - N_0$

实际值连环顺序替代基准值:

第一次替代:$a_1 \times b_0 \times c_0$　　　　(3)

第二次替代:$a_1 \times b_1 \times c_0$　　　　(4)

第三次替代:$a_1 \times b_1 \times c_1$　　　　(5)

其中,a、b、c 三个因素对综合指标的影响程度分别为:

a 因素变动的影响:$\Delta a = (3) - (1) = (a_1 - a_0) \times b_0 \times c_0$

b 因素变动的影响:$\Delta b = (4) - (3) = (b_1 - b_0) \times a_1 \times c_0$

c 因素变动的影响:$\Delta c = (5) - (4) = (c_1 - c_0) \times a_1 \times b_1$

三因素对综合指标的合计影响值应为:$\Delta a + \Delta b + \Delta c = \Delta N = N_1 - N_0$

【例 2 - 2】　鑫达公司 2021 年 7 月 A 型零部件成本的实际数是 46 200 元,而其计划数是 40 000 元。实际比计划超支 6 200 元。具体 A 型零部件的成本数据如表 2 - 4 所示,试运用连环替代法来分析各因素对零部件成本的影响程度。

表 2－4　A 型零部件实际成本与计划成本比较表

项　目	单　位	计划数	实际数
产品产量	件	1 000	1 100
单位零部件材料消耗量	千克	8	7
材料单价	元	5	6
零部件成本总额	元	40 000	46 200

首先确定零部件成本总额的表达式。

零部件成本总额＝产量×单位产品材料消耗量×材料单价

计划指标：1 000×8×5＝40 000(元)　　　(1)

第一次替代：1 100×8×5＝44 000(元)　(2)

第二次替代：1 100×7×5＝38 500(元)　(3)

第三次替代：1 100×7×6＝46 200(元)　(4)

各影响因素对差异的影响：

(2)－(1)＝44 000－40 000＝4 000(元)，是产量增加的影响。

(3)－(2)＝38 500－44 000＝－5 500(元)，是材料节约的影响。

(4)－(3)＝46 200－38 500＝7 700(元)，是原材料单价提高的影响。

三因素影响汇总：4 000－5 500＋7 700＝6 200(元)

2. 差额分析法

差额分析法是连环替代法的一种简化形式，其分析原理与连环替代法相同。区别就在于分析程序上，它是利用各因素的实际值与基准值之间的差额，直接计算各因素对分析指标的影响程度。

3. 应用因素分析法时应注意的问题

因素分析法在财务分析中得到广泛应用，但是在应用时应注意以下问题：

(1) 因素分解的相关性

因素分解的相关性是指指标与其影响因素之间必须真正相关，即客观上存在因果关系。经济意义上的因素分解与数学意义上的因素分解不同，不是在数学算式上相等就行，而要看经济意义。

(2) 因素替代的顺序性

因素替代的顺序性是指连环替代置换各因素时，要按照一定的顺序逐个替代，不能随意改变各因素的先后顺序。若对同一指标的分析采用不同的替代顺序，则各个因素变动影响的总和虽然仍会等于指标变动的总差异，但是各因素变动的影响程度会随着不同的替代顺序而不同。

如何确定正确的替代顺序？在实际工作中，往往是先替代数量因素，后替代质量因素；先替代原始的、主要的因素，再替代派生的、次要的因素。

(3) 顺序替代的连环性

顺序替代的连环性是指在确定各因素变动对分析对象的影响时，都是将某因素替代后的结果与该因素替代前的结果对比，一环套一环。这样既能保证各因素对分析对象影响结果的可分析性，又便于检验分析结果的正确性。

（4）计算结果的假定性

由于因素分析法计算各个因素变动的影响值会因替代计算顺序的不同而有差别，因而计算结果具有近似性，假定前提须合乎逻辑，具有实际经济意义。

总之，财务分析方法是一种微观的分析方法，强调分析某一公司的经营情况、财务结构等内在因素。财务分析方法本身只是一种手段，通过这种手段了解公司的实质，从而达到预测公司未来发展的目的。

在进行财务报表分析时，还要注意与公司生产经营活动相关的宏观经济信息（如经济环境、行业状况及政策变化等），要结合宏观的角度进行财务分析。分析人员越能掌握外在因素的变化，就越能充分了解公司业务的发展情况，就越能准确地判断公司在未来经济环境中的发展前景。

即测即评

1.（单选）下列财务指标中属于构成比率指标的是（ 　 ）。

A. 流动比率　　　　　　　　　　　B. 现金比率

C. 产权比率　　　　　　　　　　　D. 存货与流动资产的比率

2.（单选）（ 　 ）就是将公司的主要财务指标与同行业的平均指标或同行业中先进公司的指标进行对比，从而全面评价公司的经营业绩和市场竞争能力。

A. 横向比较法　　　　　　　　　　B. 纵向比较法

C. 垂直比较法　　　　　　　　　　D. 趋势分析法

3.（多选）财务报表分析的主体包括（ 　 ）。

A. 投资者　　　　　　　　　　　　B. 债权人

C. 经营管理者　　　　　　　　　　D. 政府、中介机构等

4.（单选）财务报表在财务分析中的作用是（ 　 ）。

A. 财务分析的主体　　　　　　　　B. 财务分析的结果

C. 财务分析的方法　　　　　　　　D. 财务分析的依据

5.（判断）定基趋势百分比是以每一分析期的前期数值为基期数值而计算出来的动态比率。

（ 　 ）

第二节　基本财务能力比率

对同一张财务报表的不同项目或不同报表的有关项目进行对比可以得出相关财务比率。这些财务比率反映了会计报表各项目之间的逻辑关系，利用这种逻辑关系去分析比较，可以发现公司经营中存在的问题，并据以评价公司的财务状况。基本财务能力分析包括偿债能力分析、营运能力分析、盈利能力分析和发展能力分析四个方面。

为便于说明财务比率的计算和分析方法，本节以 A 公司的财务报表数据为例。该公司2021 年资产负债表和利润表如表 2-1 和表 2-2 所示。

一、偿债能力指标

偿债能力是指公司偿还各种到期债务的能力。偿债能力的强弱是衡量公司财务状况好坏的重要标志。公司的债权人、经营管理人员、投资者等都非常重视公司的偿债能力。对公司的偿债能力进行分析，可以帮助债权人做出正确判断，以便决定是否对公司让渡资金的使用权、对其发放贷款或购买该公司的债券等。因此，财务报表分析首先要对公司的偿债能力进行分析。偿债能力分析包括短期偿债能力分析和长期偿债能力分析两个方面。

（一）短期偿债能力

短期偿债能力是指公司对流动负债的清偿能力，它取决于可在短期内转变为现金的流动资产的多少，主要考察公司流动资产对短期负债及时足额偿还的保障程度。短期债务即公司的流动负债，是指在一年内或超过一年的一个营业周期内需要偿付的债务。如果一个公司缺乏短期偿债能力，会因为无力支付到期的短期债务而被迫出售长期投资的股票、债券，或者拍卖固定资产，甚至导致公司破产清算，所以债权人非常重视这类比率。常用的短期偿债能力比率主要有流动比率、速动比率和现金比率。

1. 流动比率

流动比率是运用最广泛的比率之一，在西方国家被称为银行家比率，是流动资产与流动负债之比。它表明一定时期内，公司每 1 元流动负债有多少流动资产作为偿还保证。其计算公式为：

$$流动比率 = \frac{流动资产}{流动负债}$$

A 公司 2021 年年末的流动比率为：

$$流动比率 = \frac{199\,710}{157\,686} = 1.27$$

一般情况下，流动比率越高，公司的短期偿债能力越强，债权人的权益越有保障，公司的财务状况越稳定。作为债权人，自然希望该比率越大越好。但从投资经营的角度讲，过高的流动比率并不完全是件好事。流动比率过高，则显示对资金没有进行最有效的运用，这可能是因为材料或产成品存货积压，应收账款账龄过长，或是货币资金闲置过多，或有大量的预付款项等资产，而这些都影响公司资金的使用效率和获利能力。虽然有较高的流动比率，但并不具备安全的偿债能力。因此，公司应尽可能将流动比率维持在合理的水平。

在过去很长一段时期，国际上公认的制造类企业的合理的流动比率为 2∶1 左右，在这个比率下，公司能保持必要的短期偿付债务的能力。这一标准并不是绝对的，虽然一些公司的流动比率偏低，但大部分流动资产有很强的变现能力，其偿付能力依然很强；反之亦然。不同的公司以及同一公司不同时期的评价标准是不同的，通常生产经营周期较长的行业，如制造业，由于生产周期长，存货变现的周期相对较长，流动比率应高一些；营业周期较短的行业，如商业、服务业，存货变现速度较快，流动比率较低。

2. 速动比率

流动比率在评价短期偿债能力时，有一定的局限性。比如，有的公司流动比率较高，但其流动资产的流动性较差，短期偿债能力仍然不强。人们（特别是短期债权人）希望获得比流动比率更进一步的有关公司短期偿债能力的指标,该指标就是速动比率,也称酸性测试比率,是指公司速动资产与流动负债之比。它表明流动资产中可以立即变现的资产对流动负债的保证程度。其计算公式为:

$$速动比率=\frac{速动资产}{流动负债}$$

$$速动资产=货币资金+交易性金融资产+应收款项等$$

或简算为:

$$速动资产=流动资产-存货$$

速动资产是指变现速度快、变现能力强的流动资产,它通常是用流动资产减去变现能力较差且不稳定的存货、预付账款等项目后的余额。在实际工作中,为简化计算,在计算速动资产时,通常仅从流动资产中扣除存货一项,但要注意这样计算分析的结果并不准确。

速动资产不包括存货,主要原因是:存货是流动性最弱的流动资产,需要经过销售才能变为现金,如果存货滞销,变现就成了问题。由于剔除了存货等变现能力较弱且不稳定的资产,因此,速动比率较之流动比率能够更加准确、可靠地评价公司资产的流动性及其偿还短期债务的能力。该指标值越高,表明公司的短期偿债能力越强。

A公司2021年年末的速动比率为:

$$速动比率=\frac{199\ 710-20\ 011}{157\ 686}=1.14$$

通常认为,制造类企业速动比率等于1时较为适当。如果速动比率小于1,则被认为是短期偿债能力偏低;如果速动比率大于1,尽管公司偿债的安全性很高,但却会因为公司持有大量货币性资产及占用过多应收账款,大大增加公司的机会成本,使公司丧失有利的投资和获利机会,降低资金的使用效率。同时还需要注意的是,公司可以在期末采用推迟进货或大量赊销等方式,减少当期的存货余额,从而使速动比率保持在适当的水平上,这时的速动比率看起来似乎非常合理,却是一种虚假现象。而且行业不同,速动比率会有很大差别。如商业零售业、服务业在日常营业过程中采用大量的现金交易,可以保持较低的速动比率;而其他采用赊销方式的行业,则应保持较高的速动比率。

影响速动比率可信度的最重要因素是应收账款的变现能力。账面上的应收账款不一定都能变成现金,实际坏账可能比计提的准备要多,从而使速动比率不能真实地反映公司的偿债能力。

3. 现金比率

现金资产包括货币资金、交易性金融资产等。现金资产与流动负债的比值称为现金比率。现金是偿付债务最基本的手段,现金比率可以反映公司的立即支付能力,所以也称为即付比率。它表明每1元流动负债有多少现金资产作为偿还保证。其计算公式为:

$$现金比率=\frac{货币资金+交易性金融资产}{流动负债}$$

A公司2021年年末的现金比率为:

$$现金比率 = \frac{113\ 079 + 1\ 182}{157\ 686} = 0.72$$

在公司已将应收账款和存货作为抵押品的情况下,或者分析者怀疑公司的应收账款和存货存在流动性问题时,以及对某些高度投机性公司,以该指标评价公司短期偿债能力最为保险和安全。一般来说,现金比率越高,公司短期偿债能力越强。但从公司(债务人)的角度看,持有现金会发生机会成本,公司没有必要总是保留太多的现金,此比率一般不应大于1。对现金比率的标准没有一个统一的认识,一般认为公司的现金比率以适度为好,既要保证短期债务偿还的现金需要,又要尽可能降低过多持有现金的机会成本。

(二)长期偿债能力

长期偿债能力是指公司偿还长期债务的能力。公司在长期内,不仅需要偿还流动负债,还需偿还非流动负债,因此,长期偿债能力衡量的是对公司所有负债的清偿能力。公司长期偿债能力受制于多种因素,一般应重点考查公司的盈利水平和资本结构这两个方面。盈利水平的高低是公司偿还债务的根本保障,而资本结构则反映公司债务的风险程度。当公司现有资本结构合理,并且有较高的未来收益水平时,表明公司在未来相当长的时间内具有较强的偿付债务的能力。在评价公司长期偿债能力时,一般用资产负债率、产权比率、利息保障倍数等指标。

1. 资产负债率

资产负债率,又称负债比率或举债经营比率,是公司的负债总额与资产总额的比例关系。资产负债率反映总资产中有多大比例是通过借债来筹资的,也可以衡量公司在清算时保护债权人利益的程度。其计算公式如下:

$$资产负债率 = \frac{负债总额}{资产总额} \times 100\%$$

A 公司 2021 年的资产负债率为:

$$资产负债率 = \frac{158\ 520}{251\ 234} \times 100\% = 63.10\%$$

负债总额不仅包括长期负债,还包括流动负债。资产负债率反映了公司偿还债务的综合能力,从长期偿债能力的观点看,这一比率越低,公司财务状况越好。资产负债率的合理界限,并没有一个确定的具体标准。这个指标的高低对公司债权人、投资者和管理者都有不同的影响。

对债权人而言,这个指标越低越好。他们最关心的是贷给公司的款项的安全程度,也就是能否按期收回本金和利息。如果股东提供的资本与公司资本总额相比,只占较小的比例,则本息收回的风险较大,这对债权人来讲是不利的。

从股东角度看,由于公司通过举债筹措的资金与股东提供的资金在经营中发挥同样重要的作用,所以,股东所关心的是全部资本利润率是否超过借入款项的利率,即借入资本的代价。当公司所得的全部资本利润率大于利息率时,股东可以获得财务杠杆收益,股东希望负债率高一点;当公司所得的全部资本利润率小于利息率时,股东希望负债率低一点,这样能降低财务风险,防止公司陷入财务困境。

从管理者角度看,如果举债很大,超出债权人心理承受范围,则认为是不保险的,公司就借不到钱。如果公司不举债,或负债比例很小,说明公司畏缩不前,对前途信心不足,利用债权人资本进行经营活动的能力很差。从财务管理的角度来看,公司应审时度势,全面考虑,在利用资产负债率制定借入资本决策时,必须综合考虑预期的收益和增加的风险,在两者之间权衡利害得失,做出正确决策。

2. 产权比率

产权比率是指负债总额与股东权益总额之间的比例关系,又称债务股权比率,是公司财务结构稳健与否的重要标志。其计算公式为:

$$产权比率 = \frac{负债总额}{股东权益总额} \times 100\%$$

上述公式中的"股东权益",也就是所有者权益。

A 公司 2021 年的产权比率为:

$$产权比率 = \frac{158\ 520}{92\ 714} \times 100\% = 170.98\%$$

产权比率,表明了股东权益对债权人权益的保障程度,或者说是反映公司自有资金对借入资金的保障程度。实际上是资产负债率的另一种表现形式。对债权人来说,该比率越低,说明公司长期财务状况越好,债权人贷款的安全越有保障。从股东来看,在通货膨胀加剧时期,公司多借债可以把损失和风险转嫁给债权人;在经济繁荣时期,多借债可以获得额外的利润;在经济萎缩时期,少借债可以减少利息负担和财务风险。

产权比率高,是高风险、高报酬的财务结构;产权比率低,是低风险、低报酬的财务结构。

产权比率与资产负债率对评价偿债能力的作用相同,所依据的数据资料也相同,只是形式不同。因此,这两个比率可以互相取舍。在实务中,有的财务分析机构可能报告资产负债率,而另一些财务机构可能报告产权比率。主要区别是:资产负债率侧重于分析债务偿付安全性的物质保障程度,产权比率则侧重于揭示财务结构的稳健程度以及自有资金对偿债风险的承受能力。

3. 利息保障倍数

利息保障倍数是指公司在一个会计期间内获得的息税前利润与固定利息费用的倍数关系,也称已获利息倍数。其计算公式为:

$$利息保障倍数 = \frac{息税前利润}{利息费用} = \frac{税前利润 + 利息费用}{利息费用}$$

公式中的分子"息税前利润"是指未扣除利息费用和所得税之前的利润。因为所得税是在利息费用扣除后计算的,所以公司支付现在利息的能力不受所得税的影响。公式中的"利息费用"就是利润表中的利息费用。利息保障倍数可用于衡量公司的当期收益能在多大程度上满足当期利息费用开支的需要,没有足够的息税前利润,利息的支付就会发生困难。

假定财务费用均为利息费用,A 公司的利息保障倍数为:

$$利息保障倍数 = \frac{31\ 273 + 548}{548} = 58.07$$

该公司 2021 年度的已获利息倍数较高,有较强的偿付债务利息的能力。还需结合公司历史的情况和行业的特点进行进一步分析。

如何合理确定公司的利息保障倍数？这个指标的评价标准要看行业水平或公司历史水平。从长期看，利息保障倍数至少应当大于1，且比值越高公司长期偿债能力一般也就越强。如果利息保障倍数小于1，则表示公司的盈利能力无法承担债务利息，长期下去，必将出现债务不能支付的问题。从稳健性的角度出发，最好比较公司连续5年或5年以上的利息保障倍数，并选择最低指标年度的数据作为标准。这是因为，公司在经营好的年份要偿债，而在经营不好的年份也要偿还大约同量的债务。某一个年度利润很高，利息保障倍数也会很高，但不能年年如此。采用指标最低年度的数据，可保证最低的偿债能力。

二、营运能力指标

一般来讲，公司营运能力就是指公司充分利用现有资源创造社会财富的能力，其实质就是对资产利用效率的分析，即要以尽可能少的资产占用，尽可能短的时间周转，生产尽可能多的产品，创造尽可能多的销售收入。营运能力的大小对公司获利能力的持续增长和偿债能力的不断提高有着决定性的影响。

资金周转速度的快慢，通常使用资产周转率（次数）和资产周转期（天数）两个指标衡量。资产周转率是指公司在一定时期内资产的周转额与其平均余额的比率，它反映公司资产在一定时期的周转次数。周转次数越多，说明周转速度越快，资产营运能力越强。周转期是周转次数的倒数与计算期天数的乘积，反映资金周转一次所需要的天数。周转天数越少，表明周转速度越快，资产营运能力越强。其计算公式如下：

$$资产周转率（周转次数）=\frac{周转额}{资产平均余额}$$

$$资产周转期（周转天数）=\frac{计算期天数}{资产周转率}$$

评价公司营运能力的常用指标有存货周转率、应收账款周转率和总资产周转率等。

（一）存货周转率

存货周转率又称存货利用率或存货的周转次数，是公司一定时期的营业成本与存货平均余额的比率。存货周转率反映公司购入存货、投入生产到销售存货的年平均速度，通常用年平均周转次数来表示。其计算公式为：

$$存货周转率（次数）=\frac{营业成本}{存货平均余额}$$

$$存货平均余额=\frac{期初存货＋期末存货}{2}$$

A公司2021年的存货周转率为：

$$存货周转率=\frac{138\ 234}{(20\ 011＋16\ 568)\div 2}=7.56（次）$$

存货周转速度也可以用存货周转天数表示，它表示年度内存货平均周转一次所需要的时间。其计算公式为：

$$存货周转天数 = \frac{360}{存货周转率} = \frac{360 \times 存货平均余额}{营业成本}$$

存货周转天数表示存货周转一次所需要的时间,天数越少说明存货周转越快,存货的流动性越强。A 公司 2021 年的存货周转天数为:

$$存货周转天数 = \frac{360}{7.56} = 47.62(天)$$

一般而言,存货周转率越高,说明公司存货转化为现金或应收账款的速度越快,营运能力就越强。如果积压的存货越多,其存货周转率就越低,运用资产创造利润的营运能力就越差。存货周转率过低,是公司经营情况欠佳的一种迹象。

但是,存货周转率也不是越高越好,如果存货周转率过高,存货管理方面很可能存在一些问题,可能是因为持有存货量太低,甚至经常缺货,或者批量太少、采购次数过于频繁等原因,都会加大与存货有关的成本。只有通过客观地、综合地了解和分析存货周转速度,才能获得正确的、全面的认识。公司管理者和有条件的外部报表分析者除了分析批量因素、季节性生产的变化等情况外,还应分析存货的结构以及影响存货周转速度的重要项目,如原材料周转率、在产品周转率和产成品周转率等。

存货周转分析的目的是从不同的角度和环节找出存货管理中的问题,使存货管理在保证生产经营连续性的同时,尽可能少占用资金,提高资金的使用效率。

（二）应收账款周转率

应收账款和存货一样,在流动资产中有着举足轻重的地位。及时收回应收账款不仅可以减少产生坏账的可能,还可以减少客户无偿占用公司的资金。应收账款管理效率一般用应收账款周转率来衡量。其计算公式为:

$$应收账款周转率（次数）= \frac{赊销收入净额}{应收账款平均余额}$$

$$应收账款平均余额 = \frac{期初应收账款余额 + 期末应收账款余额}{2}$$

其中,

$$赊销收入净额 = 全部营业收入 - 现销收入 - 销售退回、折扣及折让$$

A 公司 2021 年的应收账款周转率为:

$$应收账款周转率 = \frac{200\ 023}{6\ 756.5} = 29.60(次)$$

从理论上讲,应收账款是赊销造成的,因此对应的营业收入应采用赊销净额,不包括现销收入,但是财务报表中一般不提供赊销净额,所以只要保持计算口径的历史一致性,可以用营业收入代替赊销收入。

应收账款周转率反映了公司应收账款变现速度的快慢及管理效率的高低。周转率越高,周转天数越少,说明公司收账迅速,可有效减少坏账损失和收账费用。但如果周转率过高,则有可能是公司制定的信用政策太严格,从而影响公司销量的增长和市场占有率;如果周转率过低,说明公司应收账款管理的效率太低,或者公司制定的信用政策太宽松,从而导致大量的应收账款占用资金,甚至产生大量的坏账。所以应收账款周转率的高低是公司销售和信用政策权衡的结果。

衡量应收账款周转速度的另一个指标是应收账款周转天数(应收账款平均收账期),它表示周转一次所需要花费的时间。应收账款周转天数越少,平均收账所花费的时间就越短,应收账款周转速度越快,其计算公式为:

$$应收账款周转天数 = \frac{360}{应收账款周转率} = \frac{360 \times 应收账款平均余额}{营业收入}$$

应收账款天数表示应收账款周转一次所需天数。平均收账期越短,表明公司的应收账款周转速度越快。根据 A 公司的应收账款周转率,计算出的应收账款周转天数为:

$$应收账款周转天数 = \frac{360}{29.60} = 12.16(天)$$

(三) 总资产周转率

总资产周转率是公司一定时期营业收入与总资产平均余额的比值。它反映公司的总资产在一定时期(通常为一年)内周转的次数,侧重于资产的流动性方面,强调总资产的利用效率。其计算公式为:

$$总资产周转率 = \frac{营业收入}{总资产平均余额}$$

$$总资产平均余额 = \frac{年初资产总额 + 年末资产总额}{2}$$

$$总资产周转天数 = \frac{360}{总资产周转率} = \frac{360 \times 总资产平均余额}{营业收入}$$

A 公司 2021 年的总资产周转率为:

$$总资产周转率 = \frac{200\ 023}{233\ 110.5} = 0.86(次)$$

总资产周转率越高,表示公司投资发挥的效益越大,其结果是利润率上升;反之,说明资产利用程度不高,投资所发挥的效益较差。如果公司的总资产周转率长期处于较低状态,那么公司就需要采取相应的措施以提高各项资产的利用程度,对那些低效率、低利用率或闲置的资产进行及时处理以加速资产的周转速度、提高资产的整体营运能力。

影响总资产营运能力的因素主要是资产内部的结构比例、各项资产的利用程度和销售收入的多少。因此,要提高总资产周转率,必须做到以下三点:一是要安排好各项资产的合理比例,尤其是流动资产和固定资产之间的比例;二是要提高各项资产的利用程度,尤其是应收账款、存货和固定资产项目,防止流动资产和固定资产出现闲置现象;三是应做到面向市场,努力开发新产品,提高市场占有率,在总资产规模不变的情况下尽可能地扩大销售收入。

（四）营业周期

营业周期是指公司从购入存货,到销售商品和提供劳务最后收回现金为止耗用的时间,即公司的生产经营周期。营业周期的长短取决于存货周转天数和应收账款周转天数。其计算公式为:

$$营业周期 = 存货周转天数 + 应收账款周转天数$$

A 公司 2021 年的营业周期为:

营业周期 $= 47.62 + 12.16 = 59.78$(天)

营业周期的长短是决定公司流动资产需要量的重要因素。一般情况下,营业周期短,说明资金周转速度快;营业周期长,说明资金周转速度慢。提高存货周转率,缩短营业周期,可以提高公司的变现能力,同时也是提高经营效益的有效途径。

小思考

评价公司的资本管理效率,比亚迪和长安汽车,谁的汽车卖得快?

三、盈利能力指标

盈利能力也称获利能力,是公司在一定时期内赚取利润的能力。盈利是公司的重要经营目标,是公司赖以生存和发展的物质基础,它不仅关系到公司所有者的利益,也是公司偿还债务的一个重要来源。如果没有盈利能力,必定无法获得外来资本,债权人与股东也必然要尽快收回借款和投资。因此,无论是投资人、债权人还是公司管理人员,都十分重视和关心公司的盈利能力。反映公司盈利能力的指标主要有营业毛利率、营业净利率、总资产报酬率、净资产收益率等。

（一）营业毛利率

营业毛利率是指公司一定时期营业毛利与营业收入的比率。营业毛利率反映的是主营业务的获利能力,表示每 1 元营业收入扣除营业成本后,有多少钱可以用于弥补各项期间费用和形成利润。其计算公式为:

$$营业毛利率 = \frac{营业毛利}{营业收入} \times 100\% = \frac{营业收入 - 营业成本}{营业收入} \times 100\%$$

A 公司 2021 年的营业毛利率为:

$$营业毛利率 = \frac{200\ 023 - 138\ 234}{200\ 023} \times 100\% = 30.89\%$$

营业毛利率反映了公司产品销售的初始获利能力,是公司净利润的起点,没有足够高的毛利率便不能形成较大的盈利。毛利率是公司产品经过市场竞争后的结果,是一个十分可信的指标。营业毛利率越高,表明公司的盈利能力越强。

营业毛利率具有明显的行业特征,不同行业、不同产品的毛利率往往悬殊较大。如零售业,因为营业周期短、固定费用低,毛利率通常也低;营业周期长的行业毛利率通常会高一些。因此,毛利率分析首先应该与行业平均水平对比。其次,还要对本公司的毛利率进行趋势分析;但同一行业的毛利率一般相差不大,营业毛利率低于行业水平的公司则在行业中处于竞争劣势。

(二)营业净利率

营业净利率是指公司一定时期净利润与营业收入的比率。营业净利率反映每 1 元营业收入最终赚取的净利润是多少,用于反映公司最终的盈利能力。其计算公式为:

$$营业净利率 = \frac{净利润}{营业收入} \times 100\%$$

A 公司 2021 年的营业净利率为:

$$营业净利率 = \frac{26\ 379}{200\ 023} \times 100\% = 13.19\%$$

营业净利率表现出公司通过销售赚取利润的能力。该指标越高,公司通过销售获取利润的能力就越强。通过分析营业净利率,有助于公司在扩大销售的同时,注意改进经营管理效率,降低成本费用,提高盈利水平。

(三)总资产报酬率

总资产报酬率是公司一定期限内实现的息税前利润与该时期公司平均资产总额的比率,它是反映公司资产综合利用效果的核心指标,表明公司利用全部资产为股东创造利润的能力。其计算公式为:

$$总资产报酬率 = \frac{息税前利润}{总资产平均余额} \times 100\%$$

为什么总资产报酬率的分子为息税前利润?是否可以用其他指标做分子?比率指标要求分子与分母口径的一致性决定了总资产报酬率的分子应使用息税前利润,而不能仅是利润总额。公司总资产的资金来源有两部分:所有者权益和负债。所有者的投资报酬体现为利润,债权人的投资报酬体现为利息。因此,在评价总资产的盈利能力时就不能仅考虑利润,忽视利息,而应包括这两部分。

A 公司 2021 年的总资产报酬率为:

$$总资产报酬率 = \frac{31\ 821}{233\ 110.5} \times 100\% = 13.65\%$$

总资产报酬率集中体现了资产运用效率和资金运用效率之间的关系,在公司资产总额一定的情况下,可以分析公司盈利的稳定性和持久性,确定公司所面临的风险;可以反映公司综合经营管理水平的高低。总资产报酬率越高,表明资产利用效果越好,整个公司的获利能力越强,经营管理水平越高。

(四)净资产收益率

净资产收益率是公司一定时期的净利润与净资产(即所有者权益)平均总额的比率。该指标反映了公司的所有者通过投入资本经营所取得的利润的能力。其计算公式为:

$$净资产收益率 = \frac{净利润}{净资产平均余额} \times 100\%$$

A公司2021年的净资产收益率为：

$$净资产收益率 = \frac{26\ 379}{79\ 784} \times 100\% = 33.06\%$$

净资产收益率是立足于所有者权益的角度来考核公司投资回报能力的,因而它是最被所有者关注的、公认的财务分析核心指标。一般来说,净资产收益率越高,说明公司的获利能力越强,越有可能保持住现有的投资者并吸引潜在的投资者进入。报表使用者通过分析净资产收益率指标,一方面可以判定公司的投资效率,另一方面可以了解公司管理水平的高低。

小思考

如何从战略的角度评价一个公司的利润质量?

四、发展能力指标

公司发展能力通常是指公司未来生产经营活动的发展趋势和发展潜能,也可以称之为增长能力。在财务分析时除了根据上述指标对公司过去的情况做出一般评价外,还要根据现有的报表资料对公司的未来做出准确判断,观察和预测其未来的发展趋势和扩张潜力。公司发展能力指标包括营业收入增长率、总资产增长率、资本积累率等。

（一）营业收入增长率

营业收入增长率是公司当年营业收入增长额与上年营业收入总额的比率,反映公司营业收入的增减变动情况,是评价公司成长状况和发展能力的重要指标。其计算公式为：

$$营业收入增长率 = \frac{当年营业收入增长额}{上年营业收入总额} \times 100\%$$

A公司2021年的营业收入增长率为：

$$营业收入增长率 = \frac{200\ 023 - 150\ 019}{150\ 019} \times 100\% = 33.33\%$$

营业收入增长率是衡量公司经营状况和市场占有能力、预测公司经营业务拓展趋势的重要指标,也是公司扩张增量资本和存量资本的重要前提。该指标越大,表明其增长速度越快,公司市场前景越好。不断增加的营业收入,是公司生存的基础和发展的条件。因此,在各种反映公司发展能力的财务指标中,营业收入增长率指标是最关键的,因为只有实现公司营业额的不断增长,公司的净利润增长率才有保证,公司的规模扩大才能建立在一个稳固的基础之上。

（二）总资产增长率

公司要增加营业收入,就需要通过增加资产投入来实现营业收入的增加。总资产增长率是公司本年总资产增长额与年初资产总额的比率,它反映了公司本期资产规模的增长情况。其计算公式为：

$$总资产增长率＝\frac{当年总资产增长额}{年初资产总额}×100\%$$

A 公司 2021 年的总资产增长率为：

$$总资产增长率＝\frac{251\ 234－214\ 987}{214\ 987}×100\%＝16.86\%$$

该指标越高，表明公司一定时期内资产经营规模扩张的速度越快。但在实际分析时，应注意考虑资产规模扩张的质和量的关系，以及公司的后续发展能力，避免公司盲目扩张。

（三）资本积累率

资本积累率又叫所有者权益增长率，是公司本年所有者权益增长额与年初所有者权益余额的比率。它反映公司当年资本的积累能力，是评价公司发展潜力的重要指标之一。其计算公式为：

$$资本积累率＝\frac{当年所有者权益增长额}{年初所有者权益余额}×100\%$$

A 公司 2021 年的资本积累增长率为：

$$资本积累率＝\frac{92\ 714－66\ 854}{66\ 854}×100\%＝38.68\%$$

较多的资本积累是公司发展强盛的标志，是公司扩大再生产的源泉，是评价公司发展潜力的重要指标。该指标越高，表明公司的资本积累越多，应对风险、持续发展的能力越大；该指标越小，表明公司的资本受到侵蚀，所有者权益受到损害，应予以充分重视。

五、上市公司特殊财务分析指标

由于上市公司自身的特点，其盈利能力除了可通过公司盈利能力的一般指标分析外，还应进行一些特殊指标的分析，特别是一些与公司股票价格或市场价格相关的指标分析。对于上市公司来说，最重要的财务指标是每股收益、每股净资产和净资产收益率等指标。证券信息机构定期公布按照这三项指标高低排序的上市公司排行榜，可见其重要性。本节介绍每股收益、每股净资产、每股股利、市盈率、市净率等指标。

（一）每股收益

每股收益也称每股利润或每股盈余，是某一会计年度内公司净利润与流通在外普通股的全年平均股数的比率。用于评价普通股股东获得报酬的程度。其计算公式为：

$$每股收益＝\frac{净利润－优先股股利}{流通在外普通股的全年平均股数}$$

因为优先股的股利是确定的，通常在普通股股利之前支付，且优先股的权益受到限制，而普通股股东才是风险的最终承担者，只有对普通股股东计算每股收益才有意义，所以，公式中的分子只是普通股股东的净收益。

A 公司 2021 年的发行在外全年普通股平均股数为 6 050 百万股,每股收益为:

$$每股收益 = \frac{26\ 379}{6\ 050} = 4.36(元)$$

每股收益是评价上市公司投资报酬和盈利能力的最重要的一项核心指标。每股收益指标数值越高,表明公司的盈利能力越强,股东的投资回报越好,每一股份所获得的利润越多,反之亦然。

影响每股收益的因素有属于普通股的净利润(正影响因素)和发行在外普通股的全年平均股数(负影响因素)。在计算普通股每股收益时,应采用属于普通股的净利润,所以在公司净利润中要扣除不属于普通股的净利润额,如优先股股利等。而普通股股数的变动影响因素很多,既受到普通股发行状况(如增发)的影响,又与公司的证券构成有关(如库存股票),计算时应注意。

(二) 每股净资产

每股净资产是公司年末普通股股东权益与年末普通股股数的比值。其计算公式为:

$$每股净资产 = \frac{年末普通股股东权益}{年末流通在外的普通股股数}$$

A 公司 2021 年的每股净资产为:

$$每股净资产 = \frac{92\ 714}{6\ 050} = 15.32(元)$$

一般来说,公司的经营业绩越好,其资产增值越快,净资产的数值就越高。每股净资产也被称为股票的每股账面价值,在理论上提供了股票的理论估值。若每股市价低于每股净资产,表明资本市场对公司的前景看淡,但也有可能意味着股票的价格被市场低估。

(三) 每股股利

每股股利是公司分配的现金股利总额扣除优先股股利后的余额与流通在外的普通股股数的比率。在某种程度上,每股股利比每股收益更直观,更受股票投资者特别是短期投资者的关注,每股股利的多少会直接反映到股票价格的变动中去。其计算公式为:

$$每股股利 = \frac{现金股利总额 - 优先股股利}{流通在外的普通股股数}$$

A 公司 2021 年流通在外的普通股股数为 6 050 百万股,支付给普通股的现金股利为 3 630 百万元。每股股利为:

$$每股股利 = \frac{3\ 630}{6\ 050} = 0.6(元)$$

每股股利是反映股份公司每一普通股获得股利多少的一个指标,指标值越大表明获利能力越强。每股股利的高低,不仅取决于公司的获利能力,还取决于公司的股利政策和现金是否充裕。如果一个公司的现金流量比较充裕并且目前没有更好的投资机会,可能会倾向发放现金股利;反之,如果公司为扩大再生产、增强公司后劲而多留利,每股股利就少。

（四）市盈率

市盈率为市价与每股盈余比率的简称，是普通股每股市价与普通股每股收益的比值，可用来判断不同公司股票潜在的价值。其计算公式为：

$$市盈率 = \frac{每股市价}{每股收益}$$

A 公司 2021 年的普通股基本每股收益为 4.36 元，每股市价为 64 元，公司按基本每股收益计算的市盈率为：

$$市盈率 = \frac{64}{4.36} = 14.68$$

市盈率是投资者衡量股票潜力、借以投资入市的重要指标。它反映投资者对每股收益所愿意支付的价格。市盈率越高，表明市场对公司越看好，投资者愿意出较高的价格购买公司股票。市盈率还可以用来估计股票的投资风险。在市价确定的情况下，每股收益越高，市盈率越低，投资风险越小；反之亦然。另外，该指标不能用于比较不同行业公司的价值，因为一般新兴行业公司的市盈率普遍较高，成熟稳定行业的公司市盈率普遍较低，但这并不说明后者的股票就没有投资价值。

（五）市净率

市净率是普通股每股市价与普通股每股净资产的比率。其计算公式如下：

$$市净率 = \frac{每股市价}{每股净资产}$$

A 公司 2021 年普通股每股市价为 64 元，每股净资产为 15.32 元。A 公司的市净率为：

$$市净率 = \frac{64}{15.32} = 4.18$$

市净率表明市场对公司资产质量的评价。一般来说，公司市净率小于 1，表明这个公司资产质量差，发展前景较差；反之，市净率大于 1，说明公司资产市价高于账面价值，资产质量好，发展前景较好。但是要注意的是，当市净率小于 1 时，也可能表明公司价值被低估。

小思考

如何成为一个稳健的投资者？请基于市盈率、市净率和净资产收益率展开分析。

即测即评

1.（单选）通过分析企业流动资产与流动负债之间的关系可以判断企业的（　　）。
A. 短期偿债能力　　　　　　　　　B. 长期偿债能力
C. 盈利能力　　　　　　　　　　　D. 营运能力

2.（单选）下列指标中，（　　）能够较为直观地反映企业的初始盈利能力，是企业净利润的起点。

A. 营业利润率   B. 销售息税前利润率

C. 营业毛利率   D. 核心利润率

3. (多选)市盈率指标的计算需涉及的参数有( )。

A. 净利润   B. 普通股股利

C. 每股市价   D. 优先股股利

4. (单选)下列指标中,不能用来反映企业偿债能力的是( )。

A. 现金流量比率   B. 利息保障倍数

C. 资产净利率   D. 资产负债率

5. (判断)资产周转次数越多,周转天数越多,表明资产周转速度越快。   ( )

第三节 财务综合分析

公司的各项财务活动、财务指标是相互联系、相互影响的,单独分析任何一项财务指标,都难以全面评价公司的财务状况和经营成果。只有对各种财务指标进行系统的、综合的分析,才能对公司的财务状况做出全面合理的评价。

杜邦分析体系是由美国杜邦公司创立并成功运用的,故因此而得名。该体系是利用各主要财务比率之间的内在联系,对公司财务状况和经营成果进行综合评价的系统方法。

一、杜邦分析体系的核心比率

净资产收益率(又称权益净利率)是杜邦分析体系的核心比率,具有很好的可比性,可用于不同公司之间的比较。由于资本具有逐利性,总是流向投资报酬率高的行业和公司,因此各公司的净资产收益率会比较接近。如果一个公司的净资产收益率经常高于其他公司,就会引来竞争者,迫使该公司的净资产收益率回到平均水平。如果一个公司的净资产收益率经常低于其他公司,就难以增获资本,会被市场驱逐,从而使幸存公司的净资产收益率平均水平回归正常。

净资产收益率不仅有很强的可比性,而且有很强的综合性。

$$净资产收益率 = \frac{净利润}{所有者权益}$$

$$= \frac{净利润}{资产总额} \times \frac{资产总额}{所有者权益}$$

$$= 资产净利率 \times 权益乘数$$

资产净利率又可以进一步分解为营业净利率(又称销售净利率)和总资产周转率的乘积。

$$资产净利率 = \frac{净利润}{资产总额}$$

$$= \frac{净利润}{营业收入} \times \frac{营业收入}{资产总额}$$

$$= 营业净利率 \times 总资产周转率$$

由上述公式可得：

$$净资产收益率 = 营业净利率 \times 总资产周转率 \times 权益乘数$$

其中：

$$权益乘数 = \frac{资产总额}{所有者权益}$$

$$= \frac{资产总额}{资产总额 - 负债总额} = \frac{1}{1 - \dfrac{负债总额}{资产总额}} = \frac{1}{1 - 资产负债率}$$

权益乘数反映企业所有者权益与总资产的关系，它对净资产收益率具有倍数影响，该指标主要受资产负债率的影响，负债比率越大，权益乘数就越高，在总资产报酬率超过企业资金平均利息率的前提下能够给企业带来较多的财务杠杆利益；反之，则形成财务杠杆损失。整体而言权益乘数反映了财务风险的高低，数值越大，财务风险越高。

从以上关系式可以看出，决定净资产收益率高低的因素有三个：营业净利率、总资产周转率和权益乘数。分解之后，可以把净资产收益率这一项综合性指标发生增减变化的原因具体化。实际工作中还可进一步使用因素分析法，将影响净资产收益率这一项综合性指标发生增减变化的各因素数据化。

无论提高其中的哪个比率，净资产收益率都会提高。其中，"营业净利率"是利润表的一种概括表示，"净利润"和"营业收入"两者相除可以概括公司经营成果；"总资产周转率"把利润表和资产负债表联系起来，使净资产收益率可以综合分析评价整个公司经营成果和财务状况；"权益乘数"是资产负债表的一种概括表示，表明资产、负债和股东权益的比例关系，可以反映公司最基本的财务状况。

二、杜邦分析体系的基本框架

图 2-1 是 ZGX 公司杜邦分析体系的基本框架图。由图 2-1 可知，杜邦财务分析体系是一个多层次的财务比率分解体系。每个层次的财务比率均可以与本公司历史水平或同行业平均水平的财务比率比较，进行评价，并逐级向下分解，直至覆盖公司经营活动的每一个环节，可以实现系统、全面评价公司经营成果和财务状况的目的。

首先，从公司销售方面分析。营业净利率反映了公司净利润与营业收入之间的关系，要想提高营业净利率，必须开源节流。即一方面提高营业收入，另一方面降低各种成本和费用，这样才能使净利润的增长高于营业收入的增长，从而使营业净利率得到提高。提高营业收入的两种途径，一是提高价格，二是增加销售量。要使利润的增长超过收入的增长，必须降低成本费用。由此可见，公司要提高营业净利率必须"内外兼修"：一方面要苦练内功，提高产品质量，为提高价格做保障，同时，尽可能减少生产成本，严格控制各项期间费用；另一方面要加强公司面向市场的外在工夫，提高产品的市场占有量。图 2-1 帮助我们通过营业净利率看到公司成本费用是否合理，发现公司在成本费用管理方面存在的问题。比如，若公司承担的利息费用太多,就应当进一步分析公司的融资结构是否合理。如图 2-1 所示,ZGX 公司的营业净利率由 2017 年的 2.47％上升到 2018 年的 6.45％,利润的增长超过营业总收入的增长,说明公司在市场开拓、控制成本费用方面成绩显著。

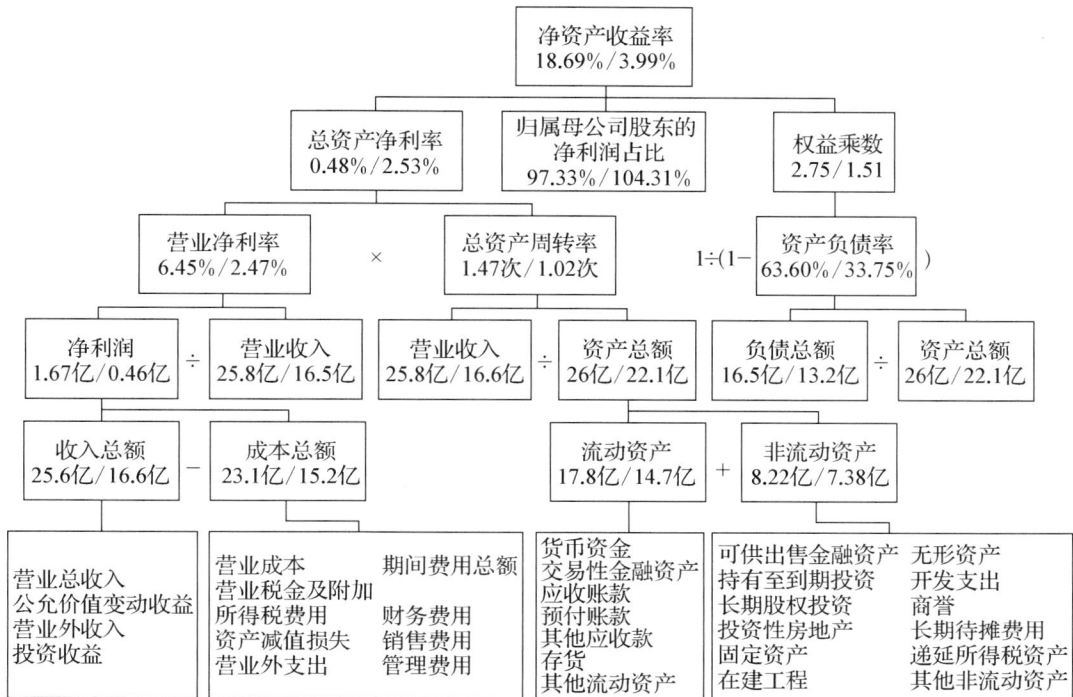

图 2-1　ZGX 公司杜邦分析体系

其次,从资产管理方面分析。分析公司的资产管理水平可以从资产结构以及资产使用效率两个方面入手。资产结构主要看流动资产与非流动资产之间的比例是否合适。一般说来,如果公司流动资产中货币资金占的比重过大,会影响公司的获利能力。如图 2-1 所示,ZGX 公司的总资产周转率由 2017 年的 1.02 次上升为 2018 年的 1.47 次。盈利能力上升的同时,伴随周转速度的加快,说明该公司采取"高盈利,高周转"的方针,经营状况良好。但是,还应进一步分析各项资产的占用数额和周转速度,了解资产布局是否合理,资产管理是否存在问题等。

最后,从公司的财务杠杆来分析。权益乘数的大小可以反映公司利用财务杠杆提高股东收益的情况,反映企业的财务政策。当然,过高的财务杠杆会加大利息负担,降低杜邦分解公式中另一个指标——营业净利率。所以,我们需要综合考虑。ZGX 公司的权益乘数由 2017 年的 1.51 上升到 2018 年的 2.75,增加了将近一倍,在总资产净利率上升的情况下,增加权益乘数,等于放大了财务正杠杆,大大提高净资产收益率,但同时也使经营风险和财务风险急剧增加。ZGX 公司需要进一步分析公司的财务政策与经营战略是否匹配,企业资本结构是否需要优化,资金来源是否合理,筹资是否存在问题等。

通过分析,我们发现 ZGX 公司 2018 年的经营状况有较大的改善,但是财务风险大大的上升了。

总之,从图 2-1 可以看出,净资产收益率与公司的融资结构、销售能力、成本控制、资产管理水平等因素密切相关,公司的盈利能力涉及公司经营活动的方方面面,只有各个因素之间互相协调,才能使公司保持长久的盈利能力。

即测即评

1. (单选)在杜邦财务分析体系中,综合性最强的财务比率是( )。
A. 销售净利率   B. 总资产净利率
C. 总资产周转率   D. 净资产收益率

2. (判断)资产负债率越大,权益乘数就越高。 ( )

3. (单选)属于综合财务分析方法的有( )。
A. 比率分析法   B. 比较分析法
C. 趋势分析法   D. 杜邦分析法

第四节　财务预测

古往今来无数案例表明,人类预测未来的能力有限,准确度不高。既然预测未来如此困难,为什么许多公司仍然对预测和计划工作乐此不疲呢? 因为预测和计划,可以提高公司应对未来不确定事件的反应能力。未来的不确定性越大,预测和计划可能给公司带来的收益越大。

财务预测就是运用科学的理论和方法,依据过去和现在的有关资料,对公司未来各项财务活动的发展变化趋势及其结果进行的预先推测和判断。狭义的财务预测仅指估计公司未来的融资需求,广义的财务预测包括编制全部的预计财务报表。

一、财务预测的作用

财务预测的作用主要体现在以下三个方面。

(一)财务预测是融资计划的前提

公司要对外提供产品和服务,必须有一定的资产。销售增加时,要相应地增加流动资产,甚至还需要增加固定资产。为了取得扩大销售所需增加的资产,公司要筹措资金。这些资金一部分来自利润留存,另一部分通过外部融资取得。通常,营业增长率较高时利润留存不能满足资金需要,即使获利良好的公司也需要外部融资。对外融资,需要寻找提供资金的人,向他们做出还本付息的承诺或提供盈利前景,并使之相信其投资是安全的并且可以获利,这个过程往往需要较长的时间。因此,公司需要预先确定合理的筹资规模,提前安排融资计划,尽可能避免所筹资金过多或过少给企业造成的损失。

(二)财务预测有助于改善投资决策

根据销售前景估计出的融资需要不一定总能满足,因此就需要根据可能筹措到的资金来安排销售增长,以及有关的投资项目,使投资决策建立在有资本保障的基础上。

（三）预测的真正目的是有助于应变

财务预测与其他预测一样,都不可能很准确。从表面上看,不准确的预测只能导致不准确的计划,从而使预测和计划失去意义。其实并非如此,预测给人们展现了未来的各种可能的前景,促使人们制订出相应的应急计划。预测和计划是超前思考的过程,其结果并非仅仅是一个资金需要量,还包括对未来各种可能前景的认识和思考。预测可以提高公司对不确定事件的反应能力,从而减少不利事件出现带来的损失,增加利用有利机会带来的收益。

二、财务预测的方法——营业百分比法

财务预测最基本的方法是营业百分比法。营业百分比法是根据资产负债表和利润表中有关项目与营业收入之间的比例关系,预测短期资金需要量的一种方法。即假设资产、负债和费用与营业收入存在稳定的百分比关系,根据预计营业收入和相应的百分比预计资产、负债和所有者权益,然后确定融资需求。这种方法认为,在生产经营过程中所需要的资金首先是来自留存收益的增加,即依靠内部筹资解决,在内部筹资不能满足资金需求的情况下再进行外部筹资。

采用营业百分比法预测公司资金需要量时,需要将财务报表中的各个项目,按其与营业收入的相关性划分为两大类:敏感项目和非敏感项目。

短期内,随营业收入变动而变动并成一定比例关系的项目,称为敏感项目。凡是不随营业收入变动而变动或随营业收入的变动而变动但明显不成比例变动的项目,称为非敏感项目。

随着销售的扩大,需要占用更多的存货、发生更多的应收账款、需要更多的现金以满足日常支付的需要。因此,一般而言,货币资金、应收票据、应收账款、存货等经营性流动资产可视为敏感资产。非敏感资产是指不受营业收入变动影响的资产或与营业收入的变动明显不成正比例变动的资产。在现实生活中,有些非敏感资产会出现阶梯式跳跃,如固定资产,如果销售规模在现有生产经营能力范围内扩大,不需要增加固定资产;如果现有生产经营能力不能满足销售增长的需要,就需新增固定资产,此时固定资产的增长呈阶梯式变动。长期股权投资、金融资产与营业收入的变化没有必然联系。因此,经营性非流动资产、金融资产一般应视为非敏感资产。

敏感负债是在公司生产经营过程中自发形成的、不需要专门筹集的负债。随着销售规模的扩大,存货增加,应付账款随之增加,同时,应付职工薪酬、应交税费等应付费用也随之增加。一般而言,经营负债可视为敏感负债。非敏感负债是指不受营业收入变动影响的负债,也就是需要专门筹集的负债。短期借款、交易性金融负债、长期借款、应付债券等筹资性负债,一般应视为非敏感性负债。

实收资本不会随着营业收入的变动而变动,留存收益也不一定和营业收入成比例变动,所以权益类项目一般为非敏感项目。

需要说明的是,实务中要根据公司具体情况来划分敏感项目与非敏感项目。

（一）营业百分比法的基本理论依据

营业百分比法的基本理论依据是会计恒等式:资产＝负债＋所有者权益。
营业百分比法的预测原理如图2-2所示。

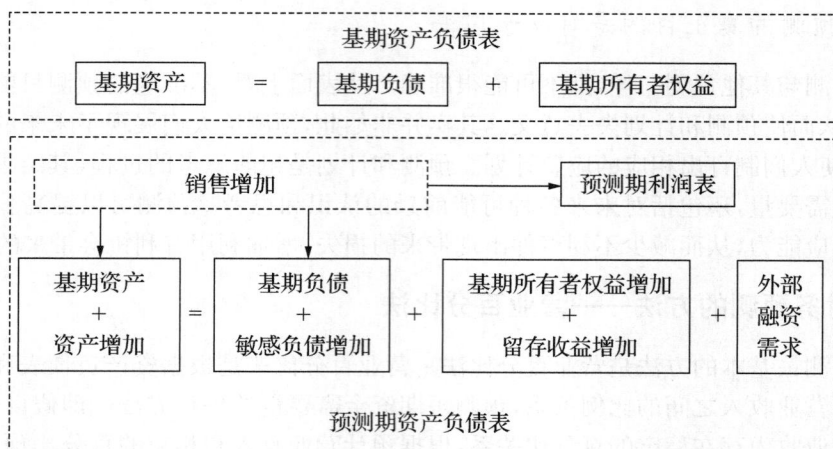

图 2-2 营业百分比法的预测原理

销售的增长,会引起资产的增长,其中,敏感资产与营业收入同比增加,非敏感资产或者不变,或者增加但是与营业收入不成比例。同时,销售的增长,也会引起敏感负债的增加和留存收益的增加,但是,资产的增加同敏感负债与留存收益的增加往往是不相等的。当资产的增加大于敏感负债与留存收益的增加之和时,表明新增资金的需要量超过新增资金的供应量,这时需要从外部筹集资金(如向银行借款、发行债券、发行股票等),增加负债或所有者权益,从而使会计恒等式成立。

（二）营业百分比法预测的步骤

营业百分比法的计算有两种思路,分别是总额法和差额法。它们的区别是:总额法根据营业收入总额确定筹资需求;差额法根据营业收入增加额确定筹资需求。这两种思路的本质是相同的,两种方法只要掌握了总额法,差额法只不过就是换了一种计算的方式而已。不管是总额法,还是差额法,在计算最终资金需要量的时候,其实都借助了会计恒等式。

【例 2-3】 A 公司 2019 年实现营业收入为 5 000 万元,目前尚有剩余生产能力,营业净利率为 5%,并按税后净利润的 60% 支付股利。A 公司预测 2020 年全年营业收入为 8 000 万元,营业净利率和股利支付率同上年保持一致,公司 2019 年年底的简化资产负债表如表 2-5 所示。

表 2-5 资产负债表（2019 年 12 月 31 日） 单位:万元

资 产	金 额	负债及所有者权益	金 额
现金	200	应付账款	200
应收账款	300	应交税费	100
存货	500	长期负债	700
固定资产(净值)	900	股本	1 000
无形资产	200	留存收益	100
资产合计	2 100	负债及所有者权益合计	2 100

要求:用营业百分比法预测该公司 2020 年需从外部筹集资金的数量。

1. 总额法

第一步,区分敏感项目与非敏感项目,并确定各敏感项目与营业收入的百分比。

根据基期的实际情况,确定敏感资产与非敏感资产、敏感负债与非敏感负债,并计算敏感资产和敏感负债项目的营业百分比。敏感资产、敏感负债营业百分比也可以根据以前若干年度的平均数确定。

如表 2-6 所示,表中 N 表示不变动,即该项目不随营业收入的变动而变动。

表 2-6 资产负债表(2019 年 12 月 31 日)　　　　　　　　　单位:万元

资　产	金　额	与营业收入的关系	负债及所有者权益	金　额	与营业收入的关系
现金	200	4%	应付账款	200	4%
应收账款	300	6%	应交税费	100	2%
存货	500	10%	长期负债	700	N
固定资产(净值)	900	N	股本	1 000	N
无形资产	200	N	留存收益	100	N
资产合计	2 100	20%	负债及所有者权益合计	2 100	6%

第二步,计算预计营业收入下的敏感资产和敏感负债项目。

$$敏感资产(或敏感负债)=预计营业收入×各项目营业收入百分比$$

非敏感项目需单独进行预测。

第三步,预计留存收益增加额。

留存收益是公司内部积累形成的一种资金来源,可以全部或部分满足企业的融资需求。这部分资金的多少,取决于净利润的多少和股利支付率的高低。

$$预计留存收益增加额=预计营业收入×预计营业净利率×(1-预计股利支付率)$$

这里需要注意:该留存收益增加额的计算方法隐含了一个假设,即预计营业净利率可以涵盖增加的利息。设置该假设的目的是摆脱筹资预测的数据循环。

留存收益增加额=8 000×5%×(1-60%)=160(万元)

表 2-7 中留存收益的预计数=100+160=260(万元)

从而得到 2020 年预计所有者权益为 1 260 万元。

第四步,计算外部筹资需求。

预计由于销售增长而需要的资金需求增长额,扣除留存收益后,即为所需要的外部筹资需求额。

$$外部筹资需求额=预计资产总额-预计负债总额-预计股东权益总额$$

[例 2-3]最终的外部筹资需求额=2 700-1 180-1 260=260(万元)

表 2-7 预计资产负债表(2020 年 12 月 31 日)　　　　　　单位:万元

资　产	2019 年实际数	占营业收入的百分比	2020 年预计数	负债及所有者权益	2019 年实际数	占营业收入的百分比	2020 年预计数
现金	200	4%	320	应付账款	200	4%	320
应收账款	300	6%	480	应交税费	100	2%	160
存货	500	10%	800	长期负债	700	N	700
固定资产(净值)	900	N	900	股本	1 000	N	1 000
无形资产	200	N	200	留存收益	100	N	
				追加外部筹资额			
资产合计	2 100	20%	2 700	负债及所有者权益合计	2 100	6%	2 700

2. 差额法

具体计算方法如下:

$$外部筹资需求额=资产增加额-负债的自然增长额-留存收益增加额$$
$$=预计的新增营业收入\times(敏感资产销售百分比-$$
$$敏感负债销售百分比)-留存收益增加额$$

在[例 2-3]中,敏感资产占营业收入的百分比之和=4%+6%+10%=20%

敏感负债占营业收入的百分比之和=4%+2%=6%

外部融资需求=(8 000-5 000)×(20%-6%)-160=260(万元)

营业百分比法是一种比较简单、粗略的预测方法,能为公司提供短期预计的财务报表。但是该方法假设各项敏感资产和敏感负债与营业收入保持稳定的百分比,如果有关比例发生了变化,必须相应地调整原有的销售百分比。

【补充知识】　　　　　　公司增长的实现方式

由于公司要以发展求生存,销售增长是任何公司都无法回避的问题。公司增长的财务意义是资金增长。在销售增长时公司往往需要补充资金,这主要是因为销售增加通常会引起存货和应收账款等资产的增加。销售增长得越多,需的资金越多。

从资金来源上看,公司增长的实现方式有以下三种:

(1) 完全依靠内部资金增长。有些小公司无法取得借款,有些大公司不愿意借款,它们主要是靠内部积累实现增长。内部的财务资源是有限的,往往会限制公司的发展,无法充分利用扩大公司财富的机会。

(2) 主要依靠外部资金增长。从外部筹资,包括增加债务和股东投资,也可以提高增长率。主要依靠外部资金实现增长是不能持久的。增加负债会使公司的财务风险增加,筹资能力下降,最终会使借款能力完全丧失;增加股东投入资本,不仅会分散控制权,而且会稀释每股盈余,除非追加投资有更高的回报率,否则不能增加股东财富。

(3) 平衡增长。平衡增长就是保持目前的财务结构和与此有关的财务风险,按照股东权益的增长比例增加借款,以此支持销售增长。这种增长,一般不会消耗公司的财务资源,是一种可持续的增长方式。

知识拓展

请扫码 → 可持续增长率

即测即评

1. (判断)财务预测是融资计划的前提。　　　　　　　　　　　　　　(　　)

2. (多选)采用营业百分比法预测短期资金需求量时,下列属于敏感资产的项目有(　　)。
A. 货币资金　　　　B. 应收账款　　　　C. 存货　　　　　　D. 固定资产

3. (单选)下列有关营业百分比法的说法中,不正确的是(　　)。
A. 以实收资本与销售收入之间存在稳定的百分比关系为前提条件
B. 外部筹资需求额＝资产增加额－负债的自然增长额－留存收益增加
C. 其他因素不变,营业净利率越大,外部融资需求越小
D. 其他因素不变,股利支付率越高,外部融资需求越大

本章小结

1. 财务报表是对公司财务状况、经营成果和现金流量的结构性表述。从财务报表的数据出发,可以计算出一系列反映经营状况的比率数据,主要包括偿债能力比率、营运能力比率、盈利能力比率、发展能力比率。比率分析是公司理财中最常用的财务分析方法。

2. 通常运用杜邦分析法来综合分析和评价公司的经营业绩和状况。

3. 营业百分比法是根据营业收入与资产负债表及利润表项目之间的比例关系,来预测公司未来外部融资需求的一种方法。

关键术语

比较分析法　　趋势分析法　　比率分析法　　因素分析法　　流动比率
速动比率　　现金比率　　资产负债率　　产权比率　　利息保障倍数
存货周转率　　应收账款周转率　　总资产周转率　　总资产报酬率　　净资产收益率
市盈率　　杜邦分析体系　　营业百分比法

复习思考题

1. 简述财务报表分析的目的。
2. 基本财务能力比率分为哪几类? 分别包括哪些比率?
3. 为什么债权人认为资产负债率越低越好,而投资人却认为可能需要保持较高的资产负债率?
4. 试述杜邦分析体系中各指标间的关系以及该分析体系的主要作用。
5. 什么是财务预测? 简述财务预测的作用。

6. 什么是营业百分比法？

【计算题】

1. A 企业年末流动负债为 40 万元,速动比率为 1.5,流动比率为 2,营业成本为 60 万元。已知年初和年末的存货相同。

要求: 计算存货周转率。

2. B 公司 2020 年的财务报表可以获得以下信息:2020 年资产总额期初值、期末值分别为 2 400 万元、2 560 万元,负债总额期初值、期末值分别为 980 万元、1 280 万元;2020 年度实现营业收入 10 000 万元,净利润为 600 万元。

要求: 分别计算营业净利率、总资产周转率、年末总资产负债率、权益比率。

3. C 公司流动资产占营业收入的 1/4,长期资产是营业收入的 1.75 倍,现金债务总额比为 0.5,资产净利率为 0.1。

要求: 计算其总资产周转率、营业净利率。

4. 某商业企业 2020 年赊销收入净额为 2 000 万元,销售成本为 1 600 万元。年初、年末应收账款余额分别为 200 万元和 400 万元;年初、年末存货余额分别为 200 万元和 600 万元;年末速动比率为 1.2,年末现金比率为 0.7。假定该企业流动资产由速动资产和存货组成,速动资产由应收账款和现金资产组成,一年按 360 天计算。

要求:(1) 计算 2020 年应收账款周转天数。

(2) 计算 2020 年存货周转天数。

(3) 计算 2020 年年末流动负债余额和速动资产余额。

(4) 计算 2020 年年末流动比率。

5. 已知某公司 2021 年会计报表的有关资料如表 2-8 所示:

表 2-8   单元:万元

资产负债表项目	年初数	年末数
资产	8 000	10 000
负债	4 500	6 000
所有者权益	3 500	4 000
利润表项目	上年数	本年数
营业收入	(略)	20 000
净利润	(略)	500

要求:

(1) 计算杜邦财务分析体系中的下列指标(凡计算指标涉及资产负债表项目数据均按平均数计算):

① 净资产收益率;

② 总资产净利率(保留两位小数);

③ 总资产周转率(保留两位小数);

④ 权益乘数。

(2) 用文字列出净资产收益率与上述其他各项指标之间的关系式,并用本题数据加以验证。

第三章 资金的时间价值

1. 理解资金时间价值的含义
2. 掌握终值、现值的概念及其计算
3. 掌握多期现金流量终值、现值的计算
4. 掌握名义利率与实际利率的换算
5. 掌握年金的概念与计算

引导案例

1797 年 3 月,拿破仑夫妇应邀参观卢森堡大公国第一国立小学。辞别之际,拿破仑向该校校长赠送了一束价值 3 个金路易的玫瑰花,并承诺只要法国存在一天,每年此日都会亲自派人送给该学校一束价值相等的玫瑰花,作为两国友谊的象征。然而疲于征战最终惨败遭放逐的拿破仑没能兑现他的诺言。

然而谁也没有料到,约两个世纪后的 1984 年年底,卢森堡竟要求法国政府兑现拿破仑的诺言,提出要么从 1798 年起,以 3 个金路易作为一束玫瑰花的本金,以五厘复利计息(即利滚利)全部清偿;要么法国各大报纸登报承认,法国的一代伟人拿破仑是言而无信的小人。起初,法国政府打算不惜重金赎回拿破仑的声誉,但是当财政部门官员看到电子计算机算出的数据时,纷纷傻了眼。原本区区 3 个金路易的"玫瑰花债项"的本息竟高达 1 375 596 法郎。最终法国政府为取得卢森堡人的谅解,写了一封道歉书,承诺今后无论在精神上还是物质上,对卢森堡大公国中小学教育事业予以支持和赞助,以兑现拿破仑一诺千金的"玫瑰花"信誓。

拿破仑可能至死也没有想到,自己一时兴起的承诺会给法兰西带来如此的尴尬。其实,这高达百万法郎的巨款,是以 3 路易的本金,以 5% 的年利率,经过 187 年的复利形成的。

(资料来源:徐永森.拿破仑与玫瑰花悬案[J].公关世界,1998(01):45.)

爱因斯坦曾说过"复利的威力比原子弹还可怕"。本章将会阐述有关资金时间价值的知识。

引　言

什么是资金时间价值,西方经济学中有多种观点。英国经济学家西尼尔(Nassau William Senior)的"节欲论"认为,将时间价值看成是资本所有者为积累资本放弃当前生活消费的报酬。奥地利经济学家庞巴维克(E.V.Bohm-Bawerk,1851—1914)的"时差利息论"认为,现有物品(满足人们目前需要的物品)和未来物品(满足人们将来需要的物品)的价值一定存在差别,即时间价值的来源。凯恩斯(John M.Keynes,1883—1946)的"流动偏好论"认为,时间价值是一定时期内放弃流动偏好的报酬,时间价值的大小由社会货币供应量和人们对货币流动偏好的程度决定。早期西方经济学家对资金时间价值的认识都只是停留于表象,认为"忍耐""时差""偏好"能创造价值。

马克思的劳动价值论原理指出,劳动是创造价值的唯一源泉。资金具有时间价值的前提是必须投入到社会再生产过程,经一定时间循环和周转而产生。价值的时间差是资金时间价值的外在表现,资金的循环与周转产生增值是资金时间价值的本质。

资金时间价值观念是公司财务的基本观念之一。本章主要内容包括资金时间价值的含义、复利终值与现值的计算、年金终值与现值的计算等,这部分内容是学习有关公司财务决策方法的基础。本章着重分析的问题:一是如何比较不同时点上资金量的大小;二是如何将一定量的资金在不同时点之间进行换算。通过这些问题的分析有助于理解并解决公司财务中有关价值评估、投资决策评估、资本成本测算等具体问题。

第一节　资金时间价值的概念及作用

一、资金时间价值的概念

由引言中的介绍,可以总结出,资金的时间价值可以定义为:在没有风险和没有通货膨胀的情况下,资金经过一定时间投资和再投资之后,体现在不同时点上价值量的差额。因此,现在的1元钱和一年后的1元钱的经济价值是不同的,因为现在的1元经过1年的投资和再投资之后,其价值会增加,会超过1元,这增加的部分就是资金的时间价值的体现。

资金时间价值有两种表示方式:一是用绝对数表示时间价值额,即资金经循环和周转产生的增值额;二是用相对数表示时间价值率,即扣除风险补偿和通货膨胀补偿后的社会平均资金利润率。这与实务中的一般利率有明显的区别,时间价值率不含风险和通货膨胀因素,而一般利率包含风险和通货膨胀因素。

小思考

资金在不同时点上存在价值量差额,那么资金是随着时间自行增值吗?

二、资金时间价值的作用

(一)衡量企业经济效益,考核经营成果的重要依据

运用资金的时间价值可以用来衡量企业的经济效益。例如,计算资金利润率(息税前利润÷总资产),与社会平均利润率进行比较,考核总资产的盈利能力是否达到社会平均利润率,从而达到对经营成果考核的目的。

（二）进行财务决策的重要条件

运用资金的时间价值，可以在进行投资决策时，将不同时点的资金换算到同一时点上进行比较；在进行筹资决策时，可以利用资金的时间价值来比较不同方案的综合资本成本，从而对资本结构进行选择。

（三）减少资金闲置浪费

因为明确了资金具有时间价值，在企业具有闲置资金时，应当考虑它经过投资和再投资后带来的收益，因此应当尽量减少闲置资金，进行合理的投资。

即测即评

1.（单选）资金时间价值是以（　　　）为基础的。
A. 行业平均资金利润率　　　　　　　　　B. 风险报酬
C. 通货膨胀贴水　　　　　　　　　　　　D. 社会平均资金利润率
2.（单选）下列关于资金时间价值的说法，错误的是（　　　）。
A. 资金随着时间自行增值
B. 现在的一块钱与几年后的一块钱经济效用不同
C. 资金经过一段时间的投资和再投资所增加的价值
D. 没有考虑通货膨胀和风险条件下的社会平均资金利润率
3.（多选）下列关于资金时间价值的说法，正确的有（　　　）。
A. 资金时间价值是指没有风险没有通货膨胀情况下的社会平均利润率
B. 资金时间价值来源于资金进入社会再生产过程后的价值增值
C. 资金时间价值是指一定量资金在不同时点上的价值量差额
D. 资金时间价值是指不存在风险但含有通货膨胀情况下的社会平均利润率
4.（判断）资金占用具有机会成本。　　　　　　　　　　　　　　（　　　）
5.（判断）现在的货币在价值上总是低于未来等额的货币。　　　　（　　　）

第二节　终值与现值

一、终值与现值的概念

终值是将一定量的资金按给定的利率计算至未来某一时点的价值，又称本利和。现值是将未来某一时点的资金按给定的利率计算至现在的价值。现值和终值是一对相对的概念，根据终值扣除资金时间价值因素可以求得现值。

按计息期数的不同，可以将终值分为单期终值和多期终值。其中，单期终值是指一定量的资金只经历一个计息期后的价值。多期终值是指一定量的资金经历多个计息期后的价值。

类似地，现值也可以按照计息期数分为单期现值与多期现值。单期现值是指一个计息期后的资金按给定的利率计算至现在的价值。多期现值是指多个计息期后的资金按给定的利率计算至现在的价值。

二、终值与现值的计算

（一）终值的计算

根据终值的定义,已知现值、期数和利率,便可计算终值。终值的计算,按计息期数不同,可以分为单期终值和多期终值的计算。首先以单期终值为例,[例3-1]。

【例3-1】 A公司现将10 000元存入银行,年利率5%,问一年后的本利和是多少?

一年后的本利和(单期终值):

$$F_1 = P \times (1+i)$$
$$= 10\ 000 \times (1+5\%)$$
$$= 10\ 500(元)$$

也就是说,10 000元在5%的年利率下,一年后的本利和是10 500元。

1年之后A公司将得到10 500元,这10 500元相当于初始成本10 000元与500元利息之和。这10 500元就是10 000元在利率为5%的情况下投资1年得到的终值,也就是说,在利率为5%的情况下,今天的10 000元相当于1年后的10 500元。

总的来说,如果单期投资回报率为i,每1元投资将会收回$1+i$元。在[例3-1]中,i等于5%,所以每1元投资将会收回1.05元(=1+0.05)。在这个例子中,公司的投资是10 000元,所以公司投资的最终价值为10 500元(=10 000×1.05)。

同理,多期终值的计算公式可以表示为:

$$F_n = P \times (1+i)^n$$

如果计算的期数不止一期,如在[例3-1]中,假设该公司将每年取得的本利和用于再投资,问2年后的本利和是多少?

2年后的本利和:

$$F_2 = P \times (1+i)^2$$
$$= 10\ 000 \times (1+5\%)^2$$
$$= 10\ 000 \times 1.1025$$
$$= 11\ 025(元)$$

也就是说,10 000元在5%的年利率下,2年后的本利和是11 025元。

回到公司投资10 000元的例子中,在利率不变的情况下,2年后公司将会有多少钱?将10 000元全部存入银行,第一年年末本利和是10 500元。全部用于投资,在第2年会得到525元(=10 500×0.05)的利息,所以,总共将会得到11 025元(=10 500+525)。这11 025元就是在利率5%的情况下,10 000元在2年后的终值。也可以把这个问题看成在利率为5%的水平下,投资10 500元1年后的终值。这将变为一个单期投资的问题,每1元1年后将变成1.05元,投资10 500元最后获得11 025元(=10 500×1.05)。这11 025元分为4个部分。第1部分是10 000元的初始本金。第2部分是第1年获得的500元利息。第3部分是第2年获得的500元利息,前3部分加总共为11 000元。最后的25元(=500×5%)(第4部分)是第1年获得的500元利息在第2年再投资赚取的利息。

把本金和累计的利息继续留在投资中超过 1 期,从而对利息进行了再投资的这个过程叫作重复生息。重复生息意味着赚取利上利,因而我们把这部分利息称为复利。如果每期的利息不进行再投资,则称单利。如果是单利的情况,利息就不会进行再投资,因此每期只赚取初始本金的利息。

假设公司连续投资 n 年,则该公司 n 年后的本利和为:$10\,000 \times (1 + 5\%)^n$。

由此可知,多期终值的计算公式为:

$$F_n = P \times (1 + i)^n$$

式中,P 为本金;i 为利率;n 为计息期数。

公式中的 $(1 + i)^n$ 被称为复利终值系数,系数可通过系数表获得。可用符号 $(F/P, i, n)$ 表示,即

$$F_n = P \times (F/P, i, n)$$

【例 3 - 2】 A 公司现投资 10 000 元,年利率 5%,每年的利息用于再投资。计算 5 年后的本利和。

$$F_5 = P \times (1 + i)^5 = P \times (F/P, i, n)$$

$$= 10\,000 \times (F/P, 5\%, 5)$$

$$= 10\,000 \times 1.276\,3$$

$$= 12\,763(元)$$

也就是说,10 000 元在 5% 的年利率下,5 年后的本利和是 12 763 元。

此多期终值中,2 763 元是累计的利息,且将每期的利息进行了再投资,这部分利息被称为复利(俗称利滚利,除非特殊情形,一般约定都是复利计息)。公司投资获得的利息 2 763 元中,单利为 2 500 元(=10 000×5%×5),其余的 263 元则是复利。

表 3 - 1 列示了 10 000 元的逐年增长情况。如表 3 - 1 所示,每年赚取的利息等于年初金额乘以 5% 的利率。

表 3 - 1　在 5% 利率水平下 10 000 元的终值　　　　　　　　单位:元

年　数	年初金额	单　利	复　利	赚取利息总额	年终总额
1	10 000.00	500		500.00	10 500.00
2	10 500.00	500	25.00	525.00	11 025.00
3	11 025.00	500	51.25	551.25	11 576.25
4	11 576.25	500	78.81	578.81	12 155.06
5	12 155.06	500	107.75	607.75	12 762.81
合　　计		2 500	262.81	2 762.81	

在表 3 - 1 中,该公司获得的利息总额是 2 762.81 元。在 5 年的投资期中,公司每年获得的单利是 500 元(=10 000×5%),累计 2 500 元,另外的 262.81 元是复利。每年的单利都是固定的,但是复利逐年增长。复利持续增长的原因是越来越多的利息参与了计息。

(二)现值的计算

在讨论终值时,会考虑这样一个问题:在投资回报率为 10% 的情况下,10 000 元投资 5

年后将会变成多少钱？答案就是在利率 10％情况下，将 10 000 元投资 5 年得到的终值，即

$$10\ 000 \times (1 + 10\%)^5 = 16\ 105(元)$$

另外一个明显与终值有关的问题是：假设 5 年后你需要 16 105 元，利率为 10％，那么现在需要投资多少钱？（通过计算可得答案为 10 000 元）这就引出了与终值对应的现值问题。

现值是将未来某一时点的资金按给定的利率计算至现在的价值。现值和终值是相对的，根据终值扣除资金时间价值因素可以求得现值。

【例 3－3】 A 公司计划 1 年后获得本利和 50 000 元，年利率 4％，现在该公司应投入多少元？

单期现值 $P = F \times (1 + i)^{-1}$

$$= 50\ 000 \div (1 + 4\%)$$

$$= 48\ 076.92(元)$$

也就是说，在 4％的年利率下，要想 1 年后得到 50 000 元本利和，公司应投入 48 076.92 元。单期现值的计算公式可以总结为：

$$单期现值 = 单期终值 \div (1 + 利率)$$

$$P = F \times (1 + i)^{-1}$$

多期现值是多期终值的逆运算，可按下式计算：

$$多期现值 = 多期终值 \times (1 + 利率)^{-n}$$

$$P = F \times (1 + i)^{-n}$$

公式中的 $(1 + i)^{-n}$ 被称为复利现值系数，它是用来对未来现金流量进行贴现的，所以也称贴现系数，可用符号 $(P/F, i, n)$ 表示，代表利率为 i 的情况下 n 期后收到 1 元的复利现值系数。系数可通过系数表获得。

【例 3－4】 王先生 6 年后退休，他希望那时能有 8 万元作为旅游经费，目前他的投资收益率为 5％，那么王先生现在需要多少钱进行投资？

多期现值 $P = F \times (P/F, i, n)$

$$= 80\ 000 \times (P/F, 5\%, 6)$$

$$= 80\ 000 \times 0.7462$$

$$= 59\ 696(元)$$

也就是说，在 5％的投资收益率下，王先生要想 6 年后得到 8 万元旅游经费，现在需要投资 59 696 元。

即测即评

1.（单选）某企业投资 100 000 元于一项目，年利率 8％，每年的利息用于再投资，则该企业 5 年后的本利和价值为（　　）元。

A. 140 000　　　　　B. 146 932.81　　　　　C. 40 000　　　　　D. 150 000

2.(单选)某企业计划 5 年后获得资金 100 000 元,年利率 6%,该企业现在应投入( )元。

  A. 75 000   B. 76 923.08   C. 74 725.82   D. 76 000

3.(多选)某人存入银行 500 元,年利率是 8%,每季度复利一次,期限是 3 年,那么其终值为( )。

  A. $500 \times (F/P, 2\%, 12)$ B. $500 \times (F/P, 8\%, 3)$

  C. $500 \times (F/P, 4\%, 6)$ D. $500 \times (F/P, 8.24\%, 3)$

4.(判断)资金时间价值应按复利的方法计算。   ( )

5.(判断)在本金和利率相同的情况下,若只有一个计息期,则单利终值和复利终值是相同的。   ( )

第三节   年金终值与现值

一、年金的概念与类型

  前面讲述的终值与现值,针对的只是单一现金流量,但在现实中,大部分投资则是多期现金流量。年金是指每期金额相等、流向相同的系列收支。在实务中的等额分期收款销售、定期等额还贷、定期等额支付优先股股利等,就属于年金的例子。

  年金的类型按照发生时点和收付次数的不同,可以分为普通年金、先付年金、递延年金和永续年金。

  普通年金也称后付年金,是指一定时期内每期期末等额的现金流量。先付年金是指一定时期内每期期初等额发生的现金流量。递延年金是指第一期收付不是发生在当期,而是发生在若干期后的每期期末等额的现金流量。永续年金是指无限期等额收付的现金流量。

二、普通年金

(一)普通年金的终值

  普通年金(也称后付年金)终值是指一定时期内每期期末等额现金流量的复利终值之和。设每期期末等额的现金流量为 A,计息期数为 n,则每期期末等额现金流量终值计算如图 3-1 所示。

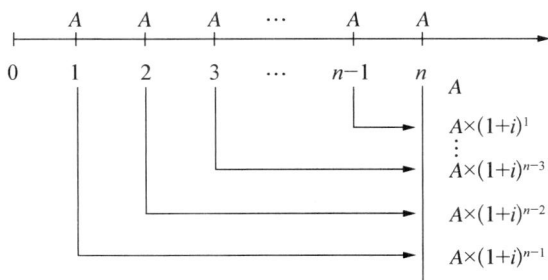

图 3-1   普通年金终值计算示意图

将图 3-1 上箭头所示的数值相加,得 n 期期末等额的现金流量终值 F 为:

$$F = A + A \times (1+i) + A \times (1+i)^2 + \cdots + A \times (1+i)^{n-1} \qquad (即等比数列求和)$$

$$= A \times \frac{(1+i)^n - 1}{i}$$

公式中的 $\frac{(1+i)^n - 1}{i}$ 被称为普通年金终值系数,可用符号 $(F/A, i, n)$ 表示,即

$$F = A \times (F/A, i, n)$$

【例 3-5】 A 公司投资某个固定资产项目,项目建设期 5 年内每年年末向银行借款 600 000 元,借款年利率 6%,问该公司 5 年后应付本息是多少?

应付本息 $F = A \times (F/A, i, n)$

$$= 600\ 000 \times (F/A, 6\%, 5)$$

$$= 600\ 000 \times 5.637\ 1$$

$$= 3\ 382\ 260(元)$$

也就是说,在借款年利率为 6% 的情况下,该公司项目建设期 5 年内每年年末向银行借款 600 000 元,则 5 年后应付本息是 3 382 260 元。

年金终值的应用之一是计算偿债基金的相关问题。偿债基金是指为使年金终值达到既定金额每年年末应收付的年金数额。它是普通年金终值的逆运算,即已知普通年金终值、利率与期数,求普通年金。

根据普通年金终值的计算公式 $F = A \times (F/A, i, n)$ 得:

$$A = F \times \frac{1}{(F/A, i, n)}$$

公式中的 $\frac{1}{(F/A, i, n)}$ 被称为偿债基金系数,其数值是普通年金终值系数的倒数。

【例 3-6】 某人拟在 3 年后还清 1 万元债务,从现在起每年年末等额存入银行一笔款项。假设银行存款利率为 10%,每年需要存入多少元?

年金 $A = F \times \frac{1}{(F/A, i, n)}$

$$= 10\ 000 \div (F/A, 10\%, 3)$$

$$= 10\ 000 \div 3.310\ 0$$

$$= 3\ 021.15(元)$$

也就是说,要想在 3 年后还清 1 万元债务,应从现在起每年年末等额存入银行 3 021.15 元。

(二)普通年金的现值

普通年金现值是指一定时期内每期期末等额现金流量计算至现在的复利现值之和。设每期期末等额的现金流量为 A,计息期数为 n,则每期期末等额现金流量现值计算如图 3-2 所示。

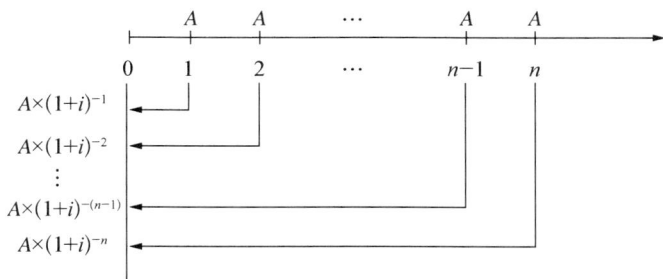

图 3-2 普通年金现值计算示意图

根据图 3-2 箭头上所示的数值相加,得 n 期期末等额现金流量现值 P 为:

$$P = A \times (1+i)^{-1} + A \times (1+i)^{-2} + \cdots + A \times (1+i)^{-n} \qquad (\text{即求等比数列 } n \text{ 项和})$$

$$= A \times \frac{1-(1+i)^{-n}}{i}$$

公式中的 $\dfrac{1-(1+i)^{-n}}{i}$ 被称为普通年金现值系数,可用符号 $(P/A, i, n)$ 表示,即

$$P = A \times (P/A, i, n)$$

【例 3-7】 A 汽车公司准备出售一款汽车,制定了两种收款方案。

方案一:一次收款,可卖 20 万元;

方案二:分期收款,每年年末收款 5 万元,期限为 5 年。

按照 10% 的贴现率,一次收款和分期收款哪种方案合算?

方案一:一次收款现值 = 200 000(元)

方案二:分期收款现值 = $A \times (P/A, i, n)$

$$= 50\,000 \times (P/A, 10\%, 5)$$

$$= 50\,000 \times 3.790\,8$$

$$= 189\,540(\text{元})$$

200 000 元 > 189 540 元,因此方案一合算。

普通年金现值在现实中运用的一个实例是求资本回收额。资本回收是指在给定的期限内为回收初始投入资本或清偿所欠的初始债务,每期期末应收付的年金数额。它是普通年金现值的逆运算,即已知普通年金现值、利率与期数,求普通年金。

根据普通年金现值的计算公式 $P = A \times (P/A, i, n)$ 得:

$$A = P \times \frac{1}{(P/A, i, n)}$$

公式中的 $\dfrac{1}{(P/A, i, n)}$ 被称为资本回收系数,其数值是普通年金现值系数的倒数。

【例 3-8】 A 公司投资一个投资额为 300 000 元的项目,项目寿命期 5 年,借款利率 8%,问该公司投资项目每年至少带来多少收益才是可行的?

$$年金 A = P \times \frac{1}{(P/A, i, n)}$$

$$= 300\,000 \div (P/A, 8\%, 5)$$

$$= 300\,000 \div 3.992\,7$$

$$= 75\,137.13(元)$$

也就是说,该公司投资 300 000 元于一项目,项目寿命期 5 年,借款利率 8%,则该公司投资项目每年至少带来 75 137.13 元的收益才是可行的。

知识拓展　请扫码　"等额本金"和"等额本息"

三、先付年金

(一)先付年金终值

先付年金(也称即期年金)终值是指一定时期内每期期初等额的现金流量的复利终值之和。设每期期初等额的现金流量为 A,计息期数为 n,则每期期初等额现金流量终值计算如图 3－3 或图 3－4 所示。

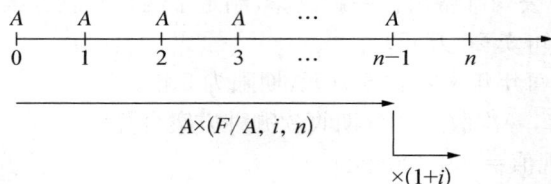

图 3－3　先付年金终值计算示意图(1)

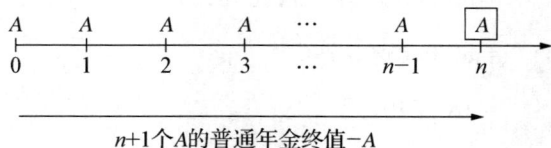

图 3－4　先付年金终值计算示意图(2)

根据图 3－3 先计算 n 个 A 至第 $n-1$ 期的普通年金终值,在此基础上再计算至第 n 期的复利终值,所以得 n 期期初等额现金流量终值 F 为:

$$F = A \times (F/A, i, n) \times (1+i)$$

也可根据图 3－4 连同第 n 期虚存的 $\boxed{A}$ 共有 $n+1$ 个 A,先计算 $n+1$ 个 A 的普通年金终值,再减去一个 A,所以得 n 期期初等额现金流量终值 F 为:

$$F = A \times (F/A, i, n+1) - A = A \times [(F/A, i, n+1) - 1]$$

期数系数调整法推导过程如下:

$$F = A \times (1+i) + A \times (1+i)^2 + \cdots + A \times (1+i)^n$$

$$= A \times \left[\frac{(1+n)^n - 1}{i} \right] \times (1+i)$$

$$= A \times \left[\frac{(1+n)^{n+1} - 1}{i} - 1 \right]$$

其中，$\dfrac{(1+n)^{n+1} - 1}{i}$ 可以用 $(F/A, i, n+1)$ 来表示，即

$$F = A \times [(F/A, i, n+1) - 1]$$

【例 3 - 9】 A 公司连续 5 年每年年初向银行借款 200 000 元，借款年利率 5%，问该公司在第 5 年年末应付借款本息是多少？

应付本息 $F = A \times (F/A, i, n) \times (1+i)$

$$= 200\ 000 \times (F/A, 5\%, 5) \times (1+5\%)$$

$$= 200\ 000 \times 5.525\ 6 \times (1+5\%)$$

$$= 1\ 160\ 376(元)$$

也就是说，在借款年利率为 5% 的情况下，该公司连续 5 年每年年初向银行借款 200 000 元，则该公司在第 5 年年末应付借款本息是 1 160 376 元。

或者按 $n+1$ 期年金终值计算，

应付本息 $F = A \times [(F/A, i, n+1) - 1]$

$$= 200\ 000 \times [(F/A, 5\%, 6) - 1]$$

$$= 200\ 000 \times (6.801\ 9 - 1)$$

$$= 1\ 160\ 380(元)$$

也就是说，在借款年利率为 5% 的情况下，该公司连续 5 年每年年初向银行借款 200 000 元，则该公司在第 5 年年末应付借款本息是 1 160 380 元。

（二）先付年金现值

先付年金现值是指一定时期内每期期初等额现金流量计算至现在的复利现值之和。其计算要设法转化成普通年金现值的问题。设各期期初等额现金流量为 A，计息期数 n，则每期期初等额现金流量现值计算如图 3 - 5 所示。

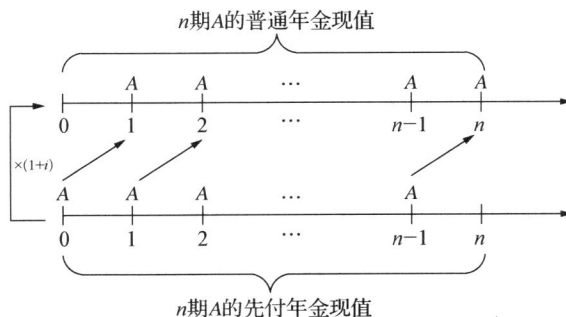

图 3 - 5 先付年金现值计算示意图（1）

根据图 3-5 所示,先求 n 期 A 至 0 时点的前 1 年的普通年金现值,然后再换算至 0 时点的价值,所以得 n 期期初等额现金流量现值 P 为:

$$P = A \times (1 + i) \times (P/A, i, n)$$

也可根据图 3-6 所示,先求后 $n-1$ 期 A 的普通年金现值,再加上一个 A(0 时点 A 的现值),所以得 n 期期初等额现金流量现值 P 为:

$$P = A \times (P/A, i, n-1) + A = A \times [(P/A, i, n-1) + 1]$$

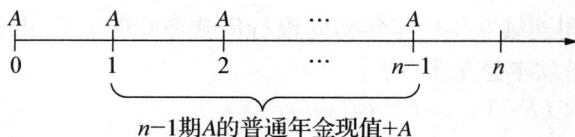

$n-1$ 期 A 的普通年金现值 $+A$

图 3-6 先付年金现值计算示意图(2)

期数系数调整法推导过程如下:

$$P = A + A \times \frac{1}{1+i} + A \times \frac{1}{(1+i)^2} + \cdots + A \times \frac{1}{(1+i)^{n-1}}$$

$$= A \times \left[\frac{1 - (1+i)^{-n}}{i} \right] \times (1+i)$$

$$= A \times \left[\frac{1 - (1+i)^{-(n-1)}}{i} + 1 \right]$$

其中,$\dfrac{1 - (1+i)^{-(n-1)}}{i}$ 可以用 $(P/A, i, n-1)$ 来表示,即

$$P = A \times [(P/A, i, n-1) + 1]$$

小思考

在期数和年金相同的情况下,先付年金的现值与普通年金的现值相比哪个更大? 先付年金的终值与普通年金的终值相比呢?

【例 3-10】 A 公司租赁一厂房,租期 3 年,合同签订后当即付款 90 000 元,以后每隔 1 年付租金 90 000 元,共付款 3 次。如果年利率 5%,问该公司所付这些租金的现值是多少?

方法一:

租金的现值 $P = A \times (P/A, i, n) \times (1 + i)$

$$= 90\,000 \times (P/A, 5\%, 3) \times (1 + 5\%)$$

$$= 90\,000 \times 2.723\,2 \times (1 + 5\%)$$

$$= 257\,342.40(元)$$

也就是说,在年利率为 5% 的情况下,3 期先付年金为 90 000 元的现值是 257 342.40 元。

方法二:

根据 $n-1$ 期的年金现值系数计算:

租金的现值 $P = A \times [(P/A, i, n-1) + 1]$

$$= 90\ 000 \times [(P/A, 5\%, 2) + 1]$$

$$= 90\ 000 \times (1.859\ 4 + 1)$$

$$= 257\ 346 (元)$$

也就是说,在年利率为 5% 的情况下,3 期先付年金为 90 000 元的等额流量现值是 257 346 元。

四、递延年金

(一)递延年金现值

递延年金的收付如图 3-7 所示。

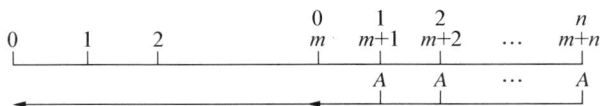

图 3-7 递延年金示意图

图中 m 表示递延期数,无收付款项;n 表示有等额收付款项的期数。递延年金现值的计算方法,有以下两种:

(1)先求出 $m+n$ 期的普通年金现值,再减去前 m 期的普通年金现值。其计算公式为:

$$P = A \times [(P/A, i, m+n) - (P/A, i, m)]$$

(2)将递延年金视为普通年金,求出后 n 期的普通年金现值,再折现至第一期期初的价值。其计算公式为:

$$P = A \times (P/A, i, n) \times (P/F, i, m)$$

【例 3-11】 A 公司拟在年初建立一准备金,以便能在第 5 年年末起每年支付 60 000 元,直至第 9 年年末结束。银行借款利率为 7%。问该公司现在一次性准备多少钱?

依题意,$m = 4, n = 5$。

方法一:

$P = A \times [(P/A, i, m+n) - (P/A, i, m)]$

$\quad = 60\ 000 \times [(P/A, 7\%, 9) - (P/A, 7\%, 4)]$

$\quad = 60\ 000 \times (6.515\ 2 - 3.387\ 2)$

$\quad = 187\ 680 (元)$

也就是说,在银行借款利率为 7% 的情况下,该公司要想在第 5 年年末起每年支付 60 000 元,直至第 9 年年末结束,现在需要一次性准备 187 680 元。

方法二:

$P = A \times (P/A, i, n) \times (P/F, i, m)$

$$= 60\ 000 \times (P/A, 7\%, 5) \times (P/F, 7\%, 4)$$
$$= 60\ 000 \times 4.100\ 2 \times 0.762\ 9$$
$$= 187\ 682.56(元)$$

也就是说,在银行借款利率为 7% 的情况下,该公司要想在第 5 年年末起每年支付 60 000 元,直至第 9 年年末结束,现在需要一次性准备 187 682.56 元。

(二)递延年金终值

对于前 m 期无收付款项、后 n 期有等额收付款项的递延年金而言,其终值是后 n 期期末等额收付款项的复利终值之和。递延年金终值与递延期 m 无关,其计算与普通年金终值的计算相同。

五、永续年金

永续年金是一种特殊形式的普通年金,当普通年金的期数无限大时即为永续年金。实务中的发放固定的优先股股利、永久性基金与债券等都是属于永续年金的例子。

由于永续年金期数无限大,没有终了的时间,因此无法计算其终值,只能计算其现值。根据普通年金现值的计算公式 $\left(P = A \times \dfrac{1-(1+i)^{-n}}{i}\right)$ 进行推导,得永续年金的计算公式为:

$$P = \frac{A}{i}$$

【例 3-12】 假设某学校建立一个奖学金,从现在开始每年支付 5 000 元,预期投资报酬率为 10%,那么现在应该存入多少元?

题设中每年固定支付 5 000 元且未设期限,符合永续年金的特征。

因此,为了能在每年支付 5 000 元,现在应当存入

$$P = \frac{A}{i} = \frac{5\ 000}{10\%} = 50\ 000(元)$$

也就是说,预期投资报酬率为 10% 的情况下,该学校现在应当存入 50 000 元,才能保障持续每年支付 5 000 元。

【例 3-13】 A 公司预计最近三年不发放股利,预计从第四年开始每年年末支付每股 0.5 万元的股利,假设折现率为 10%,则现值为多少?

现值 $P = \dfrac{A}{i} \times (P/F, i, n)$

$$= (0.5 \div 10\%) \times (P/F, 10\%, 3)$$

$$= 3.757(万元)$$

也就是说,在折现率为 10% 的情况下,该公司在第四年开始每年年末支付每股 0.5 万元的股利,则现值为 3.757 万元。

即测即评

1.（单选）年偿债基金计算公式为（   ）。

A. $A = F \times \dfrac{i}{(1+i)^{-n} - 1}$　　　　　B. $A = F \times \dfrac{i}{(1+i)^{-n} + 1}$

C. $A = F \times \dfrac{i}{(1+i)^{n} - 1}$　　　　　D. $A = F \times \dfrac{i}{(1+i)^{n} + 1}$

2.（单选）年资本回收额计算公式为（   ）。

A. $A = F \times \dfrac{i}{(1+i)^{n} - 1}$　　　　　B. $A = F \times \dfrac{i}{1 - (1+i)^{-n}}$

C. $A = P \times \dfrac{i}{1 - (1+i)^{n}}$　　　　　D. $A = P \times \dfrac{i}{1 - (1+i)^{-n}}$

3.（多选）下列（   ）是递延年金现值的计算公式。

A. $A \times [(P/A, i, m+n) - (P/A, i, m)]$　B. $A \times (P/A, i, n) \times (P/A, i, m)$

C. $A \times (P/A, i, n) \times (P/F, i, m)$　　D. $A \times (P/A, i, n) \times (P/F, i, m+n)$

E. $A \times (F/A, i, n) \times (P/F, i, m+n)$

4.（多选）下列年金中可以计算终值的有（   ）。

A. 普通年金　　　　B. 先付年金　　　　C. 递延年金　　　　D. 永续年金

5.（判断）在期数和年金相同的情况下,先付年金的终值小于普通年金的终值。

（   ）

第四节　时间价值的几个特殊问题

一、复利方式下贴现率、期数的计算

根据前面小节的学习,可以知道根据终值扣除资金时间价值因素可以求得现值。这种根据终值求得现值的方法被称为贴现。

通过 $P = F/(1+i)^n$ 这个基本现值等式,我们可以解决很多问题。这个等式包含四个变量:现值(P)、终值(F)、贴现率(i)、期数(n)。给出任意三个变量,我们都可以求出第四个。前文内容均是根据给定利率与计息期数计算时间价值和年金,本节探讨如何估算投资报酬率或期数。

（一）贴现率的推算

如果只涉及一个计息期,根据单期终值(或现值)的计算公式变形后得:

$$贴现率 = [(单期终值 \div 本金) - 1] \times 100\%$$

【例3-14】　张先生计划将 9 500 元投资到某个理财产品,定期 1 年,1 年后可以得到 10 000 元。问该理财产品的报酬率是多少?

$$投资报酬率 i = \left[\left(\frac{F}{P} \right) - 1 \right] \times 100\%$$

$$= [(10\ 000 \div 9\ 500) - 1] \times 100\%$$

$$= 5.26\%$$

也就是说,要想 9 500 元投资到该理财产品,1 年后可以得到 10 000 元,则该理财产品的投资报酬率是 5.26%。

如果涉及多个计息期,根据多期终值(或现值)的计算公式变形后得:

$$贴现率 = [(多期终值 \div 本金)^{\frac{1}{n}} - 1] \times 100\%$$

【例 3-15】 张先生计划将 9 000 元投资到某个理财产品,定期 2 年,2 年后可以得到 10 000 元。问该理财产品的报酬率是多少?

$$投资报酬率 i = \left[\left(\frac{F}{P} \right)^{1/n} - 1 \right] \times 100\%$$

$$= [(10\ 000 \div 9\ 000)^{1/2} - 1] \times 100\%$$

$$= 5.41\%$$

也就是说,要想 9 000 元投资到该理财产品,2 年后可以得到 10 000 元,则该理财产品的报酬率是 5.41%。

以普通年金现值为例,求贴现率的方法如下:

已知普通年金现值 P、普通年金 A、期数 n,则求贴现率可按以下步骤进行:

第一,计算普通年金现值系数 P/A,设为 k。

第二,查普通年金现值系数表,根据给定的期数查与 k 值最接近的左右两个利率 i_1、i_2 以及与之对应的系数值 k_1、k_2。

第三,用插值法求出贴现率 i,公式为:

$$i = i_1 + \frac{k_1 - k}{k_1 - k_2} \times (i_2 - i_1)$$

【例 3-16】 A 公司投资一个投资额为 450 000 元的项目,项目寿命期 5 年,每年年末净回收 120 000 元。问该公司投资项目可接受的最低报酬率是多少?

$$计算年金现值系数 k = \frac{P}{A}$$

$$= 450\ 000 \div 120\ 000$$

$$= 3.75$$

查年金现值系数表,利率 $i_1 = 10\%$,系数 $k_1 = 3.790\ 8$;利率 $i_2 = 12\%$,系数 $k_2 = 3.604\ 8$。

$$故所求的贴现率 i = i_1 + \frac{k_1 - k}{k_1 - k_2} \times (i_2 - i_1)$$

$$= 10\% + \frac{3.790\ 8 - 3.75}{3.790\ 8 - 3.604\ 8} \times (12\% - 10\%)$$

$$= 10.44\%$$

也就是说,该公司投资 450 000 元于一项目,项目寿命期 5 年,每年年末净回收 120 000 元,则该公司投资项目可接受的最低报酬率是 10.44%。

（二）期数的推算

期数的推算方法计算步骤如下:

第一,计算复利终值系数(=复利终值÷本金),设为 k。

第二,查复利终值系数表,根据给定的利率查与 k 最接近的左右两个系数 k_1、k_2 以及相对应的期数 n_1、n_2。

第三,用插值法求出期数 n,由于期数越大,对应系数越大,当期数间隔很小时,可以近似看作 k 与 n 呈线性关系,可得 $\dfrac{n-n_1}{k-k_1}=\dfrac{n_2-n_1}{k_2-k_1}$,整理后的公式为: $n=n_1+\dfrac{k_1-k}{k_1-k_2}\times(n_2-n_1)$

【例 3-17】　A 公司投资 500 000 元,投资报酬率为 8%,期望获得 750 000 元的资金目标。问该公司需多长时间才能实现这一目标?

计算复利终值系数 $k=750\ 000÷500\ 000=1.5$

查复利终值系数表($i=8\%$),期数 $n_1=5$ 时,系数 $k_1=1.469\ 3$;期数 $n_2=6$ 时,系数 $k_2=1.586\ 9$。

故所求的期数
$$n=n_1+\frac{k_1-k}{k_1-k_2}\times(n_2-n_1)$$
$$=5+\frac{1.469\ 3-1.5}{1.469\ 3-1.586\ 9}\times(6-5)$$
$$=5.26（年）$$

也就是说,在投资报酬率为 8% 的情况下,该公司投资 500 000 元要想获得 750 000 元,需经过 5.26 年才能实现这个目标。

期数的推算,其原理与贴现率的推算相同。公式为:

$$n=n_1+\frac{k_1-k}{k_1-k_2}\times(n_2-n_1)$$

【例 3-18】　A 公司投资一个投资额为 552 500 元的项目,项目年投资报酬率 8%,预计每年年末净回收 130 000 元。问该公司项目的投资回收期有多长?

计算年金现值系数
$$k=\frac{P}{A}$$
$$=552\ 500÷130\ 000$$
$$=4.25$$

查年金现值系数表,$n_1=5$ 年时,系数 $k_1=3.992\ 7$;$n_2=6$ 年时,系数 $k_2=4.622\ 9$。

故所求的期数
$$n=n_1+\frac{k_1-k}{k_1-k_2}\times(n_2-n_1)$$
$$=5+\frac{3.992\ 7-4.25}{3.992\ 7-4.622\ 9}\times(6-5)$$
$$=5.41（年）$$

也就是说,该公司投资 552 500 元于一项目,项目年投资报酬率 8%,预计每年年末净回收 130 000 元,则该公司项目的投资回收期为 5.41 年。

二、名义利率与实际利率的换算

在计算资金时间价值的问题中,计息周期并非只能是一年,还可能是计息周期短于 1 年,如按半年、季、月、日计息。当计息周期短于 1 年、年复利次数超过一次时,给出的年利率称为名义利率(或称报价利率、设定利率);按年实际计息期数计算的年利息与本金的比值称为实际利率。如果一项存款 1 000 元,存期 1 年,年利率 8%,每半年计息一次,则名义利率为 8%,实际利率为:实际利息÷本金 = [1 000 × (1+4%)² − 1 000] ÷ 1 000 = 8.16%。

在计息周期短于 1 年的情况下,时间价值的计算有以下两种方法:

第一,不计算年实际利率,按年复利次数调整计息期利率与实际计息期数。

【例 3-19】 A 公司年初存入资金 250 000 元,期限 3 年,年利率 8%,每季复利一次。问该公司 3 年后一次性取出的本利和是多少?

计息期(按季)利率 $i' = \dfrac{r}{m} = 8\% \div 4 = 2\%$

实际计息期数 $t = m \times n = 4 \times 3 = 12$

$$
\begin{aligned}
3 \text{ 年后的本利和 } F &= P \times (F/P, i', t) \\
&= 250\ 000 \times (F/P, 2\%, 12) \\
&= 250\ 000 \times 1.268\ 2 \\
&= 317\ 050(\text{元})
\end{aligned}
$$

也就是说,在年利率为 8% 的情况下,该公司年初存入资金 250 000 元,期限 3 年,每季复利一次,则 3 年后一次性取出的本利和是 317 050 元。

第二,将名义利率换算为实际利率,按实际利率计算本利和。实际利率与名义利率的换算公式为:

$$
i = \left(1 + \frac{r}{m}\right)^m - 1
$$

式中,i 为实际利率;r 为名义利率;m 为年计息次数。

知识拓展

请扫码 → 〔二维码〕 "年化收益率"的计算

【例 3-20】 利用[例 3-19]的数据,计算本利和的价值。

$$
\begin{aligned}
\text{实际利率 } i &= \left(1 + \frac{r}{m}\right)^m - 1 \\
&= \left(1 + \frac{8\%}{4}\right)^4 - 1 \\
&= 8.24\%
\end{aligned}
$$

$$
\begin{aligned}
3 \text{ 年后的本利和 } F &= P \times (1+i)^n \\
&= 250\ 000 \times (1 + 8.24\%)^3 \\
&= 317\ 032.18(\text{元})
\end{aligned}
$$

也就是说,在年利率为 8% 的情况下,该公司年初存入资金 250 000 元,期限 3 年,每季复利一次,则 3 年后一次性取出的本利和是 317 032.18 元。

小思考

当名义利率相同时,当计息周期逐渐缩短,其与实际利率的差距是越大还是越小呢?

表 3-2 名义利率、计息期利率与实际利率

计算对象	含 义
名义利率 r	当计息周期短于 1 年、年复利次数超过一次时,给出的年利率,或称报价利率、设定利率
计息期利率 i'	它是指借款人对每一元本金每期支付的利息 它可以是年利率,也可以是半年利率、季度利率、每月或每日利率等
实际利率 i	按年实际计息期数计算的年利息与本金的比值
换算关系	计息期利率 $i' = \dfrac{名义利率\ r}{年计息次数\ m}$ 实际利率 $i = \left(1 + \dfrac{名义利率\ r}{年计息次数\ m}\right)^{年计息次数\ m} - 1$

三、连续复利

计息周期并非只能是一年,还可能是计息周期短于 1 年,如按半年、季、月、日计息,这时年复利次数超过一次,当复利次数 m 趋于无穷大时,利息支付的频率比每秒 1 次还频繁,这种情况被称为连续复利。这时 $\left(1 + \dfrac{r}{m}\right)^m$ 趋近于 e^r,e 为自然常数,是一个约等于 2.718 28 的无理数。连续复利的实际利率 $= e^{报价利率} - 1$。1 块钱连续复利的投资将在一年后增长为 $e^r = 2.718^r$,t 年后将增长为 $e^{rt} = 2.718^{rt}$。可以查连续复利终值系数表。

【例 3-21】 假设以连续复利 10% 投资 1 块钱,一年后的价值为多少?两年后的价值呢?

一年后的价值 $F = P \times e^{报价利率}$
$$= 1 \times e^{10\%}$$
$$= 1.11(元)$$

也就是说,以 10% 连续复利投资一年与以 11% 投资一年并按年计息数相同。

两年后的价值 $F = P \times e^{rt}$
$$= 1 \times e^{2 \times 10\%}$$
$$= 1 \times e^{20\%}$$
$$= 1.22(元)$$

【例 3-22】 假设以连续复利 10% 投资一笔款项在银行,要想五年后这笔款项变为 50 000 元,那么现在应该存入多少钱?

现值 $P = F \times e^{-rt}$
$$= 50\ 000 \times e^{-5 \times 10\%}$$
$$= 50\ 000 \times e^{-50\%}$$
$$= 50\ 000 \times 0.606\ 5$$

＝30 325(元)

也就是说,在 10％连续复利情况下,要想五年后这笔款项变为 50 000 元,那么现在应该存入 30 325 元。

【例 3－23】 A 公司平价发行一种一年期,票面利率为 5％,每年付息一次,到期还本的债券;B 公司平价发行一种一年期,票面利率为 5％,每半年付息一次,到期还本的债券;C 公司平价发行一种一年期,票面利率为 5％连续复利,到期还本付息的债券。A、B 和 C 债券的实际利率为多少?

A 债券的实际利率 i_A ＝A 债券的票面利率＝5％

B 债券的实际利率 $i_B = \left(1 + \dfrac{r}{m}\right)^m - 1$

$$= \left(1 + \dfrac{5\%}{2}\right)^2 - 1$$

$$= 5.06\%$$

C 债券的实际利率 $i_C = e^{报价利率} - 1$

$$= e^{5\%} - 1$$

$$= 5.13\%$$

四、不等额系列收付款项终值与现值

不等额系列收付款项实际上是由普通年金与先付年金延伸而来的。不同的是,在计算年金时,每期收取或支付的金额完全相等,流向相同,而如果每期收取或支付的金额不完全相等时,则不能使用年金系数直接进行计算,而应当运用本节所详述的方法进行计算。

（一）每期期末不等额现金流量的终值计算

每期期末不等额现金流量终值是指一定时期内各期期末现金流量的复利终值之和。设各期期末的现金流量分别为 $C_1, C_2, C_3, \cdots, C_n$,计息期数 n,则每期期末不等额现金流量终值计算如图 3－8 所示。

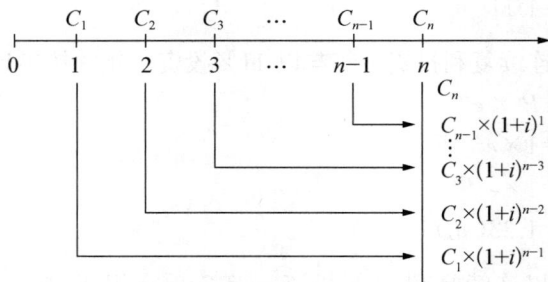

图 3－8 每期期末不等额现金流量终值计算示意图

将图 3－8 上箭头所示的数值相加,得 n 期期末不等额现金流量终值 F_n 为:

$$F_n = C_n + C_{n-1} \times (1+i) + C_{n-2} \times (1+i)^2 + \cdots + C_1 \times (1+i)^{n-1}$$

$$= C_n + C_{n-1} \times (F/P, i, 1) + C_{n-2} \times (F/P, i, 2) + \cdots + C_1 \times (F/P, i, n-1)$$

【例 3 - 24】 A 公司投资某个固定资产项目,项目建设期 4 年内第 1～4 年年末分别向银行借款 400 000 元、300 000 元、200 000 元、100 000 元,借款年利率 6%,问该公司 4 年后应付本息是多少?

$$
\begin{aligned}
应付本息\ F_4 &= C_1 \times (F/P, i_1, n_1) + C_2 \times (F/P, i_2, n_2) + C_3 \times (F/P, i_3, n_3) + C_4 \\
&= 400\,000 \times (F/P, 6\%, 3) + 300\,000 \times (F/P, 6\%, 2) + 200\,000 \times (F/P, \\
&\quad 6\%, 1) + 100\,000 \\
&= 400\,000 \times 1.191 + 300\,000 \times 1.123\,6 + 200\,000 \times 1.06 + 100\,000 \\
&= 1\,125\,480 (元)
\end{aligned}
$$

也就是说,在借款年利率为 6% 的情况下,该公司项目建设期 4 年内第 1～4 年年末分别向银行借款 400 000 元、300 000 元、200 000 元、100 000 元,则 4 年后应付本息是 1 125 480 元。

（二）每期期末不等额现金流量的现值计算

每期期末不等额现金流量现值是指一定时期内每期期末不等额现金流量计算至现在的复利现值之和。设各期期末的现金流量分别为 $C_1, C_2, C_3, \cdots, C_n$,计息期数 n,则每期期末不等额现金流量现值计算如图 3 - 9 所示。

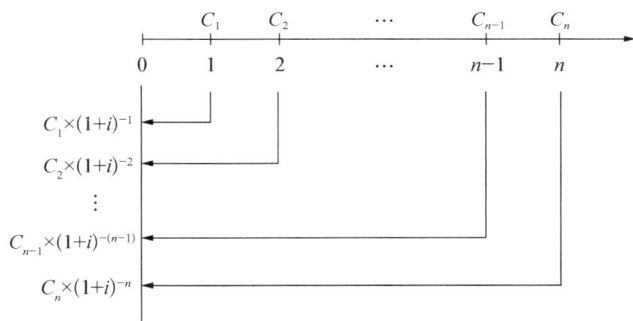

图 3 - 9 每期期末不等额现金流量现值计算示意图

根据图 3 - 9 箭头上所示的数值相加,得 n 期期末不等额现金流量现值 P_n 为:

$$P_n = C_1 \times (P/F, i, 1) + C_2 \times (P/F, i, 2) + \cdots + C_n \times (P/F, i, n)$$

【例 3 - 25】 A 公司年初租赁一厂房,租期 3 年,第 1～3 年年末分别付租金 100 000 元、80 000 元、70 000 元,年借款利率 5%,问该公司所付这些租金的现值是多少?

$$
\begin{aligned}
租金的现值\ P &= C_1 \times (P/F, i, 1) + C_2 \times (P/F, i, 2) + C_3 \times (P/F, i, 3) \\
&= 100\,000 \times (P/F, 5\%, 1) + 80\,000 \times (P/F, 5\%, 2) + \\
&\quad 70\,000 \times (P/F, 5\%, 3) \\
&= 100\,000 \times 0.952\,4 + 80\,000 \times 0.907 + 70\,000 \times 0.863\,8 \\
&= 228\,266 (元)
\end{aligned}
$$

也就是说,在年借款利率为 5% 的情况下,第 1～3 年年末 100 000 元、80 000 元、70 000 元租金的现值是 228 266 元。

（三）每期期初不等额现金流量的终值计算

每期期初不等额现金流量终值是指一定时期内各期期初现金流量的复利终值之和。设各期期初的现金流量分别为 $C_1, C_2, C_3, \cdots, C_n$，计息期数 n，则每期期初不等额现金流量终值计算如图 3-10 所示。

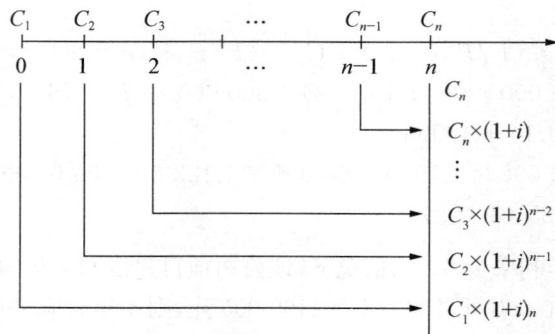

$$C_1 \quad C_2 \quad C_3 \quad \cdots \quad C_{n-1} \quad C_n$$
$$0 \quad 1 \quad 2 \quad \cdots \quad n-1 \quad n$$

C_n
$C_n \times (1+i)$
$\vdots$
$C_3 \times (1+i)^{n-2}$
$C_2 \times (1+i)^{n-1}$
$C_1 \times (1+i)^n$

图 3-10　每期期初不等额现金流量终值计算示意图

根据图 3-10 箭头上所示的数值相加，得 n 期期初不等额现金流量终值 F_n 为：

$F_n = C_1 \times (F/P, i, n) + C_2 \times (F/P, i, n-1) + C_3 \times (F/P, i, n-2) + \cdots + C_n \times (F/P, i, 1)$

【例 3-26】　A 公司投资一建设期 3 年的项目，第 1~3 年年初分别向银行借款 200 000 元、100 000 元、50 000 元，借款年利率 4%，问该公司在第 3 年年末应付借款本息是多少？

应付本息 $F_3 = C_1 \times (F/P, i, 3) + C_2 \times (F/P, i, 2) + C_3 \times (F/P, i, 1)$
$= 200\,000 \times (F/P, 4\%, 3) + 100\,000 \times (F/P, 4\%, 2) + 50\,000 \times (F/P, 4\%, 1)$
$= 200\,000 \times 1.124\,9 + 100\,000 \times 1.081\,6 + 50\,000 \times 1.04$
$= 385\,140（元）$

也就是说，在借款年利率 4% 情况下，第 1~3 年年初分别向银行借款 200 000 元、100 000 元、50 000 元，则该公司在第 3 年年末应付借款本息是 385 140 元。

（四）每期期初不等额现金流量的现值计算

每期期初不等额现金流量现值是指一定时期内每期期初不等额现金流量计算至现在的复利现值之和。设各期期初的现金流量分别为 $C_1, C_2, C_3, \cdots, C_n$，收付款次数 n，则每期期初不等额现金流量现值计算如图 3-11 所示。

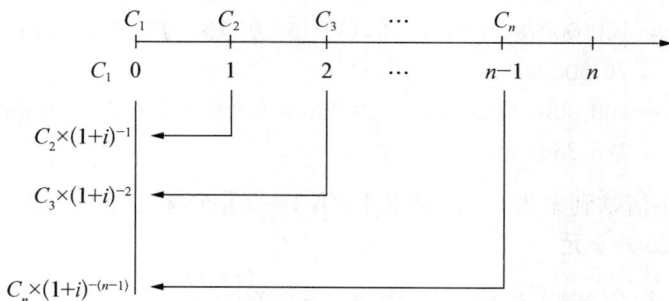

$$C_1 \quad C_2 \quad C_3 \quad \cdots \quad C_n$$
C_1
$$0 \quad 1 \quad 2 \quad \cdots \quad n-1 \quad n$$

$C_2 \times (1+i)^{-1}$
$C_3 \times (1+i)^{-2}$
$C_n \times (1+i)^{-(n-1)}$

图 3-11　每期期初不等额现金流量现值计算示意图

根据图 3-11 箭头上所示的数值相加,得 n 次期初不等额现金流量现值 P_n 为:

$$P_n = C_1 + C_2 \times (P/F, i, 1) + C_3 \times (P/F, i, 2) + \cdots + C_n \times (P/F, i, n-1)$$

【例 3-27】 A 公司分期付款购买设备,合同签订后当即付款 40 000 元,以后每隔 1 年分别付 30 000 元、20 000 元,共付款 3 次。如果年利率 5%,问该公司支付设备款的现值是多少?

设备款现值 $P_3 = C_1 + C_2 \times (P/F, i, 1) + C_3 \times (P/F, i, 2)$

$$= 40\ 000 + 30\ 000 \times (P/F, 5\%, 1) + 20\ 000 \times (P/F, 5\%, 2)$$

$$= 40\ 000 + 30\ 000 \times 0.952\ 4 + 20\ 000 \times 0.907\ 0$$

$$= 86\ 712(元)$$

也就是说,在年利率为 5% 的情况下,该公司分期付款购买设备,合同签订后当即付款 40 000 元,以后每隔 1 年分别付 30 000 元、20 000 元,则该公司支付设备款的现值是 86 712 元。

即测即评

1. (单选)年名义利率为 7%,每季复利一次,其年实际利率为( )。

A. 7.19%　　　　　B. 7.86%　　　　　C. 7.42%　　　　　D. 7.78%

2. (单选)某企业投资 200 000 元于一项目,项目寿命期 3 年,每年年末净回收 75 000 元。问该企业投资项目可接受的最低报酬率是( )。

A. 7.23%　　　　　B. 6.13%　　　　　C. 6.22%　　　　　D. 6.89%

3. (多选)下列关于名义利率和实际利率的说法中,正确的有( )。

A. 实际利率真实地反映了资金时间价值

B. 名义利率真实地反映了资金时间价值

C. 按年计息时,名义利率等于实际利率

D. 名义利率相同时,计息周期越短与实际利率差值越大

4. (判断)在利息一年内要复利两次以上时,年实际利率要大于给定的年名义利率。( )

5. (判断)名义利率指一年内多次复利给出的年利率,它等于每期利率与年内复利次数的乘积。( )

本章小结

本章探讨的问题是资金时间价值的含义、现金流量计算及其等值换算,主要包括:

1. 复利终值是将一定量的资金按给定的利率计算至未来某一时点的价值,而复利现值则是将未来某一时点的资金按给定的利率计算至现在的价值。

2. 多期现金流量终值与现值的计算实际上是单一现金流量的终值与现值计算的进一步深化。

3. 利率可以有多种方式报价,不同形式的名义利率换算成实际利率后才便于比较,讲述了实际利率与名义利率的换算方法。

4. 年金的形式有普通年金、先付年金、递延年金和永续年金,讲述了有关这些年金形式下终值与现值的计算。

本章所讲述的方法将在后续章节中进一步运用,如价值评估、投资决策评估、资本成本测算等。

表3-3至表3-5是关于本章公式、计算的一些汇总,以及各系数之间的关系总结。

表3-3 先付年金与普通年金之间换算总结

Ⅰ.期数系数调整法
$(P/A_{先付},i,n)=(P/A_{普通},i,n-1)+1$
$(F/A_{先付},i,n)=(F/A_{普通},i,n+1)-1$
Ⅱ.乘数调整法
$(P/A_{先付},i,n)=(P/A_{普通},i,n)\times(1+i)$
$(F/A_{先付},i,n)=(F/A_{普通},i,n)\times(1+i)$

表3-4 年金及永续年金计算总结

Ⅰ.符号
P=现值,未来现金流在今天的价值
F=终值,当前现金流在未来的价值
i=每期利率,报酬率或贴现率,通常(但并非绝对)一期为一年
n=期数,通常(但并非绝对)是年数
A=年金
Ⅱ.利率为i,期限为n,每期支付A的年金现值
$P=A\times\dfrac{1-(1+i)^{-n}}{i}$ $\dfrac{1-(1+i)^{-n}}{i}$被称为普通年金现值系数,符号表示为$(P/A,i,n)$
Ⅲ.利率为i,期限为n,每期支付A的年金终值
$F=A\times\dfrac{(1+i)^n-1}{i}$ $\dfrac{(1+i)^n-1}{i}$被称为普通年金终值系数,可用符号$(F/A,i,n)$表示
Ⅳ.永续年金现值
$P=\dfrac{A}{i}$
永续年金指每期都有相同的现金流,无限期的年金。

表 3-5　各系数之间的关系总结

名称及表达式		关 系	
复利终值系数 $(F/P,i,n)$	$(1+i)^n$	复利现值系数 $(P/F,i,n)$	$(1+i)^{-n}$	互为倒数
普通年金终值系数 $(F/A,i,n)$	$\dfrac{(1+i)^n-1}{i}$	偿债基金系数 $\dfrac{1}{(F/A,i,n)}$	$\dfrac{i}{(1+i)^n-1}$	互为倒数
普通年金现值系数 $(P/A,i,n)$	$\dfrac{1-(1+i)^{-n}}{i}$	资本回收系数 $\dfrac{1}{(P/A,i,n)}$	$\dfrac{i}{1-(1+i)^{-n}}$	互为倒数
普通年金终值系数 $(F/A,i,n)$	$\dfrac{(1+i)^n-1}{i}$	普通年金现值系数 $(P/A,i,n)$	$\dfrac{1-(1+i)^{-n}}{i}$	不为倒数

关键术语

终值　复利　现值　贴现　年金　普通年金　先付年金　递延年金　永续年金　贴现率　期数　名义利率　实际利率　连续复利

复习思考题

1. 什么是资金时间价值？

2. 什么是终值和现值？

3. 什么是实际利率和名义利率？二者之间如何换算？

4. 什么是年金？它有哪几种形式？

5. 在资金时间价值系数中哪些互为倒数？

6. 先付年金现值(终值)和普通年金现值(终值)之间如何换算？

7. 什么是递延年金？如何求递延年金现值？

8. 什么是永续年金？其现值如何计算？

【计算题】

1. 甲公司向银行借入 100 000 元,借款期为 5 年,年利率为 8%,计算复利情况下 5 年后公司还本付息额。

2. 某公司计划 5 年后获得资金 200 000 元,年利率 6%,求该企业现在应投入多少元。

3. 某企业投资一项目,项目建设期 5 年内每年年末向银行借款 200 000 元,借款年利率 7%,问该企业 5 年后应付本息是多少？

4. 某公司租赁房屋每年年初支付 150 000 元,年利率为 8%,5 年内应付租金总额的现值为多少？

5. 某企业有资金 100 000 元,投入一个报酬率为 10% 的项目,期望获得 160 000 元的资金目标。问该企业需多长时间才能实现这一目标？

课程思政案例

"校园贷"的危害

某高校李同学因迷恋上某新款手机，从某借贷平台借款 5 000 元，借款时对方要求"一周 10 个点"，该同学心中无明确还款额概念，一月后李同学需还款多少？

老师讲解复利终值计算原理后，要求学生独立思考计算该笔贷款终值。通过计算得知，在"校园贷"平台借款 5 000 元，"一周 10 个点"，一个月后需偿还 7 320.5 元。

【课程思政要点】通过这个案例让学生直观又深刻地理解了"校园贷"的危害，应树立理性消费，切勿有盲目攀比的观念。"校园贷"风险高，圈套多，应时刻警醒，远离之，不要让它影响学业，影响人生规划。

第四章　价值评估

学习目标

1. 掌握债券的基本要素
2. 理解债券估值模型的内涵,掌握公式和计算
3. 理解债券估值的影响因素
4. 理解普通股估值模型的内涵,掌握公式和计算
5. 掌握优先股估值方法,并与普通股比较
6. 理解市盈率的内涵,并应用市盈率进行股票估值
7. 了解公司价值评估的基础方法

引导案例

　　2020 年 7 月 23 日,西藏药业(股票代码:600211)收盘价 97.24 元,晶丰明源(股票代码:688368)收盘价 97.79 元,金域医学(股票代码:603882)收盘价 97.60 元。这三家公司的股票价格十分接近,那么它们的股利发放金额是否也如此接近呢? 答案是否定的。事实上,西藏药业 2020 年 4 月 13 日宣告发放现金股利每股 1.06 元,晶丰明源 2020 年 6 月 10 日宣告每股发放 0.5 元现金股利,而金域医学 2020 年 6 月 23 日宣告每股现金股利仅有 0.136 元。

　　(资料来源:西藏药业、晶丰明源、金域医学 2019 年度权益分派实施公告)

　　在本章中,我们将学习到估值的具体方法,我们会看到现金流(如股利)对证券价值的影响。当然本章不仅包括股票估值,也包括债券估值,以及公司价值评估的基础方法。

引　　言

　　发行债券和股票是最常见的筹集外部资金的两种方式。从公司角度,对证券进行估值是确定发行价的基础;而从投资者的角度,对证券进行估值是投资决策的第一步。因此,不论是对发行公司还是对投资者来说,如何确定证券的价值都是十分重要的,这就是本章讨论的问题。债券部分,我们将在债券基本要素的基础上介绍其估值方法,最后讨论利率、到期时间等因素对债券价值的影响。股票部分,我们分为普通股和优先股分别讨论,按照不同的股利支付政策,分类讨论了不同的估值模型。本章最后介绍了公司估值的三种方法。

第一节　债券估值

一、债券基本要素

债券是由公司发行的、在约定时间支付一定比例的利息，并在到期时偿还本金的一种有价证券。

一个简单的例子，假设在 2022 年 1 月 1 日，A 公司发行了 10 亿元 5 年期的公司债，发行利率为 5%，每年 12 月 31 日为债券付息日。在这只债券中，A 公司每年 12 月 31 日需要支付的利息为 50 000 000 万元（=1 000 000 000×5%），而在 2026 年 12 月 31 日，A 公司将偿还 10 亿元。

在这个例子中，期末偿还的 10 亿元是债券的票面价值（面值）。

$$票面价值＝单位面值×发行数量$$

债券面值是指设定的票面金额，它代表发行人承诺于未来某一特定日期偿付给债券持有人的金额，不论之前付出的购买成本是多少；而单位面值的大小则会影响发行成本等因素，从而影响债权筹资的效果，我国债券的单位面值一般是 100 元。

上例中，5% 是债券的票面利率。票面利率是指债券发行者预计一年内向投资者支付的利息占票面金额的比率。债券的计息和付息方式有多种，利息支付可能半年一次、一年一次或者到期日一次总付，这就使得票面利率可能不等于有效年利率。债券的利率通常是以年为单位显示，票面利率往往指的是年名义利率，它和年有效利率之间存在着对应的换算关系。

2026 年 12 月 31 日是债券的到期日，即偿还债券面值的日期。到期日通常在债券发行时确定，但也有可能发生变化。

小思考

当你投资了一只债券之后，你的收益来源是什么？

二、债券估值的基本模型

根据资金时间价值理论，通常以债券未来现金流的现值作为债券价值的估计，因此，为了确定债券在某个时点的市场价值，我们需要知道债券的面值、票面利率、距离到期日的时间以及具有类似要素特征债券的市场利率。

【例 4-1】　假设 B 公司拟发行面额为 100 元的 10 年期债券。其票面利率为 10%，每年支付一次利息，即每年支付的利息为 10 元（=100×10%）。10 年后债券到期日时，B 公司向债权人支付 100 元。

若可比债券的市场利率为 10%，那么该债券的发行价格应该是多少？我们需要计算该债券未来现金流的现值。首先，在 10% 的利率下，B 公司每年支付的利息为 10 元，其现值可由年金公式得到：

$$P_1 = 10 \times \frac{1-(1+10\%)^{-10}}{10\%} = 10 \times (P/A, 10\%, 10) = 61.45(元)$$

其次,到期后 B 公司偿还的 100 元的现值为:

$$P_2 = \frac{100}{(1+10\%)^{10}} = 100 \times (P/F, 10\%, 10) = 38.55(元)$$

两个现值相加就可以得到这只债券的价值:

$$P = P_1 + P_2 = 61.45 + 38.55 = 100(元)$$

可以发现,该债券恰好以其票面价值作为发行价格,即当市场利率与票面利率相等时,债券发行价格等于票面价值,称作平价发行债券。

如果可比债券的市场利率为 9%,将会对债券价值产生什么影响?此时,我们需要计算在 9%的利率下,该债券未来现金流的现值。同样可以把未来现金流分成每年支付的 10 元和到期日支付的 100 元两部分,分别计算其现值,最后相加得到债券的价值:

$$P = 10 \times \frac{1-(1+9\%)^{-10}}{9\%} + \frac{100}{(1+9\%)^{10}}$$
$$= 10 \times (P/A, 9\%, 10) + 100 \times (P/F, 9\%, 10)$$
$$= 106.42(元)$$

由此,该债券的发行价格为 106.42 元,高于其票面价值 100 元。

为什么此时债券发行价格会高于票面价值?我们注意到,该债券票面利率为 10%,而市场利率仅为 9%,因此潜在投资者在票面价值之外,愿意额外支付一部分金额来获得每年更多的利息。这部分利息为每年 1 元[$=100 \times (10\%-9\%)$],在 9%的市场利率下,这部分的现值为:

$$P = 1 \times \frac{1-(1+9\%)^{-10}}{9\%} = 1 \times (P/A, 9\%, 10) = 6.42(元)$$

恰好为债券发行价格超出票面价值部分,即潜在投资者愿意为每年增加的 10 元利息额外支出的金额。这种债券称为溢价发行债券。

最后,如果可比债券的市场利率为 11%,可以预测该债券的发行价格将会低于票面价值 100 元。同样通过计算债券未来现金流现值得到债券价值:

$$P = 10 \times \frac{1-(1+11\%)^{-10}}{11\%} + \frac{100}{(1+11\%)^{10}}$$
$$= 10 \times (P/A, 11\%, 10) + 100 \times (P/F, 11\%, 10)$$
$$= 94.11(元)$$

计算结果与我们的预测相同。对于这只票面利率为 10%的债券,在 11%的市场利率下,其发行价格比票面价值低 5.89 元。一个简单的解释是,由于票面利率低于市场利率,即投资该债券每年得到的利息低于市场水平,那么潜在投资者愿意为该债券投资的成本必然低于其票面金额。以这只债券来说,投资者每年得到的利息比市场水平低 1 元[$=100 \times (11\%-10\%)$],这部分差额的现值为:

$$P = 1 \times \frac{1-(1+11\%)^{-10}}{11\%} = 1 \times (P/A, 11\%, 10) = 5.89(元)$$

因此,如果投资者最初以 94.11 元的价格购入该债券,那么在到期日,他得到的 100 元恰好可以弥补 10 年间每年利息低于市场水平部分。这种债券称为折价发行债券。

从上述例子的分析,我们可以得到债券估值的基本模型。如果债券面值为 M,票面利率为 i,市场利率为 R_B,那么在距离到期日为 n 的时点,其价值为:

$$V = M \times i \times \frac{1-(1+R_B)^{-n}}{R_B} + \frac{M}{(1+R_B)^n}$$
$$= M \times i \times (P/A, R_B, n) + M \times (P/F, R_B, n)$$

更一般地,如果每期支付利息 I_t 不是固定的,那么债券价值为:

$$V = \sum_{t=1}^{n} \frac{I_t}{(1+R_B)^t} + \frac{M}{(1+R_B)^n}$$

【例 4-2】 某债券面值 100 元,10 年期,不计复利,到期日一次还本付息,那么它的发行价是多少? 假设票面利率为 5%,市场利率为 10%。

这种债券一次还本付息且不计复利,那么投资该债券的未来现金流只有到期日时流入的单利和本金,即到期日的现金流为:

$$100 \times 5\% \times 10 + 100 = 150(元)$$

用市场利率对其折现,得到

$$V = 150 \times (P/F, 10\%, 10) = 57.83(元)$$

还有一种常见的债券形式,被称作纯贴现债券,是指承诺未来某一确定日期按面值支付的债券。这种债券在到期日前购买人不能得到任何现金流入,因此,也被称为"零息债券"。零息债券没有标明利息计算规则的,通常采用按年计息的复利计算规则。

【例 4-3】 某债券面值 1 000 元,10 年期。到期日一次还本付息,市场利率为 10%,则该债券的发行价是多少?

同样按照以未来现金流现值作为债券价值估计的原则计算,那么在市场利率为 10% 的条件下,可得该纯贴现债券的价值:

$$V = 1\,000 \times (P/F, 10\%, 10) = 385.54(元)$$

如果零息债券面值为 M,市场利率为 R_B,那么在距离到期日为 n 的时点,其价值为:

$$V = \frac{M}{(1+R_B)^n} = M \times (P/F, R_B, n)$$

三、债券估值的影响因素

从债券估值的基本模型可以发现,影响债券的因素有债券的面值、票面利率、计息期、折现率和到期时间等因素。

(一) 市场利率与票面利率的关系

通过前文的例子,我们可以得到以下关于按年计息的普通债券定价的基本结论:① 市场利率等于债券票面利率时,债券价值等于其面值;② 如果市场利率高于其票面利率,债券价值就低于其面值;③ 如果市场利率低于其票面利率,债券价值就高于其面值。

值得注意的是,债券的票面利率通常以年化利率(名义年利率)来表示,而利息的支付并非固定一年一次。当一年内复利多次时,需要将名义年利率除以年内复利次数得出计息周期利率,再根据计息周期利率可以换算得出有效年利率,即实际年利率。以上概念同样适用于市场利率。

【例 4-4】 某公司即将发行一只债券,其票面面值为 100 元,票面利率为 6%,每半年支付一次利息,3 年到期。那么债券持有人每年将分两次收到总计 6 元(=100×6%)利息,每次收到 3 元$\left(=100\times\dfrac{6\%}{2}\right)$,一共收到 6 次(=3×2)。

假设目前市场利率为 10%,这也是一个年化收益率,因此实际的计息折现率应为每半年 5%。那么该债券的发行价格应为多少?

根据债券估值的基本公式可以得到:

$$V = 3 \times (P/A, 5\%, 6) + 100 \times (P/F, 5\%, 6) = 89.85(元)$$

假设该债券是一年付息一次,那么其估值为:

$$V = 6 \times (P/A, 10\%, 3) + 100 \times (P/F, 10\%, 3) = 90.05(元)$$

可以发现,每年付息两次的债券价值比每年付息一次时的价值降低了。债券付息期越短价值越低的现象,仅出现在折价发行的状态;如果债券是溢价发行,情况则正好相反;如果债券是平价发行,则不论付息周期如何,发行价格始终等于面值。

(二)到期时间

债券的到期时间,是指当前日至债券到期日之间的时间间隔。自债券发行日起,随着时间的延续,债券的到期时间逐渐缩短,至到期日时为零。

【例 4-5】 某公司于 2020 年 5 月 1 日发行面额为 1 000 元的债券,票面利率为 8%,每年支付一次利息,2050 年 4 月 30 日到期。假设市场利率为 10%并始终保持不变。那么,每年的 5 月 1 日,该债券的价值是多少?

根据债券估值的基本模型,我们可以计算出每年 5 月 1 日的债券价值:

$$V = 80 \times (P/A, 10\%, n) + 1\ 000 \times (P/F, 10\%, n)$$

式中,n 表示距离到期日的年数。由此,我们可以画出债券价值与时间的图像。同样地,当市场利率分别为 8%和 6%并且保持不变时,也可以计算出债券在每个时点的价值,从而得到债券价值与到期时间的关系。

图 4-1 展示了该债券在不同市场利率下,随着时间流逝,其价值发生的变化。

从图 4-1 可以看出,在市场利率一直保持不变的情况下,不管它高于或低于票面利率,债券价值随着到期时间的缩短逐渐向债券面值靠近,至到期日债券价值等于债券面值。对折价发行的债券,随着时间向到期日靠近,债券价值逐渐提高,最终等于债券面值;对平价发行的债券,债券价值一直等于票面价值;对溢价发行的债券,随着时间向到期日靠近,债券价值逐渐下降,最终等于债券面值。

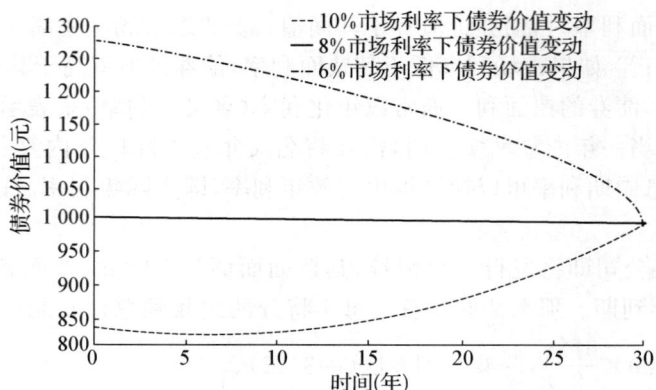

图 4 - 1　债券价值随到期日变动

（三）利率风险

很显然,市场利率在现实中不可能保持 30 年不变,那么市场利率的变动对债券价值将产生什么影响? 由市场利率变动引起的债券价值波动风险称作利率风险。利率风险的两个主要影响因素是距离到期日的时间和债券的票面利率。

【例 4 - 6】　某公司将于 2020 年 5 月 1 日发行两只票面价值和票面利率都相同的债券,分别为 1 000 元和 15%,均为每年 4 月 30 日支付一次利息。A 债券为 5 年期,而 B 债券为 30 年期。那么市场利率对 A 债券和 B 债券发行价格的影响是什么?

根据债券估值的基本模型,我们可以得到 A 和 B 的估值分别为:

$$V_A = 150 \times (P/A, R_B, 5) + 1\,000 \times (P/F, R_B, 5)$$

$$V_B = 150 \times (P/A, R_B, 30) + 1\,000 \times (P/F, R_B, 30)$$

式中,R_B 表示市场利率。同样通过图像的方式对 A 和 B 的估值与市场利率 R_B 的关系进行比较(见图 4 - 2)。

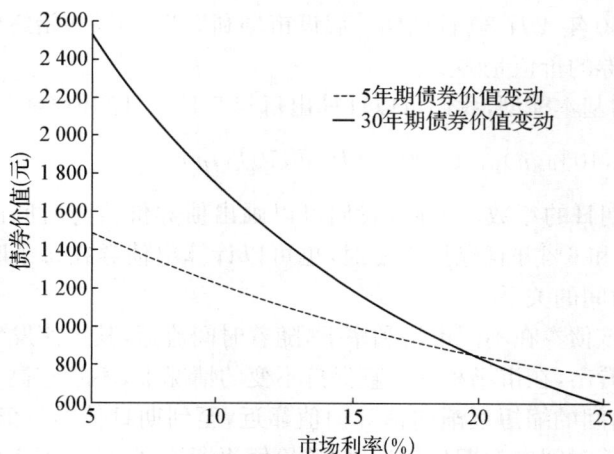

图 4 - 2　债券价值随市场利率变动

可以看出,在其他条件相同的前提下,5 年期债券的"债券价值—市场利率"曲线更平坦,30 年期债券的"债券价值—市场利率"曲线更陡峭。也就是说,5 年期债券价值对市场利率变动的反应较小,而 30 年期债券价值对市场利率变动的反应更加敏感。

从债券估值模型出发可以这样解释:债券未来现金流分为每年 150 元利息和到期日 1 000 元面值,我们考虑对债券价值影响更大的面值部分。那么,比较 5 年期和 30 年期的债券可以发现,即使是市场利率的微小变动,在复利计息 30 次之后,都会对票面价值的现值产生较大影响,即对于长期债券来说,其面值的现值对市场利率变动更加敏感。因此,在其他条件相同的前提下,债券期限越长,利率风险越大。

如果市场利率在债券发行后发生变动,债券价值也会因此而发生变动。随着到期时间的缩短,市场利率变动对债券价值的影响越来越小,即债券对市场利率特定幅度的变化反应越来越不灵敏。

另外要注意的是,通过比较图 4-2 中两条曲线的斜率可以发现,随着债券期限的增加,债券利率风险增大的速率在变慢。

【例 4-7】　某公司将于 2020 年 5 月 1 日发行两只票面价值为 1 000 元的 10 年期债券,均为每年 4 月 30 日支付一次利息。A 债券票面利率 5％,B 债券票面利率 20％。那么市场利率对 A 债券和 B 债券发行价格的影响是什么?

根据债券估值的基本模型,我们可以得到 A 和 B 的估值分别为:

$$V_A = 50 \times (P/A, R_B, 10) + 1\,000 \times (P/F, R_B, 10)$$

$$V_B = 200 \times (P/A, R_B, 10) + 1\,000 \times (P/F, R_B, 10)$$

式中,R_B 表示市场利率。

从估值模型来看,对于票面利率 5％的 A 债券,其价值大小更加依赖到期日回收的 1 000 元票面价值复利计息 10 次的现值;而对于 B 债券,由于票面利率较高,每期利息较高,在发行后就能较快地回收资金,这部分利息复利计息次数较少,对于最后一期票面价值现值的依赖较低。也就是说,市场利率的微小变动对期末票面价值现值的影响更多地反映在票面利率较低债券的估值中。因此,在其他条件相同的前提下,债券票面利率越低,利率风险越大。

📚 **知识拓展**　请扫码 → ▓▓ 马尔基尔债券定价原理

四、债券的到期收益率

如果我们已知一只债券的市场价格、票面价值、票面利率和到期日,那么投资该债券究竟能获得多少收益率? 债券的到期收益衡量标准通常用到期收益率来表示,是指以特定价格购入债券并持有至到期日所获得的报酬率。

【例 4-8】　某公司于 2020 年 5 月 1 日以平价购买面额为 1 000 元的债券,其票面利率为 8％,每年 4 月 30 日计算并支付一次利息,并于 5 年后的 4 月 30 日到期。那么该公司的到期收益率是多少?

我们知道债券价值等于其未来现金流的现值。已知该债券面值 1 000 元,每期利息为 80 元($= 1\,000 \times 8％$),5 年到期,那么其市场价格满足:

$$1\,000 = 80 \times (P/A, R_B, 5) + 1\,000 \times (P/F, R_B, 5)$$

式中,R_B 是未知的市场利率,也就是到期收益率。也就是说,债券的到期收益率为使债券未来现金流量现值等于债券购入价格的折现率。

对于该方程,我们可以根据平价发行债券的概念轻松解出 $i=8\%$。如果购买价格变为 1 100 元,其他条件不变,那么到期收益率为多少? 此时,方程变成:

$$1\,100 = 80 \times (P/A, R_B, 5) + 1\,000 \times (P/F, R_B, 5)$$

对于该方程,我们可以运用"试错法"。首先判断该债券属于溢价发行,也就是市场利率 i 应当低于票面利率 8%。如果按照 6% 计算,可以得到债券价值:

$$V = 80 \times (P/A, 6\%, 5) + 1\,000 \times (P/F, 6\%, 5) = 1\,085.25(元)$$

在 6% 的市场利率下,债券价值依然低于 1 100 元,说明 6% 依然过高。接下来可以计算 $i=5\%$ 时的债券价值为 1 129.88 元,大于 1 100 元。因此,该债券的到期收益率应该在 $5\% \sim 6\%$。利用"插值法",我们可以得到该债券的到期收益率约为 5.68%。

应当注意区分到期收益率与当前收益率的差别。当前收益率是指债券年利息与购入价格的比例,在这个例子中,当前收益率分别为 $\frac{80}{1\,000} = 8\%$ 和 $\frac{80}{1\,100} = 7.27\%$。这说明平价债券的到期收益率等于当前收益率;溢价债券的到期收益率低于当前收益率,因为当前收益率仅考虑了利息部分,忽视了期末回收的票面价值实际上低于购买价格;自然也可以推出,折价债券的到期收益率高于当前收益率。

即测即评

1.(单选)贴现发行的债券也称(   )。

A. 低利率债券　　　　B. 无面值债券　　　　C. 连续计息债券　　　　D. 零息债券

2.(单选)当债券的票面利率小于市场利率时,债券应(   )。

A. 按面值发行　　　　B. 溢价发行　　　　C. 折价发行　　　　D. 向外部发行

3.(多选)某企业准备发行三年期企业债券,每半年付息一次,票面年利率 8%,面值 1 000 元,平价发行。以下关于该债券的说法中,正确的是(   )。

A. 债券实际利率为 8%　　　　　　　　　B. 债券年实际报酬率是 8.16%

C. 债券名义利率是 8%　　　　　　　　　D. 债券名义利率与名义报酬率相等

E. 市场利率是 8.16%

4.(多选)下列各项中,能够影响债券内在价值的因素有(   )。

A. 债券的价格　　　　　　　　　　　　　B. 债券单利还是复利

C. 投资者的必要报酬率　　　　　　　　　D. 票面利率

E. 债券的付息方式(分期付息还是到期一次付息)

5.(判断)即使票面利率和期限相同的两种债券,由于付息方式不同,投资人的实际经济利益亦有差别。　　　　　　　　　　　　　　　　　　　　　　　　　　　　(   )

第二节　股票估值

股票是股份公司发给股东的所有权凭证,是股东借以取得股利的一种有价证券。按股东所享有的权利不同,可以分为普通股和优先股,本节首先对普通股进行估值。

小思考

当你投资了一只股票之后,你的收益来源是什么?

一、普通股估值的基本模型

与债券不同,股票没有到期日的约定,因此持有股票期间,可以获得股利收入;虽然股票没有到期日,也就不存在到期收回投资本金的可能,但是股票持有者可以在二级市场上随时将股票卖掉。因此,股票持有者可以获得收入。现金流入主要包括两部分:持有期间的股利收入和出售时的售价。

假设投资者 A 准备购买一只股票,并将于 1 年后出售。那么他愿意为这只股票支付的金额 P_0 即为这只股票一年内的股利现值和一年后售价的现值之和。

$$P_0 = \frac{D_1}{1+R_S} + \frac{P_1}{1+R_S}$$

式中,D_1 是投资者 A 得到的股利收入;P_1 是投资者 A 预期的一年后售价;R_S 是折现率,即投资者投资该股票要求的必要报酬率。

再来看 P_1,既然它是投资者 A 出售股票的价格,那么必然将有一个投资者 B 愿意以 P_1 的价格购入这只股票,假设他也预期持有该股票一年之后出售,那么:

$$P_1 = \frac{D_2}{1+R_S} + \frac{P_2}{1+R_S}$$

式中,D_2 是投资者 B 得到的股利收入;P_2 是投资者 B 预期的一年后售价;R_S 是市场利率。将 P_1 代入可得:

$$P_0 = \frac{D_1}{1+R_S} + \frac{D_2}{(1+R_S)^2} + \frac{P_2}{(1+R_S)^2}$$

也就是说,

$$P_0 = \sum_{t=1}^{n} \frac{D_t}{(1+R_S)^t} + \frac{P_n}{(1+R_S)^n}$$

将这个过程继续下去,令 n 趋近于无穷,可以得到股价 P_0 的如下表达:

$$P_0 = \frac{D_1}{1+R_S} + \frac{D_2}{(1+R_S)^2} + \frac{D_3}{(1+R_S)^3} + \cdots$$

即股票价值为:

$$V = \sum_{t=1}^{\infty} \frac{D_t}{(1+R_S)^t}$$

这就是普通股估值的基本模型,也就是说普通股的价值等于它未来预期所有股利收入的现值。

该模型在实际应用中最主要的问题是如何确定未来的每年股利和对应的折现率。公司股利的多少,主要取决于公司的股利政策,而公司股利政策又受每股收益和股利支付率两个因素影响。在上述股票估值基本模型中,要求无限期地估计未来每期的股利实际上是很难做到的。在现实中应用的模型都是化繁为简,比如假设每期的股利固定或者按固定比率增长等。折现率的主要作用是把所有未来不同时间的现金流入折算为现在的价值,类似于债券价值评估。这里的折现率等于股票投资者要求的必要报酬率,也就是发行股票公司为筹集资金需要付出的资本成本。投资报酬率(或资本成本)的确定我们将在后面的章节中讨论。

二、普通股估值模型的具体应用

在前文所述的估值基本模型要求估计无限期的股利收入,显然是不切实际的,因此在股票估值的实际操作中,我们通常对股利进行一些设定从而得到更加实用的模型。本节将介绍三种经典模型:零增长股票估值模型、固定股利增长型股票估值模型和非固定增长股票估值模型(以两阶段增长股利为例)。

(一)零增长股票估值模型

首先从最简单的模型讨论。假设公司未来每期支付的股利不变,股票持有人始终持有该股票而不出售,即每期支付额为一定值。根据资金时间价值中年金形式,这样的支付过程是一个永续年金。那么这样的股票价值为:

$$V = \frac{D}{R_s}$$

式中,D 为每期支付的现金股利;R_s 为投资者要求的必要报酬率。

【例4-9】 假设某投资者在对 L 公司的股票进行研究以决定是否要进行投资。L 公司股票每年支付股利每股 5 元,并且在可预见的将来,都将保持该股利。经过研究,该投资者认为该股票的投资回报率需要达到 10%,那么该公司的股价应为多少?

很明显,这是一个固定股利的股票,其股利构成一个永续年金,因此该股票价格应为:

$$V = \frac{D}{R_s} = \frac{5}{10\%} = 50(元)$$

(二)固定股利增长型股票估值模型

有些公司的股利是不断增长的,特别是那些处于可持续增长阶段的公司。为了简化问题,可以假设公司的股利增长率是固定的。

假设 M 公司今年的股利为 D_0,该公司以后年度的股利均在上一年的基础上增长 g,g 是一个常数。那么该公司 t 年的股利应为:$D_t = D_0(1+g)^t$。

根据股票估值基本模型,该股票价值为:

$$V = \sum_{t=1}^{\infty} \frac{D_t}{(1+R_s)^t} = \sum_{t=1}^{\infty} \frac{D_0(1+g)^t}{(1+R_s)^t} = D_0 \sum_{t=1}^{\infty} \left(\frac{1+g}{1+R_s}\right)^t$$

式中,R_s 为投资者要求的必要报酬率。

当且仅当 $\frac{1+g}{1+R_s} < 1$ 时,级数 $\sum_{t=1}^{\infty} \left(\frac{1+g}{1+R_s}\right)^t$ 是收敛的,否则 $V \to +\infty$,即股票价格无

穷大,不符合实际,没有经济意义。因此,在此模型中,股利增长率 g 必然小于股东要求的必要报酬率 R_S,即 $g < R_S$。简化上式,可以求得固定股利增长率的股票价值为:

$$P_0 = D_0 \frac{1+g}{R_S - g} = \frac{D_1}{R_S - g}$$

显然,当 $g = 0$ 时,该模型即为零增长股票估值模型。需要强调的是,分子上的 D_1 是下一期的股利。

【例 4-10】　假设某投资者在对 M 公司的股票进行研究以决定是否要进行投资。该股票下一年度将支付每股 5 元的现金股利,并且在可预见的将来,将以每年 10% 的比例增加股利。经过研究,该投资者认为该股票的投资回报率需要达到 12%,那么该公司的股价应为多少?

直接将有关变量代入固定增长率股价估值模型可得该股票的价格:

$$V = \frac{D_1}{R_S - g} = \frac{5}{12\% - 10\%} = 250(元)$$

如果股利增长率降低为 8%,那么此时股票价格变为:

$$V = \frac{D_1}{R_S - g} = \frac{5}{12\% - 8\%} = 125(元)$$

我们发现,在这个例子中,股利增长率 g 从 10% 降低到 8%,即降低了 20%,直接导致股票价格降低了一半(从 250 元降至 125 元)。在此模型下,股票价格对股利增长率 g 的变动极其敏感。

接下来,我们对折现率 R_S 进行一些讨论。在有效市场假说下,股票市场将处于均衡的状态,任何一时点的股票的价格都能完全反映该公司的任何可获得的公开信息,而且股票价格对新信息能迅速做出反应。在该假设条件下,股票的期望报酬率必然等于其必要报酬率。

根据固定股利增长模型:

$$V = \frac{D_1}{R_S - g}$$

那么,

$$R_S = \frac{D_1}{V} + g$$

从该公式中我们可以看出,投资股票的总报酬率由两部分组成:第一部分是股利收益率,即 $\frac{D_1}{V}$,由预期股利除以当前股价得到,类似于债券的当前收益率;第二部分是预期的股利增长率 g,根据

$$P_{n+1} = \frac{D_{n+2}}{R_S - g} = \frac{D_{n+1}(1+g)}{R_S - g} = P_n(1+g)$$

可以得到,g 也是股价的增长率,这部分可以认为是资本利得收益率,可根据公司的可持续增长率估计。因此,只要能预测出公司下一期的股利 D_1 以及公司的可持续增长率,就可以估计出股东预期报酬率。在有效市场条件下,它就是与该股票风险相适应的必要报

酬率。

【例 4-11】 某公司普通股每股价格为 20 元,预计下一期股利为 1 元,该股利将以 10% 的速度增长。试计算该股票的期望报酬率。

假设投资者现在以 20 元买下这只股票,那么一年之后,投资者除了获得 1 元的股利之外,还将得到价值 22 元的股票(股价增长率也为 10%)。因此投资者投资该股票的总报酬率等于股利收益率 5%(=1÷20)与资本利得收益率 10%[=(22-20)÷20]之和为 15%。或者直接使用公式:

$$R_s = \frac{D_1}{V} + g = \frac{1}{20} + 10\% = 15\%$$

即该股票期望报酬率为 15%。

(三)非固定增长股票估值模型

在现实中,很多公司股票的股利并不是固定不变的,也不是按固定比例增长的,而是有阶段性的变化。例如,在一段时间里高度增长,在另一段时间里正常固定增长或固定不变。在这种情况下,需要分段计算,从而确定股票价值。我们通过一个两阶段增长的例子进行说明。

【例 4-12】 某投资人持有 M 公司的股票,投资必要报酬率为 15%,预计 M 公司未来 3 年股利将高速增长,增长率为 20%。在此以后转为正常增长,增长率为 12%。公司今年支付的股利为 2 元。要求计算该公司股票的价值。

由于该公司股价增长呈现阶段特征,首先计算高速增长三年期的股利现值之和;然后从第三年开始该股票符合股利固定增长模型的特征,根据固定增长模型可以求得第三年年末的股票价值,再贴现至期初;最后将两阶段现值求和,即可得到该股票价值:

$$V = \sum_{t=1}^{3} \frac{D_t}{(1+R_s)^t} + \frac{P_3}{(1+R_s)^3} = \sum_{t=1}^{3} \frac{D_t}{(1+R_s)^t} + \frac{1}{(1+R_s)^3} \frac{D_4}{R_s - g_2}$$

代入数据:

$$V = \sum_{t=1}^{3} \frac{2 \times (1+20\%)^t}{(1+15\%)^t} + \frac{1}{(1+15\%)^3} \times \frac{2 \times (1+20\%)^3 \times (1+12\%)}{15\% - 12\%} = 91.37(元)$$

即该股票的价值为 91.37 元。

基于上述例子,可以写出两阶段增长的非固定增长股票估值模型。假设一只股票目前股利为 D_0,在前 n 年的股利增长率为 g_1,随后股利增长率变为 g_2,投资者要求的必要报酬率为 r,那么该股票的价值为:

$$V = \sum_{t=1}^{n} \frac{D_t}{(1+R_s)^t} + \frac{1}{(1+R_s)^n} \frac{D_{n+1}}{R_s - g_2}$$
$$= \sum_{t=1}^{n} \frac{D_0(1+g_1)^t}{(1+R_s)^t} + \frac{1}{(1+R_s)^n} \frac{D_0(1+g_1)^n(1+g_2)}{R_s - g_2}$$

三、优先股估值

最后来讨论一下优先股的估值问题。优先股是指在一般规定的普通股之外,另行规定的其他种类的股份,其股份持有人优先于普通股分配公司的利润和剩余财产,但参与公司决策管理等权利受到限制。

优先股按照约定的票面股利率支付股利,其票面股利率可以是固定的也可以是浮动的。如果公司章程中规定的优先股为固定股利率,该固定的股利率可以在存续期间内始终固定不变,也可以明确每年的固定股利率;若公司章程中规定优先股采用浮动股利率,应明确优先股股利率的计算方法。

当优先股股利在存续期间内采用固定的股利率时,每期股利就形成了无限期定额支付的年金,即永续年金。此时,优先股相当于零增长普通股股票,其估值公式如下:

$$V = \frac{D_p}{R_P}$$

式中,D_p 为优先股每股股利;R_P 为折现率。

在优先股的股利率固定的情况下,优先股股东的期望报酬率估计为:

$$R_P = \frac{D_p}{V}$$

当优先股股利在存续期间内采用浮动股利率时,需要根据具体的股利规则选择合适的股票估值模型。总的原则是,不论优先股采用固定股利率还是浮动股利率,优先股的价值均可通过对未来优先股股利的现值之和进行估计。

四、市场法

目前为止对股票估值讨论的都是以股利为基础,在实务中还有一大类常用的方法叫作市场法。基本思想是在股票市场中,可比的股票拥有相似的乘数。市场法的一个运用是在对无股利公司股票进行估值时使用。

最常用的乘数是市盈率,即股票价格与其每股盈利(EPS)之比。通常假设相似的公司股票拥有接近的市盈率,所以常用相似公司的市盈率或行业平均市盈率作为估计。例如,假设股票市场上所有房地产公司平均市盈率为30,而某公司的每股盈利为2元。如果这家公司与其他房地产公司基本特征相似,那么可以估计该公司的股价约为每股60元(=2×30)。即股票价值=每股盈利×可比公司市盈率。

市盈率法在使用上似乎比股利折现模型更加简单,因为这种方法不需要对股票未来股利进行预测,数据都可以通过公司财报和公开市场获得。但这并不意味着市盈率法就比股利折现模型更加准确,因为寻找相似的可比公司是一件困难的事,使用行业平均数据的准确性也不尽如人意。

市盈率反映了市场对一只股票的预期。同一行业中的公司市盈率也不尽相同,市盈率越高,说明市场认为该股票未来收益越高,投资者对股票未来盈利能力呈正面态度。进一步,假设有两家不同行业的公司,一家互联网公司,一家传统制造业公司,即使两家公司的每股盈利相同,它们的股价也可能出现巨大的差异。因为以投资者通常的认知来说,互联网公司具有广阔增长前景,市盈率偏高,即使它们还没有展现出实际的盈利能力,但是市场价格却很高;而传统制造业公司股票的市盈率往往偏低,因为它们处于前景比较稳定或者说增长潜力比较差的行业中,股价也偏低。

下面结合固定股利增长型股票估值模型对市盈率进行进一步分析。

已知 M 公司股票价值为：

$$P = \sum_{t=1}^{\infty} \frac{D_t}{(1+R_S)^t}$$

假设公司每年将其盈利 E_t 的固定比例 k 作为股利分红，即 $D_t = kE_t$，那么显然 E_t 的增速也为 g，代入可得：

$$P = \frac{kE_1}{R_S - g}$$

该股票的市盈率为：

$$\frac{P}{E_1} = \frac{k}{R_S - g}$$

由此可知，股票市盈率是由公司的股利支付率 k、贴现率 R_S 和增长率 g 决定的。

我们可以再以一个例子更直观地解释一下增长率 g 对市盈率和股价的影响。假设 L 公司的股利增长率 g 为 10%，每股盈利 10 元，股利支付率为 40%，市场折现率为 12%。那么，L 公司的市盈率为：

$$\frac{P}{E_1} = \frac{k}{R_S - g} = \frac{40\%}{12\% - 10\%} = 20(元)$$

所以，在每股盈利为 10 元的条件下，L 公司的股价应该为每股 20 元。

如果 L 公司的股利增长率 g 变为 8%，此时，L 公司的市盈率变为 10 倍，每股盈利不变的条件下，股价变为每股 100 元。也就说，在其他条件都不变的前提下，公司预期增长率的微小变动(降低了 20%)将引起股价的巨大波动(降低 50%)。这同样是复利的作用，增长率的微小变动在未来会变成巨大的盈利差异，从而引起现值，也就是股票价值的巨大波动。

小思考

未来现金流折现法和市场法各自的优势是什么？

即测即评

1. (单选)甲公司每股盈利为 0.6 元，市盈率为 25，按市盈率法计算，该公司股票的每股价格为(   )元。

A. 15   B. 13.90   C.15.60   D. 18

2. (单选)C 公司股票上年的股利为每股 4 元，预计以后每年以 5% 的增长率增长。假设该公司要求的必要收益率为 13%，其股票价值为(   )元。

A. 52.5   B. 60   C.35   D. 42

3. (多选)股票投资能带来的现金流入量有(   )。

A. 资本利得   B. 股利   C. 利息

D. 出售价格   E. 账面价格

4. (多选)股票价值的不同形式包括(   )。

A. 股票的票面价值　　　　　　B. 股票的内在价值

C. 股票的账面价值　　　　　　D. 股票的发行价格

E. 股票的市场价格

5.（判断）如果不考虑影响股价的其他因素,零成长股票的价值与市场利率成正比,与预期股利成反比。　　　　　　　　　　　　　　　　　　　　　　　　（　　）

第三节　公司估值

公司价值的复杂度远远超过单纯的债券或者股票,其丰富内涵决定了公司估值方法的多样性。选择准确的估值方法,正确地对公司价值进行评估,有利于保证公司产权交易的公平,提升资金配置效率。本章将介绍三种公司估值方法。

小思考

公司特征是否影响估值方法的适用程度? 本节介绍的三种估值方法分别适合怎样的公司?

一、收益法

收益法是通过将公司预期收益资本化或折现来估测未来预期收益的现值,进而来确定公司价值的一种评估方法。收益法通过确定收益率和折现期,将公司资产可能获得的未来收益折现量化,衡量未来能够给予股东回报的现值,其折现率反映了投资该项资产并获得收益的风险回报率。收益法较为科学准确,为我国很多公司采用。

（一）评估思路

该方法主要从现金流量和风险角度考察公司的价值。在风险一定的情况下,被评估公司未来能产生的现金流量越多,公司的价值就越大,即公司内在价值与其未来产生的现金流量成正比;在现金流量一定的情况下,被评估公司的风险越大,公司的价值就越低,即公司内在价值与风险成反比。

（二）基本步骤

1. 分析历史绩效

分析公司历史绩效的主要目的,是要彻底了解公司过去的绩效,为判定和评价今后绩效的预测提供一个视角,为预测未来的现金流量做准备。历史绩效分析主要是对公司的历史会计报表进行分析,重点在于公司的关键价值驱动因素。

2. 确定预测期间

在预测公司未来的现金流量时,通常会人为确定一个预测期间,在预测期后现金流量就不再估计。预测期间的长短取决于公司的行业背景、管理部门的政策、并购的环境等,大多在 5 至 10 年不等。

3. 预测未来的现金流量

在公司价值评估中使用的现金流量是指公司所产生的现金流量在扣除库存、厂房设备

等资产所需的投入及缴纳税金后的部分,即自由现金流量。用公式可表示为:

$$自由现金流量＝(税后净营业利润＋折旧及摊销)－(资本支出＋营运资金增加)$$

需要注意的是,利息费用尽管作为费用从收入中扣除,但它是属于债权人的自由现金流量。因此,只有在计算股权自由现金流量时才扣除利息费用,而在计算公司自由现金流量时则不能扣除。

(1) 税后净营业利润。税后净营业利润是指扣除所得税后的营业利润,也就是扣税之后的息税前利润。

$$税后净营业利润＝息税前利润×(1－所得税税率)$$
$$息税前利润＝主营业务收入－主营业务成本×(1－折扣和折让)－$$
$$税金及附加－管理费用－营业费用$$

这里的营业利润是由持续经营活动产生的收益,不包括公司从非经营性项目中取得的非经常性收益。

主营业务收入、主营业务成本(减去折扣和折让)、税金及附加、管理费用、营业费用均可在利润表中查到。

(2) 折旧及摊销。折旧和摊销都不是当期的现金支出,却从当期的收入中作为费用扣除,都应看作现金的来源。

(3) 资本支出。资本支出是指公司为维持正常经营或扩大经营规模而在物业、厂房、设备等资产方面的再投入。具体地讲,包括在固定资产、无形资产、长期待摊费用(包括租入固定资产改良支出、固定资产大修理支出等)及其他资产上的新增支出。

(4) 营运资金增加额。营运资金等于流动资产与流动负债的差额,营运资金的变化反映了库存、应收/应付项目的增减。因为库存、应收款项的增加而占用的资金不能作其他用途,所以营运资金的变化会影响公司的现金流量。

4. 选择合适的折现率

折现率是指将未来预测期内的预期收益换算成现值的比率,有时也称资金成本率。通常,折现率可以通过加权平均资本成本模型确定(股权资本成本和债务资本成本的加权平均)。

$$r_{WACC}=\frac{E}{E+D}\times r_e+\frac{D}{E+D}\times r_d$$

式中,r_{WACC} 为加权平均资本成本;E 是公司权益的市场价值;D 是公司负债的市场价值;r_e 表示股权资本成本;r_d 是债务资本成本。

式中的 r_e 可采用如下两种方式计算。

方法一:资本资产定价模型,其计算公式为:

$$r_e=r_f+(r_m-r_f)\times\beta$$

式中,r_f 为无风险报酬率;r_m 为市场投资组合的预期报酬率;(r_m-r_f) 为市场风险溢价;β 为市场风险系数。

如果是对被并购公司进行估值,因为被并购通常会引起公司负债率的变化,进而影响系数 β,所以需要对 β 系数做必要的修正。可利用哈马达方程对 β 系数进行调整,其计算公式如下:

$$\beta_1 = \beta_0 \times [1 + D/E \times (1-T)]$$

式中，β_1 为负债经营的 β 系数；β_0 为无负债经营的 β 系数；T 为公司所得税税率；D 为公司负债的市场价值；E 为公司权益的市场价值。

方法二：股利折现模型，计算公式如下：

$$P_0 = \sum_{t=1}^{\infty} D_t / (1 + r_e)^t$$

当假定每年股利不变时，计算公式如下：

$$r_e = D_0 / P_0$$

式中，D_0 为当年股利额；P_0 为普通市价。

当股利以不变的增长速度 g 增长时，计算公式如下：

$$r_e = \frac{D_1}{P_0} + g$$

式中，D_1 为预计的年利股利额；P_0 为普通市价；g 为普通股利年增长率。

因为利息支出可以税前抵扣，所以债务资本成本 r_d 应该在税后的基础上进行计算，其计算公式为：

$$r_d = r \times (1-T)$$

式中，r 为借款利率或者债券票面利率；T 为公司所得税税率。

5. 预测终值（公司连续价值）

估计公司未来的现金流量不可能无限制地预测下去，因此要对未来某一时点的公司价值进行评估，即计算公司的终值。

公司终值一般可采用永久增长模型（固定增长模型）计算。永久增长模型与收益法具有一致性，这种方法假定从计算终值的那一年起，自由现金流量是以固定的年复利率增长的。公司终值计算公式为：

$$TV = \frac{FCF_{n+1}}{r_{WACC} - g} = FCF_n \times \frac{1+g}{r_{WACC} - g}$$

式中，TV 为预测期期末的终值；FCF_{n+1} 为计算终值那一年的自由现金流量；FCF_n 为预测期最后一年的自由现金流量；r_{WACC} 为加权平均资金成本；g 为计算终值那一年以后的自由现金流量年复利增长率。

6. 预测公司价值

公司价值等于确定预测期内现金流量的折现值之和，加上终值的现值，其计算公式如下：

$$V = \sum_{t=1}^{n} FCF_t / (1 + r_{WACC})^t + TV / (1 + r_{WACC})^n$$

式中，FCF_t 为确定预测期内第 t 年的自由现金流量；r_{WACC} 为加权平均资金成本；TV 为预测期期末的终值；n 为确定的预测期。

【例 4 - 13】　A 公司是互联网行业的一家大型公司，B 公司是致力于打造智能家居系统的科技型公司。2014年1月，A公司开始积极筹备并购B公司。A公司聘请资产评估机构对B公司进行估值。资产评估机构以2015—2019年为预测期，对B公司的财务预测数据如表4-1所示。

表4-1　B公司财务数据预测　　　　　　　　　单位：万元

项　　目	2015年	2016年	2017年	2018年	2019年
税后净营业利润	2 600	3 380	3 840	4 460	4 560
折旧及摊销	1 000	1 300	1 600	1 900	2 100
资本支出	2 400	2 400	2 400	1 600	1 600
营运资金增加额	400	600	1 200	2 400	2 000

　　资产评估机构确定的公司估值基准日为2014年12月31日，在该基准日，B公司的资本结构为0.55。到期日距离该基准日5年以上的国债无风险报酬率为3.55%。选取上证综指和深证成指，计算出2005—2014年的市场风险溢价为6.97%。选取同行业4家上市公司剔除财务杠杆的β系数，其平均值为1.28。

　　B公司为高科技公司，目前5年以上贷款利率为6.55%，公司所得税税率为15%。假定从2018年起，B公司自由现金流量以5%的年复利增长率固定增长。

　　本例中，运用现金流量折现法对B公司进行的价值评估过程如下：

　　(1) 根据财务预测数据，计算B公司预测期各年自由现金流量，如表4-2所示。

表4-2　B公司预测期各年自由现金流量　　　　　　单位：万元

项　　目	2015年	2016年	2017年	2018年	2019年
自由现金流量	800	1 680	1 840	2 360	3 960

　　(2) 计算加权平均资本成本。

$$\beta = 1.28 \times [1 + (1 - 15\%) \times 0.55] = 1.88$$
$$r_e = 3.55\% + 1.88 \times 6.97\% = 16.65\%$$
$$r_d = 6.55\% \times (1 - 15\%) = 5.57\%$$
$$r_{WACC} = (1 \div 1.55) \times 16.65\% + (0.55 \div 1.55) \times 5.57\% = 12.72\%$$

　　(3) 计算B公司预测期期末价值。

$$TV = 3\,960 \times 1.05 \div (12.72\% - 5\%) = 53\,860 (万元)$$

　　(4) 计算B公司价值。

$$V = 预测期现金流量现值 + 预测期期末终值的现值$$
$$= \frac{800}{1 + 12.72\%} + \frac{1\,680}{(1 + 12.72\%)^2} + \frac{1\,840}{(1 + 12.72\%)^3} + \frac{2\,360}{(1 + 12.72\%)^4} +$$
$$\frac{3\,960}{(1 + 12.72\%)^5} + \frac{53\,860}{(1 + 12.72\%)^5} = 26\,520 (万元)$$

二、市场法

　　市场法是将被评估公司与参考公司、在市场上已有交易案例的公司、股东权益、证券等权益性资产进行比较,以确定被评估公司价值。本节主要介绍可比公司分析法。

（一）评估思路

可比公司分析法是以市场上交易活跃的同类产品公司的财务数据和经营业绩为基准,计算出用于评估公司价值的财务比率,然后用这些比率作为乘数计算得到非上市公司和交易不活跃上市公司的价值。可比公司分析法的技术性要求较低,与现金流量折现法相比理论色彩较淡。

运用可比产品分析法的关键是以一组业务和财务数据为依据,在可比公司之间以及可比公司与被评估公司之间进行对比。通过计算出可比公司财务数据的交易乘数,确定被评估公司适用的乘数范围,然后根据此乘数范围乘以被评估公司的业务和财务数据来衡量被评估公司的价值。如果被评估公司是经营的多业务的综合性公司,则可针对它的几个主要业务,挑选出相应的几组相似的公司,分别确定估价指标和比率系数,得出各业务部门的价值,再将它们汇总,得出该综合性被评估公司的价值。

将被评估公司和同行中其他上市公司进行比较时,通常可分析下述财务指标:销售利润率、销售毛利率、流动比率、存货周转率、应收账款周转率、产权比率、年销售收入的增长率等。

（二）方法步骤

1. 选择可比公司

在可比公司的选取方面,首先,应注意其在营运上和财务上与被评估公司具有相似的特征。其次,在基于行业的初步搜索得出足够多的潜在可比公司总体后,还应进一步决定哪个可比公司与被评估公司最为相近。常用的标准有规模、公司提供的产品或服务范围、所服务的市场及财务表现等。所选取的可比公司与被并购公司越接近,评估结果的可靠性就越好。

2. 选择及计算乘数

乘数一般有如下两类:

一是基于市场价格的乘数。常见的乘数有市盈率(P/E)、价格对收入比(P/R)、价格对净现金流比率(P/CF)和价格对有形资产账面价值的比率(P/BV)。

基于市场价格的乘数中,最重要的是市盈率。计算公司的市盈率时,既可以使用历史收益(过去12个月或上一年的收益或者过去若干年的平均收益),也可以使用预测收益(未来12个月或下一年的收益),相应的比率分别称为追溯市盈率和预测市盈率。出于估值目的,通常首选预测市盈率,因为它反映了公司未来的收益,是最受关注的因素。而且,公司收益中的持久构成部分才是对估值有意义的,因此,一般把不会再度发生的非经常性项目排除在外。

二是基于公司价值的乘数。公司价值代表公司基础业务的总价值,是偿付债务前公司的整体价值,而不仅仅是股权的价值。如果想比较具有不同杠杆水平的公司,使用基于公司价值的估值乘数是更适合的。

基于公司价值的常用估值乘数有 $EV/EBIT$、$EV/EBITDA$、EV/FCF。其中,EV 为公司价值,$EBIT$ 为息税前利润,$EBITDA$ 为息税折旧和摊销前利润,FCF 为公司自由现金流量。

3. 运用选出的众多乘数计算被评估公司的价值估计数

选定某一乘数后,将该乘数与被评估公司经调整后对应的财务数据相乘就可得出被评估公司的一个市场价估值。根据多个乘数分别计算得到的各估值越接近,说明评估结果的准确度越高。

4. 对公司价值的各个估计数进行平均

运用不同乘数得出的多个公司价值估计数是不相同的,为保证评估结果的客观性,可以对各个公司价值估计数赋以相应的权重,至于权重的分配要视乘数对公司市场价值的影响大小而定。然后,使用加权平均法算出被评估公司的价值。

【例 4-14】 以市盈率为乘数,运用可比公司分析法评估被并购公司价值。由于时间越早的数据影响力越弱,而时间越近的数据影响力越强,所以对不同期间(2020—2022 年)的 P/E 指标赋予了不同的权数,具体如表 4-3 所示。

表 4-3　被并购公司相关数据表

可比公司	2020 年			2021 年			2022 年		
	股价(元)	EPS(元)	市盈率	股价(元)	EPS(元)	市盈率	股价(元)	EPS(元)	市盈率
A	20.00	1.25	16.00	18.20	1.30	14.00	24.00	1.50	16.00
B	31.20	3.00	10.40	25.00	2.50	10.00	33.00	2.75	12.00
C	15.00	1.00	15.00	17.10	1.14	15.00	14.00	1.40	1.00
D	24.00	2.50	9.60	20.80	2.60	8.00	21.00	2.50	8.40
E	18.00	2.00	9.00	16.20	1.80	9.00	18.40	2.30	8.00
可比公司	2020 年			2021 年			2022 年		
	市盈率			市盈率			市盈率		
平均数	12.00			11.20			10.88		
权数	0.2			0.3			0.5		
加权平均数	0.2×12.00+0.3×11.20+0.5×10.88＝11.2								
被评估公司净利润	5 000(万元)								
评估价值	11.20×5 000＝56 000(万元)								

三、成本法

成本法也称资产基础法,是在合理评估被评估公司各项资产价值和负债的基础上确定被评估公司价值的方法。

应用成本法需要考虑各项损耗因素,具体包括有形损耗、功能性损耗和经济性损耗等。成本法的关键是选择合适的资产价值标准。成本法又可分为账面价值法、重置成本法和清算价格法。

（一）账面价值法

账面价值法是基于会计的历史成本原则，以公司账面净资产为计算依据来确认被评估公司价值的一种估值方法。

该方法的优点在于以通用会计原则为依据，比较客观，而且取值方便。但是，账面价值法的缺点在于，它是一种静态估价方法，没有考虑资产的市价和收益。并且，实际运营中有三类原因可能使账面价值与市场价值产生较大的偏离：一是通货膨胀的存在使一项资产的价值不等于它的历史价值减折旧；二是技术进步使某些资产在寿命终结前已经过时和贬值；三是由于组织资本的存在使得多种资产的组合会超过相应各单项资产价值之和。因此，这种方法主要适用于账面价值与市场价值偏离不大的非上市公司。

（二）重置成本法

重置成本法是根据现在价格水平购买同样资产或重置一个同样的公司所需要资金来确认评估公司价值的一种估值方法。

重置资产法和账面价值法有相似之处，也是以公司的资产为基础的。但它不是用历史上购买资产的成本，而是根据现在的价格水平购买同样的资产或重建一个同样的公司所需要的资金来估算该公司的价值。

运用重置成本法，需要对资产账面价值进行适当的调整。在实际运用中，有两种调整方法：一是价格指数法，即选用一种价格指数，将资产购置年份的价值换算成当前的价值。价格指数法存在的最大问题是没有反映技术贬值等因素对某些重要资产价值带来的影响。二是逐项调整法，即按通货膨胀和技术贬值两个因素对资产价值影响的大小，逐项对每一资产的账面价值进行调整，以确定各项资产的当前重置成本。

（三）清算价格法

清算价格法是指公司由于破产、抵押或其他原因，要求在一定期限内将公司或资产变现，在公司清算之日预期卖出资产可收回的变现价格，根据清算的净收入来确定评估价的资产评估方法。公司的净清算收入是出售公司所有的部门和全部固定资产所得到的收入再扣除公司的应付债务剩下的部分。这一估算的基础是对公司的不动产价值（包括工厂、厂场和设备、各种自然资源或储备等）进行估算。

清算价格法是在被评估公司作为一个整体已经丧失增值能力情况下的估值方法，估算所得到的是被评估公司的可变现价格。此方法主要适用于陷入困境的公司价值评估。

即测即评

1. （单选）现金流量贴现法确定被并购企业价值，通常确定企业近几年的现金净流量现值计算，其后的现金流量可以采用（ ）方法简化计算。

A. 一般复利现值   B. 普通年金现值

C. 先付年金现值   D. 永续年金现值

2. （单选）不属于企业的自由现金流量的构成是（ ）。

A. 债券持有者的现金流量   B. 管理者的现金流量

C. 普通股东的现金流量　　　　　　　　D. 优先股东的现金流量

3. (多选)增加企业自有现金流量的项目有(　　　)。

A. 资本支出　　　　　　　　　　　　　B. 折旧

C. 营运资本增加　　　　　　　　　　　D. 利息费用

E. 净利润增加

4. (多选)采用现金流量贴现法确定企业价值时的关键因子有(　　　)。

A. 预测期限　　　　　　　　　　　B. 预期现金净流量

C. 折现率　　　　　　　　　　　　D. 企业账面价值

E. 预测期期末终值

5. (判断)企业价值评估的现金流量贴现法下的各年现金净流量是指属于普通股股东的现金流量。　　　　　　　　　　　　　　　　　　　　　　　(　　　)

本章小结

1. 通常以债券未来现金流的现值作为债券价值的估计,因此通过债券的面值、票面利率、距离到期日的时间以及具有类似要素特征债券的市场利率,就可以确定债券在某个时点的市场价值。

2. 从债券估值的基本模型可以发现,影响债券的因素有债券的面值、票面利率、计息期、折现率和到期时间等因素:① 市场利率等于债券票面利率时,债券价值等于其面值;② 如果市场利率高于其票面利率,债券价值就低于其面值;③ 如果市场利率低于其票面利率,债券价值就高于其面值;④ 在市场利率保持不变的情况下,债券价值随着到期时间的缩短逐渐向债券面值靠近,至到期日债券价值等于债券面值;⑤ 由市场利率变动引起的债券价值波动风险称作利率风险,在其他条件相同的前提下,债券期限越长,债券票面利率越低,利率风险越大。

3. 通常以股票未来现金流的现值作为债券价值的估计,因此通过股票未来股利和股票投资者要求的必要报酬率,就可以确定股票在某个时点的市场价值。

4. 根据股利政策差别,本章介绍了三种经典模型:

(1) 零增长股票估值模型:$P_0 = \dfrac{D}{R_S}$

(2) 固定股利增长型股票估值模型:$P_0 = D_0 \dfrac{1+g}{R_S - g} = \dfrac{D_1}{R_S - g}$

(3) 非固定增长股票估值模型:$P_0 = \sum\limits_{t=1}^{n} \dfrac{D_t}{(1+R_S)^t} + \dfrac{1}{(1+R_S)^n} \dfrac{D_{n+1}}{R_S - g_2}$

其中第一种模型也是优先股的估值模型。

5. 在实务中还有一大类常用的股票估值方法叫作市场法,优势在于无股利公司股票的估值。基本思想是在股票市场中,可比的股票拥有相似的乘数,因此可以用可比股票或者行业平均的乘数作为目标股票的乘数,从而得到目标股票的估值结果。常用的乘数是市盈率,市盈率反映了市场对一只股票的预期,市盈率越高,说明投资者对股票未来盈利能力呈正面态度,市场认为该股票未来收益越高。

6. 关于公司估值,本章介绍了收益法、市场法和成本法。

关键术语

债券估值　普通股估值　优先股估值　市盈率　公司价值评估　收益法　市场法　成本法

复习思考题

1. 债券的基本要素包括哪些?
2. 投资债券的收益来源有哪些?
3. 什么是零息债券? 它的估值模型有什么特点?
4. 债券价值受到哪些因素的影响?
5. 什么是债券的利率风险?
6. 股票估值模型中的折现率可以使用哪些利率?
7. 简述市场法的基本思路及其优劣势。

【计算题】

1. 甲公司在 2020 年 1 月 1 日发行 3 年期债券,面值 1 000 元,票面利率 10%,于每年 12 月 31 日付息,到期时一次还本。

要求:假定 2020 年 1 月 1 日金融市场上与该债券同类风险投资的利率是 8%、10%、12%,该债券的发行价格应分别定为多少? (取整数)

2. 宏信公司于 2021 年 5 月 1 日发行一面值为 10 000 元的债券,票面利率为 8%,2025 年 4 月 30 日到期,每年 5 月 1 日为付息日。现在是 2023 年 5 月 1 日,假设折现率为 10%。可能用到的系数:$(P/A,10\%,2)=1.736$,$(P/A,10\%,3)=2.487$,$(P/F,10\%,2)=0.826$,$(P/F,10\%,3)=0.751$。

要求:

(1) 该债券的价值是多少? (取整数)

(2) 若该债券当前市价为 10 500 元,投资者能否投资?

3. 安达公司准备购入甲股票和乙股票,预测甲公司股票一年后每股发放股利 6 元,发放股利后的价格将达到每股 40 元。乙公司的股票为优先股,年股利为每股 8 元。假设要求的必要收益率为 9%。

要求:对甲、乙两个公司的股票进行估价。(计算结果保留小数点后两位)

4. 安心公司股票的贝塔系数为 2.4,无风险报酬率为 7%,市场上所有股票的平均报酬率为 12%。

要求:

(1) 计算该公司股票的预期收益率;

(2) 若该股票为固定成长股,成长率为 7%,预计一年后的股利为 2.7 元,则该股票的价值为多少?

5. 宏达公司股票的贝塔系数为 2,无风险报酬率为 5%,市场上所有股票的平均报酬率为 9%。

要求:

(1) 计算该公司股票的预期收益率;

（2）若该股票未来三年股利成零增长，每期股利为 2.1 元，预计从第四年起转为正常增长，增长率为 8%，则该股票的价值为多少？（计算结果保留小数点后两位）

课程思政案例

海康威视：坚守初心，持续奋进，不断修炼
（对应知识点：股票估值）

海康威视创办于 2001 年，算是一家较为年轻的企业。那时，中国的安防监控行业发展并不好，几乎算是一片空白，各种设备的价格极为昂贵，监控系统也非常简单，只有模拟摄像机和 VCR 录像带，以及 CRT 电视墙等设备组成，并且国内的摄像头生产技术落后，几乎都被日本企业垄断。当时能够配备监控的地方也很少，只有一些特殊的政府部门才能配备。2001 年，中国电子科技集团的陈宗年和胡扬忠等人，突破了数字视频录像机的核心技术，在大大提高图像质量的同时，还节约大量的硬盘容量和网络传输带宽，领先于国内各大厂商。海康威视成立仅仅 20 年，却已经连续 9 年蝉联全球视频监控行业第一名，市值突破 5 000 亿元。

【课程思政要点】通过对海康威视面对技术壁垒时开拓创新事迹的学习，引导学生勇于创新，相信只有将祖国的利益与个人的利益紧密连在一起，才能加大企业现金流量，降低资本成本，促进企业长期发展。

第五章　项目投资决策

学习目标

1. 理解增量现金流量的概念及其在投资项目评价中的作用
2. 掌握现金流量的构成内容及其估计
3. 掌握税后营业现金流量的计算
4. 理解回收期法与平均投资回报率法的基本原理及其特点
5. 掌握净现值法与现值指数法的基本原理及其特点
6. 掌握内含报酬率法的基本原理及其特点
7. 理解情形分析法和敏感分析法的概念及其基本原理

引导案例

千方科技(股票代码:002373)于2015年非公开发行股票,募集资金总额(含发行费用)不超过180 000万元,用于投资城市综合交通信息服务及运营项目。项目总投资208 112.20万元,其中:项目实施成本192 742.20万元,技术开发费用7 350万元,场地成本3 220万元,垫支流动资金4 000万元,预备费用800万元。项目财务评价确定计算期为13年,其中建设期3年,经营期10年。

(资料来源:千方科技:关于变更部分募集资金用于收购股权的公告,https://guba.eastmoney.com/news,002373,779247045.html)

这是千方科技股份有限公司的一个重大投资项目,会对公司的未来经营产生重大影响,因此需仔细权衡风险与回报,如项目的投资回收期多长,内含报酬率与净现值是多少等。

引　言

投资是为创造未来价值而做出的一种现值牺牲,投资的成功与否决定着公司未来的成败。资本预算研究则是通过评判投资效果从而引导公司的投资行为,以创造更多的价值。本章主要内容包括资本预算项目的现金流量及其预测、投资项目评价指标、风险分析等。本章着重分析三个问题,一是对资本预算项目的现金流量进行预测和分析;二是掌握不同的投资项目评价指标,如回收期、投资回报率、净现值、现值指数和内含报酬率等;三是运用本章理论进行资本预算项目的风险分析。

第一节 现金流量

一、增量现金流量概述

现金流量是企业一定时期内现金和现金等价物流入和流出的数量。现金流量管理是现代企业理财活动的一项重要职能,建立完善的现金流量管理体系,是确保企业的生存与发展、提高企业市场竞争力的重要保障。现金流量指标是投资项目可行性分析的基础,接受一个项目会改变公司当前和未来的总体现金流量。

(一)相关与无关现金流量

为了评估一个投资项目是否可行,我们必须先考虑它所引起的公司现金流的改变,然后再判断其是否增加公司的价值。因此,第一步也是最重要的一步,就是判定哪些现金流量是相关的。

判断项目相关现金流量的基本原则很简单,一个项目的相关现金流量就是由于接受这个项目所直接导致的公司总体未来现金流量的变化量。因为相关现金流量被定义为原有现金流量的变化量,所以通常被称为增量现金流量(Incremental Cash Flow)。增量现金流的概念是分析的核心。在投资项目决策分析中,增量现金流量包括所有因为接受这个项目而直接导致的公司未来现金流量的变化量。这个定义之所以重要,是因为它隐含着另一个明显的推论:无论项目接受与否都存在或发生的现金流量是无关现金流量。

(二)影响增量现金流量的因素

在估计投资项目的现金流量时,要重点关注投资项目产生的增量现金流量。那么,在确定投资项目的增量现金流量问题上还需要考虑以下四个因素。下面将对分析增量现金流量时需要特别关注的因素及需要避开的"陷阱"进行辨析。

1. 相关成本

相关成本(Relevant Cost)是指与接受特定投资项目有关的、在决策评价时必须考虑的成本因素,如差额成本、重置成本、机会成本等需列入项目的相关成本。反之,与接受特定投资项目无关的、在决策评价时不必考虑的成本因素称非相关成本,如历史成本、沉没成本等则是非相关成本,不必列入项目的现金流量。沉没成本是指公司不管是否接受特定投资项目都需要支付的成本。例如,某公司为评估一新产品项目聘请了一名市场调研员,该公司支付的市场调研费不会列入新产品项目的成本。市场调研费是一项沉没成本,不管新产品项目是否接受,公司都得支付。

2. 机会成本

当人们分析成本时,通常考虑的是从口袋里掏出去的成本,也就是那些要求我们实际支付一定数量现金的成本。机会成本(Opportunity Cost)则略有不同,它是指公司因接受特定投资项目而放弃其他投资项目的潜在收益。它不是通常意义上的"成本支出",而是失去的潜在收益。例如,某公司计划将几年前用 200 000 元购买的一个门市部进行改造,现在如果出售门市部,可得 300 000 元。该公司如接受此改造工程项目,则接受项目隐含的机会成本是出售价款 300 000 元,而不是几年前的购买价款 200 000 元。

3. 附带效应

一个投资项目的运行,往往会造成一些附带或者溢出的效应,对公司的其他项目有正面的或负面的影响,这便是投资项目的附带效应。例如,新项目投产后,使公司的原有产品销售下降,这种引入一个新项目所导致的对现有项目现金流量的负面影响就叫作侵蚀。公司在投资项目分析时不仅要考虑新项目、新产品上增加的营业收入,而且要考虑原项目或原产品下降的营业收入。在考虑侵蚀作用时,还需要进一步去确认原项目收入下降的原因。只有当收入下降确实是由新项目实施引起的,与其他情况变动无关,才能确定这是侵蚀。当然,也可能有相反的情况,新项目投产后带来正面的溢出效应,如伴随着打印机及耗材制造商不断开发和丰富家用打印机产品,使用者对硒鼓、墨盒和打印纸的需求也大大增加,而这些产品的利润率也是非常可观的,从而给公司带来溢出效应。

4. 净营运资金

投资一个项目除了需要投入固定资产之外,还需要公司投入一定数量的净营运资金。例如,投资项目需要在手头保留一定金额的现金,用于支付日常费用、购买存货、备付赊销商品所用资金等;另外,随投资项目产能的增加,自发性流动负债(应付账款、应付费用等)也会增加,从而降低公司一些营运资金的需求。因此,净营运资金(也称营运资金)是指增加的流动资产减去增加的流动负债后的余额。

公司在项目开始时提供营运资本,是一项现金流出。在项目终结时,随着存货的出售、应收账款的收回、应付账款的偿还,营运资金收回,是现金流入。这些活动盘活了原先在净营运资本上的投资,所以公司在项目净营运资本上的投资十分类似于一笔借款。这是资本预算中净营运资本的一个重要特性。

还需指出的是,在分析增量现金流量时需要注意避开的"陷阱"主要包括沉没成本和融资成本。如前所述,沉没成本是已经付出的成本,或者已经产生了的需偿还的债务。根据增量现金流量的一般定义,沉没成本显然同正在进行的决策毫无关系,所以在分析增量现金流量时需要将其剔除。此外,在分析投资项目的可行性时,我们并不考虑支付的利息或者其他的融资成本,如股利或偿还的本金,因为我们关心的是项目资产所创造的现金流。

知识拓展　　　　　　　　　　请扫码 →　█ 分离定理

二、现金流量的估计

(一) 现金流量的构成

投资项目决策分析中的现金流量是与投资项目相关的增量现金流量。投资项目的现金流量按照项目所处的不同阶段可分为:建设期现金流量、营业期现金流量、终结期现金流量。

1. 建设期现金流量

建设期阶段的现金流量又称初始现金流量,即项目的原始投资,包括非流动资产投资和营运资金投资。该阶段的现金流量主要表现为现金流出,包括固定资产投资、营运资金垫支、发生的创办费、注册费等。此阶段也可能有少量的现金流入,包括对原有固定资产进行处置的净残值。

2. 营业期现金流量

营业期阶段的现金流量又称营业现金流量,是指项目正常运行过程中,日常生产和销售活动带来的现金流量,包括营业收入、付现成本及所得税等。

3. 终结期现金流量

终结期阶段的现金流量又称终结现金流量,主要表现为现金流入。通常包括固定资产净残值及垫付的营运资金收回等。

(二) 现金净流量的计算

现金流量的计算方法主要有三种。

1. 直接法

现金流量按其流动状况可分为现金流入量、现金流出量和现金净流量。根据定义,现金流入量减去现金流出量得到的差额即为现金净流量。直接法的计算分为以下三个步骤:

(1) 现金流入量的计算。现金流入量是指由特定投资项目引起的公司现金收入增加的数量。其内容包括:

① 营业现金流入,是指由特定投资项目引起的公司营业收入增加数。

② 净残值收入,是指固定资产出售或报废时的变现收入减去清理费用后的净残值收入。

③ 回收的营运资金。在投资项目终结时,公司收回项目开始时垫支的营运资金,只不过其形式有可能与当初垫支的形式有所不同,收回的营运资金又可以用到他处,因此应将其列为投资项目的一项现金流入。

(2) 现金流出量的计算。现金流出量是指由特定投资项目引起的公司现金支出增加的数量。其内容包括:

① 非流动资产投资,即公司建设期内为特定投资项目进行的固定资产、无形资产、长期待摊费用等投资的总和。

② 营运资金投资,即公司投资项目随生产能力的增加而追加的流动资产投资增加与自发性流动负债增加的净额。

③ 所得税,即公司支付的所得税也是一项现金流出。

④ 付现成本。

(3) 现金净流量的计算。现金净流量是指公司一定时期内特定投资项目的现金流入量减去现金流出量的差额。用公式表示为:

$$现金净流量 = 现金流入量 - 现金流出量$$

2. 税后净利润倒推法

对直接法进行拓展,可以将营业成本划分为付现成本(指需用现金支付的成本)和非付现成本(指不需用现金支付的成本,如折旧费、摊销费、处置固定资产的净损失等)。在本章的分析中,非付现成本主要是指折旧,营业现金流量的计算公式可推导如下:

$$营业现金流量 = 营业收入 - 付现成本 - 所得税$$

$$= 营业收入 - (营业成本 - 非付现成本) - 所得税$$
$$= 营业收入 - (营业成本 - 折旧) - 所得税$$
$$= 税后净利润 + 折旧$$

通过倒推法可以发现,经营现金流量和税后净利润有直接的关系,它等于税后净利润加上折旧。

3. 税盾法

所得税属于公司的一项现金流出,其高低取决于公司的利润总额与适用的税率,而折旧等非付现成本又会影响公司的利润。因此,所得税与非付现成本必然会影响投资项目的现金流量。我们可以在倒推法的基础上进行拓展,运用税盾法计算营业现金流量。其计算公式如下:

$$营业现金流量 = 税后净利润 + 折旧 = (营业收入 - 营业成本) \times (1 - 税率) + 折旧$$
$$= (营业收入 - 付现成本 - 折旧) \times (1 - 税率) + 折旧$$
$$= 营业收入 \times (1 - 税率) - 付现成本 \times (1 - 税率) - 折旧 \times (1 - 税率) + 折旧$$
$$= 营业收入 \times (1 - 税率) - 付现成本 \times (1 - 税率) + 折旧 \times 税率$$

式中,"营业收入 $\times$ (1-税率)"为税后营业收入,"营业成本 $\times$ (1-税率)"为税后营业成本。折旧等非付现成本的存在,会使公司利润下降,所得税随之减少,我们把这种折旧等非付现成本减少税负的现象称为非付现成本抵税。

【例 5-1】 某公司投资一生产线(无建设期)有 A、B 两个方案可供选择,两方案预计寿命期均为 4 年,均采用直线法计提折旧。其他有关资料如下。

A 方案:需购入设备一台,价款 260 000 元,无残值,投产后每年新增营业收入 130 000元,每年增加的付现成本为 45 000 元。

B 方案:需投资 198 000 元(其中设备投资 158 000 元,营运资金投资 40 000 元),预计残值 8 000 元,投产后每年新增营业收入 95 000 元,第 1 年增加的付现成本为 30 000 元,以后在此基础上每年递增设备修理费 2 000 元。

该公司所得税税率为 25%,资本成本为 8%。要求计算两个方案的现金流量。

(1) 计算两方案的营业现金流量,如表 5-1 和表 5-2 所示。

表 5-1 A 方案营业现金流量计算表 单位:元

	第 1 年	第 2 年	第 3 年	第 4 年
营业收入①	130 000	130 000	130 000	130 000
付现成本②	45 000	45 000	45 000	45 000
折旧③	65 000	65 000	65 000	65 000
净利润④=(①-②-③)×(1-25%)	15 000	15 000	15 000	15 000
营业现金流量⑤=④+③=(①-②)×(1-25%)+③×25%=①-②-(①-②-③)×25%	80 000	80 000	80 000	80 000

表5-2 B方案营业现金流量计算表　　　　　单位:元

	第1年	第2年	第3年	第4年
营业收入①	95 000	95 000	95 000	95 000
付现成本②	30 000	32 000	34 000	36 000
折旧③	37 500	37 500	37 500	37 500
净利润④=(①-②-③)×(1-25%)	20 625	19 125	17 625	16 125
营业现金流量⑤=④+③=(①-②)×(1-25%)+③×25%=①-②-(①-②-③)×25%	58 125	56 625	55 125	53 625

(2)汇总计算两方案全部期间的现金净流量,如表5-3和表5-4所示。

表5-3 A方案现金流量计算表　　　　　单位:元

	0	第1年	第2年	第3年	第4年
设备投资	-260 000				
营业现金流量		80 000	80 000	80 000	80 000
现金流量合计	-260 000	80 000	80 000	80 000	80 000

表5-4 B方案现金流量计算表　　　　　单位:元

	0	第1年	第2年	第3年	第4年
设备投资	-158 000				
营运资金投资	-40 000				
营业现金流量		58 125	56 625	55 125	53 625
残值					8 000
回收营运资金					40 000
现金流量合计	-198 000	58 125	56 625	55 125	101 625

三、投资决策中采取现金流量的原因

在投资项目决策分析中,公司常用增量现金流量而不是用会计利润来衡量。其原因有以下三点:

第一,两种指标确认的基础不同。在某一会计期间,以收付实现制为基础确认的现金流量与以权责发生制为基础确认的会计利润可能存在不一致。但在整个投资项目有效期内,不管是用现金流量指标衡量项目的净收益,还是用会计利润指标衡量项目的净收益,两种指标的总计数是相等的。因此,在投资项目决策分析中可用现金流量指标代替会计利润指标评价项目的净收益。

第二,两种指标评价的效果不同。现金流量指标准确地反映了投资项目在不同时点上的现金的流入与流出,可以保证评价的客观性。而会计利润指标往往受折旧方法、存货估价方法、计提资产减值损失准备等人为因素的影响,难以保证评价的客观性。

第三,两种指标对公司后续决策的影响不同。公司进行项目投资期望将来收回超过原始投资的现金。现金流量在何时点收回、收回多少对公司后续的决策影响深远,如是否扩大产能、投资新项目、支付股利、加大研发投入等。公司后续的决策不取决于会计利润的多少,而取决于现金流量的多少。因此,在公司后续的决策分析中现金流量指标要比会计利润指标更有前瞻性。

小思考

1. 相关成本和机会成本有什么区别?
2. 现金净流量有哪几种计算方法?
3. 现金流量指标有哪些优点?

即测即评

1.(单选)某投资方案的年营业收入为 80 000 元,年总成本为 40 000 元(其中包括年折旧 10 000 元),所得税税率为 25%,该方案的年营业现金流量为(　　)元。

A. 50 000　　　　B. 45 000　　　　C. 40 000　　　　D. 25 000

2.(多选)在考虑所得税影响的情况下,要计算营业现金净流量,下列算式中正确的有(　　)。

A. 营业收入－付现成本－所得税　　　B. 税后净利润－折旧

C. 营业收入－付现成本　　　D. 税后净利润＋折旧

3.(多选)相关成本是指与接收特定投资项目有关的成本因素,应包括(　　)。

A. 历史成本　　　B. 差额成本　　　C. 重置成本　　　D. 机会成本

4.(判断)现金流量是企业一定时期的现金和现金等价物的流入和流出的数量。　　(　　)

5.(判断)增量现金流量既包括因为接受特定投资项目而直接导致的公司未来现金流量的变化量,也包括无论项目接受与否都存在或发生的现金流量。　　(　　)

第二节　非贴现的投资决策分析方法

投资项目的分析评价指标一般可分为两类:第一类是非贴现现金流量指标,包括投资回收期和平均投资回报率;第二类是贴现现金流量指标,包括净现值、现值指数、内含报酬率。根据分析评价指标,本节首先介绍两种非贴现的投资决策分析方法,即投资回收期法和平均投资回报率法。

一、投资回收期法

投资回收期是指投资项目的现金流入累积到与原始投资相等所需要的时间。投资回收期法就是通过计算投资项目的回收期,并与预设的回收期比较,用来评价投资项目的效果。

（一）投资项目的年现金流量相等的情况

在计算投资回收期时，最为简单且最理想的情况为，投资项目的年现金净流量相等，且原始投资一次性发生。此时，计算公式为：

$$投资回收期 = \frac{原始投资}{年现金净流量}$$

【例5-2】 以［例5-1］的数据为例，A方案恰好符合投资项目的年现金流量相等，试计算A方案的投资回收期。

$$A方案投资回收期 = \frac{260\ 000}{80\ 000} = 3.25（年）$$

（二）投资项目的年现金流量不等的情况

现实中，大量投资项目的每期现金净流量并不相等，或存在原始投资分期投入的情况。此时，投资回收期的计算需逐期累计现金流量并与原始投资比较，当累计比较发现"第n年累计现金流量＜原始投资＜第$n+1$年累计现金流量"时，投资回收期可按下式计算：

$$投资回收期 = n + \frac{第n年的尚未回收额}{第n+1年现金净流量}$$

【例5-3】 仍以［例5-1］的数据为例，B方案每期现金净流量不等，试计算B方案的投资回收期。

此时，需先计算各年的累计现金流量与尚未回收额，详见表5-5。

表5-5 B方案各年累计现金流量与尚未回收额计算表　　　　单位：元

年　数	现金流量	累计现金流量	尚未回收额
1	58 125	58 125	139 875
2	56 625	114 750	83 250
3	55 125	169 875	28 125
4	101 625	271 500	−73 500

根据表5-5中数据可知，B方案回收期在第3年与第4年之间，其具体值计算如下：

$$B方案投资回收期 = 3 + \frac{28\ 125}{101\ 625} = 3.28（年）$$

（三）决策原则和优劣分析

一般说来，回收期越长的项目越难以预计未来现金流，回收期越短的项目风险越低。此外，短期项目给公司提供了较大的灵活性，快速收回的资金可用于别的项目。因此，回收期法可以粗略地快速衡量项目的风险和流动性。

投资回收期法的决策原则为：当计算出的项目投资回收期小于预先设定的年限时，该项目可行。当多个项目都满足条件时，一般建议选择投资回收期最短的那个。在［例5-2］和

［例 5 - 3］中，A 方案投资回收期为 3.25 年，B 方案投资回收期为 3.28 年，若公司要求的投资回收期不超过 3 年，则两方案均不可行；若公司要求的投资回收期不超过 4 年，两方案中可择优选 A。

总体上看，投资回收期法的优点在于，计算简便，易于理解，可以大体上衡量项目的流动性和风险。投资回收期法的缺点是：忽视了时间价值，把不同时间的货币收支看成是等值的；没有考虑回收期以后的现金流，也就是没有全面衡量盈利性。此外，现实中有战略意义的长期投资往往早期收益较低，而中后期收益较高。投资回收期法在评价时相对较为短视。

二、平均投资回报率法

平均投资回报率是指项目投资寿命周期内由于投资引起的平均现金净流量与投资额形成的比率。平均投资回报率法就是通过计算各投资项目的平均投资回报率，衡量和比较各方案的收益性。

（一）平均投资回报率的测算

平均投资回报率的计算公式为：

$$平均投资回报率 = \frac{年平均现金净流量}{初始投资额} \times 100\%$$

【例 5 - 4】　以［例 5 - 1］的数据为例，并假设公司要求的最低投资报酬率为 30%，计算两方案的平均投资回报率如下：

$$A 方案平均投资回报率 = \frac{80\ 000}{260\ 000} \times 100\% = 30.77\%$$

$$B 方案平均投资回报率 = \frac{(58\ 125 + 56\ 625 + 55\ 125 + 101\ 625) \div 4}{198\ 000} \times 100\% = 34.28\%$$

（二）决策原则和优劣分析

平均投资回报率法的决策原则为：当计算出的平均投资回报率大于目标投资报酬率时，该项目可行。当多个项目都满足条件时，一般情况下，平均投资回报率越大的投资项目效果越好。在［例 5 - 4］中，A、B 两方案的平均投资回报率均大于公司的预期平均投资回报率，所以均可行，二者中 B 方案效果更好。

平均投资回报率法是一种衡量盈利性的简单方法，其优点是易于理解，计算简便。但是，该方法也有明显的不足，即忽略了资金的时间价值。

小思考

1. 什么是投资回收期？
2. 如何计算平均投资回报率？
3. 投资回收期法和平均投资回报率法的优缺点是什么？

即测即评

1.（单选）某企业计划向某新项目投资 20 万元，预计投资后每年可获净利 2 万元，年折旧率为 10％，则该项目投资回收期为（　　）年。

A. 5　　　　　　　　B. 4　　　　　　　　C. 3　　　　　　　　D. 2

2.（多选）下列投资项目的分析评价指标中，属于非贴现现金流量指标的包括（　　）。

A. 投资回收期　　　　　　　　　　B. 平均投资回报率

C. 净现值　　　　　　　　　　　　D. 内含报酬率

3.（多选）下列评价中属于投资回收期法优点的有（　　）。

A. 计算简便

B. 考虑了资金的时间价值

C. 易于理解

D. 综合考虑了回收期内和回收期以后的现金流

4.（判断）一般来说，回收期越长的项目越难以预计未来现金流，因此投资回收期越短越好。　　　　　　　　　　　　　　　　　　　　　　　　　　　　　　（　　）

5.（判断）平均投资回报率是项目投资寿命周期内由于投资引起的平均现金净流量与投资总额形成的比率。　　　　　　　　　　　　　　　　　　　　　　　　　　（　　）

第三节　贴现的投资决策分析方法

贴现的投资决策分析方法是投资项目评价常用的基本方法，主要包括净现值法、现值指数法和内含报酬率法。其中，最常用的是净现值法和内含报酬率法。

一、净现值法

如果一个投资项目能为公司创造价值，那么就应该接受该投资项目。创造价值的衡量方法，从一般意义上讲，就是投资项目的市场价值超过了其原始投资，或者说投资项目获得了净现值。财务管理的目标是实现公司价值最大化，因此资本预算过程本质上就是寻找投资项目净现值为正值的过程。净现值法就是通过计算净现值来评价投资项目效果的方法。

（一）净现值的测算

净现值是指特定项目在项目计算期内所有时点的现金流量贴现后的现值之和。也可以理解为，按照一定的贴现率折现的经营期和终结期的现金净流量现值，减去购建期现金净流量现值的差额。它用绝对数反映投资项目净增加的价值，是评价项目是否可行的一个重要的指标，一般用 NPV 表示。其中，计算净现值所用的贴现率可以是公司的资本成本或其他特定的贴现率，如市场利率、投资者要求的最低投资报酬率等。

净现值的计算公式为：

$$NPV = \sum_{t=0}^{n} \frac{NCF_t}{(1+i)^t}$$
$$= \sum_{t=1}^{n} \frac{NCF_t}{(1+i)^t} - NCF_0$$

式中，NPV 为净现值；NCF_t 为第 t 年的净现金流量；i 为贴现率；n 为项目期限。

【例 5-5】　以[例 5-1]的数据为例，两方案的净现值分别是多少？

A 方案的净现值＝80 000×$(P/A,8\%,4)$－260 000＝80 000×3.312 1－260 000

＝264 968－260 000＝4 968(元)

B 方案的净现值可列表计算(见表 5-6)。

表 5-6　B 方案净现值计算表 单位:元

年　　数	现金流量	现值系数	现　　值
0	−198 000	1	−198 000
1	58 125	0.9259	53 817.94
2	56 625	0.857 3	48 544.61
3	55 125	0.7938	43 758.23
4	101 625	0.735 0	74 694.38
净现值			22 815.16

（二）决策原则和优劣分析

如果净现值为正数，表明投资报酬率大于资本成本或预定的贴现率，该项目可以增加公司价值，应予以采纳。如果净现值为零，表明投资报酬率等于资本成本，不改变股东价值水平，可选择采纳或不采纳该项目。如果净现值为负数，表明投资报酬率小于资本成本，该项目将减损股东价值，应予以放弃。在多个初始投资规模相同的互斥方案中，净现值越大，效果越好。在[例 5-5]中，A、B 两个方案的净现值均大于零，说明两个方案均具有可行性。但是，我们不能因为 B 方案的净现值更高，就判断 B 方案更好，还需通过现值指数法进行进一步的分析。

净现值法是评估投资项目获利能力的重要方法之一，具有广泛的适用性。在投资预算充足时，一般都会选择净现值高的项目。该方法的优点在于，考虑了资金的时间价值以及投资项目所处不同阶段的现金流量，在理论上比其他方法更科学；净现值法采用的贴现率体现了项目的风险性，风险越高的投资项目，采用的贴现率越高。但是，它也有明显的不足：一是用绝对数反映投资项目的价值增加水平，当投资项目规模不同时难以平行比较；二是现金流量与贴现率的确定较困难，而它们的准确性直接影响净现值指标的计算。

二、现值指数法

净现值法的局限性分析指出，当两个投资项目初始投资规模不同时，净现值法的适用性会降低。例如，甲项目用 10 000 万元投资，3 年时间取得较多的净现值；乙项目用 6 000 万元投资，3 年时间取得较少的净现值，两个项目的净现值没有直接可比性。进行投资额不同的项目比选时，可以考虑使用现值指数法。

（一）现值指数的测算

现值指数（也称获利指数）是指特定投资项目按一定的贴现率计算的未来各期现金流入量的现值与原始投资现值之比。它代表每单位原始投资取得的未来各期现金流入量的现值，一般用 PI 来表示。

现值指数法是通过计算比较现值指数来评价投资项目效果的方法。现值指数的计算公式为：

$$PI = \frac{\sum_{t=1}^{n} \dfrac{NCF_t}{(1+i)^t}}{|NCF_0|}$$

式中，PI 为现值指数；NCF_t 为第 t 年的净现金流量；i 为贴现率；n 为项目期限。

【例 5-6】 以［例 5-1］的数据为例，两方案的现值指数分别是多少？

A 方案的现值指数 $= \dfrac{264\ 968}{260\ 000} = 1.02$

B 方案的现值指数 $= \dfrac{53\ 817.94 + 48\ 544.61 + 43\ 758.23 + 74\ 694.38}{198\ 000} = 1.12$

（二）决策原则和优劣分析

现值指数法的决策原则为：如果现值指数大于1，表明实际投资报酬率大于给定的贴现率，应接受方案；如果现值指数小于1，表明实际投资报酬率小于预定的贴现率，应拒绝方案；如果现值指数等于1，表明实际投资报酬率等于预定的贴现率，接受或拒绝方案均可。在多个可行方案中，一般现值指数越大，效果越好。

至此，［例 5-5］中提出的讨论问题得以解决。净现值是绝对数，反映投资的效益；现值指数是相对数，反映投资的效率。由于现值指数用相对数反映公司投资项目的效率，在［例 5-6］两个项目投资规模不同的情况下，因 B 方案的现值指数大于 A 方案，可判断 B 方案更好。

现值指数法的优点是用相对比率反映投资的效率，可以剔除不同原始投资规模的影响比较分析不同互斥方案的效果。特别是在投资资本有限的情况下，将资源分配给现值指数高的项目是行之有效的做法。但是，现值指数法下用到的现金流量与贴现率很难预计，而它们的准确性显然影响现值指数的计算，最终可能会导致不当的决策。并且，现值指数虽然能消除投资额的差异，但是不能消除项目期限的差异，仍然存在局限性。

三、内含报酬率法

一个项目现在投入 1 000 元，1 年后收回 1 080 元，该投资项目的报酬率是 8%。在这个项目中，每支付的 1 元，都收回了 1.08 元，即每 1 元产生了 0.08 元的价值增值。该项投资隐含的内含报酬率为 8%。在这个问题中，内含报酬率可以简单地由（1 080−1 000）÷1 000 得到，也可以换一种方法求得。如设所求的内含报酬率为 r，当 r 至少为多少时，使净现值等于 0，此时贴现率就是所求的内含报酬率。即有：

$$\frac{1\ 080}{1+i} - 1\ 000 = 0$$

求得，$i=8\%$。

内含报酬率，又称为内部报酬率、内含收益率，是指对投资项目未来各期的现金净流量进行贴现，使所得的现值恰好与原始投资额现值相等，从而使净现值等于零时的贴现率。内含报酬率法是通过计算比较内含报酬率来评价投资项目效果的方法。

（一）内含报酬率的测算

前述例子是求单期投资的内含报酬率，较容易求出；至于求多期投资的内含报酬率问题则复杂得多。但有一点不变的是，内含报酬率就是使净现值等于 0 时的贴现率。以下分两种情况说明多期投资下的内含报酬率计算。

1. 未来各期现金净流量相等，且原始投资一次性投入

该情况的计算步骤如下：

（1）计算年金现值系数。

$$年金现值系数 = \frac{原始投资}{年现金净流量} = k$$

（2）查年金现值系数表，找到与 k 最接近的系数 k_1 和 k_2，满足 $k_1 < k < k_2$，同时找到数值较小的 k_1 对应的较高的利率 i_2，以及数值较大的 k_2 对应的较低的利率 i_1。

（3）利用插值法计算所求的内含报酬率。

$$内含报酬率 = i_1 + \frac{k_1 - k}{k_1 - k_2} \times (i_2 - i_1)$$

【例 5-7】　以［例 5-1］的数据为例，试计算 A 方案的内含报酬率。

$$A\ 方案的年金现值系数 = \frac{260\,000}{80\,000} = 3.25$$

查年金现值系数表，找到与年金现值系数 3.25 最接近的两个利率。分别为年金现值系数 3.312 1 对应的利率 8%，年金现值系数 3.239 7 对应的利率 9%。继续用插值法进行计算，可得：

$$A\ 方案的内含报酬率 = 8\% + \frac{3.312\,1 - 3.25}{3.312\,1 - 3.239\,7} \times (9\% - 8\%) = 8.86\%$$

2. 未来各期现金净流量不等或原始投资分期投入

该情况可采用逐步测试法计算内含报酬率，其步骤如下：

（1）用贴现率 i_1 测试，如计算出来的净现值 $NPV_1 > 0$，表明项目的内含报酬率大于该贴现率，则应提高贴现率 i_1 值继续测试；用贴现率 i_2 测试，如计算出来的净现值 $NPV_2 < 0$，表明项目的内含报酬率小于该贴现率，则应降低贴现率 i_2 值继续测试。如此多次测试，直至找到两个贴现率 i_1、i_2，使得对应的 NPV_1 和 NPV_2 最接近 0，且满足 $NPV_1 < 0 < NPV_2$。

（2）利用插值法计算所求的内含报酬率。

$$内含报酬率 = i_1 + \frac{NPV_1 - 0}{NPV_2 - NPV_1} \times (i_2 - i_1)$$

【例 5-8】　以［例 5-1］的数据为例，试计算 B 方案的内含报酬率。

先用12%测试,计算的净现值如表5-7所示。

表5-7　B方案内含报酬率测试表(用12%测试)　　　　单位:元

年　数	现金流量	现值系数	现　值
0	−198 000	1	−198 000
1	58 125	0.892 9	51 899.81
2	56 625	0.797 2	45 141.45
3	55 125	0.711 8	39 237.98
4	101 625	0.635 5	64 582.69
净现值			2 861.93

再用14%测试,计算的净现值如表5-8所示。

表5-8　B方案内含报酬率测试表(用14%测试)　　　　单位:元

年　数	现金流量	现值系数	现　值
0	−198 000	1	−198 000
1	58 125	0.877 2	50 987.25
2	56 625	0.769 5	43 572.94
3	55 125	0.675 0	37 209.38
4	101 625	0.592 1	60 172.16
净现值			−6 058.27

经过两次测试,找到净现值最接近于0的左右两个贴现率为12%、14%,然后用插值法计算所求的内含报酬率。

$$内含报酬率 = 12\% + \frac{2\ 861.93 - 0}{2\ 861.93 - (-6\ 058.27)} \times (14\% - 12\%) = 12.64\%$$

(二)决策原则和优劣分析

内含报酬率能够反映投资项目固有的报酬率,其决策原则为:如果计算出的内含报酬率大于资本成本或必要报酬率,应接受投资项目;否则,应拒绝。在多个可接受方案中,应选择内含报酬率最大的方案。[例5-8]的测算结果显示,B方案的内含报酬率大于A方案,故优先选择B方案。

总体上看,内含报酬率法和现值指数法有相似之处,都是根据相对比率来评价项目。但内含报酬率法与现值指数法也有区别。内含报酬率的计算不需要依赖事先估计的资本成本,而现值指数法需要一个合适的资本成本,以便将现金流量折为现值,贴现率的高低有时会影响方案的优先次序。

内含报酬率法的优点在于,能够反映投资项目固有的报酬率,并与资本成本或必要报酬率比较,据以评价投资项目的效果,易于理解;而且内含报酬率是使净现值等于零时的贴现率,与净现值密切相关,往往会得出相同的结论。但是,内含报酬率法也有不足:

（1）不便于互斥投资项目的选择决策，可能会导致错误的决策。例如，有甲、乙两个互斥投资的方案，其现金流量如表 5-9 所示。

表 5-9 互斥投资的现金流量表　　　　　　　单位：元

年　　数	甲方案	乙方案
0	−200	−200
1	50	60
2	70	80
3	70	70
4	80	50

先计算两方案的内含报酬率，甲方案为 12.25%，乙方案为 11.98%。

再计算两方案在不同的贴现率下的净现值，如表 5-10 所示。

表 5-10 互斥投资的净现值表　　　　　　　单位：元

贴现率	甲方案	乙方案
4%	43.41	45.89
6%	31.61	33.02
8%	20.67	21.12
10%	10.53	10.11
12%	1.12	−0.09
14%	−7.66	−9.57

两方案中内含报酬率和净现值的冲突可以用净现值曲线来表示（见图 5-1）。

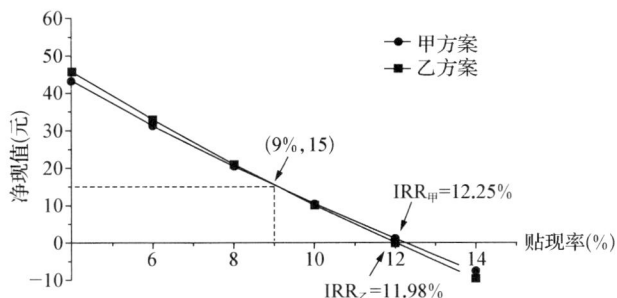

图 5-1 互斥投资的净现值曲线

在图 5-1 中，两条曲线在贴现率为 9% 附近交叉。比较两方案的内含报酬率与净现值，两指标在贴现率小于 9% 时是冲突的，选净现值较大的乙方案为好；两指标在贴现率大于 9% 时是一致的，选甲方案为好。此例说明互斥项目的评价如以内含报酬率为标准，可能会导致错误的决策。

（2）如果投资项目的现金流量非常规（寿命期内现金流量两次或两次以上改变符号，先由正变负，再由负变正），就可能有多重内含报酬率。例如，某项目需投资 300 元，寿命期 4 年，其现金流量如表 5-11 所示。

表 5-11 现金流量表   单位:元

年　数	现金流量
0	−300
1	650
2	−400
3	205
4	−160

试算不同贴现率下的净现值(见表 5-12)。

表 5-12 净现值计算结果表   单位:元

贴现率	净现值
0	−5
3%	−0.52
5%	1.71
24%	3.91
28%	1.83
32%	−0.69

由表可知,贴现率在 0~24% 区间内,净现值由小变大(第 1 次变号);在 24%~32% 区间内,净现值由大变小(第 2 次变号)。据此可求出两个内含报酬率:

$$IRR_1 = 3\% + \frac{-0.52}{-0.52 - 1.71} \times (5\% - 3\%) = 3.47\%$$

$$IRR_2 = 28\% + \frac{1.83}{1.83 + 0.69} \times (32\% - 28\%) = 30.9\%$$

两个内含报酬率的净现值曲线如图 5-2 所示。

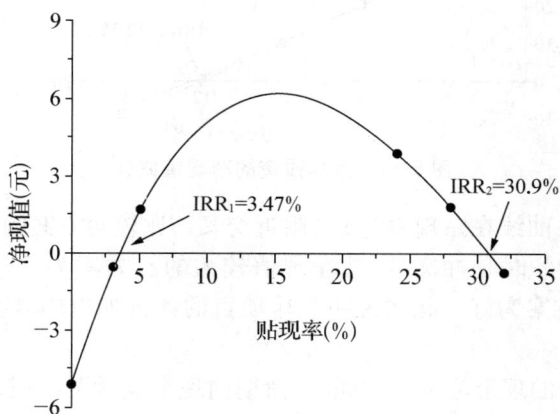

图 5-2 多重内含报酬率的净现值曲线

当贴现率小于3.47%时,两个内含报酬率均大于贴现率,按内含报酬率法的决策标准应该接受。但是,如图5-2所示,此时的净现值是负值,应该拒绝,净现值与内含报酬率的结论是矛盾的。只有当贴现率在3.47%～30.9%时,净现值才为正值,应该接受该项目。

小思考

1. 净现值的含义是什么?
2. 内含报酬率如何计算?
3. 净现值法和内含报酬率法的优缺点是什么?

即测即评

1.(多选)净现值法的不足之处在于( )。

A. 没有反映投资方案本身的实际报酬率

B. 不能衡量投资的风险性

C. 没有考虑回收期满后的现金流量

D. 当各项目投资额不等时,仅用净现值无法确定独立投资方案的优先次序

2.(多选)如果其他因素不变,一旦折现率降低,则下列指标将会提高的是( )。

A. 静态投资回收期   B. 内含报酬率

C. 净现值   D. 现值指数

3.(多选)若净现值大于0,表明该投资项目( )。

A. 投资报酬率大于0,可行

B. 现值指数大于1

C. 年均现金净流量大于原始投资额

D. 投资报酬率大于预定的贴现率,可行

4.(判断)内含报酬率是指在项目寿命周期内能使投资方案年平均现金净流量与原始投资的比率等于1的折现率。   ( )

5.(判断)在单一方案决策中,与净现值评价结论可能不一致的评价指标有投资回报率、投资回收期。   ( )

第四节 投资决策分析拓展

互斥项目,是指接受一个项目就必须放弃另一个项目的情况,它们常常作为解决一个问题的两个备选方案同时出现。例如,一家传统制造业的公司在购置全自动化生产线时,既可以选择A公司的设备,也可以选择B公司设备。此时,两种同类设备的使用寿命、购置价格和生产能力均不同,但公司只需购买其中一种。购买A公司的设备还是B公司的设备,就是一组互斥项目。

面对互斥项目,仅仅评价哪一个项目方案可以接受是不够的,我们需要通过比较,分辨出哪一个项目是相对最优的选择。如果一个项目方案的所有评价指标,包括净现值、投资回

收期、平均投资回报率和内含报酬率,均优于另一个项目方案,这时的选择是可以确定的。但是,现实中往往这些评价指标会出现矛盾,尤其是评价的基本指标净现值和内含报酬率出现矛盾时,需要做出进一步分析,再进行下一步决策。

评价指标出现矛盾的原因主要有两种:一是投资规模不同,二是项目寿命不同。对此,通常有两种解决方法:一个是共同年限法,另一个是年均净现值法。

一、共同年限法

如果两个互斥项目不仅投资额不同,而且项目期限也不同,则其净现值没有可比性。例如,一个投资期限短的项目,创造的净现值较低,另一个投资期限长的项目,创造的净现值较高,后者的盈利性不一定比前者好。此时,如果假设投资项目可以在终止时进行重置,通过重置使两个项目达到相同的年限,然后比较其净现值,就可以规避项目寿命不同带来的差异。

共同年限法又称最小公倍寿命法,是指通过对计算期不相等的多个互斥方案选定一个共同的计算分析期,以满足时间可比性的要求,进而根据调整后的评价指标来选择最优方案的方法。

在具体测算中,共同年限法有两种不同的思路。一种思路是将各方案计算期的各年净现金流量进行重复计算,直到与最小公倍数计算期相等;再计算净现值等指标,最后根据指标进行判断。另一种思路是直接计算每个方案项目原计算期内的评价指标(主要指净现值),再按照最小公倍数原理分别对其贴现,并求代数和,最后根据调整后的净现值指标进行方案的比较决策。

【例 5-9】 A 公司在扩大经营的过程中,面临甲和乙两个互斥的投资项目选择。其中,甲项目的年限为 6 年,净现值为 24 882 万元,内含报酬率为 19.73%;乙项目的年限为 3 年,净现值为 16 648 万元,内含报酬率为 32.67%。已知 A 公司的资本成本是 10%。此时,两个指标的评价结论有矛盾,甲项目净现值大,乙项目内含报酬率高。试选用合适的分析方法进行判断。

在本例中,两个评价指标出现了结论冲突,如果简单净现值法更可靠,甲项目一定比乙项目好,其实是有争议的。

我们用共同年限法进行分析:两个项目的现金净流量分布如表 5-13 所示。假设乙项目终止时可以重置一次,该项目的期限就延长到了 3 和 6 的最小公倍数,即 6 年。此时,两个项目的计算期一致,其中重置乙项目第 3 年年末的现金净流量-11 600 万元是重置初始投资-35 600 万元与第一期项目第三年年末现金流入 24 000 万元的合计。经计算,重置乙项目的净现值为 29 151 万元。因此,乙项目优于甲项目。

表 5-13 项目的现金净流量分布 单位:万元

项目		甲		乙		重置乙	
时间	贴现系数（10%）	现金净流量	现值	现金净流量	现值	现金净流量	现值
0	1.0 000	-80 000	-80 000	-35 600	-35 600	-35 600	-35 600
1	0.909 1	26 000	23 637	14 000	12 728	14 000	12 727

续　表

项　目		甲		乙		重置乙	
时间	贴现系数（10%）	现金净流量	现值	现金净流量	现值	现金净流量	现值
2	0.826 4	16 000	13 222	26 000	21 487	26 000	21 486
3	0.751 3	28 000	21 036	24 000	18 032	−11 600	−8 715
4	0.683 0	24 000	16 392			14 000	9 562
5	0.620 9	22 000	13 660			26 000	16 143
6	0.564 5	30 000	16 935			24 000	13 548
净现值			24 882		16 648		29 151

当然,共同年限法也有不足之处。该方法最主要的局限性在于:由于共同比较期一般是各方案计算期的最小公倍数,因此项目计算期可能很长。例如,一个项目 7 年,另一个项目 11 年,就需要以 77 年作为共同比较期。虽然计算机可以高效解决长期限分析带来的巨大计算量,但是真正的难点在于预计 77 年的现金流量的准确性和判断依据。对于未来的数据,数据存在巨大的风险变数,不可能总按我们预计的方向发展。尤其是重置时的原始投资,因技术进步和通货膨胀等宏观因素影响,总会发生难以预测的变化,最后的预测结果可能没有考虑这些因素的影响从而失真。

二、年均净现值法

年均净现值法是把投资项目在寿命期内总的净现值转化为每年的平均净现值并进行比较分析的方法,又称为年等额净回收额法。该方法适用于原始投资不同,特别是项目计算期不同的多方案比较决策。

从核算角度看,它比共同年限法要简单。其计算步骤如下:

(1) 计算互斥项目的净现值;

(2) 用每个项目的净现值除以对应的年金现值系数,计算净现值的等额年金额,即年均净现值。

依据[例5-9]的数据,甲、乙两个项目方案的净现值分别为 24 882 万元和 16 648 万元。其中,甲项目年限为 6 年,乙项目年限为 3 年,案例公司资本成本是 10%,查阅年金现值系数表可知,$(P/A,10\%,6)=4.3553$,$(P/A,10\%,3)=2.486\ 9$。由此可知,

甲项目的净现值＝24 882(万元)

甲项目的年均净现值＝24 882÷$(P/A,10\%,6)$＝5 714(万元)

乙项目的净现值＝16 648(万元)

乙项目的年均净现值＝16 648÷$(P/A,10\%,3)$＝6 694(万元)

比较两个项目的年均净现值,乙项目优于甲项目,结论与共同年限法相同。

以上两种分析方法有区别:共同年限法比较直观,易于理解,但是预计现金流的工作很困难;年均净现值法应用简单,但不便于理解。

两种方法存在共同的局限性:如果通货膨胀比较严重,必须考虑重置成本的上升,这是一个非常具有挑战性的任务,对此两种方法都没有考虑。

通常在实务中,只有重置概率很高的项目才适宜采用上述分析方法。对于预计项目年限差别不大的项目,如8年期限和10年期限的项目,直接比较净现值,不需要做重置现金流的分析,因为预计现金流量和资本成本的误差比年限差别还大。预计项目的有效年限本来就很困难,技术进步和竞争随时会缩短一个项目的经济年限,不断地维修和改进也会延长项目的有效年限。资深的分析人员,往往直接舍去10年以后的数据,只进行10年内的重置现金流分析,因为10年以后的现金流折成现值后,实际影响较小。

三、总量有限时的资本分配

在现实世界中会有许多总量资本受到限制的情况出现,无法为全部盈利项目筹资。这时需要考虑有限的资本分配给哪些项目。资本分配问题是指在公司投资项目有总量预算约束的情况下,如何选择相互独立的项目。

【例5-10】 甲公司目前可灵活用于投资的资本总量为20 000万元,资本成本为10%。现有A、B、C投资项目,有关数据如表5-14所示。

表5-14 投资项目净现值与现值指数　　　　　　　单位:万元

项　目	时间(年末)	0	1	2	未来现金净流量总现值	净现值	现值指数
	现值系数(10%)	1.0 000	0.909 1	0.826 4			
A	现金净流量	−20 000	18 000	10 000			
	现值	−20 000	16 364	8 264	24 628	4 628	1.23
B	现金净流量	−10 000	10 114	4 000			
	现值	−10 000	9 195	3 306	12 500	2 500	1.25
C	现金净流量	−10 000	10 000	3 762			
	现值	−10 000	9 091	3 109	12 200	2 200	1.22

根据净现值分析:三个项目的净现值都是正数,说明它们都可以创造价值。按照净现值的一般排序规则,应当优先投资净现值最大的项目。A项目的净现值最大,优先被接受,B项目和C项目只能被拒绝。这个结论其实并不正确。因为B项目和C项目的总投资是20 000万元,总净现值为4 700万元,大于A项目的净现值4 628万元。

实际上在选择项目时比上述举例复杂。具有一般意义的做法是:首先,将全部项目排列出不同的组合,每个组合的投资量小于等于资本总量;其次,计算各项目的净现值以及各组合的净现值之和;最后,选取净现值最大的组合作为接受的项目。

可投资资本总量受限本身不遵从资本市场的原理。按照资本市场的原理,优等项目就可以筹到所需资金。公司有很多投资机会时,经理的责任是到资本市场去筹资,且不管其规模大小,按理都能够筹到资金。有了优等项目,但筹不到资金,只能说明资本市场存在缺点,合理配置资源的能力较弱。这种状况阻碍了公司接受盈利性项目,使其无法实现股东财富最大化的目标。

不过,现实中确实存在一些公司筹不到盈利项目所需资金的现象,还有一些公司只愿意在一定的限额内筹资。总量资本分配的需要是一种不合理的现实。此时,按现值指数排序并寻找净现值最大的组合就成为有用的工具,有限资源的净现值最大化成为具有一般意义的评价原则。

值得注意的是,这种资本分配方法仅适用于单一期间的资本分配问题,不适用于多期间的资本分配问题。所谓多期间资本分配,是指资本的筹集和使用涉及多个期间。例如,今年筹资的限额是 10 000 万元,明年又可以筹资 10 000 万元;与此同时,已经投资的项目可不断收回资金并及时投于其他项目。此时,需要进行更复杂的多期间规划分析,不能用现值指数排序这一简单方法解决。

小思考

1. 什么是共同年限法?
2. 年均净现值法的计算步骤是什么?
3. 共同年限法和年均净现值法的优缺点是什么?

即测即评

1.(单选)甲、乙两个投资方案的项目计算期不同,且只有现金流出而没有现金流入,评价甲、乙两个方案的优劣宜采用的方法是(　　　)。

　A. 比较两方案的净现值　　　　　　　B. 比较两方案的年均流出现值
　C. 比较两方案的现值指数　　　　　　D. 比较两方案的内含报酬率

2.(单选)某企业拟进行一项固定资产投资项目决策,设定折现率为 8%,有四个方案可供选择。其中甲方案的项目计算期为 8 年,净现值为 600 万元;乙方案的现值指数为 0.9;丙方案的内含报酬率为 7.5%;丁方案的项目计算期为 9 年,其年均净回收额为 110 万元。最佳投资方案是(　　　)。

　A. 甲方案　　　　B. 乙方案　　　　C. 丙方案　　　　D. 丁方案

3.(判断)一般情况下,使某投资方案的净现值小于零的折现率,一定大于该投资方案的内含报酬率。　　　　　　　　　　　　　　　　　　　　　　　　　　　　(　　　)

4.(判断)共同年限法可用于项目计算期不相同的多个互斥方案的比较决策。　(　　　)

第五节　项目投资的风险分析

项目投资并非总是一帆风顺,投资人投入的原始资本能否如愿收回并取得期望的收益,会面临很大的不确定性。为了减少这种不确定性,公司在评价投资项目时就需要对影响期望收益的因素进行分析,找出那些对期望收益有重要影响的因素并予以重点关注。

一、风险分析的步骤

投资项目的风险分析可分为以下步骤:

(1) 评估净现值预测值。投资项目的现金流量对净现值的计算有着重要的影响,我们首先要关注净现值预测值的可信程度。衡量投资项目取得正的净现值的标准往往是看投资项目的市场价值是否超过了它的成本,而项目的市场价值大多难以被实际观察到,只能加以估计。因此,净现值预测值就可能与实际值有较大的偏差,不利于做出正确的决策。我们将这种由于预测净现值的错误导致投资项目不当决策的可能性,称为预测风险(也称估计风险)。

预测风险有两种可能。第一种可能会接受一个差的投资项目,第二种可能则会放弃一个好的投资项目。对净现值预测值进行评估就是为了降低预测风险。

(2) 确定影响净现值预测值的因素。影响净现值预测值的因素有很多,如销售收入、变动成本、固定成本、市场竞争程度、市场需求、项目寿命期等,重点是分析哪些因素会导致正的净现值,找出影响较大的变量因素,并估计这些因素的影响程度。

(3) 估计净现值预测值变动的范围。在找出主要变量因素的基础上,估计各因素变动导致净现值预测值变动的范围,能够帮助决策者了解可能发生的情形和估计潜在的不利因素。

(4) 确定可行性方案。分析对比各种情形(包括最有利的和最不利的情形),预测可能出现的风险程度,最终确定可行性投资方案。

二、情形分析法

情形分析法是对评估净现值预测值所涉及的条件进行的分析。其分析目的在于评估预测风险的大小,并找出一些对净现值预测值有较大影响的因素。

情形分析法的步骤如下:

(1) 确定影响净现值的变量基准值,如基准情况下的营业收入、变动成本、固定成本数额等。

(2) 根据变量的基准值计算出投资项目的基准净现值。

(3) 设定每一个变量的上限和下限,确定乐观与悲观情况下的变量值。乐观情况是指每一个变量取最好的值,悲观情况则是指每一个变量取最不好的值。

(4) 分别计算乐观与悲观情况下的净现值。

【例 5-11】 某公司投资一个新项目,估计需原始投资 400 000 元,寿命期 4 年,无残值,采用直线法计提折旧。公司要求的必要报酬率为 10%,适用税率为 25%。其他有关资料如表 5-15 所示。

表 5-15 营业收入及成本资料 单位:元

	基 准 值	上 限	下 限
销量(件)	50 000	56 000	44 000
单位售价	10	12	8
单位变动成本	4	5	3
固定成本(含折旧)	200 000	220 000	180 000

要求:分别计算投资项目的基准净现值、乐观与悲观情况下的净现值。

(1) 计算基准净现值(见表 5-16)。

表 5 - 16　基准净现值计算表　　　　　　　　　　　　　　　单位:元

	金额
营业收入	500 000
变动成本	200 000
固定成本(含折旧)	200 000
净利润	75 000
折旧	100 000
现金流量	175 000
年金现值系数	3.169 9
原始投资	400 000
净现值	154 732.5

（2）确定乐观与悲观情况下的变量值(见表 5 - 17)。

表 5 - 17　乐观与悲观的变量值表　　　　　　　　　　　　　　单位:元

	乐观情况	悲观情况
销量(件)	56 000	44 000
单位售价	12	8
单位变动成本	3	5
固定成本(含折旧)	180 000	220 000

（3）计算乐观与悲观情况下的净现值(见表 5 - 18)。

表 5 - 18　乐观与悲观的净现值计算表　　　　　　　　　　　　单位:元

	乐观情况	悲观情况
营业收入	672 000	352 000
变动成本	168 000	220 000
固定成本(含折旧)	180 000	220 000
净利润	243 000	—66 000
折旧	100 000	100 000
现金流量	343 000	34 000
年金现值系数	3.169 9	3.169 9
原始投资	400 000	400 000
净现值	687 275.7	—292 223

由表 5 - 18 的计算结果可知,悲观情况下的现金流量是正值,但净现值是负数;乐观情况下的净现值是正值。

情形分析法对投资项目的可能情况进行了分析,有助于决策者估计潜在的不利影响。

但是,因不同变量可能有多种情形,它并不能对是接受项目还是拒绝项目做出决定。

三、敏感分析法

敏感分析法是指在其他变量保持不变的情况下,测定一个变量的变动导致净现值预测值变动的幅度。通过项目的敏感性分析,选出敏感性小,即风险性小的项目。

敏感分析法的步骤如下:

(1)计算投资项目的基准净现值。

(2)假设其他变量保持不变,某一变量变动,计算该变量变动后乐观与悲观情况下的净现值。

(3)计算设定变量的敏感系数:

$$敏感系数 = \frac{变量变动后的净现值变动百分比}{设定变量变动百分比}$$

(4)分析设定变量的敏感性。

以[例5-11]的资料为例,假设其他因素不变,销量变动,计算销量变动后的净现值(见表5-19)。

表5-19 销量变动引起的净现值表 单位:元

	基准值	乐观情况(+12%)	悲观情况(-12%)
销量(件)	50 000	56 000	44 000
净利润	75 000	102 000	48 000
现金流量	175 000	202 000	148 000
净现值	15 4732.5	24 0319.8	69 145.2

根据表5-19中的数据计算销量变动的敏感系数:

$$销量变动的敏感系数 = \left[\frac{240\ 319.8 - 154\ 732.5}{154\ 732.5}\right] \div 12\% = 4.61$$

为便于比较分析不同变量变动的敏感系数,再假设其他因素不变,单位变动成本变动,计算单位变动成本变动后的净现值(见表5-20)。

表5-20 单位变动成本变动引起的净现值表 单位:元

	基准值	乐观情况(+25%)	悲观情况(-25%)
单位变动成本	4	3	5
净利润	75 000	112 500	37 500
现金流量	175 000	212 500	137 500
净现值	154 732.5	273 603.75	35 861.25

根据表5-20中的数据计算单位变动成本变动的敏感系数:

$$单位变动成本变动的敏感系数 = \left[\frac{273\ 603.75 - 154\ 732.5}{154\ 732.5}\right] \div 25\% = 3.07$$

由先后两个变量变动的敏感系数计算结果可知,该项目的净现值预测值对销量的变动比对单位变动成本的变动更为敏感。

敏感分析法实际上是情形分析法的一种变化形式,有助于找出特别敏感的变量来进行深入的分析。但是,它在分析中假设其他变量保持不变,仅一个变量在变动。而在实际情况下,有多个变量一起变动的情况出现。

小思考

1. 投资项目的风险分析有哪几个步骤?
2. 投资项目的风险分析有什么方法?
3. 情形分析法的特点是什么?

即测即评

1. (多选)投资项目风险分析的步骤包括(　　)。
   A. 评估净现值预测值　　　　　　　B. 确定影响净现值预测值的因素
   C. 估计净现值预测值变动的范围　　D. 确定可行性方案
2. (单选)基于敏感性分析的方法做项目决策时,应该(　　)。
   A. 选出敏感性大,即风险性大的项目
   B. 选出敏感性小,即风险性小的项目
   C. 选出敏感性大,即风险性小的项目
   D. 选出敏感性小,即风险性大的项目
3. (判断)敏感分析法在分析一个变量变动情况的同时,无须假设其他变量保持不变。
   　　　　　　　　　　　　　　　　　　　　　　　　　　　　　　(　　)

4. (判断)情形分析法的分析目的在于评估预测风险的大小,并找出一些对净现值预测值有较大影响的因素。　　　　　　　　　　　　　　　　　　　(　　)

本章小结

本章探讨的问题是资本预算项目的现金流量及其预测、投资项目的评价指标、风险分析方法等,主要包括:

1. 现金流量是与投资项目相关的增量现金流量,包括由于项目所引起的现金收入和现金支出增加的数量。

2. 投资项目的分析评价方法有回收期法、平均投资回报率法、净现值法、现值指数法、内含报酬率法。本章具体讲述了这些方法的指标计算、评价标准以及优缺点。

3. 资本预算项目的风险分析方法有情形分析法、敏感分析法等。本章介绍了这些方法的原理和特点。

关键术语

现金流量　　增量现金流量　　现金净流量　　投资回收期　　投资回报率　　净现值
现值指数　　内含报酬率　　　互斥项目　　　敏感系数

复习思考题

1. 什么是增量现金流量？
2. 现金流入量与现金流出量的内容有哪些？
3. 税后营业现金流量的计算方法有哪些？
4. 什么是投资回收期？其评价标准是什么？
5. 什么是净现值？该评价指标有何优缺点？
6. 什么是内含报酬率？其评价标准是什么？

【计算题】

1. 某公司投资 106 000 元购入一台设备,该设备预计净残值 6 000 元,可使用 4 年,折旧按直线法计算(会计政策与税法一致)。设备投产后营业收入的增加额,第 1 年、第 2 年各为 50 000 元,第 3 年、第 4 年各为 60 000 元;付现成本的增加额,第 1 年、第 2 年各为 20 000 元,第 3 年、第 4 年各为 29 000 元。该公司目前年税后利润为 30 000 元,适用的所得税税率为 25%,要求的最低报酬率为 7%。

要求:

(1) 假设公司经营无其他变化,预测未来 4 年各年的税后利润;

(2) 计算该投资方案的净现值,并判断方案的可行性。

2. 某企业投资一新项目,需投资 200 000 元,使用寿命 4 年,期末无残值,采用直线法计提折旧,投产后每年能获得营业收入 120 000 元,每年付现成本为 40 000 元。假设企业资本成本为 10%,所得税税率为 25%。已知:$(P/A,10\%,4)=3.170$;$(P/A,16\%,4)=2.798\,2$;$(P/A,18\%,4)=2.690\,1$。

要求:

(1) 计算该方案的营业期间现金净流量;

(2) 计算该方案的净现值(精确至 0.01 元);

(3) 计算该方案的现值指数(精确至 0.01);

(4) 计算该方案的内含报酬率(精确至 0.01%);

(5) 判断方案的可行性。

课程思政案例

润物耕心,实业报国

1938 年夏,秦邦礼受陈云同志的指示,在香港创办"联和行",协助八路军驻港办事处工作,通过贸易为前线提供药物、通信器材等物资,支援中共领导的抗日战争。抗战胜利后,受周恩来同志的指示,联和行改组并更名为华润公司。

1949 年 5 月 27 日,上海解放。当时极为突出的一个困难是国民党政府滥发货币,连续 12 年恶性通货膨胀,加上一大批不法投机商趁机兴风作浪,致使黄金、银圆、外币充斥市场,导致物价猛烈上涨,经济秩序混乱。资本家囤积居奇,仓库里货积如山,市面上纷纷惜售,上海的物价短时间内成倍增长。华润董事长钱之光根据党的指挥,火速调集物资运抵上海平抑物价。不到十天,华润公司从香港市场购买的 10 万吨棉花送进了上海的仓库。之后三个月,在党的领导下,以华润为首的众多贸易企业和投机商展开白热化的"两白一黑"之战。投机商倾其所有,甚至大规模举债购买市场上出现的任何米、棉、煤进行囤积,以便伺机抛出,大赚一把。然而更多的米、棉、煤被华润的万吨商船开足马力源源不断运抵上海。全国解放区和海外市场全力供货,大量物资投入市场,11 月 25 日起,上海的米、棉、煤价格一泻千里。

投机商囤积商品,恶意炒作抬价,过低的存货周转率却大大增加了资金占用。加上多数投机商依靠借高利贷抢购囤积商品,忽视了高杠杆的财务风险,结果不但囤货亏本,还要付出高额利息,许多投机资本家因此宣告破产。而华润,却在低利润率、高流转率的经营方针下,既保障了民生,又创造了企业价值,最终成长为知名大型控股企业集团。

【课程思政要点】引导学生如何在既定情况下结合不同投资项目的特征合理确定可行性方案。同时,强化学生对风险和收益的理解。

第六章　风险与收益

![学习目标图标] **学习目标**

1. 掌握风险和收益的内涵
2. 掌握单个资产风险和收益度量的计算
3. 了解投资组合风险和收益的计算方法
4. 掌握资本资产定价模型的基本概念
5. 掌握分散投资、系统风险、非系统风险和贝塔系数的概念

![引导案例图标] **引导案例**

在新冠疫情防控常态化背景下,2020年4月至7月中旬,上证指数上升约25%,股票市场的整体表现还是向上的。贵州茅台(股票代码:600519)股价上涨60%以上,恒瑞医药(股票代码:600276)股价上涨了大约40%,白酒和医疗板块的投资者为此欢欣鼓舞;但并不是所有股票在这段时间都迎来股价上升,比如国电电力(股票代码:600795)和海航控股(股票代码:600221)的股价几乎没有变化,在此期间也有多家公司退市。

这些事例显示股市存在潜在盈利机会的同时也伴随着亏损的风险。那么,投资者在进行投资决策时应当如何进行判断?

![引言图标] **引　言**

对于广大风险投资者来说,当前投资风险资产是因为期待在未来能够得到超越无风险利率的收益,当然投资总是有风险的,未来可能产生收益,也有可能面临亏损。因此,对投资者来说,如何去判断一只股票的未来价格的"不确定性"是至关重要的。本章将围绕这个问题展开讨论。我们从单个资产入手,介绍基础的风险和收益度量方法;然后介绍投资组合的概念,了解多元化投资对风险的分散作用;最后介绍经典的资本资产定价模型,进一步了解系统风险等知识点。

第一节　单个资产的风险和收益

一、风险和收益概述

(一) 三种报酬率

第一个是必要报酬率,它是投资者内心对现有投资项目的一个最低报酬率要求,它基于

投资者的主观判断;对同一个投资项目,不同的投资者的必要报酬率是不同的。那么显然,必要报酬率就等于无风险报酬率和风险报酬率之和。无风险报酬率通常可以认为是货币的时间价值;而风险报酬率是市场对风险的补偿。一个理性投资者之所以想投资风险资产,就是因为投资风险资产有可能获得额外收益,风险越大,额外补偿越多,这个额外补偿就是风险报酬。也就是说,因冒着风险投资而获得的超过时间价值的报酬就是风险报酬。它可以用绝对数风险报酬额或者相对数风险报酬率来表示。

第二个是期望报酬率,它是在不确定条件下,根据现有信息预测的某个资产或者某个项目未来可能实现的平均报酬率。和必要报酬率不同,这是一个客观的报酬率,对于同一个项目,不同的投资者基于公开信息对它未来收益的判断应当是一样的。

 知识拓展　　　　请扫码 → 什么是理性?

第三个是实际报酬率,它是在一定期间内已经实现的报酬率,很显然它不再是预测,而是一个实际值,是通过历史数据计算出来的报酬率,也是一个客观的报酬率。

把三个报酬率进行比较,我们可以认为:① 必要报酬率和期望报酬率是投资者决策的依据。当期望报酬率大于必要报酬率时,项目就有投资价值,否则就没有投资价值。② 期望报酬率和实际报酬率是判断投资项目是否具有风险的依据。如果期望报酬率等于未来的实际报酬率,那么这个项目是无风险的;否则就是有风险的。

(二) 风险概述

对于风险的最简单认知是风险本身即为危险和发生损失的可能性,这样的认识非常接近日常生活中的风险概念。而财务管理学中的风险与之又有所区别。财务管理学中的风险意味着未来可能带来损失也有可能带来预期收益。我们认为风险是资产未来的实际收益相对预期收益变动的可能性和变动幅度。从这个定义中可以发现,我们把未来可能产生损失也可能产生收益的不确定性称为风险,"风险是预期结果的不确定性"。这样的风险不仅包括负面效应的不确定性,也包括正面效应的不确定性。对于这类风险我们不仅需要管理,而且需要选择和获取增加企业价值的机会。

回到第四章讲述的证券估值问题,风险与收益的关系是估值中的核心问题,也是确定折现率的关键因素之一。折现率是投资者根据市场实际情况确定的必要报酬率,也是筹资企业为获得资金需要付出的代价,即资本成本。大量的研究证明,投资者要求的必要报酬率的高低取决于投资者承担的风险程度的大小,投资者承担的风险程度越大,要求的必要报酬率也越高。不同的投资,风险程度是不同的。那么,如何衡量投资的风险程度? 特定的风险程度需要多少报酬进行补偿? 这些问题是我们本章要讨论的问题。

回顾风险与收益的研究历史,马科维兹(Harry Markowitz)于 1952 年在 *Journal of Finance* 杂志上发表了"Portfolio Selection"一文,突破了对单一资产的研究定势,以"均值-方差"对投资者组合进行分析的思路,为解决风险与报酬的问题开辟了新的道路,也因此获得了 1990 年的诺贝尔经济学奖。他认为不论对单一资产还是对投资组合,在进行投资选择时必须要考虑的两个问题,一是收益,二是风险。前者以资产的平均报酬率(或者说期望报酬率),即资产报酬率的均值来衡量;后者以资产报酬率的波动程度,也就是资产报酬率的方差来衡量。

本章以马科维兹的理论为基础,对风险和收益进行更具体的分析。

二、单项资产的风险和收益

首先,我们以单个资产的均值-方差分析作为基础,进一步深入理解风险与收益的关系。

【例 6-1】 假设每种资产在未来都有两种可能状态,每种状态发生的概率均为 50%。A 资产在未来两个状态的价值都为 100 元,而 B 资产在未来两个状态的价值分别为 120 元和 80 元(见表 6-1)。A 资产目前价格为 90 元,B 资产目前价格为 80 元。

表 6-1   资产 A、B 未来价值

资产	A		B	
概率	0.5	0.5	0.5	0.5
价值(元)	100	100	120	80

由于未来状态的不确定性,我们在现在这个时点,只能计算未来资产价值的期望值。资产 A 的期望价值是 $100(P/A,17\%,4)=2.743$;元($=100\times0.5+100\times0.5$),资产 B 的期望价值是 100 元($=120\times0.5+80\times0.5$),两者在未来的期望价值是相同的。那么,为什么此刻资产 A 的价格会高于资产 B 的价格?原因在于资产 A 的未来价值实际上是确定的,而资产 B 的未来回报可能高于 100 元也可能低于 100 元,投资者显然更偏好确定性高的资产 A。

下面来计算这两种资产的期望报酬率,也叫作事前(ex ante)报酬率。

对于资产 A,它的期望报酬率为:

$$\bar{R}(A)=\frac{100\times0.5+100\times0.5}{90}-1=11\%$$

对于资产 B,它的期望报酬率为:

$$\bar{R}(B)=\frac{120\times0.5+80\times0.5}{80}-1=25\%$$

那么,如果现在我们到了未来,资产状态已经确定,我们再来计算资产实际报酬率,也叫作事后(ex post)报酬率,它和事前报酬率的区别在于不确定性已经消失。

对于资产 A,它的事后报酬率只有一种可能:

$$r(A)=\frac{100}{90}-1=11\%$$

对于资产 B,它的事后报酬率有两种可能:

$$r(B)=\frac{120}{80}-1=50\%$$

$$r(B)=\frac{80}{80}-1=0$$

比较这两种资产可以发现,资产 A 的事后报酬率和期望报酬率相等,而资产 B 的事后报酬率两种情况差异极大,同期望报酬率也不相等。资产 A 这类未来价值确定的资产,我们

一般称其为无风险资产，如国债；资产 B 这类未来价值存在不确定性的资产，我们称其为风险资产，如绝大部分公司债。

接下来我们讨论资产报酬率方差和标准差。方差是一种资产可能的实际收益率与其期望收益率的离差平方的平均数，标准差是方差的平方根。

那么，在这个例子里，资产 A 的报酬率方差和标准差分别是：

$$Var(A) = (11\% - 11\%)^2 \times 0.5 + (11\% - 11\%)^2 \times 0.5 = 0$$

$$\sigma_A = 0$$

资产 B 的报酬率方差和标准差分别是：

$$Var(B) = (50\% - 25\%)^2 \times 0.5 + (0\% - 25\%)^2 \times 0.5 = 0.062\,5$$

$$\sigma_B = \sqrt{0.062\,5} = 0.25$$

可以发现，无风险资产的标准差为 0，表明无风险资产未来收益不存在不确定性。而风险资产的标准差大于 0。

小思考

资产 A 的期望报酬率低，标准差小；资产 B 的期望报酬率高，标准差大。这两种资产，你更偏好哪一个？想投资哪一个？

另一个度量风险的统计量叫作离散系数，也叫作变异系数、标准离差率，是标准差与期望值的比值，度量了单位报酬率的风险。一般用于期望报酬率不同的资产之间风险的比较。离散系数越小，风险越小。

在此例中，资产 A 和资产 B 的报酬率的离散系数分别为：

$$CV_A = \frac{0}{11\%} = 0$$

$$CV_B = \frac{0.25}{25\%} = 1$$

显然，风险资产 B 的报酬率离散程度大于无风险资产 A。

通过上述例子，我们梳理了单个资产报酬率的期望、方差、标准差以及离散系数的基本概念，可以写出通用公式。

假设某资产未来报酬率呈离散分布，由 P_i 概率获得报酬率 r_i，其中 $\sum_{i=1}^{n} P_i = 1$，那么该资产的期望报酬率为：

$$\bar{R}(r) = \sum_{i=1}^{n} P_i \times r_i$$

其报酬率方差和标准差分别为：

$$Var(r) = \sum_{i=1}^{n} P_i \times [r_i - \bar{R}(r)]^2$$

$$\sigma_r = \sqrt{\sum_{i=1}^{n} P_i \times [r_i - \bar{R}(r)]^2}$$

报酬率离散系数为：

$$CV_r = \frac{\sigma_r}{\bar{R}(r)}$$

需要注意的是，实务中在对资产进行分析时，实际上使用的是事后报酬率均值来替代期望报酬率，即以事后观察到的已实现的报酬率均值作为资产未来报酬率的替代。当我们讨论资产报酬率方差（标准差）时，我们关心的是资产报酬率未来的波动，但是我们能够计算的依据仍然只有历史数据。同样地，我们计算出事后报酬率方差（标准差），替代预期报酬率方差（标准差），作为资产风险的度量。我们同样可以写出数学表达式。

假设某资产过去 n 个时期的历史报酬率为 $\{r_i\}_{i=1}^{n}$，那么其报酬率的均值为：

$$\bar{R}(r) = \frac{1}{n} \sum_{i=1}^{n} r_i$$

报酬率方差和标准差分别为：

$$Var(r) = \frac{1}{n-1} \sum_{i=1}^{n} (r_i - \bar{r})^2$$

$$\sigma_r = \sqrt{\frac{1}{n-1} \sum_{i=1}^{n} (r_i - \bar{r})^2}$$

离散系数为：

$$CV_r = \frac{\sigma_r}{\bar{R}(r)}$$

【例 6-2】 X 公司和 Y 公司股票的报酬率及其概率分布如表 6-2 所示，试计算两个公司的期望报酬率、标准差和离散系数。

表 6-2 X 公司和 Y 公司股票报酬率分布

经济情况	发生概率	报酬率	
		X 公司	Y 公司
萧条	0.2	−5%	0
一般	0.5	10%	8%
繁荣	0.3	20%	20%

期望报酬率：

$$\bar{R}_X = R_1 P_1 + R_2 P_2 + R_3 P_3 = -5\% \times 0.2 + 10\% \times 0.5 + 20\% \times 0.3 = 10\%$$

$$\bar{R}_Y = R_1 P_1 + R_2 P_2 + R_3 P_3 = 0 \times 0.2 + 8\% \times 0.5 + 20\% \times 0.3 = 10\%$$

标准差：

$$\sigma_X = \sqrt{(-5\% - 10\%)^2 \times 0.2 + (10\% - 10\%)^2 \times 0.5 + (20\% - 10\%)^2 \times 0.3}$$
$$= 8.66\%$$

$$\sigma_Y = \sqrt{(0 - 10\%)^2 \times 0.2 + (8\% - 10\%)^2 \times 0.5 + (20\% - 10\%)^2 \times 0.3}$$
$$= 7.21\%$$

离散系数：

$$CV_X = \frac{\sigma_X}{\overline{R}_X} = 8.66\% \div 10\% = 86.6\%$$

$$CV_Y = \frac{\sigma_Y}{\overline{R}_Y} = 7.21\% \div 10\% = 72.1\%$$

从上例中可以看出,当期望报酬率相同时,标准差和离散系数的比较结论其实是相同的,X 公司的标准差更大,离散系数也更大,即 X 公司股票的风险更大。因此,离散系数在对期望报酬率不同的资产的风险进行比较时更有意义。

即测即评

1. (判断)财务学中的风险表示发生损失的可能性。　　　　　　　　　　(　　)
2. (单选)某证券的期望报酬率为 10％,方差为 0.04,那么其报酬率的离散系数是(　　)。
A. 200％　　　　　　　B. 250％　　　　　　C. 0.4％　　　　　　D. 2％
3. (多选) 必要报酬率是(　　)和(　　)之和。
A. 无风险报酬率　　　　　　　　　B. 风险报酬率
C. 期望报酬率　　　　　　　　　　D. 历史报酬率
4. (多选) 在财务管理中,衡量风险大小的指标有(　　)。
A. 标准差　　　　　　　　　　　　B. 标准离差率
C. 期望报酬率　　　　　　　　　　D. 变异系数
5. (判断)在对期望报酬率不同的资产的风险进行比较时,标准差和离散系数的结论一样。　　　　　　　　　　　　　　　　　　　　　　　　　(　　)

第二节　投资组合的风险和收益

上一节我们讨论了单个资产的收益和风险,本节将讨论投资组合的收益和风险,也是马科维兹“均值-方差”分析的核心内容。投资组合(Portfolio)是由多种资产组合而成的资产集合,其收益和风险特征受到组合中各个资产个体收益和风险特征的影响,也受到各资产组合方式的影响,即资产报酬率之间的关系会影响投资组合的收益风险特征。

一、协方差和相关系数

首先,我们需要引入两个度量随机变量相关关系的统计量:协方差和相关系数。

【例 6 - 3】　假设某投资者面对如下两只股票(见表 6 - 3),它们在宏观经济不同条件下表现出不同的报酬率。

表 6-3 股票 A 和股票 B 的报酬率分布

经济条件	发生概率	股票 A	股票 B
萧条	10%	−20%	5%
衰退	20%	5%	−20%
正常	50%	15%	20%
繁荣	20%	25%	30%

根据上一节内容,我们可以计算出两只股票的期望报酬率和标准差:

$\bar{R}(A) = 11.5\%$

$\bar{R}(B) = 12.5\%$

$\sigma_A = 12.26\%$

$\sigma_B = 17.5\%$

在每一种经济条件下,我们计算每只股票报酬率与其期望报酬率的离差,然后将两个离差相乘,最后计算四个乘积的概率加权平均数,即求得两只股票的协方差。以数学公式表达如下:

$$Cov(A,B) = \sum_{i=1}^{4} [r_{Ai} - \bar{R}(A)][r_{Bi} - \bar{R}(B)]P_i$$

式中,$i = 1,2,3,4$ 分别表示经济条件的四种情况;$r_{\cdot i}$ 表示两只股票在各经济条件下的报酬率;P_i 表示各经济条件的发生概率。代入数值可以算出,股票 A 和 B 的协方差为:

$Cov(A,B) = 0.012\ 6$

从协方差的计算过程可以发现,如果股票 A 的报酬率大于其期望报酬率时,股票 B 的报酬率也大于其期望报酬率;同时,如果股票 A 的报酬率小于其期望报酬率时,股票 B 的报酬率也小于其期望报酬率,此时我们可以得到一个正的协方差。也就是说,如果股票 A 和股票 B 的报酬率正相关,那么其协方差为正。自然,我们可以推出,如果股票 A 和股票 B 的报酬率负相关,那么协方差应当为负;如果两者之间没有任何关系,那么协方差应当为 0。

在本例中,两只股票的协方差为正,说明当股票 A 报酬率大于期望报酬率时,股票 B 的报酬率也大于期望报酬率;反之亦然。但是,由于协方差是离差的平方,为了更好地从经济学角度进行解释,可以根据下式计算相关系数:

$$\rho_{AB} = \frac{Cov(A,B)}{\sigma_A \sigma_B}$$

代入数据,可以得到本例中两只股票的相关系数为 0.588 4。

由于相关系数计算公式中分母为标准差之积,而标准差一定是正数,因此相关系数的符号与协方差相同,即如果相关系数为正,可以认为两个报酬率正相关;如果相关系数为负,则为负相关;如果相关系数为 0,则说明两者完全不相关。另外,可以证明相关系数的取值范围在 −1 和 +1 之间。相关系数为 +1,说明两者完全正相关;相关系数为 −1,说明两者完全负相关。在实际中,完全正相关、完全负相关和完全不相关的资产可以说是不存在的。

同样地,在实务中,我们也使用可观察的历史报酬率数据来计算协方差和相关系数。协方差的数学表达如下:

$$Cov(A, B) = \frac{1}{n-1} \sum_{i=1}^{n} (r_{Ai} - \bar{r}_A)(r_{Bi} - \bar{r}_B)$$

式中,$\bar{r}_A$ 和 $\bar{r}_B$ 分别为股票 A 和 B 的报酬率的均值。

二、无风险资产与风险资产的组合

首先分析最简单的投资组合,即由一种无风险资产和一种风险资产构成的投资组合。

假设无风险资产和风险资产的报酬率分别为 r_f 和 r_s,风险资产报酬率的期望值和标准差分别为 $\bar{r}_s$ 和 σ_s。因为无风险资产的报酬率为常数,因此它与风险资产的协方差为 0。因此,我们可以写出该投资组合报酬率的均值和方差:

$$\bar{r}_p = E[(1-\omega) r_f + \omega r_s] = (1-\omega) r_f + \omega \bar{r}_s = r_f + \omega(\bar{r}_s - r_f)$$
$$\sigma_p^2 = E[(1-\omega) r_f + \omega r_s - (1-\omega) r_f - \omega \bar{r}_s]^2 = E[\omega^2 (r_s - \bar{r}_s)^2] = \omega^2 \sigma_s^2$$

式中,ω 为投资组合中风险资产的权重。

根据上述均值和方差的表达,我们可以得到该投资组合期望报酬率与方差的关系:

$$\bar{r}_p = r_f + \frac{\bar{r}_s - r_f}{\sigma_s} \sigma_p$$

显然从图 6-1 可以看出,该投资组合的期望报酬率与标准差之间是线性关系,直线上任何一点都代表一种权重下的投资组合。只要 $\omega < 1$,该投资组合的风险就小于风险资产的风险,即分散了风险。

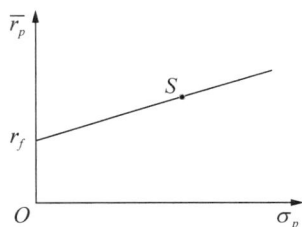

图 6-1　一种无风险资产与一种风险资产组合的收益-风险

小思考

如果投资组合中都是风险资产,那么投资组合是不是能够分散风险?

三、两种风险资产的组合

如果变成两种风险资产的投资组合,那么情况会变得更复杂。假设两种风险资产报酬率分别为 r_1 和 r_2,其均值为 $\bar{r}_1$ 和 $\bar{r}_2$,报酬率标准差分别为 σ_1 和 σ_2,协方差则为 $Cov(p)$,两者在投资组合中的权重分别为 ω 和 $1-\omega$。那么投资组合的期望报酬率为:

$$\bar{r}_p = E[\omega r_1 + (1-\omega) r_2] = \omega \bar{r}_1 + (1-\omega) \bar{r}_2$$

很显然,投资组合的期望报酬率等于组合中单项资产期望报酬率的加权平均。

组合报酬率的方差为:

$$\sigma_p^2 = E\left[\omega r_1 + (1-\omega) r_2 - \omega \bar{r}_1 - (1-\omega) \bar{r}_2\right]^2$$

$$= E\left[\omega(r_1 - \bar{r}_1) + (1-\omega)(r_2 - \bar{r}_2)\right]^2$$

$$= E\left[\omega^2 (r_1 - \bar{r}_1)^2 + (1-\omega)^2 (r_2 - \bar{r}_2)^2 + 2\omega(1-\omega)(r_1 - \bar{r}_1)(r_2 - \bar{r}_2)\right]$$

$$= \omega^2 \sigma_1^2 + (1-\omega)^2 \sigma_2^2 + 2\omega(1-\omega)Cov(p)$$

当两种资产相关系数等于 1 时, $Cov(p) = \sigma_1 \sigma_2$,那么

$$\sigma_p^2 = \omega^2 \sigma_1^2 + (1-\omega)^2 \sigma_2^2 + 2\omega(1-\omega)\sigma_1 \sigma_2 = \left[\omega \sigma_1 + (1-\omega)\sigma_2\right]^2$$

因此,投资组合报酬率的标准差 $\sigma_p = \omega \sigma_1 + (1-\omega)\sigma_2$。

同理,当相关系数等于 -1 时,投资组合报酬率的标准差 $\sigma_p = |\omega \sigma_1 - (1-\omega)\sigma_2|$。

当相关系数处于 -1 和 1 之间时,投资组合报酬率的标准差 $|\omega \sigma_1 - (1-\omega)\sigma_2| < \sigma_p < \omega \sigma_1 + (1-\omega)\sigma_2$。

其实,这就反映了投资组合的分散风险作用:只要风险资产的相关系数小于 1,投资组合就能起到分散风险的作用,组合报酬率的波动性下降。

在卖空限制条件下,即 $0 \leqslant \omega \leqslant 1$,可以在均值-标准差坐标系上画出连接两种风险资产的双曲线,如图 6-2 所示。即在限制卖空的条件下,双曲线的两端是分别代表两种资产的单独组合,双曲线上的任一点仍然代表一种权重分配下的投资组合。

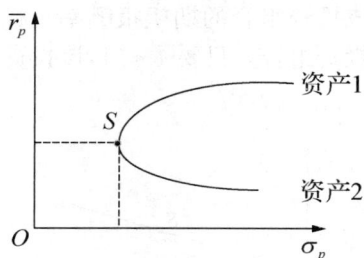

图 6-2　两种风险资产的收益-风险

曲线最左侧的 S 点表示该投资组合可能达到的最小方差,该点也被称作最小方差组合,可以求出该组合的权重分配:

令 $\dfrac{\partial \sigma_p^2}{\partial \omega} = 0$,可求得

$$\omega = \frac{\sigma_2^2 - Cov(p)}{\sigma_1^2 + \sigma_2^2 - 2Cov(p)}$$

将该权重代入期望报酬率和方差的表达式,可以得到该最小方差组合的期望报酬率和方差。

$$\bar{r}_p = \frac{\sigma_1^2 \bar{r}_2 + \sigma_2^2 \bar{r}_1 - Cov(p)(\bar{r}_1 + \bar{r}_2)}{\sigma_1^2 + \sigma_2^2 - 2Cov(p)}$$

$$\sigma_p^2 = \frac{\sigma_1^2 \sigma_2^2 - Cov(p)^2}{\sigma_1^2 + \sigma_2^2 - 2Cov(p)}$$

在上述分析中,可以看到两者的相关性,即协方差 $Cov(p)$ 十分重要。当两种资产之间的相关系数越低时,最小方差组合报酬率方差越小。当相关系数为 -1 时,最小方差组合报酬率的方差可以达到 0,组合报酬率的波动性可以完全被消除。相反地,当相关系数为 1 时,此时的双曲线退化为连接两个资产的直线,组合风险无法被消除。

这就是分散化投资的意义。只要将不完全正相关的各种资产进行组合,就可以降低组合报酬率的风险。图 6-3 展示了分散化投资的作用。曲线表示资产 1 和资产 2 相关系数不等于 1 时(不妨假设该曲线对应的相关系数为 0.5)的可行集(投资者可以通过配置两种资产的权重达到曲线上的任一点),而直线表示资产 1 和资产 2 相关系数等于 1 时的可行集。由于曲线总在直线左侧,因此,给定任意组合期望报酬率,曲线上的投资组合风险总是低于对应直线上的投资组合风险。

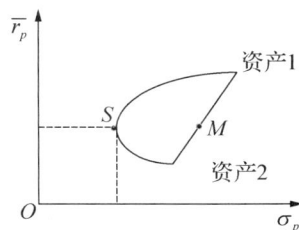

图 6-3　分散投资

需要注意的是连接最小方差组合 S 与资产 2 的这一段曲线,任何处于这段曲线上的投资组合,其期望报酬率都比 S 小,并且方差都比 S 大,所以不会有任何理性投资者对这段曲线上的投资组合进行投资,理性投资者的所有投资都应该落在连接 S 与资产 1 的这段曲线上,我们称其为有效前沿。给定组合报酬率方差(标准差),有效前沿上的组合有着最高的期望报酬率。投资者的风险偏好程度将决定投资有效前沿上的哪一个组合。

当然曲线和直线不会同时存在,每一个相关系数都对应一条曲线(直线),即每一个相关系数都对应一个可行集,自然也对应一个有效前沿。

小思考

既然把不完全相关的风险资产组合起来可以降低波动性,那么如果把市场上所有的风险资产都组合起来,是不是能够完全消除组合报酬率的波动性?

四、多种风险资产的组合

如果投资组合由更多的风险资产构成,情况就会变得更加复杂,投资组合的有效集就不再是一条曲线(直线),而是变成了一片区域。

在图 6-4 中,区域内的任一点都代表一种资产组合权重的配置,所有可能的投资组合都落在这个区域中。投资者不可能选择区域外的投资组合,投资者既不能投资一个期望报酬率高过可行集的组合,也不能投资一个方差低于可行集的组合。

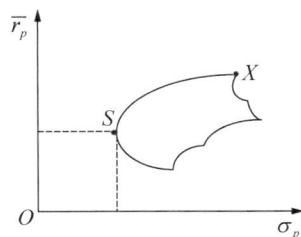

图 6-4　多种风险资产组合的有效集

虽然整个区域内任何一点都可以进行投资,但是理性投资者的投资一定位于最小方差组合 S 和点 X 的连接线上,也就是有效前沿。可以发现,给定报酬率方差,SX 曲线段上的点是可行集中期望报酬率最高的投资组合;给定期望报酬率,SX 曲线段上的点是可行集中方差最低的投资组合。

最后以三种风险资产为例简单说明最优组合权重的确定。假设三种风险资产的报酬率分别为 r_1、r_2 和 r_3,均值为 $\bar{r}_1$、$\bar{r}_2$ 和 $\bar{r}_3$,报酬率标准差分别为 σ_1、σ_2 和 σ_3,在投资组合中的权

重分别为 ω_1、ω_2 和 ω_3。为了简化计算，我们假设三者报酬率两两不相关。那么该组合的期望报酬率为：

$$\overline{r}_p = \omega_1 \overline{r}_1 + \omega_2 \overline{r}_2 + \omega_3 \overline{r}_3$$

组合的报酬率方差为：

$$\sigma_p^2 = \omega_1^2 \sigma_1^2 + \omega_2^2 \sigma_2^2 + \omega_3^2 \sigma_3^2$$

通过求解下列最优化问题（此处不做求解），就可以求得给定报酬率 $\overline{r}$ 最优组合权重，从而也可以得到有效前沿的数学表达。

$$\min_{\omega_1, \omega_2, \omega_3} \omega_1^2 \sigma_1^2 + \omega_2^2 \sigma_2^2 + \omega_3^2 \sigma_3^2$$
$$s.t. \ \omega_1 \overline{r}_1 + \omega_2 \overline{r}_2 + \omega_3 \overline{r}_3 = \overline{r}$$
$$\omega_1 + \omega_2 + \omega_3 = 1$$

五、资本市场线

如果我们在由风险资产构成的投资组合中加入无风险资产，这也是现实投资者通常的选择，那么此时又会出现什么情况？

回忆前文对一种无风险资产和一种风险资产的投资组合的分析，其可行集是一条从无风险资产出发的直线，线上的每一点都是一种权重配置下的投资组合。那么，现在我们可以将组合中所有风险资产看作一种"风险资产"，无风险资产与该"风险资产"的所有可能组合就是从无风险资产出发、穿越"风险资产"可行集区域的所有直线。在这些直线中，有一条会与"风险资产"有效前沿相切，这条直线就是加入无风险资产之后投资组合的有效前沿，即投资组合的有效前沿从原先的曲线变成了一条直线。这条直线被称作资本市场线（Capital Market Line），而它与原有效前沿的切点 M 称作市场组合（Market Portfolio）。

对于非资本市场线的其他射线上的点，如图 6-5 所示，以点 A 为例，无论它的位置在哪儿，我们都可以在资本市场线上找到报酬率标准差相同，但期望报酬率更高的组合。所以，理性投资者的所有投资都会落在资本市场线上。另外，资本市场线上所有组合都可以由无风险资产和市场组合 M 构成，也就是说，理性投资者一定是以市场组合 M 的权重来构成其风险资产的配置。至于投资者具体选择投资资本市场线上的哪个点则取决于投资者的风险偏好程度。风险规避和风险偏好的投资者区别仅仅在于无风险资产和市场组合 M 的组合权重不同。

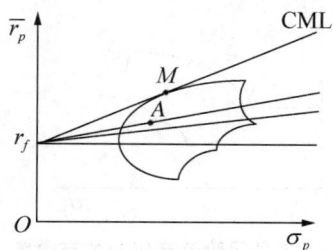

图 6-5 资本市场线

知识拓展　请扫码 → 共同基金定理（共同基金分离定理、分离定理）

即测即评

1. (单选)所有公司都会遇到的,投资者无法通过组合来分散的风险是( )。

A. 可分散风险　　　　　　　　　B. 系统风险

C. 短期风险　　　　　　　　　　D. 长期风险

2. (单选)通过多元化投资可以分散的风险是( )。

A. 特有风险　　　　　　　　　　B. 开发风险

C. 市场风险　　　　　　　　　　D. 财务风险

3. (多选)两种组合证券的相关系数可能为( )。

A. 1　　　　　　B. -1　　　　　　C. 100　　　　　　D. 0.1

4. (多选)假设甲、乙证券收益的相关系数接近于零,甲证券的预期报酬率为10%(标准差为10%),乙证券的预期报酬率为18%(标准差为20%),则由甲、乙证券构成的投资组合( )。

A. 最低的预期报酬率为10%　　　　　B. 最高的预期报酬率为18%

C. 最高的标准差为20%　　　　　　　D. 最低的标准差为10%

5. (判断)对于两种资产构成的投资组合,当两者相关系数为1时,风险完全不能分散。

( )

第三节　资本资产定价模型

一、市场组合和市场均衡

通过对资本市场线的分析,我们了解到,理性投资者在根据风险资产的收益风险特征进行分析后,都将以市场组合 M 的方式持有风险资产。现在,假设一个所有投资者对期望收益和方差都有相同预期的世界,即所有投资者都能获得同质信息的世界,我们称这个假设为同质预期。那么,所有投资者基于相同的信息所确定的风险资产有效集是一样的。又因为相同的无风险资产适用于所有人,因此,所有投资者都将以市场组合 M 的形式持有风险资产。

市场组合 M 是什么样的? 它自然应当包含所有的风险资产,而各风险资产在其中的权重比例就是整个市场上各风险资产价值的比例。市场组合 M 就可以理解为是包含了所有风险资产的整个市场。

为了理解市场组合 M 的本质,我们需要理解市场均衡这个概念。市场均衡是经济学的基础概念,可以简单地理解为所有市场参与者都和谐地做到了最好:第一,所有人都做到最好意味着所有人都实现了自己的理性;第二,和谐意味着所有人的最优行为可以完美共存。从这个定义出发可以认为市场无时无刻不处于均衡状态。

均衡状态的调节器自然就是资产价格。如果通过均值-方差分析得到的市场组合 M 与市场整体的构成不一致,比如说,存在一种风险资产 E,它不在市场组合 M 中,那么肯定没有人持有它,因为所有投资者都持有的是市场组合 M。即此时只有供给没有需求,那么 E 的价格一定会下降,直至投资者认为 E 有利可图并纳入市场组合 M 中,也就是 E 的供求关系达到了均衡状态,从而所有风险资产都会进入市场组合 M 中。由于市场组合 M 是唯一的,因此每种风险资产在市场组合中的权重比例就是它在市场整体中的权重比例。

小思考

我们常说风险越大收益越高,那么对于给定的风险,需要多少报酬率进行补偿呢?

在市场均衡时,资产价格是什么? William Sharpe 等人提出的资本资产定价模型 (Capital Asset Pricing Model)告诉我们,均衡时资产的期望报酬率满足一种线性关系。

二、基于投资组合理论的 CAPM 简易推导

首先引入如下假设:

(1) 没有交易成本和税收;

(2) 所有资产可以任意交易,并且无限可分;

(3) 完全竞争市场;

(4) 所有人以马科维兹的均值-方差分析选择投资组合;

(5) 所有资产可以任意买空卖空;

(6) 所有人满足同质预期假设。

上述假设表明:第一,投资者是理性的,而且严格按照马科威茨模型的规则进行多样化的投资,并将从有效边界的某处选择投资组合;第二,资本市场是完美市场,没有任何摩擦阻碍投资。

知识拓展

请扫码 → CAPM 模型的假设

通过分析我们可以知道,所有理性投资者选择的投资组合都在资本市场线上,假设市场组合 M 的期望报酬率是 R_M,标准差是 σ_M,那么资本市场线的方程为:

$$E(r) = r_f + \frac{R_M - r_f}{\sigma_M}\sigma$$

式中,$E(r)$ 和 σ 是资本市场线上任意投资组合的期望报酬率和标准差。

如果以风险资产 i 和市场组合 M 构成一个新的组合,两者权重分别为 ω 和 $1-\omega$,记该组合的报酬率为 r_ω,那么可以算出 r_ω 的期望和标准差分别为:

$$E(r_\omega) = \omega E(r_i) + (1-\omega) R_M = \omega [E(r_i) - R_M] - R_M$$
$$\sigma(r_\omega) = [\omega^2 \sigma_i^2 + (1-\omega)^2 \sigma_M^2 + 2\omega(1-\omega)Cov(i,M)]^{1/2}$$

如果在收益-风险平面上画出新组合的收益-风险随 ω 变化的轨迹,可以发现它是一条穿过市场组合 $M(\omega=0$ 时)和风险资产 i 的曲线,如图 6-6 所示。

很明显,从图 6-6 可以看出,这条曲线不可能高过资本市场线,否则意味着我们可以通过调整风险资产 i 和市场组合 M 的权重达到比资本市场线更好的组合,这与资本市场线的定义矛盾。因此,

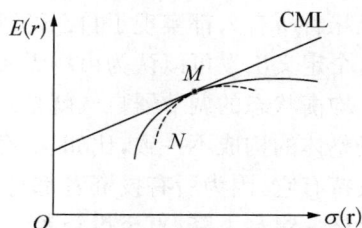

图 6-6 风险资产与市场组合的收益-风险

146

这条曲线只能在市场组合 M 处与资本市场线相切。因此,曲线在 M 点的斜率应当等于资本市场线的斜率:

$$\frac{\mathrm{d}E(r_\omega)}{\mathrm{d}\sigma(r_\omega)}\bigg|_{\omega=0} = \frac{R_M - r_f}{\sigma_M}$$

求解化简可得 CAPM 方程:

$$E(r_i) - r_f = \frac{Cov(i,M)}{\sigma_M^2}[R_M - r_f]$$

定义 $\beta_i = \frac{Cov(i,M)}{\sigma_M^2} = \frac{\sigma_i}{\sigma_M}\rho_{iM}$,那么上述 CAPM 方程可改写为:

$$E(r_i) - r_f = \beta_i[R_M - r_f]$$

β_i 即为风险资产 i 的贝塔系数,后续我们仍会讨论其意义。

CAPM 模型表明了不同风险资产的期望报酬率之间存在线性关系,即贝塔系数越大的资产,期望报酬率越大。如果我们以贝塔系数 β 作为横坐标,资产期望报酬率 $E(r_i)$ 作为纵坐标,那么 CAPM 方程的图像就是一条斜率为正的直线,直线上的点代表不同的风险资产,这条直线被称为证券市场线(Securities Market Line,SML),如图 6-7 所示。

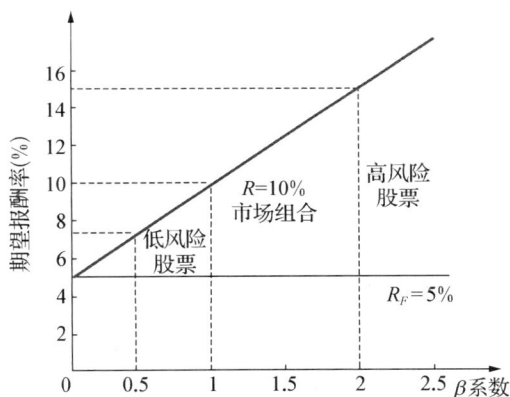

图 6-7 证券市场线

很显然,证券市场线反映了期望报酬率与贝塔系数的关系,随着贝塔系数的增加,风险报酬率越高,期望报酬率也就越高。

比较一下证券市场线和资本市场线。证券市场线是在"贝塔系数-期望报酬率"坐标系上的直线,表示不同资产的期望报酬率随贝塔系数的线性变化,对所有资产都成立;资本市场线是在"标准差-期望报酬率"坐标系上的直线,表示的是由无风险资产和市场组合构成的新组合能够实现的收益和风险特征,只对有效组合(无风险资产和市场组合构成)成立。

回忆资本市场线和证券市场线的方程,可以发现它们都将资产的期望报酬率进行了如下拆分:

期望报酬率=无风险利率+风险报酬率=无风险利率+风险度量×风险价格

区别在于,证券市场线以资产贝塔系数度量风险,而资本市场线以资产报酬率标准差作为风险度量。

值得注意的是,市场组合 M 也出现在证券市场线上,并且市场组合 M 的贝塔系数为 1。

【例 6-4】 M 公司股票的贝塔系数为 0.5,无风险利率为 8%,市场上所有股票的平均报酬率为 15%。那么,M 公司股票的期望报酬率应为多少?

M 公司股票期望报酬率=8%+0.5×(15%-8%)=11.5%

三、系统风险、非系统风险和贝塔系数

在对投资组合的均值-方差分析时,我们已经提及,通过分散化投资可以降低投资组合的风险。那么风险可以降低至 0 吗?本节将讨论这个问题。

直观地想,报酬率方差越大的资产需要越高的期望报酬率来补偿投资者。但是根据CAPM 模型,资产的期望报酬率其实是由资产的贝塔系数决定的,而非报酬率方差决定。从贝塔系数的数学定义来看,它是资产报酬率与市场组合报酬率的协方差与市场组合报酬率方差的比值,反映了资产报酬率方差与市场组合方差的相关性。

风险是未来收益的不确定性,均值-方差分析以资产报酬率的方差来度量风险,但是在资产定价时(如 CAPM)应当把投资者对不确定性的应对也纳入考虑。均值-方差分析的核心理论就是构造由无风险资产和市场组合构建的新投资组合,理性投资者对组合中的各资产分散化投资,可以消除一部分不确定性。那么,这些可以通过投资者的分散化投资消除的风险,就不应认为是真正的风险,市场也不会对这些风险做出补偿。只有通过分散化投资无法消除的风险,才是真正的风险,是市场需要做出补偿的风险。

那么,什么是无法通过分散化投资消除的风险?答案是市场组合的风险。原因在于分散化投资的极限即为持有市场上的所有资产,即市场组合。因此,市场组合的方差就是无法被分散的风险,是定价时需要补偿的风险。

下一个问题自然就是:市场组合的风险来源于何处?市场组合的风险来自组合中所有资产。但是,只有与市场组合正相关的资产才增加市场组合的风险,其余风险可以通过分散化消除。因此,任意资产的真正风险就可以由其报酬率方差与市场组合报酬率方差的相关性来衡量,即以贝塔系数来衡量。

通常把市场组合包含的不可通过分散化投资消除的风险叫作系统风险,用贝塔系数衡量;而各资产包含的可以通过分散化投资消除的风险叫作非系统风险。

(1)系统风险影响着几乎市场上所有资产,是市场中固有的风险,如国民生产总值、利率和通货膨胀率。此外,包括自然灾害、政治危机等,这些宏观的政治经济社会因素引起的风险是系统风险,也叫作市场风险或者不可分散风险,它无法通过投资组合的方式被分散。

(2)非系统风险是指发生于个别公司的特有事件所造成的风险。这类事件往往是非预期的、随机发生;一旦发生仅能影响一个或少数公司,不会对整个市场产生影响,也被称作特殊风险、特有风险或者可分散风险。它可以通过投资组合进行分散,如某公司高管的丑闻和某公司竞争对手的丑闻。

图 6-8 反映了分散化投资对系统风险和非系统风险的影响。随着投资组合中股票数目的增加,投资组合的风险在逐步降低,可以发现,当投资组合的股票数目上升到 20 只以上时,投资组合风险的下降速率明显放缓,最终趋于一个极限值。那么,这部分随着股票数目增加而下降的风险,或者说被分散的风险,就是非系统风险;而最后这部分无法被分散、始终存在的风险,就是系统风险。

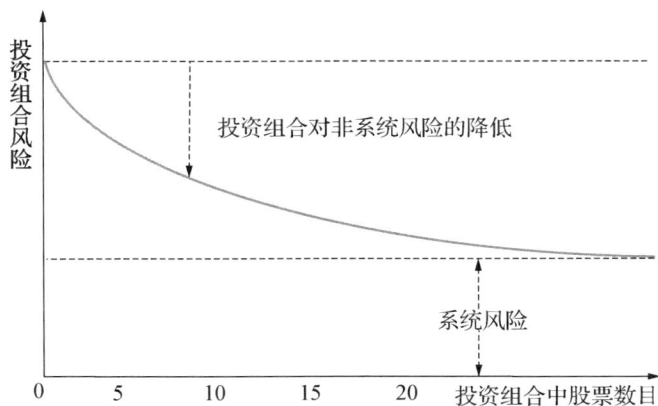

图 6-8 系统风险和非系统风险

回到贝塔系数的讨论。

个股的贝塔系数 β 是个股系统风险的度量,是度量个股相对于市场平均波动程度的一个系数。

$\beta=1$,个股系统风险与市场平均风险相等;

$\beta>1$,个股系统风险大于市场平均风险;

$\beta<1$,个股系统风险小于市场平均风险。

需要注意的是,贝塔系数不是一成不变的,它受到各种因素的影响。包括公司经营策略变动这样的微观因素和市场环境、政治环境变动这样的宏观因素,都会引起贝塔系数的变动,从而引起股票风险报酬率的变动。

同样地,投资组合的贝塔系数是投资组合系统风险的度量,是组合中单只股票 β 系数的加权平均,权重为各股票投资额在投资组合总投资额中的占比。

【例 6-5】 投资者持有 A、B、C 三种股票构成的投资组合,它们的贝塔系数分别是 1.5、1.0 和 0.5,在投资组合中的比重分别为 40%、40% 和 20%。假设市场报酬率为 12%,无风险报酬率为 6%,要求计算该投资组合的贝塔系数和风险报酬率。

投资组合的贝塔系数:

$$\beta_P = \omega_1\beta_1 + \omega_2\beta_2 + \omega_3\beta_3 = 40\% \times 1.5 + 40\% \times 1.0 + 20\% \times 0.5 = 1.1$$

投资组合的风险报酬率:

$$R_P = \beta_P(R_M - R_F) = 1.1 \times (12\% - 6\%) = 6.6\%$$

上例中,投资组合的风险报酬率就是投资者因承担系统风险而要求的超过时间价值的额外回报。因为市场只会补偿系统风险,如果对非系统风险也有补偿,那么善于科学地进行投资组合的投资者就会购买这部分股票,股价上升,报酬率下降,当市场均衡时,报酬率就只会反映系统风险。因为获得市场风险溢价是投资者的目标,投资组合的风险报酬率 R_P 就等于投资组合的贝塔系数 β_P 与市场风险溢价 $(R_M - R_F)$ 之积,即

$$R_P = \beta_P(R_M - R_F)$$

即测即评

1.（单选）当某种证券的 β 系数小于 1 时，说明（　　）。

A. 该种证券的安全程度与全部证券的安全程度一致

B. 该种证券的安全程度低于证券市场的总体水平

C. 该种证券的安全程度高于证券市场的总体水平

D. 该种证券风险水平高于证券市场的总体水平

2.（单选）下列属于非系统风险的是（　　）。

A. 经济周期变化　　　B. 通货膨胀　　　　　C. 市场利率上升　　　D. 技术革新

3.（多选）下列关于 β 系数和标准差的表述中，正确的有（　　）。

A. β 系数测度系统风险，而标准差测度非系统风险

B. β 系数测度系统风险，而标准差测度整体风险

C. β 系数测度财务风险，而标准差测度经营风险

D. β 系数只反映市场风险，而标准差还反映公司特有风险

4.（多选）β 系数是衡量风险大小的重要指标，下列有关 β 系数的表述中正确的有（　　）。

A. β 系数越大，说明风险越小

B. 某股票的 β 值等于 2，说明其风险高于市场平均风险的 2 倍

C. 某股票的 β 值等于 0.5，说明其风险等于市场平均风险的 0.5 倍

D. 某股票的 β 值等于 1，说明其风险等于市场的平均风险

5.（判断）资产的风险报酬率是该项资产的 β 系数和市场风险报酬率的乘积，而市场风险报酬率是市场期望报酬率与无风险报酬率之差。　　　　　　　　　　　　　　（　　）

本章小结

1. 必要报酬率是投资者对投资项目的内心的主观要求；期望报酬率是投资者基于公开信息对投资项目的客观期望；实际报酬率是已经实现的报酬率。必要报酬率和期望报酬率是投资者决策的依据，期望报酬率和实际报酬率是判断投资项目是否具有风险的依据。

2. 风险是资产未来的实际收益相对预期收益变动的可能性和变动幅度。未来可能产生损失也可能产生收益的不确定性称为风险，"风险是预期结果的不确定性"。投资者要求的必要报酬率的高低取决于投资者承担的风险程度的大小，投资者承担的风险程度越大，要求的必要报酬率也越高。

3. 单项资产和投资组合的收益以其期望报酬率度量，风险以其可能收益率的标准差（方差）或离散系数度量。对投资组合来说，相关系数等于 1 时，风险完全不能分散，投资组合的风险就等于单项资产风险的加权平均；相关系数等于 -1 时，非系统风险完全被分散；只要相关系数小于 1，投资组合就能起到分散风险的作用。也就是说，只要将不完全正相关的各种资产进行组合，就可以降低组合报酬率的风险，这就是分散化投资的意义。

4. 资本资产定价模型说明均衡时资产的期望报酬率满足一种线性关系，贝塔系数越大的资产，期望报酬率越大。贝塔系数是对个股或投资组合系统风险的度量，它是个股或投资

组合风险相对于市场平均风险的系数,受到宏观、微观各种因素的影响,不是一成不变的。

5. 系统风险影响着几乎市场上所有资产,是市场中固有的风险,也叫作市场风险或者不可分散风险,它无法通过投资组合的方式被分散;非系统风险是指发生于个别公司的特有事件所造成的风险,这类事件往往是非预期的、随机发生;一旦发生仅能影响一个或少数公司,不会对整个市场产生影响,也被称作特殊风险、特有风险或者可分散风险,它可以通过投资组合进行分散。

关键术语

风险与收益　　单项资产风险　　投资组合的风险　　报酬率　　资本市场线　　资本资产定价模型
β 系数　　期望报酬率

复习思考题

1. 简述必要报酬率、期望报酬率和实际报酬率的内涵和作用。
2. 什么是风险?
3. 什么是系统风险? 什么是非系统风险?
4. 简述资本资产定价模型的基本原理。
5. 什么是 β 系数?
6. 比较资本市场线和证券市场线。

【计算题】

1. 某公司拟进行股票投资,现有甲、乙两公司股票可供选择,具体资料如表 6-4 所示。

表 6-4　甲、乙公司股票收益率

经济情况	概率	甲股票预期收益率	乙股票预期收益率
繁荣	0.2	50%	60%
复苏	0.3	30%	20%
一般	0.3	20%	10%
衰退	0.2	−10%	−10%

要求:

分别计算甲、乙股票的期望报酬率,标准差和标准离差率,并比较说明其风险大小。

2. 某公司拟进行股票投资,现有以下两家公司的股票年报酬率等资料如表 6-5 所示。

表 6-5　甲、乙两家公司股票年报酬率和概率

经济状况	概率	甲公司股票	乙公司股票
繁荣	0.4	60%	40%
稳定	0.4	20%	20%
下滑	0.2	−30%	40%

假设甲公司的风险报酬系数为 8%,乙公司的风险报酬系数为 6%,该公司作为稳健的投资者,比较选择投资哪家的股票更好,并说明其理由。

要求:

(1) 计算两种股票的期望报酬率;

(2) 计算两种股票的标准差;

(3) 计算两种股票的标准离差率;

(4) 计算两种股票的风险报酬率;

(5) 分析应投资哪家公司的股票。

3. 某企业有 A、B 两个投资项目,计划投资额均为 800 万元,其净现值的概率分布如表 6-6 所示。

表 6-6   A、B 项目净现值   单位:万元

市场状况	概率	A 项目净现值	B 项目净现值
好	0.4	200	300
一般	0.4	100	100
差	0.2	50	−100

要求:

(1) 分别计算 A、B 两个项目净现值的期望值;

(2) 分别计算 A、B 两个项目净现值的标准差(精确到 0.01);

(3) 判断 A、B 两个项目的优劣。

4. 甲公司准备投资 100 万元购入由 A、B、C 三种股票构成的投资组合,三种股票占用的资金分别为 30 万元、50 万元和 20 万元,即它们在证券组合中的比重分别为 30%、50% 和 20%,三种股票的贝塔系数分别为 1.0、1.8 和 0.6。无风险收益率为 6%,平均风险股票的市场必要报酬率为 15%。

要求:

(1) 计算该股票组合的综合贝塔系数(保留至 0.01);

(2) 计算该股票组合的风险报酬率(保留至 0.01%);

(3) 计算该股票组合的预期报酬率(保留至 0.01%);

(4) 若甲公司目前要求预期报酬率为 19.5%,在 C 股票投资比例不变的情况下,如何进行投资组合。

5. 观察如下信息:

	标准差	β 系数
证券 C	20%	1.25
证券 K	30%	0.95

要求:

(1) 哪一个的整体风险较大?

(2) 哪一个的系统风险较大?

(3) 哪一个有更高的期望报酬率?

课程思政案例

步鑫生:城市集体企业改革的先行者
(对应知识点:风险与收益)

1983年11月16日,《人民日报》的一篇以中共中央总书记胡耀邦批示为"编者按"的报道《一个有独创精神的厂长——步鑫生》,使海盐衬衫总厂改革的事迹迅速走向全国。1982年,海盐衬衫总厂以年产85万件衬衫的能力步入著名衬衫厂行列;1983年,又一举成为海盐县第一家产值超千万元的企业和全省服装行业重点企业之一。步鑫生的改革引起了胡耀邦的重视。11月初,他批示道:"海盐衬衫总厂厂长步鑫生解放思想,大胆改革,努力创新的精神值得提倡。对于那些对工作松松垮垮,长期安于当外行,'做一天和尚撞一天钟'的企业领导干部来讲,步鑫生的经验应当是'一剂治病的良药',使他们从中受到教益。"以此作为"编者按"的这则《人民日报》报道,极大地推动了城镇企业改革。

1985年,30万套西装生产线、上海领带事件接连发生,海盐衬衫总厂资不抵债。1988年,《人民日报》又一次用头版刊登关于他的消息,只不过,这一次的标题是:"粗暴专横、讳疾忌医""步鑫生被免职""债台高筑的海盐衬衫总厂正招聘经营者"。

【课程思政要点】引导学生正确看待风险,风险可能带来超出预想的损失,也可能带来意外的惊喜。关键时刻应当勇于冒险创新,但是同时也应当注意风险控制,不论是企业还是人生,都需要风险管理。

如何理解习近平总书记关于金融风险治理相关论述的重要意义?
(对应知识点:系统风险)

党的十八大以来,习近平总书记先后关于风险治理做出一系列重要论述,深刻阐述了关于风险治理的方向性、原则性、根本性、战略性问题,提出了一系列新思想、新观点、新论断、新措施、新办法、新要求,极大地深化和丰富了我们党对风险治理的规律性认识。对金融风险治理,习近平总书记尤为重视,在2019年第五次全国金融会议上指出,要把主动防范化解系统性金融风险放在更加重要的位置,科学防范、早识别、早预警、早发现、早处置,着力防范化解重点领域风险,着力完善金融安全防线和风险应急处置机制。

【课程思政要点】引导学生结合本章知识点深刻理解习近平总书记提出的"要把主动防范化解系统性金融风险放在更加重要的位置"这一论述的重要意义。

第七章　资本成本

📖 学习目标

1. 理解资本成本的概念、构成、种类和意义
2. 理解资本成本的作用,了解影响资本成本的因素
3. 掌握个别资本成本和综合资本成本的概念、作用和计算方法
4. 了解边际资本成本的意义和计算方法

📖 引导案例

2020 年 7 月 21 日,中国中铁股份有限公司(以下简称"中国中铁")发布公告,经中国证监会证监许可注册通过,该公司获准面向专业投资者公开发行总额不超过人民币 200 亿元(含 200 亿元)公司债券。公告指出,该债券采取分期发行方式,其中 2020 年面向专业投资者公开发行可续期公司债券(第四期)(以下简称"本期债券"),发行规模为不超过人民币 35 亿元。中国中铁表示,本期债券发行工作已于 7 月 24 日结束,经发行人和主承销商共同协商,本期债券仅发行债券品种一,实际发行规模 35 亿元,最终票面利率为 3.95%。

[资料来源:《中国中铁股份有限公司 2020 年面向专业投资者公开发行可续期公司债券(第四期)募集说明书》(2020-07-21);《中国中铁股份有限公司 2020 年面向专业投资者公开发行可续期公司债券(第四期)发行结果公告》(2020-07-28)]

根据有关媒体报道,中国中铁此次发债募集资金拟用于偿还公司及下属公司银行贷款以及补充流动资金。那么,为了此次发债,中国中铁又将付出多少代价? 也就是说,中国中铁承担的资本成本是多少?

📖 引　言

资本成本是公司财务决策的重要依据,是财务管理的一项重要内容。从投资角度看,资本成本是投资者投资要求的报酬率;从筹资角度看,资本成本是筹措资金和使用资金时付出的代价。资本成本与筹资决策、投资决策等内容紧密相关,它的高低受到众多因素影响。本章首先介绍资本成本的基本概念、构成、种类、作用和影响因素,然后讨论了长期借款、长期债券、普通股、优先股和留存收益的个别资本成本,最后介绍了综合资本成本和边际资本成本的相关内容。

第一节 资本成本概述

一、资本成本的概念和构成

（一）资本成本的概念

资本成本是财务管理中一个非常重要的概念。其原因在于：公司要实现企业价值最大化，必须使其所有投入的资本成本尽量小，同时应当投资于投资报酬率高于资本成本的项目，所以正确估计并合理降低资本成本是筹资和投资决策的基础。

资本成本是指资本所有权与资本使用权相分离而产生的一个成本概念。资本的使用者因取得资本使用权，必须付出一定的代价，即为取得和使用资金所需要承担的费用，如筹资公司向银行支付的借款利息或者是向普通股股东支付的股利。另外，对资本所有者来说，也就是筹资公司的债权人和股东，他们让渡资本的使用权，必然要求得到一定的回报，从这个角度来说，资本成本表现为投资者所要求的必要报酬率，即让渡资本使用权的机会成本。也就是说，资本也是一种商品，筹资公司支付的资本成本就是它的价格。

资本成本是投资者要求的必要报酬率。一般而言，债权人要求的报酬率比较容易获取。不论是银行借款还是发行公司债券，都需要提前规定利率，即债权人要求的报酬率，也是公司的资本成本。因为不同债务的风险不同，它们的债务成本也不同。但是，股东要求的报酬率不容易直接获得。权益投资者获得的报酬率不是提前约定的，股东的报酬主要来源于未来的股利发放和股价上升两个方面。此外，股东的股利分配权排在债权人获取利息之后，只有满足了债权人的利息要求之后，才可以分配股利。因此，股东的风险比债权人大，股东应当得到比债权人更多的收益，也就是说，公司应该为股东支付更高的报酬。

小思考

资本成本与生产经营成本的区别是什么？它有什么作用？

（二）资本成本的构成

资本成本是指公司为筹集和使用长期资本而付出的代价，从绝对量来说，它由用资费用和筹资费用两部分构成。

用资费用是公司在生产经营和投资过程中，因使用资本而向资本提供者支付的费用。例如，向银行支付的借款利息、向债券持有人支付的长期债券利息、向股东支付的股利等。这部分费用的多少与公司筹集资本的数量、使用期限相关。

筹资费用是资本筹集过程中发生的各种费用，如向银行支付的借款手续费、发行证券或股票需要支付的印刷费、广告宣传费、代理发行费、发行手续费、资信评估费、公证费、担保费等。筹资费用与用资费用不同，它通常在筹资过程中一次性发生，只与筹集资金的次数有关，而与筹集的资本数量和使用期限无关，通常可以视为筹资额的扣除。

二、资本成本的种类

资本成本的表示方法有两种：绝对数表示方法和相对数表示方法。由于在不同的情况下筹集的资本总额不同，为了便于分析和比较，资本成本通常使用相对数表示，也叫作资本成本率，它一般以用资费用与有效筹资额（筹资额减去筹资费用）的比率来计算，通常用百分比表示。

资本成本可以分为个别资本成本、综合资本成本和边际资本成本。

（一）个别资本成本

个别资本成本是公司以不同筹资方式所取得的各项长期资本的成本。其中，债务资本成本主要包括长期借款资本成本、长期债券资本成本；股权资本成本主要包括优先股资本成本、普通股资本成本和留存收益资本成本。

个别资本成本主要用于对各种资本筹资方式的比较、评价和选择，是公司进行资本成本管理的定量分析工具。

（二）综合资本成本

综合资本成本也被称为加权平均资本成本，是以个别资本在公司总资本中的比重为权重，计算的各项资本成本的加权平均数。公司从不同渠道获取的资本，其成本和风险大小不尽相同。公司只有采用多种来源资本的有效组合，才能使公司综合资本成本最低，风险最小。

综合资本成本主要用于确定公司的资本结构，从公司整体出发，对资本成本进行管理。

（三）边际资本成本

边际资本成本是指公司新增资本的加权平均成本。随着公司规模和筹资条件的变化，新增资本的成本也会随之发生变化。公司在考虑未来追加筹资时，不仅要考虑当前的资本成本，还要考虑新增资本的成本，即边际资本成本。

边际资本成本主要用于追加筹资的决策，是追加筹资方案的加权平均资本成本，为降低公司筹措的最后一笔资金的资本成本提供决策依据。

个别资本成本、综合资本成本和边际资本成本之间存在着密切联系。个别资本成本是计算综合资本成本和边际资本成本的基础；综合资本成本和边际资本成本是对个别资本率的加权平均。个别资本成本与相应的资本性质密切相关，一般来说，债务的资本成本低于股权资本成本。综合资本成本的高低既取决于个别资本成本的高低，又取决于相应的资本权重；而边际资本成本主要是在目标资本结构确定的情况下，考察资本成本随着公司所筹集的资本规模发生变化的情况。

三、资本成本的作用和影响因素

（一）资本成本的作用

资本成本是连接投资和筹资的纽带，它对于公司的投资决策、筹资决策、企业价值评估和业绩评价，乃至整个经营管理都有重要的作用。

1. 用于投资决策

对于单个投资项目,只有当投资项目的投资报酬率大于其资本成本时,才是有利可图的;否则,这个项目只会带来亏损。因此,资本成本通常被看作是一个投资项目的必要报酬率或者说最低报酬率,是用来判断投资项目是否可行的一个标准。

2. 用于筹资决策

(1) 一个公司筹资的可选方案通常很多,比如银行借款、发行债券或者股票等,那么它们的个别资本成本就是比较和选择的一个依据。

(2) 筹资决策的核心问题是资本结构决策问题。最佳资本结构是使公司价值达到最大化的资本结构。通常的办法是假设资本结构不改变企业的现金流,则使公司价值最大化的资本结构就是综合资本成本最小化的资本结构。因此,综合资本成本成为指导资本结构决策的基础。

(3) 当公司扩大生产经营时,常常需要追加筹资。不同筹资方案的边际资本成本不同,可以作为比较和选择的一个依据。

3. 用于企业价值评估

在现实中,当我们需要评估一个企业的价值时,主要采用现金流量折现法,通常使用公司综合资本成本作为公司未来预期现金流的折现率。

4. 用于业绩评价

资本成本是债权人或股东要求的报酬率,也就是公司付出的资本成本,那么用资本成本与公司实际的投资报酬率进行比较可以评价公司的业绩。如果实际报酬率小于资本成本,说明经营失误、需要重新规划。

(二) 资本成本的影响因素

在市场经济环境中,多方面因素的综合作用决定着企业资本成本的高低。我们可以将这些众多的影响因素分为两大类:内部影响因素与外部影响因素。

1. 内部影响因素

(1) 资本结构。公司的资本结构发生改变时,资本成本随之改变。增加债务比重,会使平均资本成本降低,同时增加公司财务风险。随着财务风险的提高,将会引起债务成本和股权成本上升。

(2) 股利政策。股利政策将影响净利润中分配给股东的比例。公司改变股利政策,将会引起股权资本成本的变化。

(3) 投资政策。公司的资本成本反映现有资产的平均风险。如果公司向高于现有资产风险的新项目大量投资,公司资产的平均风险就会提高,并使得资本成本上升。

2. 外部影响因素

(1) 利率。市场利率上升时,投资者的机会成本将增加,其要求的必要报酬率将上升,公司的债务成本将上升,公司必须付给债权人更多的报酬。同时,利率上升也会引起普通股和优先股等权益资本成本的上升。

(2) 市场风险溢价。市场风险溢价是市场组合的收益率超过无风险利率的部分,是对投资者承担的市场组合超过无风险资产风险的补偿。它由资本市场上的供需双方决定。

(3) 税率。税收是政府财政收入的重要来源。税率变化将影响公司的债务资本成本,进而影响权益资本成本和加权平均资本成本。

即测即评

1.（单选）资本成本是指公司为筹集和使用长期资本而付出的（　　）。
A. 使用费　　　　　B. 用资费　　　　　C.筹资费　　　　　D. 用资费和筹资费

2.（单选）（　　）不属于资本成本的内部影响因素。
A. 资本结构　　　　B. 股利政策　　　　C.利率　　　　　　D. 投资政策

3.（多选）资本成本的作用有（　　）。
A. 用于投资决策　　　　　　　　　B. 用于筹资决策
C. 用于企业价值评估　　　　　　　D. 用于业绩评价

4.（判断）资本成本是投资者要求的必要报酬率。　　　　　　　　　　（　　）

5.（判断）资本成本通常用绝对数表示。　　　　　　　　　　　　　　（　　）

第二节　债务资本成本

一、债务资本成本的特征

债务资本成本的估算方法与债务筹资的特征有关系。与权益筹资相比,债务筹资具有以下特征:

(1)筹资公司在得到资金之前,已经签订合同约定支付利息和归还本金的义务。通常来说,固定利息是债务资本成本的主要表现。

(2)债务资本成本的支付不受公司经营状况的影响。公司业绩突出,债权人无法获得高于合同规定利息之外的任何收入;公司业绩下滑,债权人也必须获得合同规定的利息收入。同时,公司向债权人支付债务本息的义务优先于向股东分配股利。

(3)债务筹资的利息费用一般作为企业的期间费用,可以在税前扣除,具有一定的抵税效应。即公司存在所得税时,公司实际负担的债务利息费用低于名义上的利息支出,从而降低了公司债务实际成本。

二、债务资本成本的计算

(一)个别资本成本计算的一般公式

个别资本成本等于公司用资费用与有效筹资额之比,其计算公式如下:

$$K = \frac{D}{P-f} = \frac{D}{P(1-F)}$$

式中,K 表示个别资本成本;D 表示用资费用;P 表示筹资额;f 表示筹资费用;F 表示筹资费率,即筹资费用 f 与筹资额 P 的比值。

筹资费用 f 是一次性费用,在资金筹集时发生,后续资金使用过程中不再发生,可以看作是对筹资额的扣除,而经常性的用资费用 D 发生在使用资金过程中,所以我们用 $D/(P-f)$

计算资本成本。

另外,从筹资额 P 中扣除筹资费用 f 也意味着资本成本与利率的差别。例如,对银行借款而言,其利率等于每期利息额除以筹资额,即用资费用除以筹资额,没有考虑筹资费用的影响。

(二)长期借款资本成本的计算

根据所得税法我们知道,债务的利息可以从税前利润中扣除,因此,在计算长期借款资本成本时,应当使用税后利息作为用资费用。其计算公式如下:

$$K_l = \frac{I_l(1-T)}{L(1-F_l)} = \frac{L \cdot i \cdot (1-T)}{L(1-F_l)} = \frac{i \cdot (1-T)}{1-F_l}$$

式中,K_l 表示长期借款的资本成本;I_l 表示年利息额;L 表示筹资额,即长期借款本金;F_l 表示筹资费率,即长期借款手续费;i 表示借款利息率;T 表示所得税税率。

【例 7-1】 X 公司从银行借款 100 万元,手续费率 1%,年利率 8%,期限 5 年,每年计息一次,到期一次还本。公司所得税税率 25%。那么该笔借款资本成本是多少?

$$K_l = \frac{I_l(1-T)}{L(1-F_l)} = \frac{100 \times 8\% \times (1-25\%)}{100 \times (1-1\%)} = 6.06\%$$

由于长期借款筹资费率通常较低,在估算时常常可以忽略不计。因此,长期借款资本成本可由如下公式估算:

$$K_l = i \cdot (1-T)$$

那么,上述例题中借款的资本成本为

$$K_l = i \cdot (1-T) = 8\% \times (1-25\%) = 6\%$$

(三)长期债券资本成本的计算

与长期借款类似,长期债券的利息也可以在税前支付,对于公司具有抵税的作用,因此在计算其资本成本时同样应该考虑税后利息。与长期借款不同的是:第一,公司发行债券的筹资费用通常较高,在前面的课程中,我们知道发行债券需要进行一系列流程,在此期间发生的费用都计入筹资费用,需要从筹资额中扣除;第二,发行债券的筹资额不一定与债券面值相同,筹资额由债券的发行价决定,债券可以溢价发行、平价发行或者折价发行。只有平价发行时,筹资额才等于债券面值,也就是说,债券的利息由票面价值和票面利率决定,而发行债券的筹资额由其发行价决定。

因此,长期债券的资本成本计算公式如下:

$$K_b = \frac{I_b(1-T)}{B(1-F_b)} = \frac{M \cdot i \cdot (1-T)}{B(1-F_b)}$$

式中,K_b 表示长期借款的资本成本;I_b 表示年利息额;B 表示筹资额,即长期债券的发行价;F_b 表示筹资费率,即发行债券的手续费率;M 表示债券面值;i 表示债券票面利率;T 表示所得税税率。

【例 7-2】 X 公司准备发行面值 1 000 元的 10 年期债券,票面利率为 10%,每年计息一次。发行费率 5%,公司所得税税率 25%。那么当发行价为 1 200 元、1 000 元和 800 元时,其资本成本分别为多少?

$$K_b = \frac{M \cdot i \cdot (1-T)}{B(1-F_b)} = \frac{1\ 000 \times 10\% \times (1-25\%)}{1\ 200 \times (1-5\%)} = 6.68\%$$

$$K_b = \frac{M \cdot i \cdot (1-T)}{B(1-F_b)} = \frac{1\ 000 \times 10\% \times (1-25\%)}{1\ 000 \times (1-5\%)} = 7.89\%$$

$$K_b = \frac{M \cdot i \cdot (1-T)}{B(1-F_b)} = \frac{1\ 000 \times 10\% \times (1-25\%)}{800 \times (1-5\%)} = 9.87\%$$

很明显,随着发行价格的下降,该债券的资本成本越来越高,因为在用资费用不变的前提下,有效筹资额的下降导致了资本成本的上升。

小思考

既然从资本所有者角度来看,资本成本是投资者所要求的必要报酬率,那么能否用必要报酬率来计算资本成本呢?

请注意,上述方法没有考虑货币时间价值的影响。考虑到公司付出的资本成本事实上等于债券投资者的必要报酬率,可以通过估计债券的必要报酬率来计算资本成本。

根据债券估值的基本模型:

$$B = \sum_{t=1}^{n} \frac{I}{(1+R_B)^t} + \frac{M}{(1+R_B)^n}$$

式中,B 是债券发行价;R_B 是必要报酬率;I 是每期偿还的利息;M 是债券票面价值;n 是债券发行期限。

如果我们把发行费率 F_b 和公司所得税税率 T 考虑进去,并用债权的资本成本 K_b 代替必要报酬率 R_B,那么可以得到:

$$B(1-F_b) = \sum_{t=1}^{n} \frac{I(1-T)}{(1+K_b)^t} + \frac{M}{(1+K_b)^n}$$
$$= I(1-T)(P/A, K_b, n) + M(P/F, K_b, n)$$

根据上式,只需要以插值法估计出 K_b,就得到了长期债券的资本成本。

即测即评

1.(单选)计算(　　)筹资方式的资本成本时,筹资费用可以忽略。

A. 长期借款　　　　B. 长期债券　　　　C. 普通股　　　　D. 优先股

2.(单选)与权益筹资相比,(　　)是债务筹资不具有的特征。

A. 固定利息是债务资本成本的主要表现

B. 公司向股东分配股利的义务优先于向债权人支付债务本息

C. 债务资本成本的支付不受公司经营状况的影响

D. 债务筹资的利息费用一般作为企业的期间费用,可以在税前扣除

3.(多选)债务资本成本包含(　　)。

　　A. 长期借款成本　　　　　　　　B. 长期债券成本

　　C. 优先股成本　　　　　　　　　D. 普通股成本

　　4.（判断）发行债券的筹资额一定与债券面值相同。　　　　　　　　　（　　）

　　5.（判断）与长期借款类似,长期债券的利息也可以在税前支付,对于公司具有抵税的作用。　　　　　　　　　　　　　　　　　　　　　　　　　　　　　　　（　　）

第三节　权益资本成本

一、普通股资本成本的特征

　　普通股资本成本是指筹集普通股所需要的成本。这里的成本是指预期未来将要发生的成本,而非过去已经发生的历史成本。通过普通股筹资的渠道有:增发新的普通股和将留存收益转增普通股等。

　　普通股资本成本有以下两个特点,也是与债务资本成本不同的地方:① 普通股资本成本是税后支付的,不具有抵税效应;② 向投资者支付的投资报酬是由公司的经营状况和公司的股利政策决定的,而非事先规定。

二、普通股资本成本的计算

　　因为资本成本从投资者角度来看就是他们的必要报酬率,因此我们可以通过计算普通股的必要报酬率得到其资本成本,主要计算方法有三种:股利折现模型、资本资产定价模型和债券收益率风险调整模型。这些方法各有利弊,在现实中选用哪种方法往往要看相关数据的可靠性。

（一）股利折现模型

股利折现模型的基本模型如下:

$$P_S = \sum_{t=1}^{\infty} \frac{D_t}{(1+K_S)^t}$$

式中,P_S 是股票价格;D_t 为第 t 期的股利;K_S 为投资者要求的必要报酬率。

　　实际上,我们只要通过这个公式将 K_S 求出,就可以得到普通股的资本成本。同样,我们也需要对股利 D_t 做出一些假设来简化基本模型,从而推出资本成本 K_S 的表达式,当然同时也需要考虑筹资费率 F_S 的影响。

　　（1）如果公司实行的是固定股利政策,也就是说,每年都分派相同的股利 D,那么可以得到下式:

$$P_S(1-F_S) = \frac{D}{K_S} \qquad K_S = \frac{D}{P_S(1-F_S)}$$

式中,P_S 是股票价格;D 为固定股利;K_S 为普通股资本成本;F_S 为普通股筹资费率。

　　【例 7-3】　Y 公司预备发行普通股筹资,发行价 10 元/股,发行费率 10%,预计每年分派现金股利 1.5 元,那么其资本成本为多少?

$$K_S = \frac{D}{P_S(1-F_S)} = \frac{1.5}{10 \times (1-10\%)} = 16.67\%$$

（2）如果公司实行的是固定增长股利政策，假设股利增长率为 g，那么同样从股利折现模型出发，可以推出普通股资本成本的计算公式：

$$P_S(1-F_S) = \frac{D_0(1+g)}{K_S-g} \Rightarrow K_S = \frac{D_0(1+g)}{P_S(1-F_S)} + g = \frac{D_1}{P_S(1-F_S)} + g$$

式中，P_S 是股票价格；D_0 为当期股利；D_1 为下一期股利；K_S 为普通股资本成本；F_S 为普通股筹资费率；g 为股利增长率。

【例 7-4】 Y 公司预备发行普通股筹资，发行价 10 元/股，发行费率 10%，预计第一年分派现金股利 1 元，后续每年股利增长 5%，那么其资本成本为多少？

$$K_S = \frac{D_1}{P_S(1-F_S)} + g = \frac{1}{10 \times (1-10\%)} + 5\% = 16.11\%$$

知识拓展　　请扫码 →　　有关股利增长率 g 的估计方法

（二）资本资产定价模型

资本资产定价模型是估计普通股资本成本的常用方法。按照资本资产定价模型，普通股必要报酬率等于无风险利率加上风险溢价，而普通股的资本成本就等于它的必要报酬率，因此，普通股资本成本也可以通过资本资产定价模型来计算。

$$K_S = R_F + \beta(R_M - R_F)$$

式中，K_S 是普通股资本成本；R_F 是无风险利率；β 是指股票的贝塔系数；R_M 是市场组合的报酬率；$(R_M - R_F)$ 为市场风险溢价；$\beta(R_M - R_F)$ 为股票的风险溢价。

【例 7-5】 Y 公司普通股的贝塔系数为 2，市场报酬率为 8%，无风险利率为 5%，那么该普通股的资本成本为多少？

$$K_S = R_F + \beta(R_M - R_F) = 5\% + 2 \times (8\% - 5\%) = 11\%$$

在使用 CAPM 模型估计普通股资本成本时，需要注意以下问题：

1. 无风险利率 R_F 的估计

我们将无风险资产定义为投资者可以确定期望报酬率的资产。例如，通常认为政府债券没有违约风险，它的收益率就可以作为无风险利率。但在实际应用中，我们还需要考虑期限问题、利率选择问题和通货膨胀问题。

（1）选择政府短期债券利率还是长期债券利率。在选定政府债券利率作为无风险利率时，一般认为长期政府债券利率比较合适。因为普通股是长期有价证券，期限的选择应当与现金流期限匹配。普通股的现金流是永续的，而现实中很难找到永续债券来匹配，因此以政府长期债券来替代。同时，政府长期债券的利率波动更小。所以，在实务中常常以 10 年期以上的政府债券利率作为无风险利率。

（2）选择票面利率还是到期收益率。不同时期发行的政府长期债券，付息方式也存在差异,其票面利率相差较大,不适合作为无风险利率。在估计普通股资本成本时,应当选用上市交易的政府长期债券的到期收益率作为无风险利率的代表。

(3)选择名义无风险利率还是真实无风险利率。在决策分析中,有一条重要的原则需要遵循:含有通胀的现金流量要使用含有通胀的折现率进行折现,实际的现金流量要使用实际的折现率进行折现。政府债券的未来现金流量都是按含有通胀的货币支付的,据此计算出来的到期收益率是包含通胀因素的利率。

在计算普通股资本成本时,使用名义利率还是实际利率,目前还存在一定的分歧。在实务中,一般情况下使用含有通胀的名义货币编制预计财务报表并确定现金流量,使用含通胀的无风险利率计算资本成本。只有在存在恶性通货膨胀或者预测周期特别长的情况下,通货膨胀的累计影响巨大时,才需要使用排除通货膨胀的实际现金流量和实际利率。

2. β 系数的估计

β 系数的计算我们之前已经学习过,在计算 β 值时,必须做出两个选择:

(1)选择有关预测期间的长度。公司风险特征无重大变化时,可以采用 5 年或更长的预测期长度;如果公司风险特征发生重大变化,应当使用变化后的年份作为预测期长度。

(2)选择收益计量的时间间隔。股票报酬率可能建立在每年、每月、每周,甚至每天的基础上。使用每周或每月的报酬率可以显著改善股票报酬率与市场组合报酬率之间的相关性,在现实中也经常被采用。

此外需要注意的是,财务估值中使用的现金流量数据是面向未来的,计算股权成本使用的 β 值也应当使用未来的。而现实中,我们无法确定未来的 β 系数,只能以历史值来取代未来值。

3. 市场风险溢价($R_M - R_F$)的估计

市场风险溢价是指市场平均收益率与无风险利率之间的差异。本教材前文已经多次提及无风险利率的估计问题,接下来我们重点介绍市场平均收益率的估计。

估计市场收益率最常见的方法是进行历史数据分析。在分析时会遇到两个问题:

(1)选择时间跨度。由于股票收益率复杂多变,影响因素很多,较短的期间所提供的风险溢价无法反映平均水平,因此应该选择较长的时间跨度。

(2)权益市场平均收益率选择算术平均数还是几何平均数。两种方法算出的风险价格有很大差异。考虑到复利的影响,选择几何平均收益率准确性较高。

(三)债券收益率风险调整模型

根据风险越大,要求的报酬率越高的原则,普通股股东的风险大于同公司的债券投资者,因此可以在债券投资者要求的风险收益率的基础上,再要求一定的风险溢价。依照该原理,普通股股票的资本成本为:

$$K_S = K_b + RP_S$$

式中,K_S 为普通股资本成本;K_b 为税后债券资本成本;RP_S 为股东由于比债权人承担更大风险所要求的风险溢价。

风险溢价可以根据经验值获取。一般认为,普通股风险溢价对其自己发行的债券来讲,大约在 3%~5%。

【例 7-6】 Y 公司已发行投资报酬率为 6% 的公司债券,现在准备发行一批普通股。根据分析,该股票相对已发行债券的风险溢价为 3%,那么该股票的资本成本是多少?

$$K_S = K_b + RP_S = 6\% + 3\% = 9\%$$

三、优先股资本成本

由于优先股的股利通常是固定的,并且优先于普通股股利分派,因此从计算资本成本的角度来看,优先股的资本成本计算与债务资本成本的计算更接近。当然需要注意的是,优先股股利是在税后支付,没有债务利息抵税的功能。因此,优先股资本成本的计算公式如下:

$$K_p = \frac{D_p}{P_p(1 - F_p)}$$

式中,K_p 为优先股资本成本;D_p 是优先股股利,即用资费用;P_p 是优先股发行价,即筹资额;F_p 是优先股发行手续费率,即筹资费用率。

小思考

如何从优先股的定价模型出发推导出上述资本成本计算公式?

【例 7-7】 Y 公司预备发行优先股,每股价格 110 元,发行费用 5 元/股,预计每年股利为 10 元,那么它的资本成本是多少?

$$K_p = \frac{D_p}{P_p(1 - F_p)} = \frac{10}{110 - 5} = 9.52\%$$

四、留存收益资本成本

留存收益是公司税后利润留在公司再投资的部分,也属于权益资本。事实上,留存收益也是属于股东的,但是股东愿意将这部分收益留在公司而不是作为股利取走,那么必然要求这部分留在公司的收益至少要能够达到股权投资的收益。也就是说,从股东的角度来看,留存收益的报酬率应当与普通股报酬率相等。因此,留存收益虽然不需要公司进行额外的筹资,但是仍然是有资本成本的,它是一种机会成本。

留存收益资本成本的计算与普通股资本成本的计算相同,前述三种方法都可以用于计算留存收益的资本成本,只是在计算时不用考虑筹资费用。

【例 7-8】 Y 公司普通股价格 10 元/股,预计每年分派现金股利 1.5 元,那么 Y 公司留存收益的资本成本为多少?

$$K_S = \frac{D}{P_S} = \frac{1.5}{10} = 15\%$$

小思考

对于大型上市公司,哪种外部筹资方式的资本成本最小?

即测即评

1.(单选)在个别资本成本计算中,不必考虑筹资费用影响因素的是( )。

A. 留存收益成本　　　　　　　　B. 普通股成本

C. 债券成本　　　　　　　　　　D. 优先股成本

2.（单选）下列筹资方式中,资本成本较高的是(　　　)。

A. 商业信用　　　　　　　　　　B. 长期债券

C. 银行借款　　　　　　　　　　D. 普通股股票

3.（多选）普通股资本成本计算方法有(　　　)。

A. 股票成长法　　　　　　　　　B. 股利折现模型法

C. 资本资产定价模型法　　　　　D. 债券收益率风险调整模型法

4.（判断）普通股资本成本是税后支付的,不具有抵税效应。　　　　　　(　　　)

5.（判断）留存收益的资本成本是一种机会成本,应当获得与普通股等价的报酬,因此它的资本成本就是普通股的资本成本。　　　　　　(　　　)

第四节　综合资本成本

一、综合资本成本的意义

在实务中,公司可以通过多种渠道筹集资本。因此,要衡量一个公司的资本成本,需要计算综合资本成本。

综合资本成本是公司全部长期资本的平均成本,一般按各种长期资本的比例加权计算,故称为加权平均资本成本。例如,假设 M 公司长期资本由 200 万元长期借款、300 万元普通股和 500 万元债券构成,那么在计算公司的综合资本成本时,这三者的权重就分别是 20%、30% 和 50%。当这个比例,也就是资本结构不变时,个别资本成本越高,综合资本成本就越高;当各种长期资本的个别资本成本不变时,资本结构中成本较高的资本比例上升时,综合资本成本也会上升。

二、综合资本成本的计算

根据上述分析,综合资本成本是由单项资本的个别资本成本和单项资本在其总资本中的比重这两个因素共同决定的,其计算公式如下:

$$K_\omega = \sum_{i=1}^{n} \omega_i K_i \qquad \sum_{i=1}^{n} \omega_i = 1$$

式中,K_ω 为综合资本成本;K_i 为单项资本成本;ω_i 为相应的单项资本占总资本的比重。因此,如何确定各类资本成本在资本总额中的比重,是正确计算公司综合资本成本的关键。

在计量各种不同来源的资本成本占资本总额比重时,可以基于公司资产负债表上列示的各类资本的账面价值,也可以根据各类资本市场上的市值或者按目标资本结构确定的各类资本的目标比重。因此,相应的权重确定有三种方法可供选择。

（一）账面价值法

账面价值法是以公司资产负债表列示的债券、股票等资本的账面价值为基础计算各类资本占总资本的比重,并以此作为权重计算综合资本成本的一种方法。

以该种方法计算公司综合资本成本时,数据易获得,权重确定比较简单。同时,以公司单项资产账面价值为基础计量的公司资本成本与公司对外公布的数据一致,便于对公司进行事后评价。但是,如果公司债券或股票市价与其账面价值偏离较大时,其对综合资本成本的准确性影响也较大,不利于筹资管理。

(二)市场价值法

市场价值法,是以债券、股票等资本的市场价值为基础,计算各类资本占总资本的比重,并以此作为权重计算综合资本成本的一种方法。资本化的外来预期收益的现值更接近于市场价值。因此,从决策的相关性角度来看,这种方法能够反映实际的资本成本,有利于当前的筹资决策。

但是,由于未来预期收益受到多种因素的影响,会在不同程度上影响公司未来的预期收益,进而影响公司各项资产的市场价值,从而使资本成本的计算结果具有不稳定性,而且现行市场反映的只是当时某一时点的资本结构。在实务中,常常采用一段时期内证券的平均价格来作为市场价值的估计。由此也可以看出,市场价值法并不适用于未来的筹资决策。

(三)目标资本结构法

目标资本结构权重是根据公司预计的未来目标市场价值来确定的资本结构。公司的目标资本结构,代表未来将如何筹资的最佳估计。如果公司向目标资本结构发展,目标资本结构权重更为适合。这种权重可以选用平均市场价格,回避证券市场价格变动频繁的不便;目标资本结构权重适用于公司评价未来的资本结构,而账面价值权重和实际市场价值权重仅反映过去和现在的资本结构。

【例 7-9】 M 公司全部长期资本的账面价值、市场价值和目标市值如表 7-1 所示,分别计算在三种权重基础下 M 公司的综合资本成本。

表 7-1　M公司资本结构

种　类	个别资本成本	账面价值(万元)	市场价值(万元)	目标市值(万元)
长期借款	4%	1 500	1 500	3 000
长期债券	6%	2 500	3 000	5 000
优先股	10%	1 000	1 500	1 000
普通股	15%	3 000	5 000	4 000
留存收益	13%	2 000	3 000	3 000
合　计		10 000	14 000	16 000

第一步,计算三种权重下,各资本占总资本的比重,如表 7-2 所示。

表 7-2　M公司各资本权重计算

种　类	账面价值权重	市场价值权重	目标市值权重
长期借款	1 500/10 000=15%	1 500/14 000=10.71%	3 000/16 000=18.75%
长期债券	2 500/10 000=25%	3 000/14 000=21.43%	5 000/16 000=31.25%

种 类	账面价值权重	市场价值权重	目标市值权重
优先股	1 000/10 000＝10％	1 500/14 000＝10.71％	1 000/16 000＝6.25％
普通股	3 000/10 000＝30％	5 000/14 000＝35.71％	4 000/16 000＝25％
留存收益	2 000/10 000＝20％	3 000/14 000＝21.43％	3 000/16 000＝18.75％
合 计	100％	100％	100％

第二步,计算综合资本成本。

$$K_{\omega 1}＝15％×4％＋25％×6％＋10％×10％＋30％×15％＋20％×13％＝10.2％$$

$$K_{\omega 2}＝10.71％×4％＋21.43％×6％＋10.71％×10％＋35.71％×15％＋21.43％×13％＝10.93％$$

$$K_{\omega 3}＝18.75％×4％＋31.25％×6％＋6.25％×10％＋25％×15％＋18.75％×13％＝9.44％$$

比较三种权重下的综合资本成本可以发现,以不同的权重计算,资本结构的差别较大,反映在资本成本的计算结果上,差别也是比较大的,因此,要根据决策需求选择不同的计量权重。

即测即评

1.（单选）以下（ ）不是账面价值法的特征。

A. 以公司资产负债表列示的债券、股票等资本的账面价值为基础计算各类资本占总资本的比重

B. 以公司单项资产账面价值为基础计量的公司资本成本与公司对外公布的数据不一致

C. 数据易获得,权重确定比较简单

D. 如果公司债券或股票市价与其账面价值偏离较大时,其对综合资本成本的准确性影响也较大,不利于筹资管理

2.（单选）下列（ ）计算的综合资本成本更适用于企业筹措新资本。

A. 账面价值法 B. 市场价值法

C. 目标资本结构法 D. 清算价值法

3.（多选）在计量各种不同来源的资本成本占资本总额比重时,通常采用的方法有（ ）。

A. 账面价值法 B. 市场价值法

C. 资本资产定价模型法 D. 目标资本结构法

4.（判断）综合资本成本率的高低是由个别资本成本率所决定的。 （ ）

5.（判断）目标资本结构权重适用于公司评价未来的资本结构,而账面价值权重和实际市场价值权重仅反映过去和现在的资本结构。 （ ）

第五节 边际资本成本

一、边际资本成本的意义

公司追加筹资时,通常会面临多个筹资方案的选择,此时就需要通过边际资本成本来判

断哪一个筹资方案成本最低。边际资本成本是公司追加 1 元资本需要付出的成本。由于追加筹资的方案很少会由单一的筹资方式构成,因此我们需要计算的边际资本成本仍然是加权平均资本成本。

需要注意的是,随着公司筹资额度的上升,财务风险增大,不论是债权投资者还是股权投资者,他们对新增投资要求的必要报酬率必然提高,也就意味着追加筹资的个别资本成本会上升,即使追加筹资方案保持公司原有资本结构不变,边际资本成本依然会上升。

二、边际资本成本的计算

【例 7 - 10】 L 公司目前总资本 500 万元,其中长期借款 100 万元,长期债券 100 万元,普通股 300 万元。现拟追加筹资 500 万元,目标资本结构维持现有结构。经计算,个别资本成本分别为长期借款 6%,长期债券 8%,普通股 12%。那么追加筹资的边际资本成本为多少?

第一步,计算追加筹资的目标资本结构比例。

长期借款:100÷500=20%

长期债券:100÷500=20%

普通股:300÷500=60%

第二步,计算边际资本成本。

$K = 20\% \times 6\% + 20\% \times 8\% + 60\% \times 12\% = 10\%$

【例 7 - 11】 L 公司目前总资本 500 万元,其中长期借款 100 万元,长期债券 100 万元,普通股 300 万元。现拟追加筹资,目标资本结构维持现有结构。经计算,随着筹资规模扩大,各种筹资方式的资本成本上升,具体数值如表 7 - 3 所示。要求计算边际资本成本。

表 7 - 3 L 公司追加筹资个别资本成本

种　　类	追加筹资数量(万元)	个别资本成本(%)
长期借款	10 以内	4
	10～40	5
	40 以上	6
长期债券	5 以内	6
	5～30	7
	30 以上	8
普通股	20 以内	14
	20～60	15
	60 以上	16

第一步,计算追加筹资的目标资本结构比例。

长期借款:100÷500=20%

长期债券:100÷500=20%

普通股:300÷500=60%

第二步,确定筹资总额分界点。

从表 7 - 3 可以知道,每一种筹资方式的个别资本成本都存在对应的"分界点",比如长期借款的"分界点"是 10 万元和 40 万元这两个点。那么根据这些"分界点"和目标资本结构,就可以得到筹资总额的"分界点"。比如长期借款的第一个"分界点"是 10 万元,而目标资本结构中,长期借款的比重是 20%,那么当筹资总额等于 50 万元(=10÷20%)时,长期借款达到它的"分界点",也就是说筹资总额的第一个"分界点"就是 50 万元。

我们可以写出筹资总额分界点的计算公式:

$$筹资总额分界点 = \frac{单项筹资方式个别资本成本分界点}{该单项筹资方式在追加筹资方案中的占比}$$

以此类推,我们可以得到所有的筹资总额"分界点",如表 7-4 所示。

表 7-4　L 公司筹资总额分界点计算　　　　　　　　　　　单位:万元

种　　类	目标资本 结构占比	个别资本 成本(%)	追加筹资数量	筹资总额 分界点	筹资总额分段
长期借款	20%	4 5 6	10 以内 10~40 40 以上	10÷20%=50 40÷20%=200	50 以内 50~200 200 以上
长期债券	20%	6 7 8	5 以内 5~30 30 以上	5÷20%=25 30÷20%=150	25 以内 25~150 150 以上
普通股	60%	14 15 16	24 以内 24~60 60 以上	24÷60%=40 60÷60%=100	40 以内 40~100 100 以上

第三步,计算边际资本成本。

从表 7-4 的第五列,我们得到筹资总额的 6 个分界点,也就是可以把筹资总额分成 7 段:① 25 万元以内;② 25~40 万元;③ 40~50 万元;④ 50~100 万元;⑤ 100~150 万元;⑥ 150~200 万元;⑦ 200 万元以上。下面分别计算 7 段筹资总额对应的边际资本成本:

$$K_1 = 20\% \times 4\% + 20\% \times 6\% + 60\% \times 14\% = 10.4\%$$

$$K_2 = 20\% \times 4\% + 20\% \times 7\% + 60\% \times 14\% = 10.6\%$$

$$K_3 = 20\% \times 4\% + 20\% \times 7\% + 60\% \times 15\% = 11.2\%$$

$$K_4 = 20\% \times 5\% + 20\% \times 7\% + 60\% \times 15\% = 11.4\%$$

$$K_5 = 20\% \times 5\% + 20\% \times 7\% + 60\% \times 16\% = 12\%$$

$$K_6 = 20\% \times 5\% + 20\% \times 8\% + 60\% \times 16\% = 12.2\%$$

$$K_7 = 20\% \times 6\% + 20\% \times 8\% + 60\% \times 16\% = 12.4\%$$

即测即评

1. (单选)X 公司目标资本结构为普通股 50%、长期借款 30%、长期债券 20%。现拟追加筹资 1 000 万元,个别资本成本率预计分别为:普通股 15%、长期借款 8%、长期债券 12%。则追加的 1 000 万元筹资的边际资本成本为(　　)。

　　A. 12.3%　　　　　　B. 12%　　　　　　C.8%　　　　　　D. 13.2%

2.(单选)在确定边际资本成本时,需要计算超过(　　)水平后所增加的单个资本成本。

A. 目标市场成本　　　　　　　　　B. 发行成本

C. 筹资总额分界点　　　　　　　　D. 加权平均市场成本

3.(多选)下列有关边际资本成本的说法中,错误的有(　　　)。

A. 边际资本成本是追加筹资时所使用的加权平均资本成本

B. 企业能够以某一固定的资本成本来筹措无限的资金

C. 当企业缩小其资本规模时,无须考虑边际资本成本

D. 当企业筹集的各种长期资金同比例增加时,资本成本应保持不变

4.(判断)当企业缩小其资本规模时,无须考虑边际资本成本。　　　　　　(　　)

5.(判断)当追加筹资方案保持公司原有资本结构不变时,边际资本成本就不会上升。　　　　　　(　　)

本章小结

1. 资本成本是指资本所有权与资本使用权相分离而产生的一个成本概念。资本的使用者因取得资本使用权,必须付出一定的代价;另外,对资本所有者来说,他们让渡资本的使用权,必然要求得到一定的回报。从这个角度来说,资本成本表现为投资者所要求的必要报酬率,即让渡资本使用权的机会成本。资本成本对于公司的投资决策、筹资决策、企业价值评估和业绩评价,乃至整个经营管理都有重要的作用。在市场经济环境中,多方面因素的综合作用决定着企业资本成本的高低,包含内部影响因素与外部影响因素。内部因素包括资本结构、股利政策和投资政策等,外部因素包括利率、市场风险溢价和税率等。

2. 资本成本是指公司为筹集和使用长期资本而付出的代价。资本成本的表示方法有两种:绝对数表示方法和相对数表示方法。为了便于分析和比较,资本成本通常使用相对数表示,即表示为资本成本。从绝对量来说,它由用资费用和筹资费用两部分构成:用资费用是公司在生产经营和投资过程中,因使用资本而向资本提供者支付的费用;筹资费用是资本筹集过程中发生的各种费用,筹资费用与用资费用不同,它通常在筹资过程中一次性发生。

3. 资本成本可以分为个别资本成本、综合资本成本和边际资本成本。个别资本成本是公司以不同筹资方式所取得的各项长期资本的成本。综合资本成本也称为加权平均资本成本,是以单项资本成本在公司总资本成本中的比重为权重,计算的各项资本成本的加权平均数。边际资本成本是指公司新增资本的加权平均成本。

4. 本章介绍了债务(长期借款和长期债券)资本成本计算、权益(普通股、优先股和留存收益)资本成本计算。通常来说,权益资本成本大于同公司的债务资本成本,因为股东对公司只有剩余财产要求权,他们的投资风险要高于债权人,因此他们要求的必要报酬率也更高,从公司角度来看,公司付给股东的资本成本要更高。

5. 计算综合资本成本时,选择不同的价值计量基础会得到不同的答案,常见的有三种方法:① 账面价值法:以公司资产负债表列示的债务、股票等资本的账面价值为基础计算各类资本占总资本的比重。数据易获得,计算简单,但账面价值可能与市场价值偏离过多,准确性较差,也不适合未来的筹资决策。② 市场价值法:以债券、股票等资本的市场价值为基础,计算各类资本占总资本的比重。反映实际的资本成本,有利于当前的筹资决策,但计算结果具有不稳定性,而且现行市场反映的只是当时某一时点的资本结构。③ 目标资本结构

法：根据公司预计的未来目标市场价值来确定的资本结构。可以选用平均市场价格，回避证券市场价格变动频繁的不便。

6. 追加筹资的方案很少会由单一的筹资方式构成，因此边际资本成本仍然是加权平均资本成本。随着公司筹资额度的上升，财务风险增大，不论是债权投资者还是股权投资者，他们对新增投资要求的必要报酬率必然提高，也就意味着追加筹资的个别资本成本会上升，即使追加筹资方案保持公司原有资本结构不变，边际资本成本依然会上升。

关键术语

资本成本　　　　必要报酬率　　　机会成本　　　　个别资本成本　　　用资费用　　　筹资费用
债务资本成本　　权益资本成本　　综合资本成本　　边际资本成本

复习思考题

1. 为什么说资本成本是机会成本？
2. 资本成本的作用是什么？
3. 资本成本的种类有哪些？
4. 资本成本的影响因素有哪些？
5. 简述常见筹资方式的个别资本成本计算方法。
6. 为什么要计算留存收益的资本成本？
7. 简述账面价值法、市场价值法和目标资本结构法在计算综合资本成本时的优劣势。

【计算题】

1. X 公司向银行借款 200 万元，借款年利率 10%，手续费 2%，期限 6 年，每年计息一次，到期一次还本。公司所得税税率 25%。那么该笔借款的资本成本是多少？

2. X 公司拟发行面值 150 万元的 5 年期债券，票面利率为 9%，每年计息一次。发行价格为 160 万元，发行费率 3%，公司所得税税率 25%。那么该笔债券的资本成本是多少？

3. X 公司普通股现行市价为每股 25 元，现拟增发 5 000 万股，预计发行费率为 5%，第一年的股利为每股 2.5 元，股利以后每年增长 6%，那么该公司本次增发普通股的资金成本是多少？

4. Y 公司拟筹资 2 000 万元，其中发行债券 800 万元，资本成本为 4%；优先股 100 万元，资本成本为 8%；普通股 1 000 万元，资本成本为 16%；剩余 100 万元通过留存收益取得，资本成本为 14%。那么该公司的综合资本成本是多少？

5. L 公司拟追加筹资，目标资本结构为：长期借款占比 20%，长期债券占比 25%，普通股占比 55%。随着筹资规模扩大，资本成本具体数值如表 7-5 所示。要求计算边际资本成本。

表 7-5　L 公司追加筹资个别资本成本

种　类	追加筹资数量（万元）	个别资本成本（%）
长期借款	40 以内 40 以上	2 4
长期债券	250 以内 250 以上	10 12

种　类	追加筹资数量(万元)	个别资本成本(%)
普通股	330 以内 330 以上	15 16

课程思政案例

鸭嘴兽携手宅急送驰援武汉
（对应知识点：普通股资本成本的特征）

2020 年 2 月 4 日,由华大基因和武大校友会向华大基因武汉、武汉大学人民医院、武汉大学中南医院捐赠的一批救灾物资准备就绪。鸭嘴兽携手宅急送上海基地为本批次的捐赠物资提供了免费运输服务,并且鸭嘴兽还安排了押运人员,确保物资和行车安全。宅急送上海基地的员工为了本次捐赠物资忙到 2 月 5 日凌晨,中远海运也在特殊时期以最高效率出租集装箱给鸭嘴兽以供本次运输使用。春节假期中鸭嘴兽员工在家通过网络继续办公,确保公司运营不断,尽力确保物资流转顺畅。从大年三十至正月十二,鸭嘴兽共完成运输物资 6 783 吨,运输里程超过 22.5 万公里。

（资料来源:鸭嘴兽官网—公司新闻）

【课程思政要点】结合鸭嘴兽支持武汉抗疫,赢得良好口碑,后续顺利实现数轮融资,激发学生的民族自豪感,引导学生立志扎根人民、奉献国家。

第八章　筹集资本

学习目标

1. 理解股权筹资和债务筹资的方式
2. 掌握普通股的分类、普通股股东的权利
3. 了解优先股的分类、优先股股东的权利
4. 掌握长期借款和公司债券融资的主要特点
5. 掌握融资租赁租金的计算
6. 掌握可转换债券的基本要素
7. 理解认股权证
8. 理解各种筹资方式的优缺点

引导案例

金山办公(688111)于 2019 年 11 月 18 日在科创板首次公开发行股票,计划募资金额总额 46.32 亿元。金山办公的主要产品为 WPS Office 办公软件和金山词霸。招股说明书显示,金山办公是港股上市公司金山软件分拆至科创板上市的子公司,金山办公的实际控制人为雷军,金山办公的成功上市,使得雷军旗下的上市公司增加到三家。金山办公上市首日收盘价为 126.35 元/股,上市首日上涨 175.51%。

(资料来源:根据金山办公的公告及相关信息整理。)

在这一章我们要学习股权融资及债务融资的相关问题,金山办公为什么选择普通股的公开发行,值得思考。

引　言

公司的财务活动以公司筹集必要的资本为前提,企业的生存和发展都离不开资本筹集。公司筹集资本,是指公司为了满足经营活动、投资活动、资本结构管理和其他需要,运用一定的筹资方式,通过一定的筹资渠道,筹措和获取所需资金的一种财务活动。按筹措资金的权益特征不同,分为股权资本筹资、负债筹资及衍生工具筹资三类。

股权资本是股东投入的、公司依法长期持有、能够自主调配的资本。股权资本一般不需偿还,是公司的自有资本,是长久性的资本,在持续经营期间,投资者不能抽回。常见的股权资本筹集包括发行普通股筹资和发行优先股筹资。

负债,是企业向债权人取得的,需要在规定期限内偿还的债务。通常有向金融机构借款、发行债券和融资租赁等方式。

衍生工具融资主要介绍兼具股权和债务筹资性质的混合融资模式——可转换债券融资，以及其他衍生工具融资——认股权证融资。

第一节　股权资本的筹集

一、股票的概念及分类

（一）股票的概念

股票是指公司签发的证明股东按其所持股份享有权利和承担义务的书面凭证。股票只能由股份有限公司发行，股票持有人为公司股东。股票是一种所有权凭证，代表持有者对公司净资产的所有权。

（二）股票的分类

1. 按股东的权利和义务不同可以分为普通股和优先股

普通股是指那些在股利支付和公司破产时不具有任何特殊优先权的股票，是最基本的股票。优先股是指股东在某些方面具有优先权利的股票。

2. 按股票票面是否记名分为记名股票和无记名股票

记名股票是指在股票的票面上记载有股东姓名或者将股东姓名计入公司股东名册的股票。记名股票如果需要转让，要有相应的过户手续，公司在股东名册上做相应记录。

无记名股票不登记股东名称、公司，只记载股票数量、编号及发行日期等。我国《公司法》规定，公司向发起人、国家授权投资机构和法人发行的股票，为记名股票；向社会公众发行的股票，可以是记名股票也可以是无记名股票。无记名股票主要存在于实物股票通行的时代。

3. 按币种和上市的地区分为 A 股、B 股、H 股、N 股、S 股等

A 股是人民币普通股票，是指由我国境内公司发行，在境内上市交易的用人民币计价，用人民币交易的股票。B 股是指人民币特种股票，是指我国境内公司发行的是用人民币计价、外币交易的股票。H 股是在中国香港上市的股票，N 股是在纽约上市的股票，S 股是在新加坡上市的股票。

二、普通股

（一）普通股股东的权利

股东最基本的权利是按照投入公司的股份数额，依法享有公司收益获取权和参与公司经营决策的权利，并以所持有的股份为限对公司承担有限责任。具体包括以下几个方面。

1. 公司管理权

主要体现在重大决策参与权、经营者选择权、财务监控权、公司经营的建议和质询权、股东大会召集权等。

2. 收益分配权

股东通过股利方式分享公司的税后利润,股利分配方案由董事会提出并经过股东大会批准。

3. 股份转让权

股东有权将其所持有的股份出售或者转让。

4. 优先认股权

原有的普通股股东在本公司增发新股时有优先认购的权利。

5. 剩余财产要求权

当公司解散、清算时,股东有对清偿债务、清偿优先股股东后的剩余财产索取的权利。

(二) 普通股的首次发行

股份公司在设立时要发行股票,即为公开发行。股票的发行实行公开、公平、公正的原则,一般同股同权、同股同利。同次发行的股票,每股的发行条件和发行价格应当相同。发行股票应该接受国务院证券监督管理机构的管理和监督。股票发行具体应该执行的管理规定主要包括股票发行条件、发行程序和方式、销售方式等。

1. 股票首次发行的条件

发行条件主要包括:

(1) 主体资格。发行人应当是依法设立且合法存续的股份有限公司。经国务院批准,有限责任公司在依法变更为股份有限公司时,可以采取募集设立方式公开发行股票。

发行人自股份有限公司成立后,持续经营时间应当在 3 年以上,但经国务院批准的除外。

(2) 规范运行。发行人已经依法建立健全股东大会、董事会、监事会、独立董事、董事会秘书制度,相关机构和人员能够依法履行职责。

发行人的董事、监事和高级管理人员已经了解与股票发行上市有关的法律法规,知悉上市公司及其董事、监事和高级管理人员的法定义务和责任。

(3) 财务与会计。发行人资产质量良好,资产负债结构合理,盈利能力较强,现金流量正常。

发行人的内部控制在所有重大方面是有效的,并由注册会计师出具了无保留结论的内部控制鉴证报告。

发行人会计基础工作规范,财务报表的编制符合企业会计准则和相关会计制度的规定,在所有重大方面公允地反映了发行人的财务状况、经营成果和现金流量,并由注册会计师出具了无保留意见的审计报告。

发行人应当符合下列条件:① 最近 3 个会计年度净利润均为正数且累计超过人民币 3 000万元,净利润以扣除非经常性损益前后较低者为计算依据;② 最近 3 个会计年度经营活动产生的现金流量净额累计超过人民币 5 000 万元;或者最近 3 个会计年度营业收入累计超过人民币 3 亿元;③ 发行前股本总额不少于人民币 3 000 万元;④ 最近一期期末无形资产(扣除土地使用权、水面养殖权和采矿权等后)占净资产的比例不高于 20%;⑤ 最近一期期末不存在未弥补亏损等其他相关条款。

2. 股票首次发行的程序

(1) 提出募集股份申请。发行人董事会应当依法就本次股票发行的具体方案、本次募集资金使用的可行性及其他必须明确的事项做出决议,并提请股东大会批准。发行人股东大会就本次发行股票做出的决议,至少应当包括下列事项:① 本次发行股票的种类和数量;② 发行对象;③ 价格区间或者定价方式;④ 募集资金用途;⑤ 发行前滚存利润的分配方案;⑥ 决议的有效期;⑦ 对董事会办理本次发行具体事宜的授权;⑧ 其他必须明确的事项。

（2）发行人应当按照中国证监会的有关规定制作申请文件,由保荐人保荐并向中国证监会申报。特定行业的发行人应当提供管理部门的相关意见。同时签订承销协议和待收股款协议。

（3）招认股份,缴纳股款。

（4）召开创立大会,选举董事会、监事会。

（5）办理设立登记,交割股票。

3. 股票发行方式

发行方式分为公开间接发行和不公开直接发行。

公开间接发行是指公司通过中介机构,公开向社会公众发行股票。我国股份有限公司在采用募集设立方式向社会公众公开发行新股时,必须由具有资格的证券经营机构承销。这种发行方式面向社会公众发行,范围广,对象众多,易于筹集足额资本,同时有助于提高发行公司的知名度,但是相对来说审批手续复杂严格、发行成本高。

不公开直接发行是指不公开对外,只对一些特定的主体发行。这种方式不需要中介机构承销,我国股份有限公司采用发起设立方式和向特定对象募集的方式发行新股的做法,就是不公开直接发行。这种发行方式弹性较大,发行成本低,但相对来讲发行范围小,不易筹集足额资金,股票的变现性也较差。

4. 股票的销售方式

股票的销售方式可以分为自销和承销。

自销就是发行公司自己直接将股票销售给认购人。这种方式可以节约发行费用,但筹资时间长、发行风险大。

承销也称为委托销售,是指发行公司委托证券经营机构代理股票销售业务。我国《公司法》规定,股份有限公司向社会公众发行股票,必须与依法设立的证券经营机构签订承销协议,由证券经营机构承销。承销方式又分为包销和代销两种。包销是根据承销协议商定的价格、承销商一次性购进发行公司公开募集的全部股份,然后以较高的价格出售给投资者。包销的方式使得承销商承担发行风险,发行公司能够及时筹足资本,但相对来讲销售成本较高。为了使风险最小化,券商们往往联合起来组成承销团以共担风险并促进销售。代销是指券商代售股票,获取一定比例的佣金,发行公司承担发行失败的风险。

小思考

发行公司更喜欢代销还是包销,为什么?

5. 股票的发行价格

股票发行价格分成等价、时价和中间价。

等价发行指发行价等于面值。股票的面值一般是一元。但股票发行时基本是溢价发行,也就是高于面值。时价发行是指按照当时股票的市场价格,特别是已经上市的公司的股票市场价格。中间价就是处于等价和时价之间的价格。我国法律规定,股票不允许折价发行,也就是发行价不得低于面值。

股票发行价的确定方法如下:

(1)市盈率法。市盈率法是指根据注册会计师审核后的发行人的盈利情况计算出发行人的每股收益,然后根据二级市场的平均市盈率、发行人的行业状况、经营状况和未来的成长情况拟定其市盈率,以两者相乘确定股票发行价格的方法。其计算公式如下:

$$发行价格＝每股收益×市盈率$$

(2)净资产倍率法。净资产倍率法又称资产净值法,是指通过资产评估和相关会计手段,确定发行公司拟募股资产的每股净资产值,根据证券市场的状况将每股净资产值乘以一定的倍率,以此确定股票发行价格的方法。其计算公式如下:

$$发行价格＝每股净资产×溢价倍数$$

(3)竞价法。竞价法是指由各股票承销商或者投资者以投标方式相互竞争确定股票发行价格,具体有三种形式:网上竞价、机构投资者竞价、券商竞价。

(4)议价法。议价法是指由股票发行人与主承销商协商确定发行价格。发行人与主承销商议定发行价格时,需考虑二级市场股票价格的高低、市场利率水平、发行公司的未来发展前景、发行公司的风险水平和市场对新股的需求状况等因素。一般有固定价格方式和市场询价方式两种方式。

(5)现值模型法。现值模型法就是以公司未来股票股利及其增长模式和必要报酬率建立模型进行估价。

(三)股权再融资

上市公司利用证券市场进行再融资是国际证券市场通行做法,再融资包括股权再融资、债券再融资和混合证券再融资等几种形式。股权再融资可以为企业发展提供持续动力,股权再融资的方式包括配股和增发新股融资。

配股是指向原普通股股东按其持股比例、以低于市价的某一特定价格配售一定数量新发行股票的融资行为。增发新股是指上市公司为了筹集权益资本而再次发行股票的融资行为,包括面向不特定对象的公开增发和面向特定对象的非公开增发。其中,配股和公开增发属于公开发行,非公开增发属于非公开发行。

1. 配股

按照惯例,公司配股时新股的认购权按照原有股份比例在原股东之间分配,从而赋予现有股东配股权,使得现有股东拥有合法的优先购买新发行股份的权利。

(1)配股权。配股权是指当股份公司为增加公司股本而决定发行新股时,原普通股股东享有按其持股比例、以低于市价的某一特定价格优先认购一定数量新发行股票的权利。配股权是普通股股东的优惠权,实际上是一种短期看涨期权。配股权在某一股权登记日前颁发,在此之前购买该公司股票的老股东享有配股权,此时股票的市场价格中含有配股权的价值。

配股的目的主要有:第一,不改变原控股股东对公司的控制权和享有的各种权利;第二,公司发行新股往往会对短期内的每股收益造成稀释,通过折价发行可以给老股东一定的补偿;第三,鼓励老股东认购新股,以增加发行量。

(2)配股价格。配股一般采用网上定价发行的方式,具体价格由主承销商和发行人协商确定。

（3）配股除权价格。通常配股股权登记日后要对股票进行除权处理。除权后股票的理论除权价格为：

$$配股除权参考价＝（配股前股票市值＋配股价格×配股数量）÷（配股前股数＋配股数量）$$
$$＝（配股前每股价格＋配股价格×股份变动比例）÷（1＋股份变动比例）$$

当所有股东都参与配股时，股份变动比例等于拟配售比例。

需要注意的是，该配股除权参考价可能与除权后的股票交易市价不一致。如果除权后股票交易市价高于除权参考价，使得参与配股的股东财富较配股前有所增加，称之为"填权"；除权后股票交易市价低于除权基准价格则会使参与除权股东的财富减少，称为"贴权"。

（4）配股权价值。一般来说，老股东可以以低于配股前股票市价的价格购买所发行的股票，即配股权的执行价格低于当前股票价格。配股权的价值为：

$$每股股票配股权价值＝（配股除权价格－配股价格）÷购买一股新股所需的原股数$$

2. 增发新股

增发新股有公开增发新股和非公开增发新股两种形式。公开增发新股没有特定的发行对象，股票市场上的投资者均可以购买。非公开增发，也称为定向增发，其发行对象主要针对机构投资者与大股东及关联方。增发新股的特别规定包括增发新股定价及认购方式等。

（1）增发新股定价。

① 公开增发定价。上市公司公开增发新股发行价格通常按照不低于公告招股意向书前20个交易日公司股票均价或前一个交易日的均价。

② 非公开增发定价。非公开发行股票的发行价格不低于定价基准期前20个交易日公司股票均价的90%。定价基准日可以是董事会决议公告日，也可以是股东大会决议公告日或发行期的首日。

（2）增发新股的认购方式。

① 公开增发新股通常采用现金认购。

② 非公开增发新股的认购方式不限于现金，还包括股权、债权、无形资产、固定资产等非现金资产。通过非现金资产认购的非公开增发新股往往是以重大资产重组或引进长期战略投资者为目的。

3. 股权再融资对公司的影响

股权再融资会对公司的资本结构、财务状况和控制权等产生影响。

（1）对公司资本结构的影响。股权再融资将增加公司权益资本，可以实现企业的目标资本结构；同时，还能降低公司的资产负债率，增强企业的财务稳健性，降低债务的违约风险。

（2）对公司财务状况的影响。表面上来看，企业通过股权筹资将增加权益资本，在企业运营及盈利情况不变的情况下，将降低净资产收益率。但如果企业能通过股权筹资将资金投资于发展前景良好的项目或者改变公司的资本结构从而降低加权平均资本成本，将增加企业的价值。

（3）对公司控制权的影响。如果采用配股的方式，全体股东具有相同的认购权，控股股东按认购权比例认购将不会影响其控制权。如果公开增发引入新的股东，控股股东的持股比例将减少，对其控制权有所削弱。非公开增发的条件下，如果针对财务投资者和战略投资者增发,将会降低原有股东的控制权,但一般不会对控制权形成直接威胁。

知识拓展　　　　请扫码 →　关于在上海证券交易所设立科创板并试点注册制的实施意见

三、普通股筹资的优缺点

普通股筹资的主要优点包括:

(1) 能够提高公司资信和借款能力。普通股属于股权性的资金,是公司的自有资金,通常自有资金越多代表公司的实力越强。

(2) 财务风险较低。因为股权资金不用偿还,不会形成固定的财务负担。

(3) 股票上市会提高公司的声誉。这客观上有利于公司的经营活动。

普通股筹资的主要缺点包括:

(1) 资本成本高。因为股票筹资的风险高,股东要求的报酬率也高,股东要求的报酬率就是公司筹资需要承担的资金成本。所以普通股融资的资本成本高。

(2) 发行股票有可能会分散公司的控制权。可能对原有股东形成威胁,原有股东可能会失去公司的控制权。

(3) 新股发行可能会使原有的股票价格下降。因为股票数量增加,发行新股可能会导致股价的下跌。

(4) 会带来较高的信息披露成本。上市公司需履行严格的信息披露制度,接受公众的监督,预测性信息等的强制性披露也增加了公司保护商业秘密的难度,这些都增加了信息披露的直接成本和隐形成本。

四、优先股

我国《公司法》目前没有关于优先股的规定。国务院在 2013 年 11 月 30 日发布了《关于开展优先股试点的指导意见》,证监会在 2014 年 3 月 21 日发布了《优先股试点管理办法》,这两项规定是我国目前关于优先股筹资的主要规范。按照我国《优先股试点管理办法》,上市公司可以发行优先股,非上市公众公司可以非公开发行优先股。

(一) 优先股的概念

所谓优先股是指相对于普通股具有优先权。优先权体现在:

(1) 优先股股东可以先于普通股股东行使利润的分配权。当企业获得了一定的收益以后,优先股股东有权在普通股股东取得利益之前先得到分配。

(2) 优先股股东先于普通股股东对剩余财产行使分配权。这是指对企业进行破产清算时,资产除了国家、员工、债权人等利益主体之外,如果仍然有剩余,就可以分配给股东。股东分成了两大类,优先股股东优先得到剩余财产的分配,剩余的才分配给普通股股东,这就是优先股股东优先权的体现。

凡事都有两面性,优先股的股东在享有优先权利的同时也会付出相应的代价。首先,优先股股东一般情况下没有表决权。当然,表决权也取决于公司和优先股股东之间的契约,在缔结契约时会约定优先股股东的权利。在一些实务案例中,优先股股东也有可能会具有表决权。一般情况下没有表决权的优先股股东也就意味着对公司的决策无法发表意见,不能参与公司的经营管理。这也是优先股优先权的一种平衡。其次,优先股股利通常是定期定额发放,也就具有了债务资本的特征,但是法律形式上是属于股权性的。所以也称为混合性资金,具有债务资本和股权资本的双重属性。

(二)优先股的分类

优先股根据不同的分类标准可以有不同的划分。

1. 累积优先股和非累积优先股

所谓累积优先股,是指优先股股东如果在某一年度没有能够获得应得股利的时候,股利能延续到下一年度继续支付。累积优先股,意味着可以在以后年度盈利较好的情况下,将当年年度的优先股股利和以前年度未支付的股利一并支付。所谓非累积优先股,是指未能及时支付的优先股股利不能再延续到未来的年度。累积优先股比非累积优先股保障更多。

2. 参与优先股和非参与优先股

参与优先股与非参与优先股的区别在于是否参与公司额外的盈余分配。参与优先股的股东,不但可以获得自己固定的应得的股利,在公司当年盈利特别好的情况下,还可以继续和普通股股东一同参与收益的分配。非参与优先股除了正常股利,不能参与额外的盈余分配。

3. 可赎回优先股和不可赎回优先股

可赎回优先股是指公司可以收回已经发放的优先股。不可赎回优先股是指无论哪种情形公司都不可以赎回已经发放的优先股。从公司的角度来说,公司发行优先股是为了资金的筹集,但定期的股利也形成一定的负担,不发优先股股利虽然没有法律责任,但是会造成公司信誉的损害。所以现在市场上通常都是可赎回的优先股,以便公司将来可以灵活处理。

4. 可转换优先股和不可转换优先股

可转换优先股是指可以根据约定的条件转化成普通股。不可转换优先股是指不能转换成普通股的优先股。可转换优先股提供可以转换成普通股的选择,对于优先股股东来说比较有吸引力。

(三)我国优先股发行的相关规定

(1)目前优先股每股的票面金额为100元,发行价格和票面股息率应当公允、合理,不得损害股东和其他利益相关方的合法利益,发行价格不得低于优先股票面金额。

公开发行优先股的价格或票面股息率以市场询价或证监会认可的其他公开方式确立。非公开发行优先股的票面股息率不得高于最近两个会计年度的年均加权平均净资产收益率。

(2)上市公司不得发行可转换为普通股的优先股。但商业银行可根据商业银行资本监管规定,非公开发行触发事件发生时强制转换为普通股的优先股。

(3)上市公司非公开发行优先股仅向规定的合格投资者发行,每次发行对象不得超过200人,且相同条款优先股的发行对象累计不得超过200人。

(四)优先股融资的优缺点

优先股融资相对于其他筹资方式的优点是:

(1)优先股是股权性的资金,能够提高公司的资信和借款能力。

(2)财务风险较低。股权性资金不需要还本也不需要付息。

（3）可以保持普通股股东的控制权。一般的优先股股东不参与企业的经营和管理，也就不会分散普通股股东的控制权。

优先股融资相对于其他筹资方式的缺点是：

（1）资本成本相对较高。优先股股东的利益求偿权还是比较靠后，股东要求的收益较高，相应资本成本也较高。

（2）优先股的股利通常稳定不变，对企业形成一定的财务负担，所以优先股也具备了一些债务资本的特点。

即测即评

1.（单选）下列权利中，不属于普通股股东权利的是（　　）。

  A. 公司管理权 　　　　　　　　　　B. 剩余财产优先要求权

  C. 优先认股权 　　　　　　　　　　D. 监督决策权

2.（单选）股票一级市场定价通常按（　　）定价。

  A. 重置成本法 　　　　　　　　　　B. 账面价值法

  C. 市盈率法 　　　　　　　　　　　D. 现值指数法

3.（多选）具有权益融资性质的筹资方式有（　　）。

  A. 发行认股权证 　　　　　　　　　B. 发行股票

  C. 发行可转换债券 　　　　　　　　D. 融资租赁

4.（多选）普通股股东所拥有的权利包括（　　）。

  A. 剩余收益请求权 　　　　　　　　B. 优先认股权

  C. 监督决策权 　　　　　　　　　　D. 股票转让权

5.（多选）以下关于优先股的说法正确的有（　　）。

  A. 优先股是介于普通股和公司债之间的一种筹资工具

  B. 优先股股东对公司的投资在公司注册成立后可以抽回

  C. 在公司的股东大会上，优先股股东没有表决权

  D. 优先股具有一定公司债的性质

第二节　长期债务融资

公司的长期债务融资，主要包括长期借款、发行债券，以及融资租赁引起的长期应付款等。

一、长期借款

长期借款是指公司向银行和其他非银行金融机构借入的需要还本付息的期限在一年以上的各种借款。

（一）长期借款的分类

1. 按照提供贷款机构分类

长期借款按照提供贷款机构可分为政策性银行贷款、商业银行贷款和非银行金融机构

贷款。

我国的政策性银行主要有国家开发银行、中国进出口银行和中国农业发展银行。政策性银行提供的贷款有具体的目标导向。比如国家开发银行贷款主要满足公司承建国家重点建设项目的资金需求;中国进出口银行贷款主要就是提供进出口相关业务的贷款;中国农业发展银行贷款主要用于确保国家对棉、油、粮食等政策性收购资金的供应。

商业银行贷款是指由商业银行,如中国建设银行、中国工商银行、中国农业银行、中国银行等向企业提供的贷款,用于满足企业生产经营资金需要。

其他金融机构主要包括证券公司、信托投资公司、财务公司、保险公司等,其他金融机构贷款比商业银行贷款的期限较长、利率相对较高,对借款企业的信用要求和担保的选择也比较严格。

2. 按有无担保分类

长期借款按有无担保分为信用贷款和担保贷款。

信用贷款是指不需要任何的担保和抵押,完全凭借公司信用取得的贷款。对于这种贷款,由于风险较高,银行通常要收取更高的利息,往往还附加一定的限制条件。

担保贷款是指由借款人或第三方依法提供担保而获得的贷款。担保包括保证责任、财产抵押、财产质押,由此,担保贷款包括保证贷款、抵押贷款和质押贷款三种基本类型。保证贷款需要第三方担保,一旦担保就是一种协议。当债务无法偿还时,担保人承担一定保证责任或连带责任。

抵押贷款需要借款人或第三方的资产用于抵押品。抵押,是指债务人或第三方并不转移对财产的占有,财产作为对债权人的担保。一旦偿债困难,抵押品用于变现偿还债务。作为贷款担保的抵押品,可以是不动产,机器设备、交通运输工具的实物资产,可以是依法有权处置的土地使用权,也可以是股票、债券等有价证券,它们必须是能够变现的资产。当然,对于银行来说,有担保和有抵押的贷款更安全。

质押贷款是以借款人或第三方的动产和财产权利作为质押物而取得的贷款。质押是指财产权利移交给债权人占有,将该动产或财产权利作为债权的担保,债务人或第三方将其动产或债务人不履行债务时债权人有权以该动产和动产权利折价或者以拍卖、变卖的价款优先受偿。作为贷款担保的抵押品可以是汇票、支票、债券、存款单、提单等信用凭证,可以是依法可以转让的股份、股票等有价证券,也可以是依法可以转让的商标专用权、专利权、著作权等。

3. 按贷款的用途分类

按贷款的用途分类,长期借款可以分为基建贷款、更新改造贷款、科研开发贷款等。

(二)长期借款的程序

1. 选择贷款机构

公司应该考虑自身的条件和贷款机构的情况,包括银行和借款公司的关系,专业化的程度、能提供的服务等。

2. 向贷款机构提出借款申请

公司陈述借款的原因和金额、用款时间与安排、还款的期限与计划等。贷款机构会根据申请对借款公司进行审核,包括借款用途、公司的财务状况、信用状况、盈利稳定性、发展前景等。

3. 贷款机构审核完毕,同意借款并签订借款合同

借款合同首先要包括基本条款,包括借款种类、用途、金额、利率、期限、还款资金来源、偿还方式、保证条款和违约责任等必备条款。

基本条款之外还有限制性条款。限制性条款取决于借款企业和银行之间的协商,限制性条款又可以分成一般性条款、例行性条款和特殊性条款。一般性的限制条款是对公司资产的流动性及偿债能力等方面的要求,包括为了资金安全所要求的最低营运资金持有额、支付现金股利的限制、资本性支出的限制、再借款的限制等。

例行性的限制性条款,包括定期向提供贷款的金融机构报送报表,以便债权人及时了解公司的财务状况和经营成果;及时清偿债务,包括应缴纳的税金等,以防止被罚款;禁止贴现应收票据或转让应收账款、禁止担保等。

特殊性的条款是针对某些特殊情况而制定的条款。比如实行专款专用制度,给主要领导人购买人身保险,主要领导人在合同期内领导职务不变等。

4. 取得借款

借款合同签订以后,公司在核定的贷款指标范围内,根据用款计划和实际需要,一次或分次将贷款转入公司的存款结算户。

(三)长期借款的优缺点

长期借款和其他筹资方式相比的优点是:

(1)资金成本较低,长期借款利息可以抵税,同时又由于贷款对投资者来说风险较低,所以资金的报酬率相对较低。

(2)有利于保证股东的控制权,债权人是没有权力干预企业的经营和管理的,股东的控制权不会受影响。

(3)筹资速度快,灵活性强,资金双方可以随时就利率、还款期限等进行重新沟通。

长期借款和其他筹资方式相比的缺点是:

(1)财务风险高,资金支付压力大。

(2)限制性条款会限制企业的经营管理活动。

二、发行公司债券

公司债券又称企业债券,是公司依照法定程序发行的、约定在一定期限内还本付息的有价证券。债券记载和反映了债券持有人和发债公司之间的债权债务关系。

(一)公司债券的分类

1. 按有无记名分类

公司债券可以分成记名债券和无记名债券。

记名债券是指在公司债券存根簿上载明债券持有人的姓名及住所、债券持有人取得债券的日期及债券的编号等信息,登载的信息比较多。无记名债券是指在债券存根簿上载明债券总额、利率、偿还期限和方式、发行日期及债券的编号等信息,不载明持有人姓名或名称信息,无记名债券在转让的时候比较方便。

2. 按有无担保品分类

公司债券可以分成信用债券和担保债券。

信用债券是指凭借发行债券公司的信用,而没有特定的抵押财产作为担保品的公司债券。由于信用债券没有特定财产作为担保,因此,发行公司必须具有较高的财务信誉和较高的获利能力等条件。担保债券是指有指定的财产做担保品的债券。担保债券又可分为不动产抵押债券、动产抵押债券和证券信托企业债券。

3. 按债券利率是否固定分类

公司债券可以分为固定利率债券和浮动利率债券。

固定利率债券是指债券利率在发行时已经确定并记载于债券票面。浮动利率债券是指利率水平在发行债券之初不固定,而是根据有关利率(如基准利率等)上下浮动加以确定。在浮动利率债券中可能包括附加条款,如一些条款规定,初始浮动利率的债券,一段时间通常是几年后可以转换为固定利率的债券。另外,一些浮动利率债券规定了利率浮动范围的上限和下限。

4. 按是否上市分类

公司债券可以分为上市债券和非上市债券。

上市债券是指在证券交易所挂牌交易的债券。上市债券一般上市条件比较严格,发行费用较高但是流动性强,信用程度较高,对投资者有更大吸引力。没有在证券交易所挂牌交易的债券就是非上市债券。

(二)债券的发行程序

1. 做出发行决议

拟发行公司债券的公司,要由公司董事会制定公司债券发行的方案,并由公司股东大会批准,做出决议。

2. 向相关证券主管部门提出申请

公司申请发行债券由国务院证券监督管理部门批准,公司申请应提交公司登记证明、公司章程、公司债券募集方法、资产评估报告和验资报告等正式文件。

3. 获得批准以后公告募集的办法

公司债券募集分为私募发行和公募发行。私募发行是以特定的少数投资者为指定对象发行债券,公募发行是在证券市场上以非特定的广大投资者为对象公开发行债券。

4. 出售债券募集资金登记

公司债券的公募发行采取间接发行的方式。发行公司与承销团签订承销协议,承销方式有代销和包销两种。

(三)债券的发行与销售方式

债券的发行批准比 IPO 股票的发行要相对容易一点。从发行方式和销售方式上来看,发行方式分为公募和私募,销售方式分为自销和承销。在承销里边包括了两种方式,一种叫包销,一种叫代销。包销的含义就是债券的承销商先把这些债券买下来,然后卖给其他的投资者,如果卖不掉,承销商应该全部承担。代销的含义是承销商尽力销售,存在发行风险。当前的资本市场上,不管是股票还是债券,包销的形式比较常见,代销的比较少。

ⓘ 小思考

因为发行时市场利率与票面利率可能不同,该如何确定债券的发行价格?

（四）债券的信用评级

债券的信用等级,反映了发行人偿债能力的高低和违约风险的大小。公开发行的债券通常需要债券评级机构评定等级。信用评级对于发行公司和投资者都有重要意义。对发行公司而言,债券等级的评定与债券的利率也就是企业的筹资成本直接相关,也会影响企业未来的债务融资能力。对债券投资者而言,债券信用评级有助于投资者充分认识债券的违约风险,从而保障购买者权益。世界上最著名的两个评级机构是穆迪投资服务公司和标准普尔公司,这两个机构的信用等级划分如表8-1所示。

表 8-1　穆迪公司和标准普尔公司债券评级

穆迪公司	标准普尔公司	含义
Aaa	AAA	偿债能力极强
Aa	AA	偿债能力较强
A	A	偿债能力强
Baa	BBB	足够的偿债能力
Ba	BB	投机性债券
B	B	
Caa	CCC	
Ca	CC	
C	C	从未支付利息
	D	无力偿还

BB级以下基本上就没有什么投资价值。当然,因为风险很大,投资者也会要求更高的风险报酬。

（五）债券筹资的优缺点

公司债券相对于其他筹资方式的优点是:

（1）筹资成本比较低。公司债券类似长期借款,对投资者来说相对风险较低,债权人要求的报酬率也相应低,公司承担的筹资成本较低。

（2）有利于保证公司股东的控制权。通常情况下,债券的投资人没有参与公司经营管理的权利。

（3）筹资范围比较广。向全社会公开发行的债券,可以吸引到足额资金。

公司债券相对于其他筹资方式的缺点是:

（1）财务风险高。对于发行公司来说,债券需还本付息,如果不能按期偿付本息的话,公司可能面临诉讼甚至破产风险,所以公司债券的财务风险比较高。

（2）限制比较严格。债券发行相关的限制性条款,使得债券在发行阶段和资金使用阶段受到的限制较多。

三、融资租赁

融资租赁又称设备租赁或现代租赁,是指实质上转移与资产所有权有关的全部或绝大部分风险和报酬的租赁。资产的所有权最终可以转移,也可以不转移。

融资租赁的具体内容是指出租人根据承租人对租赁物件的特定要求和对供货人的选择,出资向供货人购买租赁物件,并租给承租人使用;承租人分期向出租人支付租金,在租赁期内租赁物件的所有权属于出租人所有,承租人拥有租赁物件的使用权。租期届满,租金支付完毕并且承租人根据融资租赁合同的规定履行完全部义务后,租赁物件所有权可以转归承租人所有。尽管在融资租赁交易中,出租人也有设备购买人的身份,但购买设备的实质性内容如供货人的选择、对设备的特定要求、购买合同条件的谈判等都由承租人享有和行使,承租人是租赁物件实质上的购买人。融资租赁具有融资与融物相结合的特点。

（一）按业务类型分类

融资租赁按照业务类型可以分为直接租赁、售后回租和杠杆租赁。

1. 直接租赁

传统的直接租赁业务涉及三方当事人,即出租人、承租人、出卖人（供货人）。它是出租人从出卖人手中购入资产,直接向承租人提供租赁资产的租赁形式。

2. 售后回租

售后回租是指承租人将自有物件出卖给出租人,同时与出租人签订融资租赁合同,再将该物件从出租人处租回的融资租赁形式。售后回租业务是承租人和供货人为同一人的融资租赁方式。在这种形式下,承租人一方面通过出售资产获得了资金,另一方面通过租赁满足了对资产的使用需求,并且租赁费可以分期支付。

3. 杠杆租赁

该种租赁是有贷款者参与的一种租赁形式。在这种形式下,出租人引入资产时,只支付款项的一部分,其余款项以资产或出租权为抵押,向另外的贷款者借入。资产出租后,出租人以收取的租金向贷款者还贷。这样,出租人只需要利用自己较少的资金就推动了大额的租赁业务,故称为杠杆租赁。对于承租人而言,杠杆租赁和直接租赁没有什么区别,但对于出租人而言,既是资产的出租人又是款项的借入方。

（二）融资租赁的程序

融资租赁的一般程序:① 选择租赁公司。② 提出申请。明确租什么样的设备。③ 签合同。承租人和出租人之间签订租赁合同。④ 购货协议。会涉及承租人、出租人和产品的售出方。出租方和售出方签订协议。⑤ 办理验货。出租人付款和办理保险,承租人取得资产。⑥ 承租人开始定期支付租金。⑦ 最终合同期满的资产处置。一般有续租、退租或者留购三种方式,留购方式相对较多。

（三）融资租赁的租金

1. 租金的构成

融资租赁租金多少取决于以下因素:① 设备的原值及预计残值,包括设备买价、运输费、安装调试费、保险费等各种费用,以及设备租赁期满后的可出售价格。② 利息费用,指出租方购入设备所需资金应负担的利息。③ 租赁手续费,租赁公司承办租赁业务过程中的费用及必要利润。

2. 租金的支付方式

租金的支付,存在以下几种分类方式:① 按支付间隔长短,分为年付、半年付、季付和月付。② 按照支付时点在期初还是期末,分为先付和后付。③ 按照每次支付额是否相等,分为等额支付和不等额支付。实务中,大部分租金的支付方式为后付等额年金。

3. 租金的计算

在我国融资租赁实务中,租金的计算大多数采用等额年金法。等额年金法下,通常要根据利率和租赁手续费率确定一个租费率,作为计算租赁费的折现率。

【例 8-1】 某公司于 2020 年 1 月 1 日从租赁公司租入一套设备,设备价值 100 万元,租赁期 5 年,预计租赁期满时残值 8 万元,归租赁公司。年利率 6%,租赁手续费率每年 2%。租金每年年末支付一次,则:

$$每年的租金 = [100 - 8 \times (P/F, 8\%, 5)]/(P/A, 8\%, 5) = (100 - 8 \times 0.681)/3.993$$
$$= 23.68(万元)$$

（四）融资租赁的优缺点

与其他筹资方式相比,融资租赁的优点如下:

(1) 融资租赁租金是可以税前扣除的。

(2) 融资租赁的限制一般比较少。运用其他债务融资方式如长期借款和公司债券,会有不少限制性条款的约束,相比之下,融资租赁的限制较少。

(3) 能够迅速获得所需的资产。公司在资金匮乏的情况下,融资租赁能迅速获得所需设备。对于中小企业和创新企业来说,融资租赁是一种重要的融资方式。对于大型企业的大型设备而言,也是解决巨额资金需求的一种方法,如商用航空公司的飞机,大多数通过融资租赁取得。融资租赁还可以避免设备陈旧过时的风险。

与其他筹资方式相比,融资租赁的缺点如下:

(1) 筹资成本较高。相对借款和债券而言,因为要考虑租赁手续费,租金比利息成本更高。

(2) 财务风险也较高。融资租赁需要定期支付租金,一旦支付不上,有比较高的财务风险。

即测即评

1. (单选)计算融资租赁租金时不需要考虑的因素是(　　)。

A. 设备的购置成本 　　　　　　　　B. 租赁中的维修费用

C. 应计利息 　　　　　　　　　　　　D. 租赁手续费

2. (单选)以下融资方式中,企业财务风险高、面临的偿债压力最大的是(　　)。

A. 短期借款 　　　B. 长期借款 　　　C. 公司债券 　　　D. 融资租赁

3. (多选)影响债券发行价格的主要因素有(　　)。

A. 市场利率 　　　B. 债券面额 　　　C. 债券期限 　　　D. 票面利率

4. (判断)债券的信用等级直接影响着公司的举债成本,信用等级越高,公司的融资成本也就越低。 　　　　　　　　　　　　　　　　　　　　　　　　　　　　(　　)

第三节　衍生金融工具融资

衍生金融工具融资,包括兼具股权和债权性质的混合融资和其他衍生工具融资。我国上市公司目前最常见的混合融资方式是可转换债券融资,最常见的其他衍生工具融资是认股权证融资。

一、可转换债券

可转换债券是一种混合型证券,是公司普通债券与证券期权的组合。可转换债券是指在约定的期限内可以转换为普通股的债券。可转换是指在规定的期限内可以转换,也可以不转换。选择权属于可转换债券持有人,在转换之前就是普通债券,需要定期支付利息,到期还本,对企业会形成较大的资金压力。如果在规定的期限内转换了,就变成了股权性资金,公司就不需要支付利息,到期不用还本。所以可转换债券同时具备了债务资金和股权资金的特点,它是一个混合性的资金筹集方式。

可转换债券与其他债券最大的区别在于具有可转换成股票的条款。

(一)可转换债券涉及的基本条款

1. 转股期限

转股期限是指持有人可以把债券转换成普通股的期限,一般情况下,在发行结束六个月以后可以开始转换,转换期持续到债券到期日,这是目前实务中最常见的一种规定。

2. 转股价格

因为债券的价值和股票的价值有较大的区别,转股价格一般以发行可转债前一个月普通股的平均价格为基准,同时上浮一定的幅度。上浮主要考虑的是可转换债券在转换期,距离发行时间较长,至少六个月以上,股票的价格一定会发生变化。一般情况下乐观的投资者会预期股票的价格上涨。因为正常情况下,股票价格整体是缓慢地上升的,所以转换价格会上浮一点,给债券未来的转换留出一定空间,这样对公司更有利。当然转股价格并不是固定不变的,当公司在债券存续期内发生了一些重大事项,如转增股本、股票股利、现金股利等情况,都需要对转股价格进行调整,会调高或调低。

3. 转股比率

转股比率是指每一份债券可换得普通股的股数。转股比率和转股价格密切相关,指用债券面值除以转股价格。

$$转股比率＝债券面值÷转股价格$$

【例 8 - 2】　格力地产在 2014 年 12 月发行了一笔可转换债券,发行规模 9.8 亿元,可转换债券的面值 100 元。在 2015 年的 6 月 30 日开始,也就是发行结束六个月以后,可以开始转换为股票,转股的初始价格是每股 20.9 元。由此可知,一张债券换不到 5 股。

4. 票面利率

可转换债券的票面利率早期在我国资本市场上一直是稳定的,就是债券存续期的利率是相同的。发展到一段时间以后,利率开始调整,一般逐年增加,但是总体利率较低,原因是债券持有人有可转换的权利,相当于是赋予了投资人一个期权,投资人为了获得这个期权,应该付出一定的代价。当然,利率还和公司规模、经营稳定性等因素相关。

5. 赎回条款

赎回条款是指发债公司按事先约定的价格买回未转股债券的条件规定,赎回一般发生在公司股票价格一段时间内连续高于转股价格达到某一幅度时。通常情况下,公司在发行可转债时会约定这个条款,赎回条款是为了保护公司利益。赎回条款通常包括不可赎回期间与赎回期间、赎回价格(一般高于可转换债券的面值)、赎回条件(分为无条件赎回和有条件赎回)等。

发债公司在赎回债券之前,会向债券持有人发出赎回通知,要求持有人在转股与卖回给发债公司之间做选择。一般情况下,投资者会选择将债券转化为普通股。所以,设置赎回条款最主要的功能是强迫债券持有者积极行使转股权,因此又被称为加速条款。同时也能使发债公司避免在市场利率下降后,继续向债券持有人按较高的票面利率支付利息所蒙受的损失。如通常规定当股票市场价格远高于转股价格,比如高到130%,公司有权赎回一定的可转换债券。

6. 回售条款

回售条款是指投资人可以选择将持有的可转换债券卖回给公司的条件规定。回售一般发生在公司股票价格在一段时间内连续低于转股价格达到一定幅度时。回售条款对于投资者而言实际上是一种卖权,有利于降低投资者的风险。为了避免回售条款带来的压力,可转债的契约里通常有一个条款是转股价格向下修正的条款。所谓向下修正,当股票市场的价格较长时间低于转股价格时,可以行使一次向下调整转股价格的权力。通常一年调整一次,调到低于市场价,作为可转债的持有人转股会有一定好处,这样公司就避免了比较大的回售压力,所以这个条款实际上也是保护公司利益。

7. 强制性转换条款

强制性转换条款是指在某些条件具备以后,债券持有人必须将可转换债券转换为股票,无权要求偿还债券本金的条件规定。可转换债券发行之后,其股票价格可能出现巨大波动。如果股价长期低于转股价格,又未涉及赎回条款,投资者不会转股。在这种情况下,公司可设置强制性转换条款保证可转换债券顺利地转换成股票,预防投资者到期集中挤兑引发公司破产的悲剧。

(二) 可转债筹资的优缺点

可转换债券融资的主要优点如下:

(1) 可转换债券融资可以降低公司的资本成本。可转债的票面利率相对于普通债券非常低。可转债转换为普通股时,公司无须另外支付筹资费用,节约了股票的筹资成本。

(2) 筹资的灵活性强。可转换债券是将传统的债务筹资功能和股票筹资功能结合起来,筹资性质和时间上具有灵活性。可转换债券发行的时候表现为负债,开始可以转股以后,这笔负债很可能随时会发生一定金额的转换,甚至是全部的转换,债务资本转换成权益资本,偿债压力消失。公司可以通过这种方式对资本结构做一些调整,甚至倾向性地引导投资者尽量去把它转换成股票,以缓解公司的财务压力。

(3) 筹资的效率高。可转换债券在发行时,规定的转换价格往往高于当时本公司的股票价格。如果这些债券将来都转换成股权,这相当于债券发行之际,就以高于当时股票市价的价格发行了股票,以较少的股份代价筹集了更多的股份资金。因此在公司发行新股时机不佳时,可以先发行可转换债券,以便将来变相发行普通股。

不确定性是可转换债券的最主要缺点。

可转换债券最大的优点就是在于可转换,同时,最大的缺点不确定性也在于"可转换",公司发行可转换债券时,可能是希望持有人将来转换成股票,因为债券的发行相对于股票发行更为简便,于是就先发行可转换债券,期望之后转换成股票。这样不仅实现了发行股票的目的,同时还避免了更多的审批的程序。但是,由于市场环境的变化和公司一些条件的变化,可转换债券有可能并没有被转化成股票,公司将面临偿还压力。

还有一种可能的情况,公司发行可转换债券时,可能并不期望投资者转换成股票,目的就是为了利用低利率,不想被分散控制权。但是,有可能转换成功,这样并不符合公司的预期。如股票市场价格比转股价格高,很多投资者会选择转股套利,那么对于公司来说,不如当初直接发行股票。

二、认股权证

广义的权证,是一种持有人有权于某一特定期间或到期日,按约定的价格认购或沽出一定数量的标的资产的期权。按照权利不同权证可以分为认购权证和认沽权证。认购权证对应的是购买,认沽权证对应的是出售。权证既是一种期权也是一种投资工具。认股权证是一种由上市公司发行的证明持有人有权利在一定时间内以约定价格认购该公司发行的一定数量股票的证明文件。

(一)典型的权证合约的基本内容

1. 基础股票

也就是标的股票,指发行公司的股票。

2. 有效期限

不同的权证的约定有所不同,在有效期内,我们可以按约定购买或者售出权证对应的股票,超过这个有效期限以后,权证就会失效,可以说,到期以后的权证没有价值。

3. 执行价格

执行价格是指约定的交易价格。通常,约定价格与标的股票的市场价格之间会有一定的差距,投资者也就有了套利空间,权证才有它存续的意义。

(二)认股权证筹资的优缺点

1. 认股权证的主要优点

(1)促进融资。认股权证的发行能够筹集到额外的资金,权证是一种新的筹资方式,公司不但可以发行债券发行股票,还可以发行权证。此外,认股权的发行也会保证公司在规定的期限内完成股票发行计划,顺利实现融资。

早期权证的出现,被称作一种"小甜饼",附着在债券或者股票的身上,来吸引投资者。后来,权证才发展到了单独有价格发行,可以筹集额外的资金。

(2)有利于促进上市公司的股权激励机制。认股权证是常用的管理层和员工激励工具,可以把管理者和员工的利益与公司价值成长紧密结合在一起,建立一个管理者和员工通过提升公司价值实现自身财富增值的利益驱动机制。

2. 认股权证的主要缺点

（1）不确定性。投资者是否执行认股权利，取决于权证的持有人，公司无法控制也就难以提前规划。

（2）认股权证的执行会稀释原来普通股股东的收益，并且还有可能会改变控制权，至少会对控制权产生一定的威胁。

即测即评

1.（多选）可转换债券的特点是（ ）。

A. 不用支付利息　　　　　　　　B. 票面利率低

C. 可转换为公司普通股　　　　　D. 不用偿还本金

2.（多选）可转换债券转换比率主要受（ ）因素的影响。

A. 转换价格　　　B. 市场价格　　　C.债券面值　　　D. 债券市价

3.（判断）执行认股权证不会对股票的市场价格产生稀释作用。　　（ ）

4.（判断）认沽权证属于看跌期权。　　（ ）

5.（判断）附认股权债券票面利率通常高于一般公司债券票面利率。　　（ ）

本章小结

1. 普通股是指那些在股利支付和公司破产时不具有任何特殊优先权的股票，是最基本的股票。普通股股东的基本权利包括公司管理权、收益分配权、股份转让权、优先认股权及剩余财产要求权。普通股融资属于股权性资金，能够提高企业资信和借款能力；同时因为股权资金不用偿还，不会形成固定的财务负担，风险较低；股票上市会提高公司的声誉，有利于公司经营活动。但是，股票融资资金成本高；有可能会分散公司的控制权；发行新股还可能会导致股价的下跌；上市公司需履行严格的信息披露制度，也会带来较高的信息披露成本。

2. 优先股是指相对于普通股具有优先权，优先权体现在可以先于普通股股东行使利润的分配权和先于普通股股东对剩余财产行使分配权。优先股的股东在享有优先权利的同时也会付出相应的代价。首先，优先股股东一般情况下是没有表决权的。其次，优先股股利通常是定期定额发放，也就具有了债权性资本的特征，所以也称为混合性资金。优先股同样是股权性的资金，能够提高企业的资信和借款能力；同时财务风险较低；一般的优先股股东是不参与企业的经营和管理的，可以保持普通股股东的控制权。但是，筹资的资本成本相对较高；通常固定不变的优先股股利对企业来说有一定的财务负担的。

3. 债务筹资主要包括长期借款筹资、公司债券筹资和融资租赁筹资三类。债务融资的共同特点是财务风险大，资本成本相对较低且有利于保证原有股东的控制权。长期借款融资一方面具有筹资速度快、弹性大的优势，但另一方面筹资数额有限、会受到限制性条款的约束。公司债券有助于获得充足的筹资，但是发行债券手续复杂、发行条件相对严格。融资租赁包含直接融资、售后回租及杠杆租赁三种形式，是融资与融物的结合，可以帮助企业迅速获得所需资产，资本成本相对其他债务融资方式较高，但可以获得节税优势。

4. 可转换债券是一种混合型证券，是公司普通债券与证券期权的组合。可转换债券是指在约定的期限内可以转换为普通股的债券。可转换是指在规定的期限内可以转换，也可以不转换。选择权属于可转换债券持有人,在转换之前,就是普通债券,需要定期支付利息,到期还本,对企业会形成较大的资金压力。如果在规定的期限内转换了,就变成了股权性资金,公司就不需要支付利息,到期不用还本。所以可转换债券同时具备了债务资金和股权资金的特点,它是一个混合型的资金筹集方式。

5.认股权证是一种由上市公司发行的证明持有人有权利在一定时间内以约定价格认购该公司发行的一定数量股票的证明文件。典型的权证合约包含三个基本条款,即基础股票、约定价格和有效期限。认股权证的发行能促进融资,同时有利于促进上市公司的股权激励机制。但认股权证具有不确定性且认股权证的执行会稀释原来普通股股东的收益。

关键术语

普通股　优先股　长期借款　融资租赁　衍生金融工具　可转换债券　认股权证

复习思考题

1.普通股股东的权利与义务各有哪些?

2.普通股的发行定价方法有哪些?发行定价需考虑哪些因素?

3.普通股筹资有何利弊?

4.长期借款筹资的优缺点有哪些?

5.如何确定债券的发行价格?

6.融资租赁的形式有哪些?

7.可转换债券融资与认股权证融资各有何利弊?

【计算题】

1.H公司发行了年利率为2%的400 000元的可转换债券,利息每年支付一次,债券将在5年后到期。每一张可转换债券可以在规定的期限转换成4股该公司普通股股票。债券的票面价值是100元,假设债券的市价为108元,H公司的普通股市价为30元。

要求:计算该可转换债券的转换价格。

2.A公司计划通过配股来筹措4 500万元资金,假定目前该公司发行在外的普通股为1 000万股,市场价格为每股20元,公司准备以每股15元的价格配售新股。

问:

(1)为筹措到所需的资金,公司需要配售多少股股票?

(2)全部配售后的股票除权价格是多少?

3.跃马公司准备通过配股方式发行普通股,已知配股前公司普通股股数为100万股,公司计划以每股20元的配股价配售20万股新股,除权后公司股票的市场价为每股30元(不考虑发行费用和市场炒作等不确定因素)。问配股除权前一天公司的股价应该是多少?

4.可转换公司债券的面值为100元,每张可转债转股价格为20元,行权期标的股票市场价格在18元左右,该债券转换成普通股的转换比例是多少?可转换公司债券持有者是否会选择行权?

5.长江公司发行票面价值100元,票面年利率为10%,期限5年的债券,每年年末付息一次。

要求：

（1）分别计算市场利率为 8％、10％、12％ 时该债券的发行价格（保留小数点后两位）；

（2）分析什么情况下公司溢价发行债券，什么情况下公司折价发行债券，并说明折溢价发行的理由。

课程思政案例

推进创业板改革并试点注册制对股票定价的意义是什么？

2020 年 4 月 27 日，习近平总书记主持召开中央全面深化改革委员会第十三次会议指出，推进创业板改革并试点注册制，是深化资本市场改革、完善资本市场基础制度、提升资本市场功能的重要安排。要推进发行、上市、信息披露、交易、退市等基础性制度改革，坚持创业板和其他板块错位发展，找准各自定位，办出各自特色，推动形成各有侧重、相互补充的适度竞争格局。

2020 年 6 月 12 日，证监会发布了《创业板首次公开发行股票注册管理办法（试行）》《创业板上市公司证券发行注册管理办法（试行）》《创业板上市公司持续监管办法（试行）》和《证券发行上市保荐业务管理办法》，自公布之日起施行。与此同时，证监会、深交所、中国结算、证券业协会等发布了相关配套规则。宣告证监会创业板改革和注册制试点开始。

【课程思政要点】引导学生结合本章知识点去思考推行创业板注册制对股票定价的意义。

第九章 资本结构理论与杠杆效应

学习目标

1. 理解 MM 资本结构理论的假设及内容
2. 熟悉权衡理论、优序融资理论的含义
3. 掌握资本结构决策方法
4. 掌握杠杆的含义及计算

引导案例

2019 年 9 月 26 日晚间,万科 A(000002)发布公告称,公司成功发行 2019 年度第二期住房租赁专项公司债券。最终发行规模为 25 亿元,票面利率为 3.55%。

公告显示,本期债券发行时间自 2019 年 9 月 25 日至 2019 年 9 月 26 日,发行规模不超过人民币 25 亿元(含 25 亿元),5 年期品种,附第 3 年年末发行人调整票面利率选择权和投资者回售选择权。

据悉,本期债券为本期债券第四次发行,发行规模不超过 25 亿元(含 25 亿元),其中17.5亿元拟用于公司住房租赁项目建设和运营,扣除发行费用后剩余部分拟用于补充公司营运资金。据了解,本期公司债券拟用于北京、上海、大连、沈阳、东莞等城市项目建设。据资料显示,该公司本次债券核准规模为 80 亿元,2018 年 8 月 9 日完成本次债券的首期发行,发行规模 15 亿元,当期票面利率4.05%。2018 年 10 月 29 日完成本次债券的第二期发行,发行规模 20 亿元,当期票面利率4.18%。2019 年 2 月 26 日完成本次债券的第三期发行,发行规模 20 亿元,当期票面利率3.65%。2019 年本期债券为本次债券的第四期发行,发行规模不超过 25 亿元(含 25 亿元)。

(资料来源:根据万科 A 的公告信息整理。)

上述案例显示了万科 A 的债务融资,企业进行长期融资时应该考虑哪些因素,债务融资怎样影响公司资本结构等是本章要讨论的问题。

引 言

公司如何实现企业价值最大化,其中资本结构决策是一个重要的问题。广义的资本结构是指企业各种资金来源的构成和比例关系。但因为短期资金占总资本的比重不稳定且数量经常变化,因此常常不列入资本结构管理范围,而作为营运资本管理范畴。所以狭义的资本结构是指企业各种长期资本来源的构成和比例关系。长期资本通常包括长期负债和权益资本,所以本章讨论的资本结构就是指长期债务资本和权益资本的比例关系。

第一节　资本结构理论

一、MM 资本结构理论(无税)

为了从理论角度说明资本结构与公司价值之间的关系,首先介绍财务学经典理论之一的资本结构无关理论。美国著名财务学者穆迪里安尼和米勒(Modigliani and Miller)在1958 年提出了 MM 理论,主张在某些情况下,资本结构不会影响公司的价值与资本成本。

(一)MM 理论的假设条件

(1)完全的资本市场,包括信息是充分的,投资者在资本市场上交易股票和债券没有交易成本,投资者与公司以同等利率借款。

(2)公司与个人的负债没有风险。所以负债利率为无风险利率,无论公司或个人举债多少,这个条件都不变。

(3)相同的预期。所有投资者对于每家公司在未来所能产生的息税前利润及风险均有相同的预期。

(4)全部的现金流是永续的。所有公司的现金流是零增长的,并且会一直持续到永远。

(5)风险等级相同。公司的经营风险可以由 EBIT 的标准差来衡量。

(二)MM 理论(无税)

上面的假设前提说明,资本结构理论是在一个限制相当严格的环境下发展完成的。MM 理论在进一步假设没有所得税的情况下,提出了两个重要的命题。

1. MM 命题一(无税)

在没有所得税的前提下,负债企业的价值与无负债企业的价值相等,即无论企业是否有负债,企业的资本结构与企业价值无关。即:

$$V_L = V_U$$

式中,V_L 为负债企业的价值;V_U 为无负债企业的价值。又假设 R_U 为完全权益公司的总资本成本;$WACC$ 为负债公司的加权平均资本成本;B 为负债公司负债资本;$EBIT$ 为息税前利润;R_B 为债务利息率;R_S 为负债公司的权益资本成本。

因为假设负债公司和无负债公司具有相同的 $EBIT$,又假设 $EBIT > R_B B$,即在任何情况下,负债公司都有足够的现金流支付债务利息,公司不可能破产。因此,负债公司债权人的现金流是 $R_B B$,股东的现金流是 $EBIT - R_B B$。负债公司的债权人和股东合计的现金流是:

$$R_B B + EBIT - R_B B = EBIT$$

因此,负债公司和无负债公司具有相同的永续现金流 $EBIT$,并且具有完全相同的风险,也就是说可以用相同的折现率进行折现,所以负债企业的价值与无负债企业的价值相等,如图 9-1 所示。

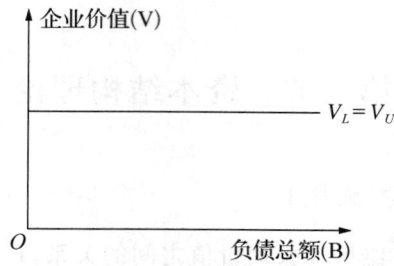

图 9-1　无税模型的企业价值

如果 $EBIT < R_B B$,即负债公司的现金流不足以支付债务利息,则公司破产,债权人接管公司。假设没有破产成本(存在破产成本后续讨论),债权人的现金流是 $EBIT$,股东的现金流是 0。负债公司的债权人和股东合计的现金流还是 $EBIT$,对于一家无负债的公司,如果股东要求的回报率是 R_U ,那么 R_U 就是完全权益公司的总资本成本,也是权益资本成本。

无负债公司的价值:

$$V_U = \frac{EBIT}{R_U}$$

而负债公司的资本成本为 $WACC$,公司价值为:

$$V_L = \frac{EBIT}{WACC}$$

式中,$WACC = \frac{B}{B+S} \times R_B + \frac{S}{B+S} \times R_S$,因为 $V_L = V_U$,因此无税的前提下,MM 命题一的另外一个结论是:

$$R_U = WACC$$

即在无税的前提下,负债公司的加权平均资本成本和完全权益公司的股东权益报酬率相等,也就是说,公司的负债水平不影响公司的资本成本。

2. MM 命题二(无税)

在无税的前提下,公司的负债不会改变公司总体现金流的大小和风险,但是负债水平的高低会影响股东的现金流及风险,负债越多,财务杠杆越大,股东的风险越大,要求的回报率也就越高,股权的资本成本就越高。

因为 $WACC = \frac{B}{B+S} \times R_B + \frac{S}{B+S} \times R_S$

所以 $R_S = WACC + (WACC - R_B) \times \frac{B}{S}$

又因为 $R_U = WACC$

由此得到 MM 命题二。

MM 命题二(无税):在无公司所得税、无破产成本的情况下,公司的权益资本 R_S 和公司的财务杠杆关系如下:

$$R_S = R_U + (R_U - R_B) \times \frac{B}{S}$$

公司股权资本与公司的财务杠杆成正线性关系,财务杠杆越大,股权资本成本越高,如图 9-2 所示。

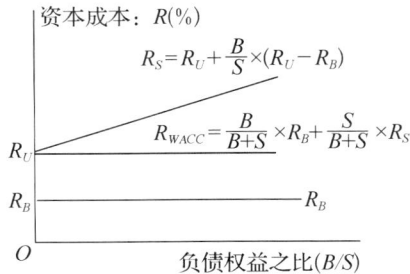

资本成本:$R(\%)$

$$R_S = R_U + \frac{B}{S} \times (R_U - R_B)$$

$$R_{WACC} = \frac{B}{B+S} \times R_B + \frac{S}{B+S} \times R_S$$

R_U

R_B R_B

O 负债权益之比(B/S)

图 9-2 无税模型下资本成本

二、MM 资本结构理论(有税)

(一) MM 命题一(有税)

在没有公司税和破产成本的情况下,我们知道公司的资本结构不会影响公司的价值,也不会影响公司的加权平均资本成本。但在现实生活中,所得税是客观存在的,所得税的存在会改变公司资本结构和公司价值之间的关系。

在存在所得税的前提下,完全权益公司的税后现金流为:

$$EBIT \times (1 - T)$$

完全权益公司的税后现金流与税前现金流的风险相同,因此税后的资本成本为 R_U。假设还是永续的现金流,那么无负债公司的价值为:

$$V_U = \frac{EBIT \times (1 - T)}{R_U}$$

假设负债公司的债务也是永续的,债务的价值是 B,债务的利率是 R_B,那么公司每年支付的利息就是 $R_B B$,在所得税税率为 T 的情况下,债务水平为 B 可以使公司每年节税 $TR_B B$,即债务 B 给公司带来的利息税盾。债务利息税盾是利息带来的现金流,因此它的风险应该和公司债务的风险相当,所以它的价值可以用债务资本成本折现获得。因为假设是永续的现金流,所以债务税盾的现值是:

$$\frac{TR_B B}{R_B} = TB$$

也就是说,公司因为负债额为 B,每年利息可以节税 $TR_B B$,增加的现金流的现值将使得债务公司的价值比完全权益公司价值增加 TB。

刚才的讨论是在所得税存在的前提下,负债公司的价值比完全权益的公司价值要大,增加的部分是负债公司的债务利息税盾的现值,也就是负债公司的价值由两部分组成:完全权益公司价值和债务公司的利息税盾价值。

完全权益公司的税后现金流是 $EBIT \times (1 - T)$。

完全权益公司税后现金流的风险与无税现金流的风险相同,因此税后的资本成本为 R_U,同样假设永续的现金流,那么无负债公司的价值为:

$$V_U = \frac{EBIT \times (1 - T)}{R_U}$$

负债公司的价值比完全权益公司的价值高出利息税盾的现值,所以,有税模型下的 MM 命题一是:

MM 命题一(有税): $V_L = \dfrac{EBIT \times (1 - T)}{R_U} + \dfrac{T R_B D}{R_B} = V_U + TB$

即负债公司的价值 V_L 等于无负债公司的价值 V_U 加上负债公司债务利息税盾的价值 TB,如图 9-3 所示。

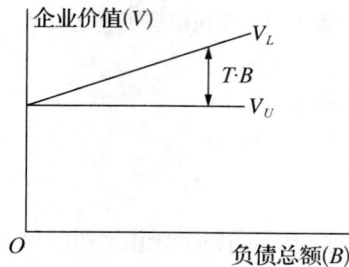

图 9-3 有税模型的企业价值

(二) MM 命题二(有税)

在存在所得税的前提下,负债公司的股权资本成本 R_S 与公司财务杠杆之间的关系与无税模型下两者之间的关系类似。公司的财务杠杆越大,股东现金流的风险越大,股东要求的回报率越高,股权的资本成本也就越高。

MM 命题二(有税):在有所得税,无破产成本下的杠杆公司股权资本成本与财务杠杆之间的关系表达如下:

$$R_S = R_U + (R_U - R_B) \times \frac{B}{S} \times (1 - T)$$

证明如下:由 MM 命题一(有税)

$$V_L = S + B = V_U + TB$$

负债公司的价值可以看成两组不同价值的组合:一是股权价值加上债务价值,二是完全权益公司价值加上债务利息税盾的价值。因为假设公司是永续的现金流,所以这两种组合的现金流应该也是相等的,因此:

$$S R_S + B R_B = V_U R_U + TB R_B$$

将 $V_U = S + (1 - T)B$ 代入得:

$$S R_S + B R_B = [S + (1 - T) \times B] R_U + TB R_B$$

等式两边同时除以 S，可以得到 MM 命题二(有税)公式：

$$R_S = R_U + \frac{B}{S_L} \times (1-T_C) \times (R_U - R_B)$$

可以用图 9-4 表示。

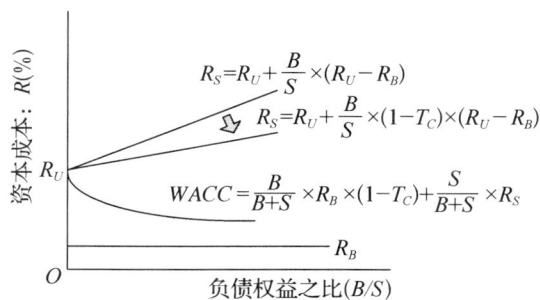

图 9-4 有税模型下的资本成本

小思考

MM 命题一(无税)与 MM 命题一(有税)与实务中公司资本结构决策是否一致，为什么？

三、权衡理论

在有公司所得税而无破产成本的情况下，公司的财务杠杆越大，也就是负债越多，公司的价值就越大。那么，理论上公司都应该采用尽可能多的债务融资，直到资本结构中负债比例为 100%，并且没有公司愿意采用股权融资的方式，因为与利息比较，股利是税后支付的，不能如同利息一样带来利息的税盾效应，增加公司的价值。然而，现实并非如此，现实世界中几乎没有公司主动选择百分之百债务的资本结构。这是因为负债会增加公司的风险，过高的负债比例会增加公司破产的概率给公司带来危机，由此带来的财务危机成本会减少公司的价值。

（一）财务危机成本

之前的 MM 命题做了一些完美的假设，例如，公司和个人可以无限制地以无风险利率借贷。然而，随着负债的增加，发生财务危机的可能性越大，购买该公司股票或债券的投资者将会要求更高的必要报酬率，从而使得公司价值受损。

另外，公司在财务危机发生时会产生一些成本，通称为财务危机成本，包括直接成本和间接成本；这些成本使得公司举债增加的价值大打折扣。

财务危机的直接成本是指公司因为破产进行清算或重组所发生的法律费用和管理费用等。具体包括：

（1）处理法律行政程序时所花费的时间成本。

（2）公司破产时支付给律师、会计师、咨询师及检察机构的费用。

（3）处置资产的让价损失等。

财务危机的间接成本通常比直接成本要大得多，是指因为财务危机所引发的企业资信状况恶化以及持续经营能力下降而导致的企业价值损失。具体包括：

（1）客户与供货商因对公司丧失信心所造成的订单损失。

（2）公司必须放弃无法立即产生现金流入的可行投资计划。

（3）重要员工的离职。

（4）限制性条款使得公司失去财务操作的弹性。

（5）投资者的警觉与谨慎导致的融资成本增加等。

因此，负债在为公司带来抵税收益的同时，也给公司带来了财务危机成本。

（二）权衡理论

权衡理论就是强调在平衡债务利息的税盾效应与财务危机成本的基础上，实现企业价值最大化的最佳资本结构。此时的负债比率应该是使得边际的利息税盾效应的现值等于增加的财务危机成本的现值时的比率。所以，基于权衡理论，负债企业的价值是无负债企业的价值加上利息税盾的现值再减去财务危机成本的现值，其表达式为：

$$V_L = V_U + TB - PV$$

式中，PV 表示财务危机成本的现值。

权衡理论的表述如图 9-5 所示。

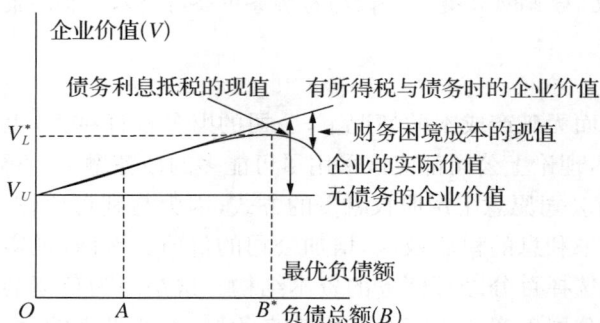

图 9-5　权衡理论下企业价值

由于债务利息的税盾效应，负债增加会使公司价值上升。但是，随着负债的增加，财务危机成本也会增大，在图 9-5 中，负债总额达到 A 点前，债务利息的税盾增加的价值会大于财务危机成本的增加，债务利息税盾起主导作用；达到 A 点以后，财务危机成本的作用逐渐增强；直到 B^* 点，边际的利息税盾效应现值与增加的财务危机成本的现值平衡，公司的价值达到最大 V_L^*，因此 B^* 点的债务与权益比率即为最优的资本结构。超过 B^* 点，财务危机成本的增加额会超过利息税盾效应的增加额，公司价值会加速下降。

（三）最优资本结构与资本成本

使得公司价值最大化的资本结构也就是使得加权资本成本最小的资本结构，图 9-6 描述了权衡理论中不同资本结构下的债务资本成本、权益资本成本以及加权平均资本成本。我们观察会发现，WACC 呈现先下降而后上升的趋势，这是因为债务的税后成本比权益成本低，所以，在初始阶段，加权资本成本会下降，但是随着债务的增大，财务危机成本上升，权益资本上升，债务成本也会开始上升，WACC 也会上升，最小的 WACC 发生在 B^*，在超过

B^* 后,$WACC$ 会上升,则公司价值最大化时对应最优的负债额 B^*。当债务融资处于这个水平时,就得到了公司价值最大而公司加权平均资本成本 $WACC$ 最低。

权衡理论在合理的范围内将完美市场的假设前提进行了放宽,深入研究了引入公司所得税和财务危机成本后,资本结构的变化对公司价值以及公司加权平均资本成本的影响,理论上证明了能使得公司价值最大并且公司加权平均资本成本最低的最佳资本结构的存在,如图 9-6 所示。但是,权衡理论因为无法对财务危机成本的精确合理计量,理论上的资本结构目前无法用数学模型运算得出。

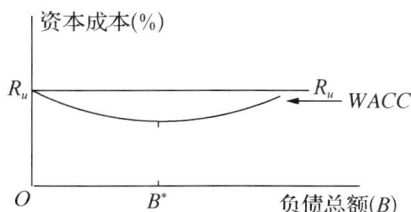

图 9-6　权衡理论下资本成本

四、优序融资理论

优序融资理论源自信息不对称理论,因为公司的管理者比外部的投资者更了解公司的前景、风险及价值。信息的不对称影响了公司的内部融资和外部融资,也影响了公司在发行新股和债券之间的选择。由此形成了融资的一种等级次序,企业首选的是内部资金来源,即留存利润,其次是发行债券,最后才是发行股票。

根据信息不对称理论,企业管理者的众多决策,如筹资方式的选择、股利分配等,不仅有财务上的意义,而且也向市场和外部投资者传递相应的信号。外部投资者会通过管理者的决策所传递的信息来判断企业未来收益的预期及投资风险等,从而间接评价公司价值。

因为内部管理者掌握了更多的信息,有助于他们更好地评价公司价值,当公司股票可能被低估时,管理层倾向避免发行新股,而采取其他方式融资,如内部融资或发行债券。当公司股票价值被高估时,公司管理者会尽量发行新股融资,让新股东分担投资风险,从而维护现有股东的利益。而理性的外部投资者会产生逆向选择,认为当公司预期业绩卓越且风险较小时,管理层会选择债务融资,以充分利用杠杆效应,增加每股收益,提高公司价值。而一旦公司宣告发行新股,是在向市场传递未来收益不确定且公司股价被高估的信号,这种信号传递结果会降低投资者对发行股票公司价值的预期,导致公司股票价格下跌。

所以,公司为了保持筹资能力,会倾向更多留存收益,提高股本比重,降低负债比率。

优序融资理论与权衡理论的区别主要有三点:

(1) 没有目标资本结构。在优序融资理论下,没有最优的负债额或最优的负债权益比。

(2) 盈利企业有更少的负债额。因为盈利企业有更多的内部现金流,所以只需要更少的外部融资,因此负债也更少。

(3) 公司倾向财务松弛。公司保留更多的盈余也即囤积更多的内部资金,以保持更好的筹资能力。

对比权衡理论和优序融资理论,我们发现,权衡理论更强调长远的财务计划或战略,税盾效应和财务危机成本是非常重要的因素。优序融资理论更多关注进行外部融资是需要的短期策略。这两种理论有助于我们更好地理解公司对负债的运用。比如公司倾向有长期的目标资本结构,但是同时也有可能偏离长远资本结构的目标需求,力图避免发行新股。

即测即评

1.(单选)考虑了企业的财务危机成本和代理成本的资本结构模型是(　　)。

A. MM 模型　　　　　　　　　　B. CAPM 模型

C. 权衡模型　　　　　　　　　　D. 不对称信息模型

2.(单选)MM 资本结构理论认为,在考虑企业所得税的情况下,企业价值会随着负债比率的提高而增加,原因是(　　)。

A. 拮据成本的作用　　　　　　　B. 股权结构的作用

C. 利息的抵税作用　　　　　　　D. 代理成本的作用

3.(单选)MM 资本结构无关论存在的前提条件是(　　)。

A. 不考虑经营风险　　　　　　　B. 不考虑税收

C. 不考虑资本成本　　　　　　　D. 不考虑企业价值

4.(判断)财务危机成本大小与债务比率同方向变化。　　　　　　　　　(　　)

5.(判断)优序融资理论认为盈利的企业有更少的负债额。　　　　　　　(　　)

第二节　资本结构决策分析

一、资本结构的影响因素

长期债务资本与权益资本构成了企业的资本结构,债务融资可以实现税盾效应,但是增加债务的同时也会加大公司的风险,并最终要股东承担风险成本。根据权衡理论,最佳的资本结构也就是公司价值最大同时加权资本成本最低的资本结构。但是现实生活中,由于筹资活动和筹资环境的复杂性,很难找到各种筹资方式之间的最佳比率。因此,公司资本结构决策的主要内容是权衡债务的收益和风险,实现合理的目标资本结构,从而实现企业价值最大化的财务目标。

影响公司最佳资本结构的因素可以分为公司的内部因素和外部因素。

(一)内部因素

1. 公司的成长性和稳定性

公司的成长性一般用营业收入增长率等指标衡量,增长率越高,一般认为成长性越强,预期利润会增长更快,也就越可以承担更多负债。稳定性也是影响资本结构的重要因素,不稳定意味着预期收益波动性大,也就是经营风险大,公司应该对负债持谨慎态度。所以在实践中,成长性对资本结构的影响是复杂的、不确定性的。既可能因为成长性越强的公司,债权人与股东对公司未来收益有充分信心,所以负债率越高;也可能因为高成长意味着高风险,债权人不愿意承担更大风险,公司的负债率反而偏低。

2. 资产结构与抵押价值

相关研究表明,公司的资本结构选择往往与公司拥有的资产类型相关。一般情况下,当公司资产的抵押价值更高的前提下,公司偏向高负债比率;反之趋向低负债比率。

3. 盈利能力

一般认为,盈利能力越强也就是投资报酬率越高的公司通常负债较少,现实的解释是盈利能力特别强的公司往往有能力通过留存收益解决融资需求。

4. 管理层对公司控制权的偏好

如果公司被少数股东控制,公司往往会重视控股权问题,为防止控股权被稀释,公司会避免发行普通股而尽量采用优先股融资或债务融资。因为没有办法证明一种资本结构会比另一种资本结构更优,管理层会根据自己的判断决策资本结构,如果管理层偏保守,会偏向比同行业平均水平更低的负债比率,而激进的管理层会使用更多的负债,期望创造更高价值。

5. 财务灵活性

财务灵活性是指企业利用闲置资金和剩余的负债能力以应付可能发生的偶然情况和把握新投机机会的能力。财务灵活性意味着足够的借款能力,财务灵活性大的公司比财务灵活性小的公司负债能力更强。

（二）外部因素

1. 市场利率和所得税税率

市场利率较高,意味着公司负债的资本成本增加,公司对负债会更谨慎。因为利息可以在所得税税前抵扣,所以,负债越多,债务的利息税盾效应越明显;所得税税率越高,公司会倾向更多的负债。

2. 行业特征和公司发展周期

在实务中,资本结构呈现明显的行业特征,产品市场稳定的成熟产业经营风险低,通常会提高负债比率,发挥财务杠杆效应。而高新技术产业等因为产品、技术、市场还不成熟,经营风险高,因此可以降低债务比率,控制财务风险。公司处于不同的发展阶段,资本结构通常也呈现不同特点。初创阶段,通常经营风险大,所能承担的财务风险不会太高,需要更多地依托股权融资;成长阶段,经营风险有所降低,资本结构安排上会依托股权融资和负债融资,同时注意控制负债比率;成熟阶段,营业收入稳定或持续增长,经营风险低,公司在资本结构安排上可增加负债比率,充分利用杠杆效应,创造价值;衰退阶段,公司产品市场占有率下降,经营风险增加,应该适当降低债务资金比率,保持公司持续经营能力。

二、资本结构的决策方法

适当利用负债可以降低公司资本成本,当公司负债比率过高时,杠杆利益会被财务危机成本等抵消,公司面临较大财务风险。公司最佳的资本结构是加权平均资本成本最低而企业价值最大时的资本结构,但是不断变化的经营状况和外部环境,使得最佳资本结构的确定非常困难。资本结构决策分析的常用方法主要有每股收益无差别点法和资本成本比较法。

（一）每股收益无差别点法

所谓每股收益无差别点,就是在两种或两种以上的筹资方案中,使得每股收益相等时的息税前利润。在该息税前利润水平下,两种融资方式的每股收益都相等。无差别点其实是一个均衡点,如果偏离这个点,就会有不同融资方式对于公司价值更大或更小的贡献。在资本结构决策中,利用债务资本筹资的目的之一,就在于债务资本能够带来财务杠杆效应,利用债务融资的财务杠杆作用来增加股东财富。所以,当预期息税前利润或业务量水平大于每股收益无差别点时,应当选择债务筹资方案,反之选择股权融资方案。具体计算方法如下:

$$EPS = \frac{(EBIT - I) \times (1 - T) - D_P}{N}$$

式中,EPS 为普通股每股收益;$EBIT$ 为息税前利润;I 为债务利息;T 为所得税税率;D_P 为优先股股利;N 为普通股股数。

我们设定方案一为追加债务融资的筹资方案,方案二为追加普通股股权融资的筹资方案,两种方案的 EPS 与 $EBIT$ 的关系如图 9-7 所示:无差别点应该是使得两种方案的 EPS 相等时的 $EBIT$。如图 9-7 所示,当公司 $EBIT$ 超过无差别点后,方案一的 EPS 会大于方案二的 EPS,我们称为债务优势;而当公司 $EBIT$ 小于无差别时,方案二的 EPS 会大于方案一的 EPS,我们将其称为债务劣势。

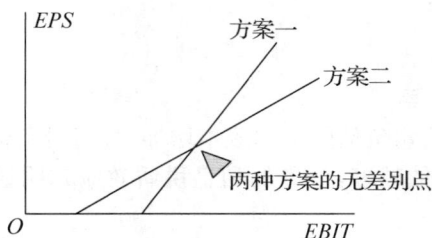

图 9-7 两种筹资方案的每股盈余无差别点

计算每股收益无差别点的公式如下:

$$\frac{(EBIT - I_1)(1 - T)}{N_1} = \frac{(EBIT - I_2)(1 - T)}{N_2}$$

式中,I_1、I_2 分别为两种筹资方式下的利息;N_1、N_2 分别为两种筹资方式下的普通股股数。

【例 9-1】 甲公司原有资本 700 万元,其中债务资本 200 万元,债务利息率 12%,普通股 500 万元(每股面值 50 元,共发行 10 万股),由于扩大投资,需要追加筹资 300 万元,筹资方式有两种:一是全部长期债券融资,债务利息还是 12%;二是全部发行普通股:增发 6 万股,每股 50 元。该公司所得税税率 25%。

将上述数据代入公式计算:

$$\frac{(EBIT - 24 - 36) \times (1 - 25\%)}{10} = \frac{(EBIT - 24) \times (1 - 25\%)}{10 + 6}$$

$$EBIT = 120(万元)$$

无差别点的 $EPS_1 = \dfrac{(120 - 24 - 36) \times (1 - 25\%)}{10} = 4.5(元/股)$

无差别点的 $EPS_2 = \dfrac{(120-24) \times (1-25\%)}{10+6} = 4.5(元/股)$

也就是说,当息税前利润为 120 万元时,股权融资和债务融资效果是相同的,即每股收益都是 4.5 元。当息税前利润高于 120 万元时,采用债务融资方案可以获得较高的每股收益,当息税前利润低于 120 万元时,采用权益融资方案可以获得较高的每股收益。

当然,从这个例题中,我们发现,每股收益无差别点方法只能帮助我们找到公司在不同的息税前利润水平下,追加筹资时更适合债务融资还是权益融资,但不能明确最佳的负债水平,也没有考虑杠杆风险对公司价值的影响。

(二)资本成本比较法

资本成本比较法,就是在不考虑各种融资方式在数量与比例上的约束以及财务风险差异时,通过计算长期融资组合方案以市场价值为权数的加权平均资本成本,选择加权平均资本成本最低的筹资方案为最优的资本结构。

【例 9-2】　乙公司成立需要 1 000 万资金,有长期借款、公司债券和发行普通股三种筹资方式,经过测算,个别资本成本分别为 5%、6% 和 8%。有以下三种不同资本结构的筹资方案,如表 9-1 所示。

表 9-1　乙公司筹资方案数据表

单位:万元

筹资方式	A 方案	B 方案	C 方案
长期借款	300	200	100
公司债券	200	200	200
普通股	500	600	700
合　计	1 000	1 000	1 000

分别计算三个方案的加权平均资本成本 WACC:

$$WACC_A = \frac{300}{1\,000} \times 5\% + \frac{200}{1\,000} \times 6\% + \frac{500}{1\,000} \times 8\% = 6.7\%$$

$$WACC_B = \frac{200}{1\,000} \times 5\% + \frac{200}{1\,000} \times 6\% + \frac{600}{1\,000} \times 8\% = 7\%$$

$$WACC_C = \frac{100}{1\,000} \times 5\% + \frac{200}{1\,000} \times 6\% + \frac{700}{1\,000} \times 8\% = 7.3\%$$

通过计算发现,A 方案的加权平均资本成本最低,因此,在不考虑财务风险的前提下,公司应该选择 A。

这种方法计算简便,但是这种方法只是比较了各种融资组合方案的加权平均资本成本,不能比较各方案的财务风险差异。

即测即评

1.(单选)企业在一定时期的最佳资本结构是指(　　　)。

A. 企业价值最大　　　　　　　　　B. 加权平均资金成本最低

C. 资金周转速度最快　　　　　　　D. 加权平均资金成本最低,企业价值最大

2.（判断）每股收益无差别点法下,当预期息税前利润小于无差别点的息税前利润时,运用权益筹资有利。　　　　　　　　　　　　　　　　　　　　　　　　（　　）

3.（判断）一般而言,风险意识较强,管理方式偏于稳健的管理人员会为追求较高的财务杠杆作用而使企业的负债比率过高。　　　　　　　　　　　　　　　　　　（　　）

4.（判断）加权平均资本成本最低点法既考虑了成本因素,也考虑了风险因素。　（　　）

5.（多选）每股收益无差别点是指使不同资本结构的每股收益相等时的（　　）。

A. 销售收入　　　　　　　　　　　B. 变动成本

C. 固定成本　　　　　　　　　　　D. 息税前利润

第三节　杠杆效应

阿基米德说过:"给我一个支点,我可以撬起整个地球。"这就是杠杆的力量。公司财务领域同样也存在杠杆效应,表现为:由于特定固定支出的存在,使得当某一变量以较小幅度变动时,另一个相关变量会以较大幅度变动。财务管理中的杠杆效应,包括经营杠杆、财务杠杆和总杠杆三种效应形式。在筹资方式选择和资本结构调整方面,公司需要考虑是否利用和如何利用杠杆效应。公司的经营杠杆是由固定性经营成本所引起的;而财务杠杆是由债务利息等固定性融资成本所引起的;总杠杆是固定经营成本和固定性融资成本的共同作用。

一、经营杠杆

（一）成本习性

在具体讨论杠杆之前,我们首先回顾一下成本习性。根据成本习性可以把成本分成三类,固定成本、变动成本和混合成本。固定成本是指总额在一定期间和营业规模内保持固定不变的成本,如一定生产规模下的固定资产成本。在一定生产规模下,固定资产保持总额不变,那么相关成本就是固定成本。变动成本指的是总额在一定期间和一定营业规模内,随着业务量的变动成正比例变动的成本,如原材料成本等。第三种就是混合成本,混合成本兼具前面两种成本的特点,如仓储费用,它会受规模的影响,但是没有严格的比例关系。我们可以从成本性态的角度把混合成本拆分成固定成本和变动成本,这样,最终的成本就是固定成本和变动成本。拆分的具体方法通常会在管理会计中详细讨论。

（二）经营杠杆

在讨论经营杠杆之前,我们先来看[例9-3]。

【例9-3】　丙公司只销售一种产品,单位变动成本6元/件,单价10元/件,其他相关资料如表9-2所示。

表9-2 丙公司销售量变动与 EBIT 变动情况　　　　　　单位:元

月　份	销售量	销售量变动率	变动成本总额	固定成本	EBIT	EBIT 变动率
1 月	1 000		6 000	2 000	2 000	
2 月	2 000	100%	12 000	2 000	6 000	200%
3 月	1 000	−50%	6 000	2 000	2 000	−66.67%

从表9-2中,我们发现 EBIT 的变动率要明显大于销售量的变动率。这是因为,在其他因素不变的前提下,销售量的增加一般不会改变固定成本总额,但会降低单位产品所分担的固定成本,从而提高单位产品的利润。反之,销售量下降时,EBIT 会下降得更快。因为,销售额下降会使得单位产品分担更多的固定成本,降低单位产品的利润水平,从而使得EBIT 的下降率大于销售量的下降率。这种由于固定成本的存在使得息税前利润变动率大于销售量的变动率的现象,就是经营杠杆或者营业杠杆。如果固定成本不存在,息税前利润变动率应就会等于销售量的变动率。

(三)经营杠杆系数

只要存在固定成本,就会存在经营杠杆效应。但是销售量不同,经营杠杆效应的程度就不同。我们可以用经营杠杆系数来衡量经营杠杆的效用程度。经营杠杆系数(DOL)是息税前利润的变动率相对于销售量的变动率的倍数。经营杠杆系数的基本公式如下:

$$DOL = \frac{\Delta EBIT / EBIT}{\Delta Q/Q} = \frac{\Delta EBIT / EBIT}{\Delta S/S} \qquad （基本公式）$$

式中,$\Delta EBIT$ 指息税前利润变动额;ΔQ 指销售量的变动额;ΔS 指销售收入的变动额。

S 代表基期销售收入,P 代表销售单价,V 代表单位变动成本,F 代表固定成本总额,$EBIT$ 等于销售收入减去成本(包括变动成本和固定成本)。展开基本公式后会得到:

$$DOL = \frac{\Delta Q(P-V)/[Q(P-V)-F]}{\Delta Q/Q}$$

整理以后得到:

$$DOL = \frac{Q(P-V)}{Q(P-V)-F} \qquad （公式二）$$

这里特别要注意,公式推导过程中,Q、P、V、F 相关数据都是基期数据,所以以后计算中使用的也是基期数据。

又因为营业收入减去变动成本等于边际贡献总额,用 M 可以表示为:

$$EBIT = Q(P-V) - F = M - F$$

对 DOL 的公式经过整理,可以得到:

$$DOL = \frac{M}{M-F} = \frac{EBIT+F}{EBIT} \qquad （公式三）$$

同样上述公式也使用基期数据。

从公式三可以更明确固定成本在经营杠杆中的重要作用,只要 F 大于 0,经营杠杆系数就大于 1,就会存在经营杠杆效应。

我们还看[例 9-3],分别用基本公式、公式二和公式三来计算第 2 期和第 3 期的 DOL。注意:除了基本公式,公式二和公式三计算时都是第 2 期用第 1 期数据计算,第 3 期用第 2 期数据计算:

$$DOL_2 = 200\% \div 100\% = 2$$

$$DOL_2 = \frac{1\,000 \times (10 - 6)}{1\,000 \times (10 - 6) - 2\,000} = 2$$

$$DOL_2 = (2\,000 + 2\,000) \div 2\,000 = 2$$

$$DOL_3 = -66.67\% / -50\% = 1.33$$

$$DOL_3 = \frac{2\,000 \times (10 - 6)}{2\,000(10 - 6) - 2\,000} = 1.33$$

$$DOL_3 = (6\,000 + 2\,000)/6\,000 = 1.33$$

由此计算结果,会发现丙公司的经营杠杆系数都大于 1,该公司存在经营杠杆效应,即息税前利润的变动率会大于销售收入的变动率。

（四）经营杠杆和经营风险

经营风险是指企业由于经营上的原因而导致的息税前利润波动的风险。引起企业经营风险的主要原因是市场及生产成本等因素,经营杠杆本身并不是收益率不确定的根源,但是,经营杠杆放大了各因素的变动对利润波动的影响。经营杠杆系数越高,息税前利润相对于销售量变动的影响程度越大,经营风险也就越大。经营杠杆系数的公式如下:

$$DOL = \frac{EBIT + F}{EBIT} = 1 + \frac{基期固定成本}{基期息税前利润}$$

所以,只要息税前利润为正,只要存在固定成本,经营杠杆系数就会大于 1。影响经营杠杆系数的因素包括固定成本和息税前利润,而产品的销售量 Q,单价 P,单位变动成本 V,还有固定的经营成本总额 F,都会影响到公司息税前利润,所以这些因素都会影响经营杠杆。一方面销售量与销售单价增加,经营杠杆系数变小,经营杠杆程度降低;另一方面,单位变动成本与固定成本增加,经营杠杆系数增加,经营杠杆程度也增加。

总之,固定成本越高、变动成本越高,销售数量和销售单价越低,经营杠杆系数越大,经营杠杆放大了经营风险,反之亦然。

二、财务杠杆

（一）财务杠杆定义

公司的长期资本包括权益资本和债务资本。其中债务成本中的利息费用通常是固定不变的且从税前利润支付,正是因为这个属性,使得即使息税前利润相同,在不同的资本结构下,股东的每股收益也是不同的。当息税前利润增长时,每一元盈余所负担的固定财务费用会相对减少,这就会给普通股股东带来额外收益;反之,当息税前利润降低时,每一元盈余所负担的固定财务费用就会相对增加,这会大幅度减少普通股每股盈余。

【例 9 - 4】 丁公司 2020 年 1—4 月的息税前利润分别为 15 万元、16 万元、24 万元、16 万元,假设每月的债务利息均为 15 万元,所得税税率为 25%。

要求:

1. 计算丁公司 1—4 月的税后利润以及税后利润变动率(见表 9 - 3)。

2. 计算各月息税前变动率,比较各月税后利润变动率与息税前变动率的变动幅度孰大孰小。

表 9 - 3 丁公司 EBIT 及税后利润变动表 单位:万元

月份	EBIT	EBIT 变动率	债务利息	所得税(25%)	税后利润	税后利润变动率
1	15		15	0	0	
2	16	6.67%	15	0.25	0.75	
3	24	50%	15	2.25	6.75	800%
4	16	−33.33%	15	0.25	0.75	−88.89%

通过计算,我们发现,当息税前利润增长时,税后利润会增长得更快,而当息税前利润下降时,税后利润会下降得更快。当普通股股数不变时,税后利润变动率等于每股盈余的变动率。财务杠杆就是指每股盈余的变动率大于息税前利润变动率的现象。

（二）财务杠杆系数

只要存在固定的债务利息,就会存在财务杠杆效应。财务杠杆效应的大小通常用财务杠杆系数表示。所谓财务杠杆系数,是指普通股每股盈余的变动率相对于息税前利润变动率的倍数。计算公式为:

$$DFL = \frac{\Delta EPS/EPS}{\Delta EBIT/EBIT}$$

式中,DFL 指财务杠杆系数;ΔEPS 指普通股每股收益的变动额。

由于

$$EPS = \frac{(EBIT - I) \times (1 - T)}{N}$$

$$\Delta EPS = \Delta EBIT \times \frac{(1 - T)}{N}$$

公式可以进一步推导为:

$$DFL = \frac{EBIT}{EBIT - I}$$

在有优先股的条件下,由于优先股股利通常也是固定的,具有杠杆效应,但优先股股利在税后支付,我们将优先股股利还原到税前与利息费用同一级次,财务杠杆系数计算公式变为:

$$DFL = \frac{EBIT}{EBIT - I - D/(1 - T)}$$

从这个公式可以看出,固定的利息费用和优先股股利越高,杠杆的系数越大。

利用相关公式,我们计算[例 9 - 4]中丁公司第 3 期和第 4 期的财务杠杆系数:

$DFL_3 = 800\% \div 50\% = 16$

$DFL_4 = -88.89\% \div (-33.33\%) = 2.67$

$DFL_3 = 16 \div (16-15) = 16$

$DFL_4 = 24 \div (24-15) = 2.67$

同样,注意公式中所用数据是基期数据,计算结果财务杠杆系数都大于 1,表明存在财务杠杆效应,即普通股每股盈余的变动会大于息税前利润的变动。

(三)财务杠杆与财务风险

财务风险是指企业由于筹资原因产生的固定资本成本而导致的普通股收益波动风险。由于财务杠杆的作用,当企业息税前利润下降时,因为债务资本成本是固定负担,导致属于普通股的剩余收益以更快的速度下降。财务杠杆系数越大,表明普通股每股收益的波动越大,财务风险也越大。在不存在优先股股息的情况下,财务杠杆系数的表达式为:

$$DFL = \frac{EBIT}{EBIT - I} = 1 + \frac{基期利息}{基期息税前利润 - 基期利息}$$

这个公式表明,只要公司有正的税前利润,财务杠杆系数最低为 1,存在债券利息的前提下,财务杠杆系数就会大于 1。

(四)影响财务杠杆的因素

在有优先股的条件下我们发现影响财务杠杆系数的基本因素包括息税前利润 $EBIT$、债务利息 I、优先股股利 D 和所得税税率 T。而影响债务利息 I 的因素有长期资金规模、债务资金比例和债务利率,因此影响财务杠杆的主要因素包括息税前利润 $EBIT$、长期资金规模、债务资金比例、债务利率、优先股股利 D 以及所得税税率 T。

1. 息税前利润 $EBIT$

分子、分母中均包含 $EBIT$,由于分子大于分母,因此 $EBIT$ 与 DFL 负相关。$EBIT$ 增加,DFL 下降。从经济含义上看,财务杠杆度量的是公司在筹资方面风险的情况,杠杆系数越大,财务风险越高,意味着长期的固定利息和优先股的股利较多。杠杆系数下降,意味着风险水平下降,下降主要因为 $EBIT$ 增加。$EBIT$ 增加,意味着每一单位的 $EBIT$ 所负担的固定利息、优先股股利下降,对企业来讲,风险水平下降。

2. 长期资金规模、债务资金比例、债务利率

长期资金规模、债务资金比例、债务利率都是作为影响债务利息的因素,以负数形式出现在分母中,因此都与 DFL 正相关。长期资金增加,债务比例提高,债务利率的上升都意味着利息支出增加,财务负担更重,风险更大,财务杠杆系数更高。

3. 优先股股利 D

优先股股利以负数形式出现在分母中,因此也与 DFL 正相关。

4. 所得税税率 T

T 出现在分母里的分母中,T 前面是负号,而 $D/(1-T)$ 前面也是负号,因此也与 DFL 正相关。

总之,影响财务杠杆的因素包括企业资本结构中的债务资金比率及利率、息税前利润水平等。利息越大,息税前利润水平越低,财务杠杆效应越大,反之亦然。在以上各个因素中,债务资金比例是影响企业财务杠杆最重要的因素。相对于经营杠杆来说,企业对财务杠杆进行调节的主动性比较大。企业可以通过对各种长期资金的比例安排,尤其是债务资金的比例安排,来调节财务杠杆的程度。

三、总杠杆

由于固定成本的存在会产生经营杠杆作用,从而使得息税前利润的变动率大于销售量的变动率;同时,在负债经营的情况下,由于固定财务费用的存在,会产生财务杠杆的作用,使得普通股每股收益的波动大于息税前利润的波动率。也就是说,经营杠杆通过扩大销售影响息税前利润,而财务杠杆通过扩大息税前利润影响每股收益。这两种杠杆的联合效应,就是销售额的变动,会使得每股收益发生更大的变动。

$$DCL(或\ DTL) = DOL \cdot DFL = \frac{\Delta EPS/EPS}{\Delta Q/Q} = \frac{\Delta EPS/EPS}{\Delta S/S}$$

总杠杆作用的程度可以用总杠杆系数来反映,总杠杆系数是经营杠杆系数和财务杠杆系数的乘积。

$$DCL(或\ DTL) = \frac{Q(P-V)}{Q(P-V)-F-I} = \frac{Q(P-V)-F+F}{EBIT-I} = \frac{EBIT+F}{EBIT-I}$$

【例 9-5】 戊企业年销售净额为 280 万元,息税前利润为 80 万元,固定成本为 32 万元,变动成本率为 60%;资本总额为 200 万元,债权资本比率为 40%,债务利率为 12%。

要求:试分别计算戊企业的 DOL、DFL 和 DTL。

$$DOL = \frac{280 - 280 \times 60\%}{280 - 280 \times 60\% - 32} = 1.4$$

$$DFL = \frac{80}{80 - 200 \times 40\% \times 12\%} = 1.14$$

$$DTL = 1.4 \times 1.14 = 1.596$$

或者

$$DTL = \frac{80 + 32}{80 - 9.6} = 1.591$$

通过计算发现,总杠杆系数都大于1,说明存在复合杠杆效应,普通股每股盈余的变动会大于销售收入的变动。由于总杠杆是经营杠杆和财务杠杆的综合,因此前述影响经营杠杆和财务杠杆的因素都会影响总杠杆。

企业的经营杠杆、财务杠杆和总杠杆虽然并不能直接衡量企业所有的经营风险、财务风险和总风险,但它们的确在一定程度上反映了企业的风险程度。上述三种杠杆中,虽然与公司筹资直接相关的只是衡量财务风险的财务杠杆,但是由于经营杠杆和财务杠杆共同构成了企业的总杠杆,因此企业在筹资决策中确定财务杠杆时,必须考虑其与经营杠杆的合理搭配,以实现最佳的总杠杆。总杠杆包含了公司的经营风险和财务风险,反映了企业的整体风险水平,在总杠杆系数一定的情况下,经营杠杆系数与财务杠杆系数此消彼长,所以一般情况下,经营风险比较大的公司应当考虑适当降低财务风险,财务风险大的公司应当考虑适当降低经营风险。

即测即评

1.(单选)在产销量相关范围内,下列关于经营杠杆系数的说法,比较正确的是(　　)。

A. 能够降低企业的经营风险　　　　　　B. 产销量上升,经营风险加大

C. 经营杠杆系数与产销量呈反方向变动　　D. 一个企业经营杠杆系数是固定的

2.(单选)某公司的经营杠杆系数为1.8,财务杠杆系数为1.5,则该公司销售额每增长1倍,就会造成每股收益增加(　　)倍。

A. 1.2　　　　　　B. 1.5　　　　　　C. 0.3　　　　　　D. 2.7

3.(多选)在固定成本不变下,下列关于经营杠杆系数表述正确的有(　　)。

A. 该系数说明了销售额变动所引起息税前利润变动的幅度

B. 销售额越大,经营杠杆系数越大

C. 当销售额达到盈亏临界点时,该系数趋于无穷大

D. 增加销售额、降低产品单位变动成本能使经营风险降低

4.(多选)融资决策中的总杠杆具有的性质有(　　)。

A. 总杠杆系数说明了息税前利润变动对每股收益的影响

B. 总杠杆能够表达企业边际贡献与税前盈余的比率

C. 总杠杆能够估计出销售额变动对每股收益的影响

D. 总杠杆系数越大越好

5.(判断)如果企业负债筹资为零,则财务杠杆系数为1。　　　　　　　　　　(　　)

6.(判断)由于财务杠杆的作用,当息税前利润下降时,普通股每股收益会下降得更快。

(　　)

本章小结

1. 资本结构一般指长期资本的构成及比例关系,其主要影响因素分为内部因素和外部因素,内部因素有公司的成长性和稳定性、资产结构与抵押价值、盈利能力、公司控制权管理层偏好及财务灵活性。外部因素主要包括市场利率和所得税税率及行业特征和公司发展周期等。资本结构的决策方法有每股盈余无差别点法和综合资本成本比较法。

2. 资本结构理论研究资本结构与公司价值之间的关系,MM理论开创了现代资本结构理论的先河。随着假设条件的放宽,形成了权衡理论、优序融资理论等现代资本结构理论体系。

3. 公司需要利用杠杆效应。经营杠杆是固定成本而导致的息税前利润变动,用经营杠杆系数来衡量,经营杠杆系数越大,经营风险越大。财务杠杆是指企业对资本成本固定的债务资金和优先股的运用,用财务杠杆系数来衡量,财务杠杆系数越大,财务风险越大。总杠杆衡量企业的总风险,是经营杠杆和财务杠杆的复合作用。

关键术语

经营杠杆　　财务杠杆　　　总杠杆　　　　　　财务风险　　　　MM 资本结构理论

权衡理论　　优序融资理论　　每股盈余无差别点

复习思考题

1. 经营杠杆存在的原因是什么？如何理解经营杠杆的作用？
2. 财务杠杆存在的原因是什么？如何理解财务杠杆的作用？
3. 如何理解经营杠杆与经营风险的关系？
4. 如何理解财务杠杆与财务风险的关系？
5. 企业如何正确使用财务杠杆？
6. 资本结构决策的方法有哪些？
7. 优化资本结构要考虑哪些因素？

【计算题】

1. ABC 公司资本总额为 250 万元，负债比率为 45%，其利率为 14%。该企业销售额为 320 万元，固定成本为 48 万元，变动成本率为 60%。试计算经营杠杆系数、财务杠杆系数和联合杠杆系数。

2. 某公司 2021 年销售产品 10 万件，单价 50 元/件，单位变动成本 30 元/件，固定成本总额 100 万元。公司负债 60 万元，年利息率为 12%，并须每年支付优先股股利 10 万元，所得税税率为 25%。

要求：

(1) 计算 2021 年边际贡献；

(2) 计算 2021 年息税前利润；

(3) 计算该公司联合杠杆系数。

3. 某企业去年销售额为 500 万元，息税前利润率（息税前利润占销售额百分比）为 10%，借款总额 200 万元，平均借款利率为 5%，该企业复合杠杆系数为 2.5。试求今年在销售增长 10% 的情况下，企业的息税前利润能达到多少？

4. 某企业只生产和销售 A 产品，其总成本习性模型为 $y = 10\,000 + 3x$。假定该企业 2021 年度 A 产品销售量为 10 000 件，每件售价为 5 元，按市场预测 2022 年 A 产品的销售量将增长 10%。

要求：

(1) 计算 2021 年该企业的边际贡献总额；

(2) 计算 2021 年该企业的息税前利润总额；

(3) 计算销售量为 10 000 件时的经营杠杆系数；

(4) 计算 2022 年该企业的息税前利润增长率；

(5) 假定该企业 2021 年发生负债利息 5 000 元，且无优先股股息，计算联合杠杆系数。

5. 某公司 2020 年资本总额为 1 000 万元，其中长期债务资本 400 万元，长期债务年利率 10%，普通股资本 600 万元（24 万股）。现因扩大生产规模，需追加筹资 200 万元，筹资方案有两种：① 发行债券，年利率 12%；② 增发普通股 8 万股。预计 20×1 年息税前利润为 200 万元，假设公司所得税税率为 25%。请用 $EBIT-EPS$ 分析法（每股收益无差别点法）做出选择，并说明理由。

6. 某公司目前发行在外普通 100 万元（每股 1 元），已发行 10% 利率的债券 400 万元，该公司打算为一个新的投资项目融资 500 万元，新项目投产后公司每年息税前利润预计增加到 200 万元。公司适用所得税税率为 25%。现有两个方案可供选择：① 按 12% 的利率发行债券；② 按每股 20 元发行新股。

要求：

(1) 计算两个方案的每股净收益；

(2) 计算两个方案的每股利润无差别点息税前利润；

(3) 计算两个方案的财务杠杆系数；

(4) 判断哪个方案更好。

课程思政案例

我国 2016 年推行的"三去一降一补"政策中的"去杠杆"有何重大意义？

"三去一降一补"即去产能、去库存、去杠杆、降成本、补短板五大任务，这是习近平总书记在 2015 年 12 月召开的中央经济工作会议上根据供给侧结构性改革的要求提出的。供给侧结构性改革主要涉及产能过剩、楼市库存大、债务高企这三个方面，为解决好这一问题，就要推行"三去一降一补"的政策。

【课程思政要点】 引导学生从杠杆原理角度去思考"去杠杆"的重大意义。

第十章　股利政策

学习目标

1. 了解股利政策理论的基本观点
2. 掌握不同类型的股利政策的含义、特点和应用
3. 掌握影响股利政策的因素
4. 理解股利支付程序与支付方式及现金股利与股票股利对企业财务的影响
5. 掌握股票回购、股票股利、股票分割的概念

引导案例

江苏恒瑞医药股份有限公司(简称恒瑞医药,股票代码为 600276)是一家从事医药创新和高品质药品研发、生产及推广的医药健康企业,创建于 1970 年,2000 年在上海证券交易所上市。恒瑞医药 2015—2019 年的每股收益、每股股利及库存股如表 10 - 1 所示。

表 10 - 1　恒瑞医药 2015—2019 年有关股利分配的指标一览表

项　　目	2015 年	2016 年	2017 年	2018 年	2019 年
每股收益(元)	1.114 9	1.104 0	1.137 3	1.100 0	1.200 0
每股现金股利(元)	0.10	0.135	0.130	0.22	0.23
每股股票股利(股)	0.20	0.20	0.20	0.20	0.20
库存股(亿元)	0.878 3	0.434 3	5.284 7	6.340 2	4.198 4

从表 10 - 1 可以看出,恒瑞制药 2015—2019 年每股收益均在 1 元以上;公司的每股现金股利却不高,2015 年每股股利只有 0.10 元,最高的 2019 年也不过 0.23 元;恒瑞制药 2015—2019 年每年均实施每 10 股派 2 股的股票股利方案;在 2015 年、2016 年和 2017 年三年,公司共回购了发行流通在外的股票 6.784 2 亿元。

发放股票股利将增加流通在外的股份,而股票回购会减少流通在外的股份,恒瑞制药为什么要在不同时期进行截然相反的操作呢? 现金股利、股票股利和股票回购会对上市公司的股价产生什么样的影响?

引　　言

股利政策是现代公司理财活动的三大核心内容之一。从股份公司成立之日起,股利分配便已成为公司管理层、投资者、债权人等利益相关者共同关注的一个焦点问题。

股利政策是指在法律允许的范围内,将税后利润在股利派发和增加留存收益之间进行合理分配的方针及对策,包括公司是否发放股利、发放多少股利以及何时发放股利等。减少股利分配,会增加留存收益,这相当于把股东投资的回报作为对公司的再投资,从而减少了外部融资需求。股利政策不仅是公司内部进行资金配置的重要手段,而且已成为公司管理层平衡各方利益的重要财务战略。在公司的实践经营中,要综合考虑各种因素来确定自己的股利政策。

第一节　股利理论与股利政策

一、股利理论

长期以来,人们一直在探究股利政策对股东财富或企业价值有无影响的问题。对这个问题的不同看法形成不同的股利政策理论,现将主要的列举如下。

(一)股利无关论

这一理论认为股利政策对企业价值(股票价值)或资本成本没有影响。1961年美国著名财务学家米勒(Miller)和莫迪利亚尼(Modigliani)在他们著名的论文《股利政策、增长和股票价值》中指出,在没有政府税收和完全有效市场下,股利政策对公司价值或股票价格不产生任何影响,投资者不关心公司股利的分配。公司市场价值的高低,是由公司所选择的投资决策的获利能力和风险组合决定,而与公司的利润分配政策无关(这一理论又称为MM股利政策理论)。该理论是现代股利政策理论的理论原点。

1. 假设前提

MM股利政策理论是建立在完全资本市场理论基础之上的。其假设前提如下:

第一,完美市场假设。信息对称,无税收,无交易成本,并且资本市场上任何投资者的交易额都无法大到足以通过其交易影响证券的市场价格。

第二,理性行为假设。每个投资者都是个人财富最大化的追求者;对股利和资本利得的选择上并无明显的偏好。

第三,完全的确定性假设。投资者对未来的投资机会和利润完全有把握,具有共同期望;所有的公司都发行相同的普通股。

第四,分离假设。公司投资决策事先已经确定,不会随着股利政策的变化而变化,即公司的投资决策与股利分配方案无关。

上述假设描述的是一个绝对完美和有效资本市场,因而股利无关论又被称为完全市场理论。但是,倘若上述假设条件有所改变,那么,情况就会发生很大变化。

股利无关论认为:

(1)投资者并不关心公司股利的分配。若公司留存较多的利润用于再投资,会导致公司股票价格的上升;此时尽管股利较低,但需用现金的投资者可以出售股票换取现金。若公司发放较多的股利,投资者又可用现金再买入一些股票以扩大投资。也就是说,投资者对股利和资本利得并无偏好。

（2）股利的支付比率不影响公司价值。既然投资者不关心股利的分配,公司的价值就完全由其投资的获利能力所决定,公司的盈余在股利和保留盈余之间的分配并不影响公司的价值。

2. 股利支付与企业价值无关的基本逻辑

【例 10-1】　假设鑫辰公司是一家已开业 10 年的无杠杆公司,已知现任财务经理知道公司将在 1 年后解散,在 0 时间点上,经理能准确预测现金流量,公司马上会收到 10 000 元现金流量,且下一年度会收到 10 000 元现金流量,公司无其他正净现值项目。

方案一:公司现行的股利政策是股利等于现金流量,因此 0 时间点和下一年度均发放 10 000 元股利,假设折现率 R_S 为 10%,因此公司价值根据 $V_0 = Div_0 + \dfrac{Div_1}{1+R_S}$ 可以算出公司价值为 19 090.91 元$\left(=10\ 000+\dfrac{10\ 000}{1+10\%}\right)$,若在外发行普通股为 1 000 股,则每股价值为 19.09 元$\left(=\dfrac{10\ 000}{1\ 000}+\dfrac{10\ 000/1\ 000}{1+10\%}\right)$。

方案二:公司立刻按照每股 11 元、总额 11 000 元发放股利,而目前现金流量只有 10 000 元,则仍有 1 000 元需要通过其他途径来筹集,可以选择在 0 时间点上发行 1 000 元的股票,且新股东期望在一年后获得足够的现金流量使其在 0 时间点投资的收益率达到折现率,即 10%。因此,新股东在一年后要求得到 1 100 元[$=1\ 000\times(1+10\%)$],一年后的 10 000 元现金流量中留给老股东的只有 8 900 元($=10\ 000-1\ 100$),老股东获得的股利如表 10-2 所示。

表 10-2　鑫辰公司老股东获得股利情况　　　　　　　　　单位:元

	0 时间点	一年后
老股东的股利总额	11 000	8 900
每股股利	11.00	8.90

此时,每股股利的现值是 19.09 元$\left(=11+\dfrac{8.9}{1+10\%}\right)$。

由此可见,鑫辰公司股票价格与公司发放股利的方案无关。在 MM 理论的严格假设条件下,如果公司发放高额现金股利,当企业有投资需求时,可以无成本发行新股筹集资金来满足投资需求,从而使企业价值不受影响;而对于股东个人来说,即使收到较高红利也不需为此缴税,股东财富不受影响。

显然,MM 股利政策理论的假设与现实差异是很大的。因为公司的投资者实际上都必须缴纳所得税,公司也不可避免地会发生股票发行费用或交易成本,管理人员得到的信息总要强于外部的投资者,所以公司内部融资成本要远远低于外部融资成本,股利支付的多少影响公司的资本成本。在效率性不强的现行市场中,该理论实用性有限。国外很多实证研究表明:在现实的资本市场上,股利政策与公司价值之间存在明显的联系。

（二）股利相关论

1. "一鸟在手"理论

该理论的主要代表人物是戈登（M.Gordon）和林特纳（Lintner）。该理论认为,股东的收入由两部分组成:一是股利;二是资本利得。股利是有把握按时获得的收入,可以消除投资者的不确定感,而股票价格的升降并不完全由企业决定,具有很大的不确定性。因此,投资者偏好现金股利而非资本利得。在此情况下,投资者愿意以较高的价格购买能支付较高股利的股票,也就是说股利支付多的股票价格将会上涨,即股利政策对股票价格产生实际影响。这种理论被戏称为"一鸟在手"理论,即"双鸟在林,不如一鸟在手"。

2. 信号传递理论

股利信号传递理论放松了 MM 股利政策理论中信息对称假设,认为信息是不对称的,公司管理层比公司外部投资者更了解公司。在信息不对称的情况下,公司可以通过股利政策向市场传递有关公司未来盈利能力的信息。一般来说,高质量的公司往往愿意通过相对较高的股利支付率把自己同低质量的公司区别开来,以吸引更多的投资者。对市场上的投资者来说,股利政策的差异或许是反映公司质量差异的极有价值的信号。

这种理论认为,在股票市场中,股票的市场价格是由企业的经营状况和盈利能力确定的。虽然企业的财务报表可以反映其盈利状况,但报表往往可以被巧妙地修饰,给人以假象。从长远来看,能增强和提高投资者对企业信心的,则是实际发放的股利,企业的股利发放是以实际盈利能力为基础的,难以作假。可以说,企业的股利发放,是企业实际盈利能力的最终体现,这也是无法通过对财务报表的修饰来掩盖的。因此,在股票市场中,股利能将企业经营状况和盈利能力的信息传播给投资者。一般而言,保持股利的稳定,并根据收益状况增加股利发放,可使投资者提高对企业的信任,有利于提高企业的财务形象,从而引起股价的上升;反之,则会引起股价的下跌。而一般投资者根据股价的变动来判断是否对企业进行投资,因而股价的升降将对企业产生重大影响,股利政策实际将影响企业价值(或股票价格)。

鉴于投资者对股利信号的理解不同,所做出的对企业价值的判断也不同。

股利增长可能传递了未来业绩大幅增长信号,也可能传递的是公司当前没有净现值大于 0 的投资项目,或公司缺乏较好投资机会的利空消息;股利减少可能传递企业未来出现衰退的信号,也可能传递企业有前景看好的投资项目的利好消息。

3. 代理理论

在 MM 股利政策理论中,有一个重要的假设,即公司管理者和股东之间的利益完全一致,但在现实经济中,情况并非如此。代理理论是在放松了 MM 理论中关于管理者和股东利益一致假设的基础上发展而来的。公司股东、债权人、管理者等诸多利益相关者的目标并非完全一致,在追求自身利益最大化的过程中有可能会以牺牲其他一方的利益作为代价,这种利益冲突反映在公司股利分配决策过程中表现为不同形式的代理成本:① 在股权分散的公司中,表现为股东与管理者之间的代理冲突;② 在股权集中的公司中,表现为控股股东与中小股东之间的代理冲突;③ 在债务过度的公司中,表现为股东与债权人之间的代理冲突。

代理理论认为,股利政策有助于缓解管理者与股东之间的代理冲突,股利政策是协调股东与管理者之间代理关系的一种约束机制。较多地派发现金股利至少有以下两点好处:① 股利的支付减少了管理者对自由现金流量的支配权,这在一定程度上可以抑制公司管理者的过度投资或特权消费,从而保护外部投资者的利益;② 较多的现金股利发放,减少了内部融资,迫使公司进入资本市场寻求外部融资,从而使公司接受资本市场更多、更严格的监督,进一步减少了代理成本。

因此,该理论主张高股利支付率政策,认为这样可以降低代理成本,有利于提高公司价值。但高股利支付率又会带来外部筹资成本和股东税负的增加,因此需在二者之间权衡。

4. 税差理论

税差理论认为,由于普遍存在的税率以及纳税时间的差异,公司选择不同的股利政策,不仅会对公司的市场价值产生不同的影响,而且也会使公司(及个人)的税收负担出现差异。一般来说,股利收益税率高于资本利得税率的差异税率制度,致使资本利得收益比股利收益更有助于股东实现收益最大化目标。再者,即使两者没有税率上的差异,由于投资者对资本利得收益的纳税时间选择更具有弹性,投资者仍可以享受延迟资本利得的纳税时间所带来的收益差异。

税差理论的结论主要有两点:一是股票价格与股利支付率成反比;二是权益资本成本与股利支付率成正比。因此,按照税差理论,企业在制定股利政策时,必须采取低股利政策,才能使股东财富最大化。

5. 顾客效应理论

顾客效应理论是对税差理论的进一步扩展,该理论认为投资者本身因所处不同等级的边际税率,对公司股利政策的偏好也是不同的。例如,边际税率高的投资者偏好低股利支付率或不支付股利的股票,而边际税率低的投资者则喜欢高股利支付率的股票。因此,股东会聚集在满足各自偏好的股利政策的公司,如果公司不断变动其股利政策,会使得有偏好的投资者无所适从。这个理论解释了为什么公司股利分配政策要保持相对的稳定。

二、股利政策的类型

支付给股东的盈余与留在公司的保留盈余,存在此消彼长的关系。所以,股利分配既决定给股东分配多少红利,也决定有多少净利留在公司。减少股利分配,会增加保留盈余,减少外部筹资需求。所以,股利政策也是内部筹资决策,股利政策既要保持相对稳定,又要符合公司财务目标和发展目标。

在进行股利分配的实务中,公司经常采用如下股利政策。

(一) 剩余股利政策

剩余股利政策就是在公司有着良好的投资机会时,根据目标资本结构(最佳资本结构),测算出投资所需的权益资本,先从盈余当中留用,然后将剩余的盈余作为股利予以分配。

采用剩余股利政策时,公司应遵循以下四个步骤来决定股利支付额:

(1)确定目标资本结构,即确定权益资本与债务资本的比率,在此资本结构下,加权平均资本成本将达到最低水平。

(2)确定目标资本结构下投资所需的权益资本数额。

(3)最大限度地使用净利润来满足投资方案所需的权益资本数额。

(4)当投资方案所需的权益资本已经完全得到满足后,若有剩余盈余,公司才将其作为股利发放给股东。

【例 10-2】　假定某公司某年度可供分配的税后净利润为 600 万元,第二年的投资计划所需资金 800 万元,公司目标资本结构为权益资本占 60%、债务资本占 40%。

按照目标资本结构的要求,公司投资方案所需的权益资本数额为:

800×60%＝480(万元)

公司当年盈余为 600 万元,可以满足上述投资方案所需的权益资本数额并有剩余,剩余部分再作为股利发放。当年发放的股利额为：

600－480＝120（万元）

假定该公司当年流通在外的只有普通股 100 万股，那么，每股股利为：

120÷100＝1.2（元）

剩余股利政策的优点是：留存收益优先保证再投资的需求，有助于保持理想的资本结构，实现企业价值的长期最大化。

剩余股利政策的缺点是：一是股利支付额会每年随投资机会和盈利水平的波动而波动，不利于公司树立良好的形象。在盈利水平不变的前提下，股利发放额与投资所需资金的多寡呈反方向变动；而在投资机会维持不变的情况下，股利发放额与公司盈利呈同方向变动。二是不利于投资者安排收入与支出，从而不利于吸引追求稳定收入的股东投资。

剩余股利政策比较适合于新成立的、处于初创期的公司。

（二）固定或稳定增长股利政策

固定股利政策是将每年发放的股利固定在某一水平上并在较长时间内保持不变，只有当公司认为未来盈余将会显著地、不可逆转地增长时，才提高年度的股利发放额。不过，在通货膨胀的情况下，大多数公司的盈余会随之提高，且大多数投资者也希望公司能提供足以抵消通货膨胀不利影响的股利，因此在长期通货膨胀时期也应逐步提高股利发放率。

这种政策是一种积极的持续股利政策，执行此类股利政策的公司倾向于"平滑"股利，每年所支付的股利与股利的最终决定因素——公司利润相比，变化小得多，即股利政策是"黏性"的。当公司未来盈利有良好的预期时，公司才会调整股利政策，并逐渐提高每股股利，直到达到一个新的每股股利的均衡水平。当公司面临亏损时，公司不会马上调低每股股利，而是试图保持一个正常的股利发放水平。只有当公司确认无法再恢复到原来的盈利水平时，公司才会考虑调低每股股利，并进行全面调整。

固定或稳定增长股利政策的理论基础是"一鸟在手"理论和信号传递理论。其优点是：

（1）固定或者稳定增长的股利向市场传递着公司正常发展的信息，有利于树立公司良好形象，增强投资者对公司的信心，稳定股票的价格。

（2）稳定的股利额有利于投资者安排股利收入和支出，特别是那些对股利有着很高依赖性的股东更是如此。而股利忽高忽低的股票，则不会受这些股东的欢迎，股票价格会因此下降。

（3）可以避免股利支付的大幅度、无序性波动，有助于预测公司的现金流出量，便于公司进行资金调度和财务安排。

固定或稳定增长股利政策的缺点主要体现在：股利支付与公司盈利能力脱节。当盈余较低时，仍要支付固定股利，这可能导致资金短缺，财务状况恶化；同时不能像剩余股利政策那样保持较低的资本成本。

采用固定或稳定增长股利政策，要求公司对未来的盈余或支付能力能做出准确的判断。一般来说，公司确定的股利支付额不宜太高，以免陷入无力支付的困境。这一股利政策通常适用于经营比较稳定或正处于成长期的企业，但很难被长期采用。

（三）固定股利支付率政策

固定股利支付率政策，是公司确定一个股利占税后盈余的比率，长期按此比率支付股利的政策。这种股利政策与剩余股利政策顺序相反,它先考虑派发股利,后考虑留存收益。固定股利支付率越高,公司的留存收益越少。

在固定股利支付率政策下,各年股利额随公司业绩的好坏而上下波动,获得较多盈余的年份股利额较高,获得盈余少的年份股利额较低。

固定股利支付率政策的理论基础是"一鸟在手"理论。其优点是:

(1)根据投资者厌恶风险的心理确定股利支付率,满足投资者获取现金的愿望,使股价维持在一个较高的水平,实现公司价值最大化。

(2)能使股利支付与公司盈余紧密配合,体现多盈多分、少盈少分、无盈不分的原则,有利于真正公平地对待每一位股东。

(3)保持股利与利润间的一定比例关系,体现投资风险与投资收益的对称性。

固定股利支付率政策的缺点是:

(1)各年的股利变动较大,传递给资本市场的是公司经营不稳定的信号,不利于树立公司的良好形象,不利于稳定股票价格。

(2)企业财务压力较大,缺乏弹性。

(3)确定合理的股利支付率难度较大。

固定股利支付率政策适用于稳定发展的公司和财务状况处于较稳定阶段的公司。

(四)低正常股利加额外股利政策

低正常股利加额外股利政策是介于固定股利政策和固定股利支付率政策之间的一种折中的股利政策。其特征是公司一般情况下每年只支付固定的、数额较低的股利;在盈余非常好的年份,再根据实际情况向股东发放额外股利。但额外股利并不固定化,也不意味着原有股利率的提高,它只在特殊情况下支付。

采用本政策的理由主要有:

(1)赋予公司较大的灵活性,对那些利润水平在各年之间波动较大的企业,提供了一种较为理想的股利分配政策。当公司盈余较少或投资需要较多资金时,可维持设定的较低但正常的股利,确保股利支付的持续性;而当盈余有较大幅度增加时,则可适度增加股利,把经济繁荣的部分利益分配给股东,使他们增强对公司的信心,这有利于稳定股票的价格。

(2)可以使那些依靠股利度日的股东至少可以得到虽然较低,但比较稳定的股利收入,从而吸引这部分股东。

这种股利政策既能保持股利的稳定性,又能实现股利与盈余之间较好的配合,因而为许多企业所采用。

以上股利政策各有所长,公司在分配股利时应借鉴其基本决策思想,制定适合自己具体实际情况的股利政策。

小思考

股利政策有哪几种类型? 其各自的主要特点有哪些?

三、股利政策的影响因素

股利相关论认为,公司的股利分配对公司的市场价值并非无关而是相关的。公司的股利分配政策会受到各种制约因素的影响。以下介绍影响股利分配的主要因素。

（一）法律因素

为了保护公司债权人与股东的利益，防止公司管理层滥用手中的权力，有关法律法规做了一定的限制。这些限制主要体现在以下四个方面。

1. 资本保全的限制

各国法律都要求公司在支付股利时要保全资本，即公司不得以资本（股本和资本公积）发放股利，只能来源于公司当期利润和留存收益。其目的是为了保护债权人的利益，防止公司任意减少资本结构中股东权益的比例。如果没有这项约束，一个处于财务危机的企业有可能将其资产分给股东，从而侵蚀资本，损害债权人的利益。

2. 资本积累的限制

我国有关法律法规明确规定，公司必须按税后利润的 10% 提取法定盈余公积金，同时鼓励公司在分配普通股股利之前提取任意盈余公积金，只有当公司提取公积金累积数额达到注册资本的 50% 时才可以不再提取。这是为了制约公司支付股利的随意性，增强企业抵御风险的能力，维护投资者利益。

3. 净利润的限制

规定公司年度累积净利润必须为正数时才可以发放股利，以前年度的亏损必须足额弥补。也就是说，要求在具体的分配政策上，贯彻"无利不分"的原则，公司出现年度亏损时，一般不分配利润。

4. 超额累积利润的限制

超额累积利润是指公司的留存收益超过法律认可的水平。投资者所获得的收益包括股利和资本利得。为了限制因资本利得税率较低而导致公司通过累积利润而使股价上涨，帮助股东避税，有些国家在法律上明确规定不得超额累积利润，对超额累积惩罚性征税。我国法律目前尚未做出相关规定。

（二）股东的因素

公司制定股利政策，必须要充分考虑股东的要求。

1. 避税

税差理论认为，当股利与资本利得存在税率差异，且股利收入税率高于资本利得税率时，投资者往往偏好资本利得。再者，即使两者具有相同的税率，由于投资者对资本利得收益的纳税时间选择更具有弹性，投资者仍可以享受通过继续持有股票来延迟资本利得的纳税时间所带来的收益差异。因此，某些高收入阶层的股东为了避税，反对公司发放较多的股利。

2. 稳定的收入

低收入阶层的股东对股利高度依赖，往往要求公司支付稳定的股利，反对保留较多利润。由于他们所适用的所得税税率较低，而且公司留存收益带来的未来收益或股票交易产生的资本利得具有很大的不确定性，因此，他们与高收入阶层的股东恰好相反，税负不是他们关心的内容，与其等待不确定的未来收益，不如得到现实的、确定的股利。

3. 控制权的稀释

公司发放大量的现金股利，必然导致保留盈余减少。当公司面临较好的投资机会时，只能通过增发新股来募集资金,新股东的加入必然稀释现有股东的控制权。为了防止自己的控制权被稀释,控股股东倾向于采取低股利政策,甚至不分配股利。一般来说,股权分散的公司往往采用高股利政策,股权集中的公司往往采用低股利政策。

(三) 公司的因素

公司基于短期经营和长期发展的考虑,在确定股利政策时,需要关注以下因素。

1. 现金流量

由于会计规范的要求和核算方法的选择,公司盈余与现金流量并非完全同步,净收入的增加不一定表示可供分配的现金流量的增加。公司在进行利润分配时,要保证正常经营活动对现金的需求,以维持资金的正常运转,使生产经营得以有序运行。

2. 资产的流动性

较多支付现金股利,将减少现金持有量而降低资产流动性。资产流动性强、现金充裕的公司股利政策的选择余地大。公司资产保持一定的流动性,不仅是公司经营所必需的,也是在选择股利政策方案时需要权衡的。

3. 盈利的稳定性

公司能否获得长期稳定的盈余,是其股利政策的重要影响因素。盈利越稳定,公司的股利支付水平越高。盈利不稳定的公司,往往采取低股利政策。

4. 举债能力

举债能力强的公司因为能够及时地筹措到所需现金,有可能采取高股利政策。而举债能力弱的公司则不得不多滞留盈余,因而往往采取低股利政策。

5. 投资机会

有良好投资机会的公司需要有强大的资金支持,因而多采用低股利政策,将大部分盈余用于投资。缺乏良好投资机会的公司,保留大量现金会造成资金的闲置,因而常采用高股利政策。正因为如此,高速成长中的公司多采用低股利政策,处于经营收缩中的公司多采用高股利政策。

6. 资本成本

与发行新股相比,留存收益不需要花费筹资费用,是一种比较经济的筹资渠道。因此,从资本成本考虑,当公司需要增加资金规模时,宜采用低股利政策。

7. 偿债的需要

具有较高债务偿还需求的公司,将采用低股利政策。

(四) 其他因素

1. 契约性约束

当公司以长期借款协议、债券契约、优先股协议,以及租赁合约等形式向公司外部筹资时,合同中通常都包括限制性条款,以维护债权人利益,公司股利政策的制定必然受此限制。这些限制通常包括未来股利只能用协议签订后的新的收益支付;营运资金低于一定标准时不得支付股利;利息保障倍数低于一定标准时不得支付股利等。

2. 通货膨胀

通货膨胀会带来货币购买力水平的下降,会导致没有足够的资金来源重置固定资产,需要动用盈余弥补。因此,在通货膨胀时期,企业一般采取偏紧的利润分配政策。

即测即评

1. (单选)某公司近年来经营业务不断发展,预计现有的生产能力能够满足未来10年稳定增长的需要,公司希望其股利的支付与公司盈余保持紧密的配合。基于以上条件该公司最适应的股利政策是(　　)。

A. 剩余股利政策　　　　　　　　B. 固定股利支付率政策

C. 固定股利政策　　　　　　　　D. 低正常股利加额外股利政策

2. (单选)某公司2020年度实现净利润100万元,2021年投资计划预计需要50万元的资金。公司目标资本结构为自有资金40%,借入资金60%,若公司采用剩余股利政策,则该公司2020年可向投资者发放的股利的数额为(　　)万元。

A. 20　　　　　　B. 70　　　　　　C. 80　　　　　　D. 100

3. (多选)从股东保护自身利益的角度出发,在确定股利分配政策时应考虑的因素有(　　)。

A. 避税　　　　B. 控制权　　　　C. 稳定的收入　　　D. 资产的流动性

4. (判断)公司采取固定股利政策可以优化资本结构、实现企业价值最大化,从而有利于企业树立良好的形象。　　　　　　　　　　　　　　　　　　　　(　　)

5. (判断)"一鸟在手"理论认为公司应保持较低水平的股利支付政策。　　(　　)

第二节　股利的发放类型和发放程序

一、股利的发放类型

公司通常以多种形式发放股利。股利支付形式一般有现金股利、股票股利、财产股利及负债股利。

(一)现金股利

现金股利,亦称红利或者股息,是以现金的形式支付给股东的投资回报,这是公司最主要的一种股利支付方式,也最易为投资者接受。公司通常定期发放股利,一般按年度或半年度支付股利。有时,经营状况稳定、盈利颇丰的公司还会增发数量不小的额外现金股利,这种额外现金股利被称为特别股利。

公司自由现金流有两大用途:一是增加留存,用于新项目投资和现金储备;二是回馈股东,用于支付现金股利和进行股票回购。一般业绩差的公司没有能力发放现金股利,成长型公司少发甚至不发现金股利,而成熟型公司则会向股东发放较多的现金股利。

(二)股票股利

股票股利最早出现在英国伊丽莎白时代。为了向东方开拓殖民地,英国于1600年成立了东印度公司。1682年,东印度公司在航海以后没有足够的现金向股东支付股利,于是只好以下次航海的股份来代替现金股利,分配比例是100股送1股,这就是世界首例股票股利。在 18 世纪和 19 世纪,英国公司频繁地发放股票股利。在美国,较早的并且经常被讨论的股票股利分配案例发生在 1869 年,当时纽约中心铁路公司就在即将与亚德逊铁路公司合并之前宣布分配股票股利。令人惊奇的是,尽管股票股利也要支付所得税,仍在当时的美国十分盛行。

股票股利又称"红股",是公司以增发股票作为股利的支付方式。它类似于将一个现有的饼分成若干更小的等份,而不影响股东现有的持股比例。

股票股利并不直接增加股东的财富,不导致公司资产的流出或负债的增加,因而不是公司资金的使用,同时也并不因此增加公司的财产,但会引起所有者权益各项目的结构发生变化。

(三)财产股利

财产股利是上市公司用现金以外的其他资产向股东分派的股息和红利。它可以是上市公司持有的其他公司的有价证券,也可以是实物。

以财产形式发放的股利,又称"实物股利",主要有三种形式:① 以公司以前所发行的公司债务或优先股分派给股东;② 以不属于该公司的证券分派给股东;③ 将商品实物分派给股东。美国的很多股权公司常将其附属公司的普通股分派给原股权公司的股东。

(四)负债股利

负债股利是上市公司通过建立一种负债,用债券或应付票据作为股利分派给股东。这些债券或应付票据既是公司支付的股利,又确定了股东对上市公司享有的独立债权。

二、股利的发放程序

股份公司股东人数众多,而且股权可以自由转让,股东人数经常变动。所以,现金股利发放具有一定的程序。公司的董事会决定股利分配方案,股利只发放给规定日期登记在册的公司股东。董事会宣布分派现金股利后,公司就产生股利支付的法律业务。公司每年发放的股利次数,在不同的国家、行业和企业均存在差异。我国的股份公司一般一年发放一次,而美国公司则多为一个季度发放一次。图 10 - 1 所示为云南白药 2019 年度股利发放程序。

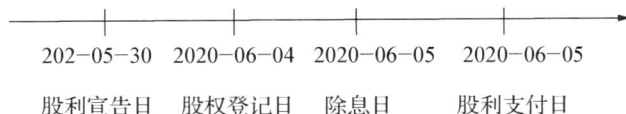

202-05-30	2020-06-04	2020-06-05	2020-06-05
股利宣告日	股权登记日	除息日	股利支付日

图 10 - 1　股利发放程序

(一)股利宣告日

股利宣告日是公司董事会将股东大会通过本年度利润分配方案的情况及股利支付情况予以公告的日期,公告中将宣布权益分配方案、股权登记日、除权除息日、股利支付日以及权益分派对象等事项。

(二)股权登记日

股权登记日是有权领取股利的股东资格登记截止日期。只有在股权登记日当天列于公司股东名册上的股东,才有权分享当前发放的股利。如果在这一日之后才列于股东名单的股东,无权获得本期股利。

(三)除息日

除息日也称除权日,即领取股利的权利与股票本身相分离的日期。在除息日前,股利分配权从属于股票,持有股票者即享有领取股利的权利;到除息日,股利分配权与股票分离,新购入股票的人不再分享本次股利发放的权利。由于失去了"附息"的权利,通常除息日股价会下跌。如果市场是完美的(无税收、无交易成本、信息对称等),股价下跌的幅度应等于分派的股利。

由于各国证券登记结算制度的差异,不同国家股权登记日和除息日的先后有差异。在美国,一般规定在股权登记日的前两个营业日为除息日,在除息日之前购买的股票可以获得将要发放的股利。在除息日当天及之后购买的股票无权获得当期股利。但在中国,股权登记可以在交易当天收盘后完成,所以股权登记日后的一天才是除息日。

(四)股利支付日

股利支付日也称付息日,向股东正式发放股利的日期。我国大部分公司的股利支付日和除权日在同一天。

知识拓展　　　　请扫码 →　　　　我国上市公司股利政策的演变历程

即测即评

1.(单选)如果上市公司以其应付票据作为股利支付给股东,则这种股利支付形式被称为(　　)。

A. 现金股利　　　　　　　　　　B. 财产股利

C. 负债股利　　　　　　　　　　D. 股票股利

2.(单选)公司董事会将有权领取股利的股东有资格登记截止日称为(　　)。

A. 股利宣告日　　　　　　　　　B. 股利支付日

C. 股权登记日　　　　　　　　　D. 除息日

3.(多选)按照股份有限公司对其股东支付股利的不同方式,股利可以分为不同的种类,有(　　)

A. 现金股利　　　　　　　　　　B. 财产股利

C. 负债股利　　　　　　　　　　D. 股票股利

4.(判断)只有在除息日之前,股权登记日收盘时在册的股东,才能分享最近一次分派的股利。　　　　　　　　　　　　　　　　　　　　　　　　　　　　(　　)

5.(判断)企业员工和管理当局愿意为企业的兴旺发达努力工作,他们是企业长远利益的典型代表,并通常倾向于企业支付较低的现金股利,增加留存盈余。　　　　(　　)

第三节　股票回购

一、股票回购的定义

股票回购是指股份公司出资将其发行在外的一定数量的股票以一定价格赎回,并予以注销或库存的一种资本运作方式。所赎回的股票一般有两种处理方式:一是注销;二是作为"库藏股"保留,保留下来的"库藏股"虽仍属于企业的股份,但不参与每股收益的计算和分配。

我国《公司法》第一百四十二条规定,公司只有在以下六种情形下才能回购本公司的股份:

(1) 减少公司注册资本;

(2) 与持有本公司股份的其他公司合并;

(3) 将股份用于员工持股计划或者股权激励;

(4) 股东因对股东大会做出的合并、分立决议持异议,要求公司收购其股份;

(5) 将股份用于转换上市公司发行的可转换为股票的公司债券;

(6) 上市公司为维护公司价值及股东权益所必需。

二、股票回购的动机

股票回购产生于公司规避政府对现金红利的管制。为了有效地规避现金股利税收,股票回购从产生之初一直受到公司的青睐。在目前的税法下,股东也偏好股票回购,但也会受到《公司法》《上市公司回购社会公众股份管理办法(试行)》等相关法律规定的限制,例如,股份回购只能是购回并注销公司发行在外的股份。

在资本市场上,公司进行股票回购的动机主要有六个。

(一) 现金股利的替代

派发现金股利会对公司产生未来的派现压力,而股票回购属于非正常股利政策,不会给公司带来未来的派现压力。因此,当公司拥有大量的多余现金、将来一段时间又没有合适投资机会、不希望通过派现方式进行利润分配时,股票回购可以作为现金股利发放的一种有效替代。

(二) 提高每股收益

每股收益指标是以流通在外的普通股股份数作为计算基础,有些公司从提高自身形象、上市需求和投资人渴望高回报等动机考虑,采取股票回购的方式来减少实际流通在外的普通股股数,从而提高每股收益指标。

【例 10 - 3】　鑫辰公司流通在外的普通股股数为 500 万股,税后净利润为 2 500 万元,目前市价为每股 30 元,假设公司计划回购 20% 的股票,市盈率不变,请问回购后预期股票市场价格是多少?

回购前:

$$每股收益 = \frac{税后利润}{股份数} = \frac{2\ 500}{500} = 5(元)$$

$$市盈率 = \frac{市价}{每股收益} = \frac{30}{5} = 6$$

回购后：

$$每股收益 = \frac{2\ 500}{500 \times (1 - 20\%)} = 6.25(元)$$

$$预期股票市场价格 = 6.25 \times 6 = 37.5(元)$$

由此可见，在市盈率不变的情况下，公司计划回购股票后，会导致每股收益和预期股票市场价格的上升。

（三）改变公司的资本结构

无论是现金回购还是举债回购股份，都会提高公司的财务杠杆水平，改变公司的资本结构。在现金回购方式下，假定公司的负债规模不变，那么股票回购之后的权益资本在公司资本结构中的比重下降，公司财务杠杆水平提高；在举债回购方式下，一方面是公司的负债规模增加，另一方面是权益资本比重的下降，公司财务杠杆水平提高更显著。因此，在权益资本占总资本比重较大时，公司可以为了调整资本结构而进行股票回购。

（四）传递公司信号，以稳定或提高公司的股价

由于信息不对称和预期差异，公司的股价有可能被低估，而过低的股价将会对公司产生负面影响。如果公司管理层认为公司股票被严重低估，可以通过股票回购，向市场传递积极信息，稳定公司股票价格。实际上，公司的股票回购公告发布后，通常会使股票价格上涨。

（五）防止被收购、兼并

证券市场中的兼并、收购行为是常见的，很多时候表现为公司股权之争。股票回购使公司流通在外的股份数变少，股价上升，从而使收购方获得目标公司的控制权变得更加困难。控股股东为了巩固其控制权，往往采取直接或间接的方式回购股票。

（六）满足认股权的行使

在公司发行可转换债券、认股权证或实施高层管理人员股票期权计划及员工持股计划的情况下，采取股票回购的方式既能满足认股权的行使，又不会稀释每股收益。库藏股日后也可用于员工福利计划及发行可转换债券等。

股票回购也会给公司带来一些不利的影响。如股票回购需要大量资金支付，易造成资金短缺，影响公司后续发展；当政府认定公司的回购行为是为了帮助股东逃税，公司会受到惩罚性税收；有时股票回购会引起操纵股价的嫌疑，可能会受到政府的调查或处罚。

三、股票回购的方式

一旦公司决定回购股票，管理层必须选择一种适当的方式来实施股票回购计划，常用的回购方式有以下三种。

（一）公开市场回购

公开市场回购，是指上市公司把自己等同于普通的投资者，按照公司股票当前市场价格回购。在国外较为成熟的股票市场上，这种方式较为流行，透明度较高。

（二）要约回购

要约回购，是指公司在特定时间向市场发出的以高于股票当前市价的某一价格回购既定数量股票的要约。这种方式赋予所有股东向公司出售其所持股票的均等机会。与公开市场回购相比，要约回购通常被市场认为是更积极的信号，因为要约价格存在高出股票当前价格的溢价。要约回购是完全市场化的规范的收购模式，有利于防止各种内幕交易，保障全体股东尤其是中小股东的利益，体现了公平和效率原则。

（三）协议回购

协议回购，是指公司以协议价格直接向一个或几个主要股东回购股票。通常作为公开市场回购方式的补充，而非替代措施。协议价格一般低于当前股票价格，尤其在卖方首先提出的情况下。但有时公司会以超常溢价向其认为存在潜在威胁的非控股股东回购股票，显然，这种过高的回购价格将损害继续持有股票的股东利益，公司有可能为此而涉及法律诉讼。

我国对于国有股，一般采用协商回购，因为它是特定的回购对象，而且持股比例较大，所以采用协商方式有利于回购的顺利完成。对于流通股（A、B、H 股）所采用的回购方式比较灵活，可以选择在公开市场直接购买，也可以用现金要约收购，在采用上述方式时应考虑到两种方式对证券二级市场所产生的不同影响。原则上流通股不采用协商性质的回购，因为所面对的是不确定的投资者，协商在这种情况下是有一定难度的。

小思考

什么是股票回购？股票回购有哪些影响？

即测即评

1.（单选）如果公司的现金超过其投资机会所需要的现金，但又没有足够的盈利性机会可以使用这笔现金，在这种情况下，公司可能（　　）。

A. 发放股票股利　　　　　　　　　B. 回购股票

C. 进行股票分割　　　　　　　　　D. 进行股票反分割

2.（单选）在其他条件不变的情况下，股票回购产生的影响不包括（　　）。

A. 每股收益提高　　　　　　　　　B. 每股面额下降

C. 资本结构变化　　　　　　　　　D. 自由现金流减少

3.（多选）在证券市场上，股票回购的动机主要有（　　）。

A. 替代现金股利　　　　　　　　　B. 降低公司股价

C. 提高财务杠杆比例　　　　　　　D. 抬高公司股价

4.（判断）在信息不对称的情况下，股票回购可能会产生一种有利于公司的信号传递作用,当经理认为本公司普通股价值被低估时,他们往往会采取股票回购方式向市场表达股票价值被低估的信息。　　　　　　　　　　　　　　　　　　　　　　　　（　　）

5.（判断）公开市场回购是一种较为流行的股票回购方式,透明度比较高。　　（　　）

第四节　股票股利与股票分割

一、股票股利

股票股利是公司以发放的股票作为股利的支付方式,是按原股份的比例发给股东的新股。它通常以比例形式（送股率）来表示,如发放 20％的股票股利,股东现在持有的每 10 股股票将能得到 2 股新股。股票股利不涉及公司的现金流,不直接增加股东的财富,不会导致公司资产的流出或负债的增加,同时也并不因此增加公司的财产,但会引起所有者权益各项目的结构发生变化。发放股票股利后,如果盈利总额与市盈率不变,会由于普通股股数增加而引起每股收益和每股市价的下降。但由于股东所持股份的比例不变,每位股东所持有股票的市场价值仍保持不变。

【例 10-4】　鑫辰公司在发放股票股利前,股东权益情况如表 10-3 所示。

表 10-3　发放股票股利前股东权益情况　　　　　　　　　　　单位:万元

项　目	发放股票股利前
普通股（面额 1 元,发行在外 1 000 万股）	1 000
资本公积	2 000
未分配利润	4 000
股东权益合计	7 000

（1）假设鑫辰公司宣布发放 10％的股票股利,现有股东每持有 10 股,即可派送 1 股普通股,公司总共发放 100 万股（＝1 000×10％）普通股股票。若该股票当时市价 16 元,随着股票股利的发放,需从"未分配利润"项目划转出的资金为:

16×1 000×10％＝1 600（万元）

由于股票面值（1 元）不变,发放 100 万股,"股本——普通股"项目只应增加 100 万元,其余的 1 500 万元应作为股票溢价转至"资本公积"项目,而公司股东权益总额保持不变。发放股票股利后,鑫辰公司的股东权益转变为表 10-4 所示的结构。

表 10-4　发放股票股利后股东权益情况　　　　　　　　　　　单位:万元

项　目	发放股票股利后
普通股（面额 1 元,发行在外 1 100 万股）	1 100
资本公积	3 500
未分配利润	2 400
股东权益合计	7 000

可见,发放股票股利,不会对公司股东权益总额产生影响,但会引起资本在各股东权益项目间的再分配。

发放股票股利后,因为盈余总额不变,会由于普通股股数增加而引起每股收益和每股市价的下降;但又由于股东所持股份的比例不变,每位股东所持股票的市场价值总额仍保持不变。这可从下例中得到说明。

(2)假定上述公司本年盈余为 2 200 元,某股东在公司派发股票股利之前持有 20 万股普通股,发放股票股利对该股东的影响如表 10-5 所示。

表 10-5 股票股利发放对股东所持股票价值的影响

项 目	发放前	发放后
每股收益(EPS)	2 200÷1 000=2.2	2 200÷1 100=2
每股市价(元)	33	33÷(1+10%)=30
持股比例	20÷1 000=2%	22÷1 100=2%
持股总价值(万元)	33×20=660	30×22=660

通过分析可知,发放股票股利与现金股利不同,它只是将企业的税后利润资本化,并不会导致公司现金支出的增加,也不会改变股东财富的分配,仅仅增加了流通在外的股份数量。但股票股利对股东和公司都有着特殊的意义。对股份公司而言,其意义在于:

(1)使股票的交易价格保持在合理的范围内。发放股票股利可以降低每股市价,在公司盈余和现金股利不变的情况下,会吸引更多的投资者。假如微软、苹果、谷歌、三星等优秀公司不发放股票股利或进行股票分割,其股价会达到几千甚至几万美元,导致股票缺乏流动性。

(2)以较低的成本向市场传递利好信号。通常情况下,当管理者对公司前景看好时,会发放股票股利。支付股票股利可以向社会传递公司正在快速发展的信息,增强投资者信心,在一定程度上稳定股价。

(3)有利于保持公司资金的充裕。发放股票股利使股东分享公司盈余而无须分配现金,使公司留存了大量现金,作为营运资金或满足未来投资的需要。

对股东而言,其意义在于:

(1)获得股票价值相对上升的益处,使股东财富增长。股票股利的发行会导致股票价格的下跌,若下跌的幅度小于支付的股票股利,这可使股东得到股票价值相对上升的好处。另外,发放股票股利通常是成长中企业所为,因此投资者往往认为发放股票股利预示着公司将会有较大发展,利润将大幅度增大,足以抵消增发股票带来的消极影响。这种心理会稳住股价,甚至略有上升。

(2)与现金股利比,股票股利可以使股东获得税收上的好处,而且具有更大的灵活性。在我国,现金股利要按比例纳税,而出售股票的资本利得无须纳税。在股东需要现金时,可以将分得的股票出售。

二、股票分割

(一)股票分割定义

股票分割(Stock Splits),也称股票分拆,是公司管理当局将高面额股票拆换为低面额股票的行为,如将 1 股面值为 6 元的股票分割成 2 股面值为 3 元的股票。腾讯控股(股票代码:00700)于 2014 年 5 月 15 日进行股份分割,每 1 股分割为 5 股。分割前法定股本为 100 万港元,分为 100 亿股每股面值 0.000 1 港元的股份;股票分割后,法定股本仍为 100 万港元,但被分为 500 亿股面值 0.000 02 港元的股份。需要注意的是,股票分割不属于某种股利支付方式,但其产生的效果与发放股票股利近似。通过分派股票股利,企业的所有者权益总额不变,但是权益内部各项目的结构发生了变化;而股票分割则不需要通过财务系统,只需在报告系统中增加股份数量,不改变股东权益总额及股东权益内部结构。

【例 10-5】 某公司原发行面额 8 元的普通股 1 000 万股,本年净利润 2 000 万元。假定股票分割前每股市价 16 元。若 1 股分割成 2 股的比例进行股票分割,则分割前后的股东权益各项目如表 10-6 所示。

表 10-6 股票分割前后股东权益对照

项 目	股票分割前	股票分割后
净利润(万元)	2 000	2 000
股本:		
股份数(万股)	1 000	2 000
每股面值(元)	8	4
股本金额(万元)	8 000	8 000
资本公积(万元)	1 200	1 200
盈余公积(万元)	1 800	1 800
未分配利润(万元)	2 000	2 000
股东权益合计(万元)	13 000	13 000
每股收益(EPS)	2 000÷1 000=2	2 000÷2 000=1
每股市价(元)	16	8
企业市值(万元)	16×1 000=16 000	8×2 000=16 000

由表 10-6 可知,假定股票分割前后企业的净利润均为 2 000 万元,股票分割前的每股收益为 2 元,分割后的每股收益为 1 元;分割前的每股市价为 16 元,分割后的每股市价为 8 元;股东权益和企业市值均没有发生变化,分别为 13 000 万元和 16 000 万元。

既然股东权益总额及内部结构都没有发生变化,为什么还有公司要乐此不疲地进行股票分割呢?

(二)股票分割对公司的影响

(1)实行股票分割的主要目的在于通过增加股票数量降低每股市价,以吸引更多的投资者,促进股票流通和交易。三星股价在拆分前(2018 年 5 月 3 日)达到每股 265 万韩元(按当天汇率收盘价计算,约 2 469.71 美元),这一股价大大超出了正常的交易价格范围,让散户投资者望而却步。在三星完成 50∶1 的拆股后,2018 年 5 月 4 日的开盘价为 5.3 万韩元(按当天汇率收盘价计算,约 49.4 美元)。

(2)有利于增强投资者对公司的信心。股票分割往往是成长中的公司行为,所以宣布股票分割容易给人一种"公司业绩好、利润高、增长潜力大"的印象,这种利好信息会在短时间内提高股价。

（三）股票分割对股东的影响

（1）股东可能获得更多的现金股利。只要股票分割后每股现金股利的下降幅度小于股票分割的幅度,股东就可以获得更多的现金股利。

（2）可能增加股东财富。股票分割向社会传播的有利信息和股价的降低,可能增加购买该股票的人数,使股票价格上升,进而增加股东财富。

（四）反分割

与股票分割相反,如果公司认为其股票价格过低或下降幅度过大,不利于其在市场上的声誉和未来的再筹资时,为提高股票的价格,会采取反分割措施。反分割又称为股票合并或逆向分割,是指将多股股票合并为一股股票的行为。反分割显然会减少流通在外的股数,降低股票的流动性,提高公司股票投资的门槛,它向市场传递的信息通常是不利的。反分割措施常见于金融危机后,一些遭受重创的公司为避免退市等厄运,它们通过反分割,努力使其股价保持在某一合理范围之内。

（五）股票分割与股票股利的关系

从实践效果看,由于股票分割与股票股利很接近,因此一般要根据证券管理部门的具体规定对两者加以区分。例如,有的国家证券交易机构规定,发行25%以上的股票股利即属于股票分割。

尽管股票分割与发放股票股利都能达到降低公司股价的目的,但一般地讲,只有在公司股价剧烈上涨且预期难以下降时,才采取股票分割的办法降低股价;而在公司股价上涨幅度不大时,往往通过发放股票股利将股价维持在理想的范围之内。

股票分割与股票股利的相同点主要表现在:① 资产、负债及所有者权益总额不变;② 股东持股比例不变;③ 普通股股数增加、每股收益和每股市价下降。

股票分割与股票股利的不同点主要表现在:① 股票分割后,每股面值变小,但是股东权益结构不变,股票分割不属于股利支付方式;② 发放股票股利后,每股面值保持不变,但是股东权益结构发生改变,股票股利属于股利支付方式。

知识拓展　请扫码 → 股票股利与股票分割对现金股利的影响

即测即评

1.（单选）在下列各项中,能够增加普通股股票发行在外股数,但不改变公司资本结构的行为是（　　　）。

A. 支付现金股利　　　　　　　　B. 增发普通股

C. 股票分割　　　　　　　　　　D. 股票回购

2.(单选)某公司现有普通股 1 000 000 股,每股面额 1 元,每股市价 1 元,资本公积 3 000 000 元,未分配利润 8 000 000 元,若按 10 送 1 股的比例发放股票股利,股利发放后,有关账户余额为(   )。

A. 未分配利润 7 900 000 元　　　　　　B. 资本公积 2 900 000 元

C. 普通股 900 000 股　　　　　　　　D. 库存股 100 000 股

3.(多选)公司进行股票分割所产生的影响有(   )。

A. 每股市价上升　　　　　　　　　　B. 股东权益总额不变

C. 每股市价降低　　　　　　　　　　D. 股东权益减少

4.(判断)发放股票股利有利于提高公司每股净资产。　　　　　　　　　　　(   )

5.(判断)发放股票股利或进行股票分割,会降低股票市盈率,相应减少投资者的投资风险,从而可以吸引更多的投资者。　　　　　　　　　　　　　　　　　　　　(   )

本章小结

1. 股利理论包括股利无关论与股利相关论。其中,股利无关论认为股利政策对企业价值(股票价值)或资本成本没有影响。股利相关论包括"一鸟在手"理论、信号传递理论、代理理论、税差理论以及顾客效应理论。

2. 股利政策的类型包括剩余股利政策、固定或稳定增长股利政策、固定股利支付率政策以及低正常股利加额外股利政策。这些股利政策各有所长,公司应借鉴基本决策思想,制定适合自己具体实际情况的股利政策。

3. 股利政策的制定受到多种因素的影响,包括法律因素、股东的因素、公司的因素以及其他因素。

4. 股利支付形式一般有现金股利、股票股利、财产股利及负债股利,其中最常见的是现金股利和股票股利。

5. 股票回购是指股份公司出资将其发行在外的一定数量的股票以一定价格赎回,并予以注销或库存的一种资本运作方式。股票回购的方式有公开市场回购、要约回购和协议回购。

6. 股票分割前后股东权益和企业市值一般没有发生变化,但每股面值和每股收益(EPS)会降低。

关键术语

股利政策	股利无关论	股利相关论
"一鸟在手"理论	信号传递理论	代理理论
税差理论	顾客效应理论	剩余股利政策
固定或持续增长的股利政策	固定股利支付率政策	低正常股利加额外股利政策
现金股利	股票股利	股票回购
股票分割		

复习思考题

1. 什么是股利政策? 有哪些股利政策? 它们分别有何优缺点?

2. 股利政策会受到哪些因素的影响?

3. 根据股利发放程序,我们可以知道哪些信息?

4. 不同的股利支付形式会给公司带来什么影响?

5. 公司为何要进行股票回购?

【计算题】

1. 某公司上年的税后净利润为 2 400 万元,分配的现金股利为 840 万元,本年的税后净利润为 2 500 万元,下年该公司的投资计划需要资金 1 000 万元,该公司的目标资本成本结构为股权资本占 70%,债务资本占 30%,该公司盈余公积已提足。

要求:

(1) 如果采用剩余股利政策,计算该公司本年应分配的现金股利;

(2) 如果采用固定股利政策,计算该公司本年应分配的现金股利;

(3) 保持上年股利支付率不变,计算该公司本年应分配的现金股利;

(4) 如果采用低正常股利加额外股利政策,该公司上年的现金股利为正常股利,另按净利润增加的 10% 支付额外股利,计算该公司本年应分配的现金股利。

2. 某公司 2021 年拟投资 3 000 万元引进一条生产线以扩大生产能力,该公司目标资本结构为:股权资本占 60%,债务资本占 40%。该公司 2020 年税后利润为 1 500 万元,采用固定股利政策,该年度应分配的股利为 450 万元。

要求:计算 2021 年度该公司为引进生产线需要从外部筹集股权资本的数额。

3. 某公司 2020 年净利润为 900 万元,发放股利 540 万元。过去 10 年该公司始终按 45% 的比例从净利润中支付股利。预计 2021 年税后利润的增长率为 5%,2022 年拟投资 1 200 万元。

要求:

(1) 如果该公司采用固定股利支付率政策,计算 2021 年发放的股利额;

(2) 如果采用正常股利加额外股利政策,该公司决定在固定股利的基础上,若税后利润的增长率达到或超过 5%,新增利润的 1% 将作为固定股利的额外股利。计算 2021 年发放的股利额。

4. 2020 年 3 月,甲上市公司股票平均市价为 28.5 元,每股收益 2.5 元,股东权益项目构成如下:普通股 8 000 万股,每股面值 1 元,资本公积 500 万元,留存收益 9 500 万元。甲公司于 2020 年 3 月 31 日准备用现金按每股市价 30 元(平均价上浮 10%)回购 1 200 万股股票,且公司净利润不变。

要求:

(1) 计算股票回购之后的净利润;

(2) 计算股票回购之后的每股收益。

5. 某公司宣告 10 送 2 的股票股利,其股权登记日为 4 月 1 日。股权登记日该公司股票收盘价每股 20 元,假设你拥有 120 股该公司股票。

要求：

（1）在发放股票股利后，你共拥有多少股票？

（2）若其他条件不变，你预计在 4 月 2 日每股除权价为多少？

（3）若其他条件不变，则在发放股票股利前后，即按股票除权前后价格计算，你所拥有的股票总市值各为多少？

6. 某公司 2019 年度实现净利润 1 500 万元，分配现金股利 850 万元，提取盈余公积 650 万元，2020 年实现净利润为 1 400 万元，2021 年计划投资 1 200 万元。假定公司目标资本结构为权益资本占 60%，长期借入资本占 40%。

要求：

（1）在保持目标资本结构的前提下，计算 2021 年投资方案所需的权益资本和需要从外部借入的长期债务资本；

（2）在保持目标资本结构的前提下，若公司实行剩余股利政策，该公司盈余公积上年已提足，计算 2020 年度可分配的现金股利；

（3）在不考虑目标资本结构的前提下，如果公司执行固定股利政策，计算 2020 年度可分配的现金股利；

（4）在不考虑目标资本结构的前提下，若公司执行固定股利支付政策，计算该公司的股利支付率和 2020 年度应分配的现金股利；

（5）假定公司 2021 年面临从外部筹资困难，只能从内部筹资，不考虑目标资本结构，计算在此情况下 2020 年度可分配的现金股利。

课程思政案例

2006 年以来，中国证监会出台了一系列的相关法规，要求上市公司重视现金股利支付，以保护广大中小股东的利益。2006 年中国证监会发布的《上市公司证券发行管理办法》第八条第五项规定，上市公司公开发行证券的必要条件之一是，最近三年以现金或股票方式累计分配的利润不少于最近三年实现的年均可分配利润的 20%。2008 年的修改规定尤为强调以现金方式分红，并进一步将分红比重提升到 30%。

【课程思政要点】引导学生思考中国证监会为了保护广大中小股东利益所采取的众多举措，并评价政策实施效果。

第十一章 营运资本管理

学习目标

1. 掌握营运资本的概念、特点及营运的管理原则、管理策略
2. 理解经营周期与现金周期的不同之处
3. 熟悉和掌握现金管理、应收账款管理以及存货管理的方法与思路
4. 熟悉和掌握流动负债管理

引导案例

公司的现金流在很大程度上决定着公司的兴衰成败,如果公司的现金流量不足,现金周转不畅,调配不灵,再精妙的管理方案只会付之东流,进而影响到公司的生存和发展。华夏幸福(股票代码:600340)创立于1998年,是中国领先的产业新城运营商。从它的年报分析可知,近年来该公司业绩飞速增长,2019年净利润同比增长24.4%,营业总收入同比增长25.55%。但是在光鲜亮丽的数据背后,却不难发现公司隐藏的危机,应收账款周转天数由2008年年末的50.97天上升为2019年年末的139.11天,存货周转期由2008年年末的0.29年上升为2019年年末的4.53年,存货余额由2008年年末的0.60亿元上升为2019年年末的1 714亿元。存货中相当一部分是土地及尚在开发的项目,因此,4.53年的存货周转时间意味着房地产业囤积的土地可能供其开发销售10年以上。

随着华夏幸福大规模地囤地捂房,存货大幅上升,2019年资产负债率高达83.90%。资产负债率的攀升来源于负债和预收账款的增加。中国商品房实行预售制,房地产公司通过预售商品房可以无偿占用客户的资金,房地产公司账面往往有巨额预收款项。预收账款为公司带来大量现金,改善公司资产的流动性,提高公司的偿债能力。但是进一步分析发现,2019年华夏幸福账面货币资金为429.6亿元,大大小于预收账款1 253亿元,预收款资金被用于何处?是用于囤积土地还是用于公司填补其他的窟窿?

华夏幸福的净利润在大幅增长,但是2017、2018、2019三年的经营活动产生的现金流量净额均为负数,企业的现金流主要来自筹资活动产生的现金流量。利润重要,但现金更重要。一个公司会因现金枯竭而倒闭,但不会因暂时的亏损而破产。充分规划好公司的短期财务计划,使现金流量不出现"枯竭",是财务管理的一项重要内容。

(资料来源:华夏幸福2018年、2019年年报。)

引　言

在前面的章节,我们已经阐述了许多长期财务决策,如发行股票和债券融资、固定资产

投资、股利政策等。本章中，我们将关注公司的短期财务，主要分析日常经营活动的计划和管理，即营运资本管理。

短期财务与长期财务最重要的差别在于现金流的发生时间不同。典型的短期财务决策通常涉及 1 年或 1 年以内的现金流入和流出。短期财务决策有两个基本要求：一是要求公司保持最佳的流动资产投资水平以及提升流动资产的质量；二是为维持这一合理的流动资产水平而进行合理的资金融通。例如，公司存货最佳持有量的确定；销售产品或提供服务时，合理信用政策的制定等，都会涉及短期财务决策。反之，扩建厂房及购买机器设备等则属于长期财务决策。

第一节　营运资本

一、营运资本的概念

营运资本有广义和狭义之分。广义的营运资本又称总营运资本，是指一个公司在正常经营活动中投放在流动资产上的资金总额，具体包括货币资金、交易性金融资产、应收票据及应收账款、预付款项、存货等占用资金；狭义的营运资本又称净营运资本，是指流动资产减去流动负债后的余额。本章讨论流动资产和流动负债的管理。

二、营运资本的特点

为了有效地管理公司的营运资本，必须研究营运资本的特点，以便有针对性地进行管理。营运资本的本质特征是流动性，只有在不断流动的过程中，才能实现公司价值的补偿和增值。营运资本一般具有以下特点。

（一）周转时间的短期性

公司占用在流动资产上的资金，周转一次所需时间通常在一年以内或超过一年的营业周期内，并在周转和循环中不断增值。根据这一特点，公司的营运资本一般可以通过商业信用、银行短期借款等短期筹资方式解决。

（二）用资数量的波动性

流动资产、流动负债等容易受到宏观经济环境、行业、公司内外部条件的影响，波动性大。季节性公司尤其如此。随着流动资产占用量的变化，公司要考虑合理安排营运资本的来源和供需平衡问题，协调好变动的数量关系。

（三）资金来源的多样性

公司筹集长期资金的方式较少，一般有银行长期借款、吸收直接投资、发行股票、债券等方式。和筹集长期资金的方式相比，公司筹集短期资金的方式灵活多样，通常包括银行短期借款、交易性金融负债、衍生金融负债、商业信用、应交税费、应付职工薪酬等多种内外部融资方式。

（四）占用形态的变动性和易变现性

营运资本在公司再生产过程中不断循环周转,占用形态经常变化,营运资金的每次循环都要经过供产销等过程,一般按"货币资金→原材料→在产品→产成品→应收账款→货币资金"的顺序依次转化。同时,交易性金融资产、应收账款、存货等流动资产一般具有较强的变现能力,若公司出现资金周转困难、现金短缺,可迅速变卖这些资产以获得现金,这对财务上应付临时性资金需求具有重要的意义。

三、营运资本的管理原则

营运资本是指对流动资产的投资额,流动资产是营运资本的占用形态,流动负债是营运资本的主要来源之一。营运资本管理的核心内容是对流动资产和流动负债的管理。实践表明,公司财务经理的大量时间都用于营运资本管理。为了实现公司财务管理的总体目标,营运资本管理必须遵循以下原则。

（一）确定合理的流动资金需求

流动资产流动性越强,收益性越差,流动资金停留在某一占用形态上是不会给公司带来收益的。公司应综合考虑生产经营规模和流动资产的周转速度,采用一定方法预测流动资金的需要量,既能保证公司生产经营的需要,又不会因安排过量而造成资金浪费。

（二）加速营运资本周转,提高资金使用效率

营运资本周转是指公司的营运资本从现金投入生产经营开始,到最终转化为现金的过程。当公司的经营规模一定时,加速流动资产的周转,也就相应地提高了资金的利用效率,从而提高公司的盈利能力。公司应加强内部管理,适度增加存货周转率,缩短应收账款收账期,延长应付账款的付款周期,提高资金使用效率。

（三）合理安排短期负债筹资量,节约资金使用成本

短期负债相对于长期负债而言,融资成本比较低,但偿还期限短,因现金流量不足等原因导致的不能还本付息的风险高。公司应合理安排流动资产与流动负债的比例关系,保持流动资产结构与流动负债结构的适配性,在以较低的资本成本满足生产经营周转需求的同时,保证有足够的资金偿还短期负债。

四、营运资本的管理策略

营运资本管理可以分为流动资产管理和流动负债管理两个方面,前者是对营运资本投资的管理,后者是对营运资本融资的管理。在实践中,这两项决策一般同时进行,且互相影响。

（一）营运资本投资策略

所谓营运资本投资策略也就是流动资产的投资策略,是指如何确定流动资产的相对规模,其衡量指标为流动资产与营业收入的比率。它是流动资产周转率的倒数,表示为实现每一元销售额需要垫支的流动资产金额。

根据流动资产与营业收入比率的高低,公司的营运资本投资策略大致可分为以下三种类型。

1. 适中的营运资本投资策略

适中的营运资本投资策略,就是结合公司预期的销售规模及其增长率、流动资产周转天数、产品的盈利能力和通货膨胀等内外部因素,合理、适度地安排营运资本的投资规模。在销售额不变情况下,公司安排较少的流动资产投资,可以缩短流动资产周转天数,节约投资成本。但是,投资不足可能会引发经营中断,增加短缺成本,给公司带来损失。公司为了减少经营中断的风险,在销售不变的情况下安排较多的营运资本投资,会延长流动资产周转天数。投资过量会出现闲置的流动资产,白白浪费了投资,增加持有成本。因此,需要权衡利弊得失,确定其最佳投资需要量,也就是短缺成本和持有成本之和最小化的投资规模。这是一种理想中的营运资本投资策略。

2. 宽松的营运资本投资策略

在宽松的营运资本投资策略下,公司通常会维持高水平的流动资产与营业收入的比率。也就是说,公司会持有较高水平的现金和有价证券、较大规模的应收账款(通常给予客户宽松的信用政策)和较为充足的存货(通常源于补给原材料或不愿意因为产成品存货不足而失去销售)。在这种策略下,提高了流动资产投资的相对规模,可使公司拥有较强的支付能力和变现能力,公司所承担的财务与经营风险都较小。但是,过多的流动资产投资,无疑会承担较大的流动资产持有成本,从而降低公司的收益水平。

3. 紧缩的营运资本投资策略

紧缩的营运资本投资策略也称为激进型营运资本投资策略。在紧缩的营运资本投资策略下,公司通常会维持低水平的流动资产与营业收入比率。也就是说,公司持有低水平的现金余额和小额的有价证券投资;较低的存货占用水平;采用严格的销售信用政策或不允许赊销。

该策略可以节约流动资产的持有成本,但是公司可能要承担较大的风险,如经营中断和丢失销售收入等短缺成本。

采用紧缩的营运资本投资策略,对公司的管理水平有较高的要求。因为一旦失控,由于流动资产的短缺,会对公司的经营活动产生重大的不利影响。根据近几年的研究发现,美国、日本等一些发达国家的流动资产与营业收入比率呈现越来越小的趋势。这并不意味着公司对流动性的要求变低,而主要是一些新的技术应用于流动资产管理方面,尤其是应收账款与存货管理方面,大大提高了管理效率。

(二)营运资本融资策略

由于流动资产与营业收入之间存在联动关系,流动资产的一部分存量在一定时期内和一定营业收入规模保持相对稳定,而另一部分存量则随营业收入在短期内波动,据此,流动资产按照投资需求的时间长短可分解为两部分:永久性流动资产和临时性流动资产。永久性流动资产是指满足公司长期最低需求的流动资产,其占用量相对稳定。临时性流动资产或称波动性流动资产,是指随季节性需求或周期性因素而形成的流动资产,其占用量随当时的需求而波动。与流动资产的分类相对应,流动负债也可以分为临时性负债和自发性负债两部分。一般来说,临时性负债,又称为筹资性流动负债,是指为了满足临时性营运资本需求所发生的负债,如一些商场和超市为满足节日销售需要,提前超量购入货物而举借的短期银行借款。临时性负债一般只能供公司短期使用。自发性负债,又称为经营性流动负债,是指公司在日常经营中伴随着赊销业务自然产生的负债,如应付票据及应付账款、预收账款、应付职工薪酬、应付利息、应交税费等。自发性负债可供公司长期使用。

根据资产的期限结构与资金来源的期限结构的匹配程度差异,营运资本融资策略可以划分为适中型融资策略、保守型融资策略和激进型融资策略三种基本类型。这些策略分析方法如图 11-1 所示。图中的顶端方框将流动资产分为永久性流动资产和波动性流动资产两类,剩下的方框描述短期融资和长期融资的这三种策略的混合。图 11-1 中长期融资的来源包括自发性流动负债、长期负债和股东权益资本。自发性负债虽然属于流动负债,但是旧的自发性流动负债到期偿还后,随着经营活动的进行,又会产生新的自发性流动负债,所以属于长期融资来源。短期融资的来源主要是指临时性流动负债,如短期借款等。

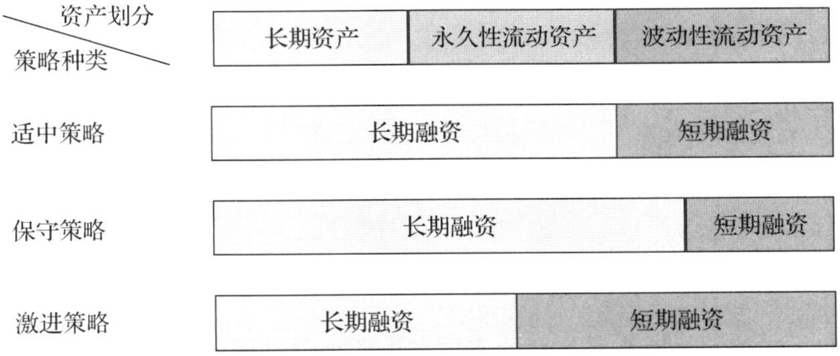

图 11-1 营运资本融资策略

1. 适中型融资策略

适中型融资策略的特点是,对于那些受季节性、周期性影响的波动性流动资产,运用临时性负债融通所需资金;对于永久性流动资产和固定资产,运用长期负债、自发性负债和权益资本筹集资金满足其需要。当波动性流动资产扩张时,信贷额度也会增加,以便支持公司的扩张;当波动性流动资产收缩时,就会释放资金,以偿还相应的流动负债。

适中型融资策略要求公司制订出严密的筹资和还款计划,实现现金流动与预期安排一致。这种策略对公司资金的调度有较高的要求,是一种理想的融资策略,在现实经济活动中很难完美地实现。

资金来源的期限结构与资产的寿命周期的匹配,只是一种战略性的观念匹配,而不要求实际金额匹配。实际上,公司也做不到完全匹配。其原因是:① 公司不可能为每一项资产按其寿命周期配置单独的资金来源,只能分成短期来源和长期来源两大类来统筹安排筹资;② 公司必须有股东权益融资,它是无期限的资本来源,而资产总是有期限的,不可能完全匹配;③ 资产的实际有效期是不确定的,而还款期是确定的,必然会出现不匹配。

2. 保守型融资策略

这是一种谨慎的融资策略。临时性负债只融通部分波动性流动资产的资金需要,另一部分波动性流动资产、全部永久性流动资产和长期资产,则由长期负债、自发性负债和权益资本作为资金来源。

保守型融资策略的主要目的是规避风险。采取这一融资策略,公司短期负债比例相对较低,其优点是大大降低了公司无法偿还到期债务的风险;同时由于借款中大部分是长期债务,因此蒙受短期利率变动损失的风险也较低。但是另一方面,长期负债资本成本高于短期负债的资本成本,以及经营淡季时会出现部分资金的闲置,使公司利润减少;如用权益资本代替负债,还会丧失财务杠杆利益,降低股权回报率。所以,保守型融资策略是一种低风险、低收益的营运资本融资策略。

3. 激进型融资策略

这是一种扩张融资策略。临时性负债不但融通波动性流动资产的资金需要,还解决部分永久性资产的资金需要。

激进型融资策略的主要目的是追求高收益。采取这一融资策略,融资成本相对较低,但公司所面临的偿债风险较高,短期负债融资利率的多变性又增加了公司盈利的不确定性。所以,激进型融资策略是一种高风险、高收益的营运资本融资策略。

上述各种策略孰优孰劣,并无绝对标准,公司应根据自身的实际情况和金融市场未来的利率走势来加以选择。

❓ 小思考

找一家成长型和一家成熟型上市公司,分析其营运资本投融资策略有何不同,为什么?

即测即评

1.(单选)广义的营运资本是指企业占用在生产经营过程中的(　　　)。
A. 固定资产　　　　B. 无形资产　　　　C. 流动资产　　　　D. 递延资产

2.(多选)下列表述中,属于营运资本特点的有(　　　)。
A. 周转时间的短期性　　　　　　　　B. 用资数量的波动性
C. 资金来源的多样性　　　　　　　　D. 占用形态的变动性和易变现性

3.(判断)在适中型融资策略下,永久性流动资产和固定资产,运用长期负债、自发性负债和权益资本筹集资金满足其需要。　　　　　　　　　　　　　　　　(　　　)

4.(判断)在宽松的营运资本投资策略下,公司通常会维持低水平的流动资产与营业收入比率。　　　　　　　　　　　　　　　　　　　　　　　　　　　　(　　　)

第二节　经营周期与现金周期

营运资本管理是对公司流动资产及流动负债的管理,主要涉及公司的短期经营活动。一个典型的制造公司的短期经营活动包括一系列事件和决策,如表 11 - 1 所示。

表 11 - 1　制造公司短期经营活动及决策内容

经营活动	决策内容
1. 购买原材料	1. 订购多少存货
2. 支付购货款	2. 赊购还是直接现金支付
3. 销售产品	3. 是否要给客户提供信用
4. 收款	4. 如何收款

表中的短期经营活动及决策在公司日常经营中是要经常做出的,而且会重复出现,从而导致了现金流入与流出模式的非同步和不确定性。非同步是因为原材料货款的支付与产品销售的现金回收不在同一时间发生。不确定是因为未来的销售额与成本不能确切地知道。

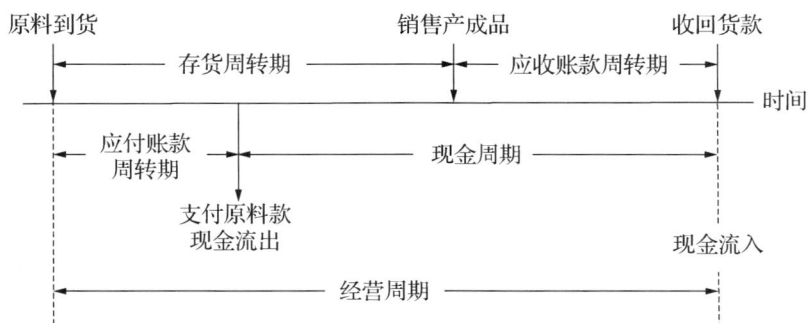

图 11 - 2　制造公司的短期经营活动和现金流关系图

从图 11 - 2 可以看出,一个公司的经营周期(Operating Cycle)是从购入存货开始到销售产品并收回现金为止的这段时间。现金周期(Cash Cycle),又叫现金周转期,是从原材料货款付现到应收账款收现这段时间间隔。短期现金流入和现金流出之间的时间缺口要求进行短期财务决策,这个缺口与经营周期和应付账款周转期的长度有关,公司可以通过借款或持有的流动性储备来填补该缺口。另外,可以通过改变存货周转期、应收账款周转期和应付账款周转期来缩短该时间缺口。

公司持有存货和应付款项使现金周期短于经营周期。经营周期由两部分组成,第一部分是从收到原材料、加工原材料、形成产成品到销售产成品所需的时间,这段时间叫作存货周转期;第二部分是产品售出后到收到顾客支付的货款所需的时间,这段时间叫作应收账款周转期。显然,经营周期正是存货周转期和应收账款周转期之和,现金周期等于经营周期与应付账款周转期之差。

上述周转过程用公式表示:

$$经营周期=存货周转期+应收账款周转期$$

$$现金周期=经营周期-应付账款周转期$$

其中,应付账款周转期是公司在购买各种资源(如工资和原材料)的过程中,能够延期支付货款的时间长度。

一般情况下,经营周期短,说明资金周转速度快;经营周期长,说明资金周转速度慢。

实践中,存货周转期、应收账款周转期和应付账款周转期可以分别用存货周转天数、应收账款周转天数和应付账款周转天数来衡量。我们在下面的例子中说明如何衡量公司的经营周期和现金周期。

【例 11 - 1】 某公司当年的赊销额为 100 000 元,而营业成本为 48 000 元,有关数据如表 11 - 2 所示。

表 11 - 2　某公司存货、应收账款、应付账款期初、期末数据　　　　　单位:元

项　目	期　初	期　末
存货	10 000	14 000
应收账款	2 800	5 200
应付账款	6 400	5 600

要求: 计算经营周期和现金周期。

计算如下:

$$存货周转率 = \frac{营业成本}{存货平均余额} = \frac{48\ 000}{(10\ 000 + 14\ 000) \div 2} = 4(次)$$

这表明存货在一年中周转了 4 次。这也意味着该公司持有存货的时间为:

$$存货周转期 = \frac{360}{存货周转率} = \frac{360}{4} = 90(天)$$

换句话说,存货从接受订单、生产和销售产品所需的时间为 90 天。

$$应收账款周转率 = \frac{赊销额}{应收账款平均余额} = \frac{100\ 000}{(2\ 800 + 5\ 200) \div 2} = 25(次)$$

$$应收账款周转期 = \frac{360}{应收账款周转率} = 360 \div 25 = 14.4(天)$$

应收账款周转期也称为应收账款周转天数或平均收账期。就平均而言,该公司客户的付款期为 14.4 天。

$$应付账款周转率 = \frac{营业成本}{应付账款平均余额} = \frac{48\ 000}{(6\ 400 + 5\ 600) \div 2} = 8(次)$$

$$应付账款周转期 = \frac{360}{应付账款周转率} = 360 \div 8 = 45(天)$$

就平均而言,该公司的付款期为 45 天。

经营周期 = 存货周转期 + 应收账款周转期 = 90 + 14.4 = 104.4(天)

现金周期 = 经营周期 - 应付账款周转期 = 104.4 - 45 = 59.4(天)

因此,平均而言,在支付货款后,该公司收到账款的时间滞后了 59.4 天。

值得注意的是,由于行业的差别,现金周转周期会有很大不同。

从[例 11 - 1]可以看出,现金周期依赖于存货周转期、应收账款周转期和应付账款周转期。当存货周转期和应收账款周转期延长时,现金周期也延长。如果公司可以延期付款,即应付账款周转期延长时,现金周期就缩短了。现金周期越长,融资需求越大。现金周期的改变通常被视作预警信号。延长的现金周期表明公司在存货销售或应收款项回收等方面出现了问题。需注意的是,应付账款的同时延长可能会部分或全部掩盖这些问题,因此应收账款周转期和应付账款周转期都需要实时监控。

即测即评

1.（单选）对经营周期的表述，以下正确的表述是（　　　）。

A. 从购入存货开始到销售产品并确认收入实现为止的这段时间

B. 从购入存货开始到销售产品并收回现金为止的这段时间

C. 从原材料货款付现到应收账款收现这段时间间隔

D. 存货周转期＋应收账款周转期－现金周期

2.（单选）某企业营业收入为 400 万元，营业成本为 320 万元，年初、年末应收账款余额分别为 20 万元和 40 万元。假定该企业流动资产由速动资产和存货组成，一年按 360 天计算，则应收账款周转天数是（　　　）天。

A. 67.5　　　　　　　B. 54　　　　　　　C. 33.75　　　　　　　D. 27

3.（判断）存货周转次数越大越好，周转天数越短越好。　　　　　　　　　　（　　　）

第三节　现金管理

现金是可以立即投入流动的交换媒介。它的首要特点是普遍的可接受性，即可以有效地立即用来购买商品、货物、劳务或偿还债务。因此，现金是公司中流动性最强的资产。现金包括公司的库存现金、各种形式的银行存款和银行本票、银行汇票。

现金是非收益性资产，是维持经营的润滑剂。公司用它来购置固定资产和偿还负债、支付工资、贷款、税金和现金股利等。现金管理的重点是尽量减少现金的占用额，同时保证持有的现金量能满足日常经营活动的正常进行，如能够按时支付货款，获得现金折扣优惠，满足额外的现金需求等。

有价证券是公司现金的一种转换形式。有价证券变现能力强，可以随时兑换成现金。公司有多余现金时，常将现金兑换成有价证券；现金流出量大于流入量需要补充现金时，再出让有价证券换回现金。在这种情况下，有价证券就成了现金的替代品。获取收益是持有有价证券的原因。

一、持有现金的理由

凯恩斯在他的经典之作《就业、利息和货币通论》中提出了持有现金的三项动机。

（一）交易性动机

交易性动机是指公司持有现金以满足日常交易的支付需要，如用于购买原材料、支付职工薪酬、缴纳税款等日常支出的需要。公司为此保持一定数量的现金余额，主要原因是公司日常经营中很难做到现金支出与现金收入的同时等额发生，因此持有一定水平的现金作为缓冲是十分必要的。一般来讲，公司的销售额越大，为支付需要的现金余额也越大。

随着电子支付和其他高速、"无纸化"支付工具的持续发展，为交易需求持有的实物现金在逐渐消失。

（二）预防性动机

预防性动机是指公司持有现金以应付意外事件的现金需要。由于市场和各种不确定因素的存在，有时候会出现预料不到的开支，比如发生自然灾害、生产事故、主要客户未能如期支付等。因此，公司有必要保持一定数量的额外现金以防不测。预防性现金的数额一般取决于以下四种因素：第一，现金开支预测的可靠性程度；第二，公司的临时借款能力；第三，公司愿意承担现金短缺风险的程度；第四，公司持有的有价证券的变现能力。

有的公司储备大量的有价证券以备不测之需，有价证券确实能够完成现金的多种用途，同时又优于现金，因为它能带来利息或股利收入。

（三）投机性动机

投机性动机是指公司持有现金以备满足某种投机行为的现金需要，比如通过证券市场、原材料市场或其他资产市场上的投机性买卖来获取投机收益。但就一般公司来说，保持一定数量的现金余额的主要目的不是为了满足投机的需要，如果遇有不寻常的购买机会，公司往往也是设法临时筹集资金。

公司的现金持有量一般小于各种动机所需现金之和，因为不同动机所需的现金可以互相调节。

二、现金的日常收支管理

现金的日常收支管理包括现金安全管理、现金收付款管理。前者的目的在于保障现金存量及其使用的安全完整，详见国务院颁布的《现金管理暂行条例》；后者则是为了加速资金周转，提高资金使用效率，在满足公司生产经营活动对现金需求的基础上，力求节约资金的使用，在资产的流动性和盈利性之间做出最佳选择。

三、最佳现金持有量的确定

现金是一种非营利性资产，过多地持有现金势必造成资源浪费，因此，现金的管理除了做好日常开支，加速现金周转速度外，还需控制好现金持有规模，即确定最佳现金持有量。最佳现金持有量的确定方法主要有成本分析模式、存货模式和随机模式等。

（一）成本分析模式

成本分析模式是通过分析持有现金的有关成本，寻找持有总成本最低的现金持有量。成本分析模式主要考虑以下三种相关成本。

1. 机会成本

公司由于持有一定数量的现金，从而必然要放弃将其用于其他投资机会而可能获得的收益，这种持有现金的代价就是机会成本。这种成本通常可以用公司的投资报酬率来衡量，也可以用有价证券的利息率或资本成本率来衡量。假定某公司的资本成本为10%，年均持有60万元的现金，则该公司每年持有现金的机会成本为6万元（＝60×10%）。机会成本与现金持有量成正比，即现金持有量越大，机会成本越高，因此，过多的现金持有量，经济上是不合算的。

2. 管理成本

公司持有现金会发生管理费用,如管理人员的工资、各种安全措施费等,这些费用就是现金的管理成本。管理成本是一种固定成本,在一定范围内,与现金持有量之间没有明显的比例关系。

3. 短缺成本

现金的短缺成本是指公司因缺少必要的现金,不能进行及时的支付而使公司蒙受的损失或付出的代价。比如,丧失较好的购买机会、不能及时购买原材料而使生产中断、造成信用损失、得不到供应商的现金折扣等,包括直接损失和间接损失。短缺成本与现金持有量成反比,即公司现金短缺成本随现金持有量的增加而下降,随现金持有量的减少而上升。

能使上述三项成本之和最小的现金持有量,就是最佳现金持有量。如果把以上三种成本放在一个图上,如图 11－3 所示,就能表现出持有现金的总成本,找出最佳现金持有量的点:机会成本线向右上方倾斜,短缺成本线向右下方倾斜,管理成本线为平行于横轴的水平线,相关总成本线便是一条"U"形抛物线,该抛物线的最低点就是持有现金的最低总成本。超过这一点,机会成本上升的代价会大于短缺成本下降的好处;这一点之前,短缺成本上升的代价又会大于机会成本下降的好处。这一点所对应的横轴上的量,即最佳现金持有量。

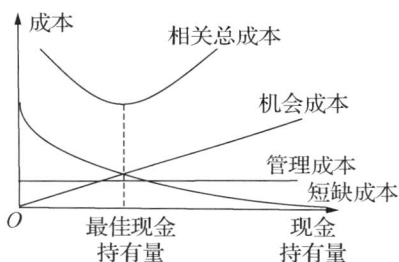

图 11－3　持有现金的总成本

【例 11－2】　某公司有四种现金持有量方案,它们各自的机会成本、管理成本、短缺成本如表 11－3 所示。假设现金的机会成本率为 10％,要求确定最佳现金持有量。

表 11－3　现金持有方案　　　　　　　　　　　　　　　　单位:元

项　目	A	B	C	D
现金持有量	30 000	50 000	70 000	90 000
机会成本	3 000	5 000	7 000	9 000
管理成本	6 000	6 000	6 000	6 000
短缺成本	10 000	4 500	1 800	0
总成本	19 000	15 500	14 800	15 000

将以上各方案的总成本加以比较可知,C 方案的总成本最低,故 70 000 元是该公司的最佳现金持有量。

（二）存货模式

现金的投资类似于存货的投资,因此,存货管理中的经济批量模型也可以用来计算最佳

现金持有量。该模式由美国财务专家威廉·鲍默于 1952 年首次用于现金管理,所以又称鲍默模式。存货模式有以下假设前提:

(1) 公司未来的现金需求能合理预测;

(2) 现金支付在整个预测期内是均匀的;

(3) 在预测期内,公司不会发生现金短缺,通过出售有价证券来补充现金;

(4) 有价证券投资的收益率及每次交易成本是确定的。

当上述基本条件满足时,可利用存货模式来确定最佳现金持有量。其过程可用图 11-4 表示。

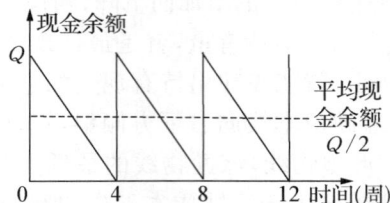

图 11-4　存货模式下的现金余额示意图

图 11-4 表明,假设某公司在 0 时点的现金持有量 Q 等于 40 万元,每周现金流出超过现金流入 10 万元,那么到第四周末,现金余额降至零,即在这 4 周内其平均现金持有量为 20 万元($=Q\div 2$)。这时公司必须出售有价证券或以贷款补充现金,使现金持有量恢复到原有水平即 40 万元,并开始下一轮循环。

如果现金持有量增加至 80 万元,则此现金可以维持 8 周。一方面公司因此可以减少出售有价证券的次数,降低证券交易成本,即降低有价证券与现金之间的转换成本。但另一方面,现金是非收益性资产,持有量越大,其机会成本也越大。因此,公司要确定一个最佳现金持有量,以使现金持有的总成本最低。

在存货模式下,当持有现金不足时,由于可以通过出售有价证券获得现金,故不考虑现金的短缺成本;而现金的管理成本是持有现金的固定成本,与现金持有量无关,因此也不予考虑。存货模式只考虑持有现金的两种成本:① 机会成本,即现金的持有成本。因为现金是非营利性资产,当公司持有现金时,也就放弃了将其购买有价证券等投资机会,丧失了可以赚取的投资收益。持有现金的机会成本随现金持有量的增加而增加。② 交易成本。即现金同有价证券之间相互转换的成本,如经纪人费用、相关税金等。现金的交易成本与交易的次数有关,而与交易的金额无关,随现金持有量的增加而减少。

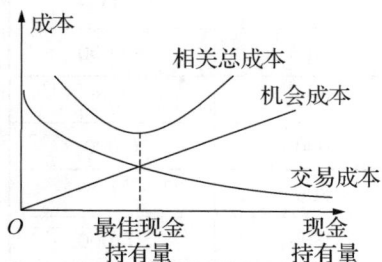

图 11-5　存货模式的现金成本

机会成本和交易成本是此消彼长的关系。使两类成本之和达到最小的现金持有量,就是最佳现金持有量。如图 11-5 所示。

在图 11-5 中,机会成本线向右上方倾斜,交易成本线向右下方倾斜,相关总成本线是一条"U"形曲线,曲线的最低点就是公司持有现金的最低总成本。这一点过机会成本线和交易成本线的交点,也就是这两项成本相等时,总成本最低,此时的持有量即为最佳现金持有量。

计算公式如下：

现金管理相关总成本＝机会成本＋交易成本

＝现金平均持有量×机会成本率＋变现次数×有价证券每次的交易成本

假设 TC 表示相关总成本；Q 表示现金持有量；K 表示持有现金的机会成本率；T 表示一个周期内现金总需求量；F 表示每次转换有价证券的交易成本。则

$$TC = \left(\frac{Q}{2}\right) \times K + \left(\frac{T}{Q}\right) \times F$$

若以 Q 为自变量，TC 为 Q 函数，利用微分求极值的原理，对 Q 求一阶导数，并令其导数为零，就可以得到最佳现金持有量 Q^* 的计算公式：

$$Q^* = \sqrt{\frac{2TF}{K}}$$

最佳现金持有量的相关总成本：

$$TC = \sqrt{2TFK}$$

【例 11－3】 已知某公司现金收支比较稳定，预计全年（按 360 天计算）现金需要量为 25 万元，现金与有价证券的交易成本为每次 500 元，机会成本率为 10％。则

该公司的最佳现金持有量 $Q^* = \sqrt{\dfrac{2 \times 250\ 000 \times 500}{10\%}} = 50\ 000$（元）

全年最低现金管理相关总成本 $TC^* = \sqrt{2 \times 250\ 000 \times 500 \times 10\%} = 5\ 000$（元）

全年有价证券交易次数 $N = \dfrac{T}{Q} = 250\ 000 \div 50\ 000 = 5$（次）

全年有价证券交易间隔期＝$360 \div 5 = 72$（天）

全年交易成本 $= \dfrac{T}{Q} \times F = \dfrac{250\ 000}{50\ 000} \times 500 = 2\ 500$（元）

全年现金持有机会成本 $= \dfrac{Q}{2} \times K = \dfrac{50\ 000}{2} \times 10\% = 2\ 500$（元）

由于存货模式的许多假设比较简单，如未来期间现金流入、流出是稳定而可预测的，因而应用起来有较大的局限性。财务人员在实际制定最佳现金余额时，除参照本模型外，还需依赖自身的经验和主观判断。

（三）随机模式

随机模式是在现金需求量难以预知的情况下进行现金持有量控制的方法。对公司来讲，现金需求量往往波动大且难以预知，但公司可以根据历史经验和现实需要，测算出一个现金持有量的控制范围，即制定出现金持有量的上限和下限，将现金持有量控制在上下限之内。当现金量达到控制上限时，用现金购入有价证券，使现金持有量下降；当现金量降到控制下限时，则抛售有价证券换回现金，使现金持有量回升。若现金量在控制的上下限之内，便不必进行现金与有价证券的转换，保持它们各自的现有存量。上下限的决定，主要取决于有价证券转换的交易成本和持有现金的机会成本。其控制图如图 11－6 所示。

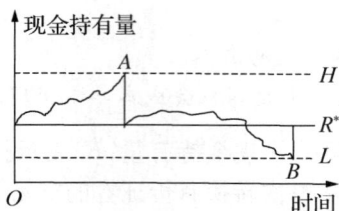

图 11-6　现金持有量的随机模式图

在图 11-6 中，虚线 H 为现金存量的上限，虚线 L 为现金存量的下限，现金返回线 R^* 为现金最佳持有量目标控制线。公司的现金存量（表现为现金每日余额）是随机波动的，当其达到 A 点时，应用现金购入有价证券，使现金持有量回落到现金返回线（R^* 线）上；当现金存量降至 B 点时，公司应出售有价证券，使现金持有量恢复到现金返回线（R 线）上。目标最佳现金余额 R^* 的计算公式为：

$$R^* = \sqrt[3]{\frac{3b\delta^2}{4i}} + L$$

现金存量的上限 $H = 3R - 2L$

式中，b 为每次有价证券变现的交易成本；i 为有价证券的日利息率；δ 为预期每日现金余额波动的标准差（可根据历史资料测算）。

下限 L 的确定，要受到公司每日的最低现金需要、管理人员的风险承受等因素的影响。

【例 11-4】　某公司有价证券的年利率为 10%，每次有价证券变现的交易成本为 1 000 元，根据以往经验测算出每日现金余额波动的标准差为 2 万元，公司任何时候的现金余额不得低于 16 万元。

根据给定资料，可以计算最优现金返回线 R^*、现金存量的上限 H。

$$R^* = \sqrt[3]{\frac{3b\delta^2}{4i}} + L = \sqrt[3]{\frac{3 \times 0.1 \times 2^2}{4 \times (10\% \div 360)}} + 16 = 26.26（万元）$$

$$H = 3R - 2L = 3 \times 26.26 - 2 \times 16 = 46.78（万元）$$

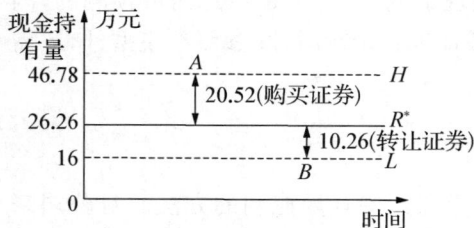

图 11-7　随机模式示例

该公司的管理层允许其现金持有量在 16 万元（下限）至 46.78 万元（上限）这一区间内波动。如果现金持有量超越了上限或下限，则公司管理层将进行干预。如图 11-7 所示，当公司现金余额达到 46.78 万元时，将购买 20.52 万元（=46.78-26.26）有价证券，使现金回落至 26.26 万元；当公司现金余额降至 16 万元时，将出售 10.26 万元（=26.26-16）有价证券，使现金持有量回升至现金返回线。

随机模式建立在公司的现金未来需求总量和收支不可预测的前提下，因此计算出来的现金持有量比较保守。

小思考

将现金管理的存货模式和随机模式进行比较,哪一种模式更适用于实际经营决策? 为什么?

即测即评

1.（单选）某公司根据存货模式确定最佳现金持有量为 250 000 元,有价证券的年利率为 10％,则该公司年现金持有的机会成本是(   )元。

A. 12 500 　　　　　　B. 25 000 　　　　　　C. 50 000 　　　　　　D. 125 000

2.（单选）现金作为企业重要资产,其主要特点是(   )。

A. 流动性强,盈利性差 　　　　　　　　B. 流动性强,盈利性也强

C. 流动性差,盈利性强 　　　　　　　　D. 流动性差,盈利性也差

3.（多选）企业持有现金的动机有(   )。

A. 交易性动机 　　　B. 预防性动机 　　　C. 投机性动机 　　　D. 购买有价证券

4.（判断）企业持有的现金越多,支付能力越强,盈利能力也越强。　　　　　　　　(   )

第四节　应收账款管理

公司对外销售商品或提供劳务时,若允许买方延后一段时间付款,便可认为卖方向买方提供了信用。公司在授予信用时,就产生了应收账款。本书所指的信用特指商业信用。应收账款管理属于商业信用管理。

一、应收账款产生的原因

企业持有应收账款的原因,主要有以下三个方面。

（一）商业竞争的需要

这是公司产生应收账款的主要原因。在激烈的市场竞争中,通过提供信用销售可有效地促进销售。在赊销方式下,公司在销售产品的同时,向顾客提供了可以在一定期限内无偿使用的资金,这对顾客具有较大的吸引力。所以赊销会带来公司销售收入和利润的增加,特别是公司在销售新产品、开拓新市场时,赊销具有重要的意义。

（二）降低存货规模的需要

公司持有一定的产成品存货会相应地占用资金,形成仓储费用、管理费用等,而赊销可以减少这些成本的发生。公司通过赊销增强其在市场上的竞争地位,销售扩大、库存减少,存货资金占用成本、仓储和管理费用等会相应减少,公司产品向营业收入转化的资金循环速度进一步加快,从而提高公司的收益。

（三）销售和收款的时间差

商品成交的时间与收到款项的时间经常不一致，作为销售方的公司承担由此产生的资金垫支，形成应收账款。

二、应收账款的信用成本

赊销可以促进销售、减少存货占用，同时会产生应收账款。公司持有应收账款会发生与之相关的各类成本，这类成本就是应收账款的信用成本，主要包括机会成本、管理成本和坏账成本。

（一）机会成本

应收账款的机会成本是指公司由于持有应收账款而放弃的可能投资于其他项目所获取的收益，如投资债券获得利息收入。这一成本的大小通常与公司维持赊销业务所需要的资金数量（即应收账款占用资金）、资本成本率或有价证券利息率有关。其数额的计算步骤如下：

应收账款平均余额＝日赊销额×平均收现期

应收账款占用资金＝应收账款平均余额×变动成本率

应收账款占用资金的应计利息
（即机会成本）　＝应收账款占用资金×资本成本率

　＝应收账款平均余额×变动成本率×资本成本率

　＝日赊销额×平均收现期×变动成本率×资本成本率

其中：

应收账款周转率＝年赊销额÷应收账款平均余额

平均收现期＝360÷应收账款周转率

平均收现期也就是应收账款周转天数，一年按照 360 天计算。

（二）管理成本

应收账款的管理成本是指公司从应收账款发生到收回期间，为维持应收账款管理系统正常运行所发生的费用，包括对客户资信的调查费用、账簿记录和保管费用、收账费用等。一般来说，应收账款的管理成本在一定数额下是相对稳定的，但当一定时期应收账款有很大变化时，其管理成本也会随之发生变化。

（三）坏账成本

应收账款的坏账成本是指公司的部分应收账款因客户无力支付而最终无法收回所产生的损失。该成本一般与应收账款的数量成正比。为避免发生坏账成本给公司生产经营活动的稳定性带来不利影响，公司应按照应收账款余额的一定比例计提坏账准备金。

从以上分析不难看出，公司放宽赊销政策虽然可以扩大销售，但同时会不可避免地导致各类相关成本的增加。因此，加强应收账款管理的一个重要目的，就是要权衡增加的收入和成本，最大限度地提高应收账款投资的收益。

三、信用政策

应收账款赊销效果的好坏,依赖于公司的信用政策。信用政策的制定是应收账款管理的核心,公司必须事先制定合理的信用政策,进而指导应收账款的日常管理。信用政策包括信用标准、信用条件、收账政策三部分内容。

（一）信用标准

信用标准是顾客获得公司商业信用所应具备的最低条件,通常以预期的坏账损失率作为判别标准。凡不符合最低要求的客户则需要以现款购货或只能享受较低的信用优惠。公司确定的信用标准的高低,将直接影响公司的销售收入和销售利润。比如,信用标准严格,坏账损失小,机会成本和管理成本小,但销售量也会下降;信用标准宽松,会增加销售量,但坏账损失增大,机会成本和管理成本也增大。因此,公司应根据具体情况进行权衡,制定合理的信用标准。

公司在制定或选择信用标准时应考虑的主要因素有:

1. 同行业竞争对手的情况

若对方实力较强,则采取较宽松（相对于竞争对手）的信用标准,以增强市场的竞争能力;反之,若对方实力较弱,则采取较严格（相对于竞争对手）的信用标准,以减少坏账成本的发生。

2. 公司承担违约风险的能力

若公司具有较强的违约风险承担能力,则采用较宽松的信用标准以提高竞争能力,争取客户,扩大销售。反之则采用较严格的信用标准以减少违约风险发生的可能。

3. 客户的资信程度

对客户的资信程度进行调查、分析,然后在此基础上判断客户的信用等级并决定是否给予客户信用优惠。客户的资信程度的评价方法我们将在应收账款日常管理部分叙述。

（二）信用条件

信用条件是指公司接受客户信用订单时所提出的付款条件,由信用期限、现金折扣和折扣期限三个要素组成。一旦公司决定给予客户信用优惠时,就需要考虑具体的信用条件。例如,对某客户的信用条件是"2/10, n/30",它规定如果客户在发票开出后的 10 天（含）内付款,可以享受 2% 的现金折扣;如果在第 11 天至第 30 天付款,则不享受现金折扣优惠,需全额付款。其中,30 天为信用期限,10 天为折扣期限,2% 为现金折扣率。

1. 信用期限

信用期限是公司允许客户从购货到支付货款的时间间隔,或者说是为客户规定的最长付款时间,一般简称为信用期。

信用期的确定,主要是分析改变现行信用期对收入和成本的影响。延长信用期,会使销售额增加,产生有利影响;与此同时,应收账款占用资金额、收账费用、坏账损失等增加,会产生不利影响。因此,公司是否延长客户的信用期限,应视延长信用期限增加的增量收益是否大于增加的增量成本而定。

【例 11 - 5】　泛宇公司预计在现行的经济政策下,全年赊销收入净额为 240 万元,变动成本率为 60%,资本成本率（或有价证券利息率）为 10%,假设固定成本总额保持不变。该公司财务经理考虑了三个信用条件的备选方案：

A方案：维持现行"$n/30$"的信用条件；

B方案：将信用条件放宽到"$n/60$"；

C方案：将信用条件放宽到"$n/90$"。

各种备选方案估计的赊销水平、坏账百分比和收账费用等有关数据如表11-4所示。

表11-4　泛宇公司信用期备选方案　　　　　　　　　　单位：万元

项　目	$A(n/30)$	$B(n/60)$	$C(n/90)$
① 年赊销额	240	300	320
② 应收账款周转次数	12	6	4
③ 应收账款平均余额（①÷②）	240÷12＝20	300÷6＝50	320÷4＝80
④ 维持赊销业务所需要的资本（③×变动成本率）	20×60％＝12	50×60％＝30	80×60％＝48
⑤ 坏账损失率	2％	3％	5％
⑥ 坏账损失（①×⑤）	240×2％＝4.8	300×3％＝9	320×5％＝16
⑦ 收账费用	2.4	4.0	5.6

根据上述资料，分别评价各种方案的信用成本和收益（见表11-5）。

表11-5　泛宇公司信用期限分析评价表　　　　　　　　单位：万元

项　目	$A(n/30)$	$B(n/60)$	$C(n/90)$
① 年赊销额	240	300	320
② 变动成本（①×变动成本率）	240×60％＝144	300×60％＝180	320×60％＝192
③ 扣除信用成本前收益	96	120	128
④ 信用成本： 应收账款的机会成本	12×10％＝1.2	30×10％＝3	48×10％＝4.8
坏账损失	4.8	9	16
收账费用	2.4	4	5.6
小计	8.4	16	26.4
⑤ 扣除信用成本后收益	87.6	104	101.6

根据表11-5计算可知，B方案（$n/60$）信用成本后的收益最大，比A方案（$n/30$）增加收益16.4万元（＝104－87.6）；比C方案（$n/90$）增加收益2.4万元（＝104－101.6）。因此，在其他条件不变的情况下，应选择60天的信用期限作为最佳的信用期限。

2. 现金折扣和折扣期限

公司为及早收回货款，缩短平均收款期，往往向在信用期限内提前付款的客户提供一定的现金折扣。现金折扣是客户在规定的折扣期限内付款而享受的优惠。折扣期限是为客户规定的可享受现金折扣的付款期限。

公司提供现金折扣能够吸引客户，扩大销售，加速应收账款周转，但现金折扣的优惠实际上是商品价格的扣减。因此，公司决定是否提供以及提供多大程度的现金折扣，核定多长的现金折扣期限,应着重考虑提供折扣后所得的收益是否大于付出的现金折扣成本。

【例 11－6】 承[例 11－5],如果公司选择了 B 方案,但为了加速应收账款的回收,决定将赊销条件改为"2/10,1/20,n/60",形成一个新的 D 方案,估计修改信用条件后,约有 60% 的客户(按赊销额计算)会利用 2% 的折扣;15% 的客户将利用 1% 的折扣。坏账损失降为 2%,收账费用降为 3 万元。根据改变后新的信用条件,可对相关指标计算如下:

应收账款平均收账期＝60%×10＋15%×20＋25%×60＝24(天)

应收账款周转次数＝360÷24＝15(次)

应收账款平均余额＝300÷15＝20(万元)

维持赊销业务所需要的资本＝20×60%＝12(万元)

应收账款的机会成本＝12×10%＝1.2(万元)

坏账损失成本＝300×2%＝6(万元)

现金折扣成本＝300×(2%×60% ＋ 1%×15%)＝4.05(万元)

根据以上资料对 B、D 两方案进行分析评价(见表 11－6)。

表 11－6 泛宇公司信用期限分析评价表 单位:万元

项　目	B(n/60)	D(2/10,1/20,n/60)
① 年赊销额	300	300
减:现金折扣	—	4.05
变动成本(①×变动成本率)	180	180
② 扣除信用成本前收益	120	115.95
③ 信用成本: 应收账款的机会成本 坏账损失 收账费用 小计	3 9 4 16	1.2 6 3 10.2
④ 扣除信用成本后收益	104	105.75

表 11－6 的计算结果表明,公司提供现金折扣后,D 方案的净收益较 B 方案多 1.75 万元 (＝105.75－104),因此,应当选择 D 方案作为最佳方案。

（三）收账政策

收账政策是指客户在规定的信用期限内仍未支付欠款时,公司为催收而采取的一系列程序和方法的组合。一般来说,为保证催收效果,收账政策的制定应宽严适度。收账政策过宽,很难保证催收效果,可能会促使逾期付款的客户拖欠时间更长,应收账款的机会成本与坏账损失将会提高;收账政策过严,虽然可以使应收账款的机会成本与坏账损失有所下降,但收账费用也会相应提高,而且可能会得罪无意拖欠的客户,影响将来业务的开展。因此,在制定收账政策时,要在增加的收账费用和减少的坏账损失之间进行权衡。

一般来说,收账费用与减少的坏账损失之间存在着一定的关系。这种关系不一定是线性的,可大致描述如下:公司刚开始增加一些收账费用,只能减少一小部分坏账损失;收账费用继续增加,坏账损失明显降低;当收账费用继续增加到一定限度后,坏账损失的减少就不再明显,甚至不再下降了。这个限度一般称为收账费用的饱和点(见图 11 - 8 中的 P 点)。收账费用应避免超过这一点。

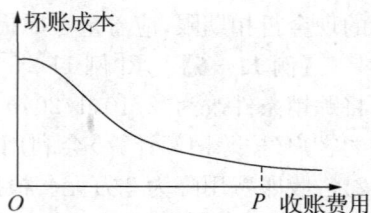

图 11 - 8　收账政策示意图

四、应收账款的日常管理

公司发放信用后,要建立有效的应收账款监督系统,保证公司的应收账款处于合理的水平下,防止坏账侵蚀利润。应收账款日常管理的主要措施如下。

(一)信用调查

对客户的信用进行评价是应收账款日常管理的重要内容。要想合理地评价客户的信用,必须对客户的信用进行调查,收集相关资料。客户信用资料的来源渠道主要有四个。

1. 财务报表

通过对客户财务报表的分析,基本上能掌握一个公司的财务状况和信用状况。

2. 客户的历史信用报告

专门的信用评估机构定期制作和出售有关公司信用能力和信用历史的信息。公司获取这类信息需要花费一些费用。在我国,目前的信用评估机构有三种形式:第一种是独立的社会评估机构,它们只根据自身的业务吸收有关专家参加,不受行政干预和集团利益的牵制,独立自主地开展信用评估业务;第二种是政策性银行、政策性保险公司负责组织的评估机构,一般由银行、保险公司有关人员和各部门专家进行评估;第三种是由商业银行、商业性保险公司组织的评估机构,由商业银行、商业性保险公司组织专家对其客户进行评估。

3. 银行

银行是信用资料获取的一个重要来源,许多银行都设有信用部,为其顾客提供服务,并负责对其顾客信用状况进行记录、评估。银行一般会为其客户提供其他公司的信用信息。

4. 客户向本公司付款的历史记录

调查客户信用高低最有效、最快捷的方法是看他过去是否及时付款。通过对客户过去商业信用的认知和了解,可以简单估计其未来违约的可能性。

(二)信用评估

一旦信息收集完毕,公司就可以对其客户的信用状况进行评价。许多公司通过"5C"系统对客户进行信用评价。"5C"评估法是对影响客户信用的五个主要因素,即品质(Character)、能力(Capacity)、资本(Capital)、抵押品(Collateral)、条件(Conditions)进行定性分析,以判别客户的还款意愿和能力的一种专家分析法。

(1)品质是指借款人履行偿债义务的可能性,它反映在借款人过去的偿债记录上。这一点经常被视为评价顾客信用的首要因素。

(2)能力是指借款人的偿债能力。主要取决于借款人的资产,特别是流动资产的数量、质量以及流动负债的性质。

(3)资本是指借款人的财务实力和财务状况。主要是对借款人总资产、有形资产净值以及留存收益等的测定。它反映了借款人的经济实力和财务状况的优劣,是借款人偿付债务的最终保证。

(4) 抵押品是指借款人拒付款项或无力支付款项时能被用作抵押的资产。对一些信用状况不是很了解或存在争议的借款人,可以凭借其足够的抵押品给予商业信用。借款人提供的抵押品越充足,信用安全的保障就越大。

(5) 条件是指可能影响客户偿债能力的经济环境,如经济衰退、通货膨胀等。这需要了解借款人在过去经济处于困难时期的付款历史。

还有一种数量分析的信用评估方法——信用评分法。采用此方法时,先对一系列财务比率和信用状况指标进行评分,然后进行加权平均,得出客户的综合信用分数,并以此进行信用评估。其基本公式是:

$$Y = \alpha_1 x_1 + \alpha_2 x_2 + \cdots + \alpha_n x_n = \sum_{i=1}^{n} \alpha_i x_i$$

式中,Y 为某客户的综合信用分数;α_i 为事先确定的对第 i 种财务比率和信用状况指标进行加权的权数;x_i 为第 i 种财务比率和信用状况指标的评分。

像发行信用卡之类消费信贷工具的商业银行和其他公司等已开发出精细的统计模型(称为信用评分模型),以确定客户的违约概率。

在信用等级设置方面,参照国际惯例,采取三等九级制,即将授信对象的信用状况分为AAA、AA、A、BBB、BB、B、CCC、CC、C 九级,其中 AAA 为最优信用等级,C 为最低信用等级。

(三) 应收账款收回的监控

公司已发生的应收账款时间有长有短,有的尚未超过信用期间,有的则已超过信用期间。已超过信用期间的时间长短也不一样,一般来说,拖欠的时间越长,收回欠款的可能性越小,形成坏账的可能性越大。因此,公司应对其进行跟踪分析与控制,及时了解应收账款的变动情况,适时采取相应的措施。常用的方法有应收账款账龄分析法。

采用应收账款账龄分析法,首先应编制账龄分析表(见表 11-7)。账龄分析表是一张能显示应收账款在外天数(账龄)长短的报告。公司既可以按照各账龄应收账款的余额占应收账款总额的百分比进行账龄分析,也可以分顾客进行账龄分析。假定信用期为 30 天,表11-7中的账龄分析反映出 40% 的应收账款为逾期账款。

表 11-7 应收账款账龄分析表

账龄(天)	应收账款金额(万元)	占应收账款总额的百分比
信用期内	24	60%
31～60 天	8	20%
61～90 天	6	15%
91 天以上	2	5%
合　计	40	100%

即测即评

1.(单选)企业将资金占用在应收账款上而放弃其他方面投资可获得的收益是应收账款

的( )。

  A. 管理成本   B. 机会成本   C. 坏账成本   D. 资金成本

2.(单选)某企业的应收账款周转率为 6 次,则其应收账款周转天数为( )天。

  A. 30   B. 40   C. 50   D. 60

3.(多选)信用政策包括的内容有( )。

  A. 信用标准   B. 信用条件   C. 现金折扣   D. 收账政策

4.(单选)在其他因素不变的情况下,企业采取积极的收账政策可能导致的后果是( )。

  A. 坏账损失增加   B. 收账费用增加

  C. 平均付款期延长   D. 应收账款平均余额增加

5.(判断)通常被用来衡量信用标准的是预计的坏账损失率。( )

第五节　存货管理

存货是指公司在生产经营过程中为销售或者耗用而储存的物资,主要有原材料、燃料、低值易耗品、在产品、半成品、产成品、外购商品等。公司存货占流动资产的比重较大,一般为40%～60%,存货管理水平的高低直接影响公司的生产经营能否顺利进行,并最终影响公司的收益、风险等状况。

一、存货管理的目标

（一）储存存货的原因

如果公司能在生产用料时随时购入所需的原材料,或者能在销售时随时购入该项商品,就不需要存货。但实际上,公司总有储存存货的需要,并因此占用或多或少的资金。公司对存货的需要有以下两方面原因:

第一,保证生产或销售的经营需要。如果公司持有的存货太少,一旦发生原材料或者待售商品短缺,就可能发生停工待料、生产中断等情形,从而导致销售下降和客户流失。尽管当前部分公司的存货管理已实现计算机自动化管理,但是要实现存货为零的目标实属不易。

第二,出自价格的考虑。许多供货商为扩大销售规模,常常对购货方提供较优厚的商业折扣,即购货达到一定数量时,便在价格上给予相应的折扣优惠。公司采取大批量集中进货,既可以享受价格折扣,降低购置成本,也因减少订货次数,降低了订货成本,使总进货成本降低。但是,过多的存货要占用更多的资金,并且会增加包括仓储费、保险费、维护费、管理人员工资等在内的各项开支。

（二）存货管理的成本

存货管理的关键在于重视与协调存货的采购活动,降低存货水平,从而降低持有存货的相关成本。与存货相关的成本主要包括取得成本、储存成本和缺货成本三项。

1. 取得成本

取得成本是指为取得某种存货而支出的成本。它又分为订货成本和购置成本。

1）订货成本

订货成本是指取得订单的成本，如办公费、手续费、差旅费、仓储费、电话费、验收入库费等。订货成本中有一部分与订货次数无关，如常设采购机构的基本开支等，称为订货的固定成本，属于存货决策的无关成本。另一部分与订货次数有关，随订货次数的增加而上涨，如差旅费、运杂费、电话费等，称为订货的变动成本，属于存货决策的相关成本。订货成本的公式为：

$$订货成本 = F_1 + \frac{D}{Q} \times K$$

式中，F_1 表示订货的固定成本；D 为存货的全年需求量；Q 为每次进货量；K 为每次订货的变动成本。

2）购置成本

购置成本又叫采购成本，是指存货本身的价值，通常由购货数量与单价的乘积来确定。在一定时期公司进货总量既定、物价水平不变、不存在商业折扣的情况下，存货的购置成本与公司每次采购数量的多少没有关系，是存货决策的无关成本。但是，如果供应商采用数量折扣等优惠办法，购置成本成为决策的相关成本。购置成本的公式为：

$$购置成本 = D \times U$$

式中，U 为存货的单价。

存货的取得成本等于订货成本和购置成本之和，用公式表示如下：

$$取得成本 = 订货成本 + 购置成本 = 订货固定成本 + 订货变动成本 + 购置成本$$

$$TC_a = F_1 + \frac{D}{Q} \times K + D \times U$$

式中，TC_a 为存货的取得成本。

2. 储存成本

储存成本是指为保持一定量的存货而发生的成本，包括存货占用资金所应计的利息（若公司用现有现金购买存货，便失去了现金存放银行或投资于证券本应取得的利息，是为"放弃利息"；若公司借款购买存货，便要支付利息费用，是为"付出利息"）、仓储费、保险费、存货破损和变质损失等。

储存成本可分为固定成本和变动成本。固定成本与存货数量的多少无关，如仓库折旧、仓储人员的固定工资等，属于存货决策的无关成本。变动储存成本与存货数量的多少有关，如存货资金的应计利息、存货的破损和变质损失、保险费等，属于存货决策的相关成本。存货的储存成本用公式表示如下：

$$储存成本 = 固定储存成本 + 变动储存成本$$

$$TC_c = F_2 + K_c \times \frac{Q}{2}$$

式中，TC_c 为存货的储存成本；F_2 为储存成本中的固定成本；K_c 为储存成本中的单位变动成本；$\frac{Q}{2}$ 表示存货的平均储存量。

3. 缺货成本

缺货成本是指由于存货供应中断而造成的损失,包括直接损失和间接损失。如原材料供应中断造成的停工损失、产成品库存缺货造成的拖欠发货损失和丧失销售机会的损失(还应包括需要主观估计的商誉损失);如果生产公司以紧急采购代用材料解决库存材料中断之急,那么缺货成本表现为紧急额外购入成本(紧急额外购入的开支往往大于正常采购的开支)。若允许缺货,则缺货成本与存货数量成反比,属于决策的相关成本。反之,若不允许缺货,由于此时缺货成本为零,也就无须加以考虑。缺货成本用 TC_s 表示。

(三)存货管理的目标

如果用 TC 表示储备存货的总成本,它的计算公式为:

$$TC = TC_a + TC_c + TC_s$$

$$= F_1 + \frac{D}{Q}K + DU + F_2 + K_c \times \frac{Q}{2} + TC_s$$

存货管理的目标是在各种存货成本与存货效益之间,建立最佳组合,具体来说,是寻找使存货管理相关总成本最小的订货量。

二、存货经济批量分析

存货决策涉及四项内容:决定进货项目、选择供应单位、决定进货时间和决定进货批量。决定进货项目和选择供应单位是销售部门、采购部门和生产部门的职责。财务部门要做的是决定进货时间和进货批量。按照存货管理的目的,需要通过合理的进货批量和进货时间,使存货总成本最低,这个批量叫经济订货量(或经济批量)。经济订货量是指一定时间储存成本和订货成本总和最低的进货数量(批量)。有了经济订货量,可以很容易地找出最适宜的进货时间。

与存货总成本有关的变量(即影响总成本的因素)很多,为了使复杂的问题简化,就需要建立一些假设,先研究解决简单的问题,然后再扩展到复杂的问题。

(一)经济订货量的基本模型

构建经济订货量的基本模型需要的假设条件有:

(1)存货年需求总量 D 确定,为已知常量。

(2)所购存货能集中到货,而不是陆续到库。

(3)不允许缺货,即无缺货成本,TCs 为零。这是因为良好的存货管理本来就不应该出现缺货成本。

(4)存货单价 U 不变,不考虑现金折扣及数量折扣。

(5)公司现金充足,不存在因现金短缺而影响进货的问题。

(6)所需存货市场供应充足,不会因买不到需要的存货而影响其他方面。

在上述假设条件下,存货总成本的公式简化为:

$$TC = TC_a + TC_c$$

即

$$TC = F_1 + \frac{D}{Q}K + DU + K_c \times \frac{Q}{2}$$

当固定订货成本(F_1)、每次订货的变动成本(K)、存货的全年需求量(D)、存货的单价(U)、储存成本中的固定成本(F_2)、储存成本中的单位变动成本(K_c)均为已知常数时,存货总成本(TC)的大小取决于每批订货量(Q),与批量相关的总成本等于变动订货成本和变动储存成本之和。为了求出TC的最小值,TC对Q求导,并令导数为0,可得

$$经济订货量\ Q^* = \sqrt{\frac{2KD}{K_c}}$$

根据经济订货量模型,经推导可以衍生出以下计算公式:

$$每年最佳订货次数\ N^* = \frac{D}{Q^*} = \sqrt{\frac{DK_c}{2K}}$$

$$经济订货量下的存货相关总成本\ TC(Q^*) = \sqrt{2KDK_c}$$

$$最佳订货周期\ t^* = \frac{1}{N^*}$$

$$经济订货量占用资金\ I^* = \frac{Q^*}{2} \times U$$

【例 11－7】 某制造公司全年需用 A 材料 3 600 千克,按经验数据每次订货的变动性订货成本为 56 元,单位材料年平均变动性储存成本为 7 元/千克。根据上述资料,存货决策如下:

(1) A 材料的经济订货量 $Q^* = \sqrt{\dfrac{2KD}{K_c}} = \sqrt{\dfrac{2 \times 56 \times 3\ 600}{7}} = 240(千克)$

(2) A 材料的年最佳订货次数 $N^* = \dfrac{D}{Q^*} = \dfrac{3\ 600}{240} = 15(次)$

(3) 经济订货量下的存货相关总成本 $TC(Q^*) = \sqrt{2KDK_c} = \sqrt{2 \times 56 \times 3\ 600 \times 7}$
$$= 1\ 680(元)$$

经济订货量也可以用图解法求得:先计算出一系列不同批量下的各相关成本,然后在坐标图上绘制出订货成本线、储存成本线和相关总成本线。从图 11－9 中可以看出,经济订货量就是总成本曲线最低点时的订货点,此点恰好是订货成本线和储存成本线相交处。

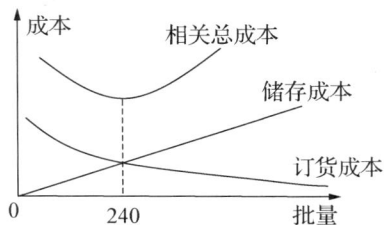

图 11－9　存货的经济批量示意图

从以上成本指标的计算和图形中可以很清楚地看出,当经济订货量为 240 千克时相关总成本最低,所以最佳经济订货量是 240 件。

（二）经济订货量基本模型的扩展

经济订货量的基本模型是建立在一系列严格的假设条件下，但现实生活中能够满足这些假设条件的情况并不常见。为使模型更接近实际，增强其可用性，需逐步放宽假设，并改进模型。

1. 订货提前期

一般情况下，公司的存货不能做到随用随时补充，因此不能等存货用光再去订货，而需要在没有用完时提前订货。那么，究竟在上一批购入的存货还有多少时，订购下一批货物呢？这就是再订货点的控制问题。所谓再订货点，就是订购下一批存货时本批存货的储存量。提前订货所需要的天数称为订货提前期。

假定以 R 表示再订货点，L 表示订货提前期，d 表示每日平均需要量，再订货点的计算公式为：

$$R = L \times d$$

【例 11-8】 某公司 A 材料的经济订货批量为 400 千克，每间隔 40 天订货一次，订货提前期为 9 天，平均每天正常耗用量 10 千克（＝400÷40），那么

$$R = L \times d = 10 \times 9 = 90（千克）$$

当 A 材料的库存量下降到 90 千克时，公司应组织再次订货，等该批存货入库时，原有库存刚好用完。此时，有关存货的经济订货量、最佳订货次数、订货间隔周期等的计算与基本模型相同。订货提前期对存货的经济订货量没有影响，只不过在达到再订货点（库存 90 千克）时即提出订货要求。订货提前期的情形如图 11-10 所示。

前面讨论的经济订货量是以供需稳定且确知为前提的。但实际情况并非如此，按照某一订货量和再订货点发出订单后，如果需求增大或交货延迟，就会发生缺货。为防止由此造成停工或脱销的损失，公司就需要多储备一些存货以备应急之需，称为保险储备（或安全存量）（保险储备用 B 表示）。这些存货在正常情况下不动用，只有当每日需求量突然增大或交货延迟时才动用。考虑保险储备后，再订货点的计算公式为：

$$再订货点＝订货提前期 \times 每日耗用量＋保险储备$$

$$R = L \times d + B$$

如果我们仍沿用［例 11-8］资料，并假定该公司的保险储备为 50 千克，如图 11-11 所示，其再订货点是：

$$再订货点（R）＝10 \times 9 + 50 = 140（千克）$$

在第一个订货周期内，$d = 10$，不需要动用保险储备；在第二个订货周期内，$d > 10$，需求量大于供货量，需要动用保险储备；在第三个订货周期内，$d < 10$，不仅不需要动用保险储备，正常储备亦未用完，下次存货

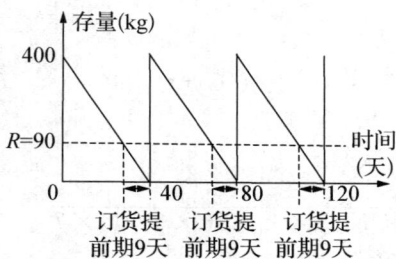

图 11-10　订货提前期示意图

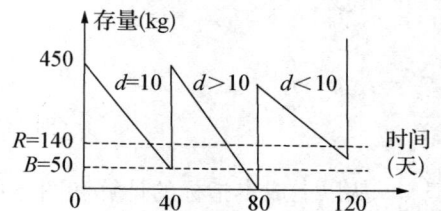

图 11-11　订货的保险储备示意图

已经送到。

2. 存货陆续供应和使用

经济订货量的基本模型是建立在存货一次全部入库的假设之上的。那么,存货在每个订货周期的期初都达到最高点,期末回到 O 点。但现实生活中,各批存货一般都是陆续入库,库存量陆续增加。尤其是产成品的验收入库和在产品在各生产环节的转移,几乎都是陆续供应和被耗用的。在这种情况下,需要对经济订货量的基本模型做一些修正,如图 11 - 12 所示。

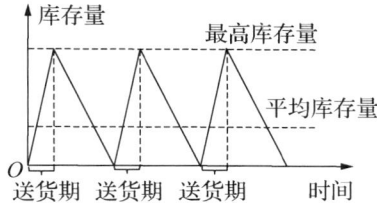

图 11 - 12　存货陆续供应和使用下的示意图

设存货每批订货量为 Q,每日送货量 P,故每批订货量 Q 全部送达所需天数为 Q/P,称之为送货期。

假定存货的每日耗用量为 d,故送货期内全部耗用量为:$\dfrac{Q}{P} \times d$ 。

由于存货边送边用,因此,每批存货送完后,最高库存量为:$Q - \dfrac{Q}{P} \times d$ 。

存货平均库存量为:$\dfrac{1}{2}\left(Q - \dfrac{Q}{P} \times d\right)$

因此,订货量 Q 的总成本为:

$$TC(Q) = \frac{D}{Q} \times K + \frac{1}{2}\left(Q - \frac{Q}{P} \times d\right) \times K_c$$
$$= \frac{D}{Q} \times K + \frac{Q}{2}\left(1 - \frac{d}{P}\right) \times K_c$$

在订货变动成本与储存变动成本相等时,$TC(Q)$ 有最小值,故存货陆续供应和耗用情况下的经济订货量模型为:

$$Q^* = \sqrt{\frac{2KD}{K_c} \times \frac{P}{P-d}}$$

将这一公式代入上述 $TC(Q)$ 公式,可得到经济订货量的相关总成本公式:

$$TC(Q^*) = \sqrt{2KD\,K_c \times \left(1 - \frac{d}{P}\right)}$$

【例 11 - 9】　某公司全年需用 A 材料 3 600 件,每日送货量 40 件,每日耗用量为 30 件,该材料采购单价为 30 元/件,每次订货成本为 56 元,单位储存成本为 7 元/件。

存货陆续供应和耗用的经济订货量计算如下:

$$Q^* = \sqrt{\frac{2KD}{K_c} \times \frac{P}{P-d}} = \sqrt{\frac{2 \times 3\ 600 \times 56 \times 40}{7 \times (40-30)}} = 480(件)$$

经济订货批次 $= \dfrac{D}{Q^*} = \dfrac{3\ 600}{480} = 7.5(次)$

经济订货周期 $= 360 \div 7.5 = 48(天)$

送货期 $\dfrac{Q}{P} = \dfrac{480}{40} = 12(天)$

存货的最高储存量 $= Q - \dfrac{Q}{P} \times d = 480 - \dfrac{480}{40} \times 30 = 120(件)$

年最低存货相关总成本

$$TC(Q^*) = \sqrt{2KD\,K_c \times \left(1 - \frac{d}{P}\right)} = \sqrt{2 \times 3\ 600 \times 56 \times 7 \times \left(1 - \frac{30}{40}\right)} = 840(元)$$

三、存货的日常管理和控制

存货的日常管理和控制是指在公司日常生产经营过程中,按照存货管理的特点和要求,对存货的购进、耗用和销售等情况有重点地、系统地进行组织和监控。存货的日常管理和控制方法主要有 ABC 分类控制法、适时制库存控制系统、建立计算机存货控制系统等。

（一）ABC 分类控制法

ABC 分类控制法是意大利经济学家弗·巴雷特于 19 世纪首创,以后经不断完善和发展,现已广泛应用于存货管理、成本管理和生产管理等环节。所谓 ABC 分类控制法,就是按照一定的标准,按照重要性程度将公司存货划分为 A、B、C 三类,分别实行分品种重点管理、分类别一般控制和按照总额灵活掌握的存货管理、控制的方法。

一般来说,公司存货品种繁多,尤其是大中型公司的存货往往有成千上万种,给管理带来极大的困难。有的存货尽管品种数量很少,但单位价值较大,如果管理不善,将给公司造成极大的损失。相反,有的存货尽管品种数量繁多,但单位价值较小,即使管理上出现一些问题,也不至于产生较大的影响。因此,无论从管理能力还是经济角度看,公司不可能也没有必要对所有存货都进行严格管理。ABC 分类控制法正是基于这些考虑提出的,其目的就是帮助公司分清管理的主次,从而降低人力物力的支出,提高存货资金管理的整体效果。

ABC 分类控制法的操作步骤如下:

第一步,计算每一种存货在一定期间(通常为 1 年)内的资金占用额。

第二步,计算每一种存货资金占用额占全部存货资金占用额的百分比,并按大小顺序排列,编成表格。

第三步,按照事先确定的标准,将全部存货分为 A、B、C 三类,并绘图表示。A 类高价值存货,品种数量约占整个存货的 $10\% \sim 15\%$,但价值约占全部存货的 $50\% \sim 70\%$；B 类中等价值存货,品种数量约占整个存货的 $20\% \sim 25\%$,价值约占全部存货的 $15\% \sim 20\%$；C 类低价值存货,品种数量多,约占整个存货的 $60\% \sim 75\%$,价值仅占全部存货的

10％～35％。

第四步，针对不同类别的存货，实行不同的管理。A 类存货应按品种重点管理、严密控制，对其经济订货量进行认真规划；B 类存货可以分类别给予一般控制和管理；C 类存货粗放管理，把握一个总金额就可以了。各类存货类别的划分及其相应类别存货的管理特点如表 11－8 所示。

表 11－8　ABC 存货分类控制

项　目	A 类	B 类	C 类
品种数量百分比	10％～15％	20％～25％	60％～75％
金额百分比	50％～70％	15％～20％	10％～35％
管理要求	重点管理	一般管理	粗放管理
订货方式	按照经济订购批量，定期订货	采用定量订货方式，但库存降到订货点时发出订单	大批量订货
检查方式	经常检查	定期检查	按月或季检查
控制制度	按品种控制	按大类控制	按金额控制

（二）适时制库存控制系统

1953 年，日本丰田公司的副总裁大野耐一综合了单件生产和批量生产的特点和优点，创造了一种在多品种小批量混合生产条件下高质量、低消耗的生产方式，即适时生产（Just In Time，JIT）。

适时制库存控制是现代物流管理的基础，其中心管理思想是零库存和快速应对市场变化，公司在生产中应尽可能消除一切无效的劳动与浪费，只在需要的时候，按需要的量生产所需的产品，故又被称为准时制生产、看板生产方式。显然，适时制库存控制系统需要的是稳定而标准的生产程序、高效的采购计划、诚信的供应商以及有效的存货处理系统，否则，任何一环出现差错都将导致整个生产线的停止。目前，已有越来越多的公司利用适时制库存控制系统减少甚至实行零存货管理，如通用电气公司、福特公司、克莱斯勒公司、沃尔玛、海尔等。

（三）建立计算机存货控制系统

随着计算机信息处理技术的不断发展，采用计算机存货控制系统对存货进行日常控制已成为大中型公司发展的必然选择。计算机存货控制系统利用计算机数据库管理技术对各类存货的基本信息进行存储，依托数据库的高级查询和强大的数据技术功能，可以实现存货信息的共享、对存货管理进行实时跟踪、适时调整生产、采购计划，避免存货积压短缺现象的发生，准确地统计、分析存货资金的使用情况，从而进一步提升存货控制的现代化水平。计算机存货控制系统在西方的零售商店中得到广泛应用。

小思考

公司在什么情况下需要考虑存货的保险储备？

即测即评

1.（单选）对存货进行 ABC 类划分后，A 类存货是指（　　）。

A. 数量多金额多　　　　　　　　B. 数量多金额少

C. 数量少金额多　　　　　　　　D. 数量少金额少

2.（单选）最佳采购批量是指（　　）。

A. 采购成本最低的采购批量　　　B. 订货成本最低的采购批量

C. 储存成本最低的采购批量　　　D. 相关总成本最低的采购批量

3.（单选）下列各项中，不影响材料经济采购批量的因素是（　　）。

A. 每次采购费用　　　　　　　　B. 材料年度采购总量

C. 单位材料储存保管费用　　　　D. 专设采购机构的基本开支

4.（判断）缺货成本就是缺少存货的采购成本。　　　　　　　　　　　（　　）

第六节　短期负债管理

公司对资金的需求通常并不是稳定的，而是有一定的周期性或者说具有波动性。当公司预测未来的资金需求将下降时，或由于经营活动的周期性或季节性而出现资金需求时，短期融资是解决这些资金需求的一个较佳途径。短期融资是指为满足公司临时性流动资产需要而进行的筹资活动。它使公司产生一年或一年以内的债务，在资产负债表中显示为流动负债。根据采用的信用形式不同，短期债务融资主要包括商业信用、短期借款和短期融资券等。

一、商业信用管理

（一）商业信用的形式

商业信用是在商品交易中由于延期付款或预收货款所形成的公司间的借贷关系，是公司之间的直接信用行为，是一种"自发性筹资"。商业信用融资具有成本低、程序简单和自然生成等特点，运用广泛，在公司短期负债筹资中占有相当大的比例。商业信用的具体形式有应付账款、应付票据、预收账款等。

（二）应付账款

1. 应付账款的实质与特征

（1）它是一种典型的商业信用形式。买卖双方发生商品交易，买方收到商品后不立即付款，而是延迟一段时间后再付款。

（2）对于卖方来说，可利用这种方式促销；对于买方来说，延期付款则等于用对方的钱购进了商品，减少了公司一定时间的资金需求。

（3）买卖双方的关系完全由买方的信用来维持。

2. 应付账款的信用条件

与应收账款相对应,应付账款也有付款期、折扣等信用条件。

信用条件是指卖方提出的关于信用期限、折扣期限等具体条件。

(1) 信用折扣,又称"现金折扣",具体解释见本章第四节内容。

(2) 免费信用是指买方公司在规定的折扣期内享受折扣而获得的信用。

(3) 有代价信用是指买方公司放弃折扣付出代价而获得的信用。即卖方提供现金折扣,买方放弃现金折扣,在折扣期至信用期到期日之间付款。

(4) 展期信用是指买方公司超过规定的信用期推迟付款而强制获得的信用。信用展期将会占用销货方的资金,影响其资金周转,增加销货方的融资成本。作为买方公司,也不可避免地承担信用展期相关的成本,如放弃现金折扣的机会损失、公司信誉受损的隐含成本。隐含成本将会对公司的未来发展带来不利影响,如供应商停止或推迟送货、公司的信用等级降级、销货方可能附以更为苛刻的信用条件等。

如何选择需要进行收益与成本的权衡。下面从机会成本的角度来分析商业信用的付款时间选择。

【例 11 - 10】　某公司购进一批电子元件,价值 10 000 元,对方开出的商业信用条件是"2/10,n/30",市场利率是 12%。该公司是否应争取享受这个现金折扣? 并说明原因。

第 10 天付款,付 9 800 元。如果公司在 10 天内付款,便享受了 10 天的免费信用期,获得折扣 200 元,付款额为 9 800 元[=10 000 ×(1−2%)]。

倘若买方公司放弃折扣,在 10 天后(不超过 30 天)付款,该公司便要承受因放弃折扣而造成的隐含利息成本。一般而言,放弃现金折扣的成本可由下式求得:

$$放弃现金折扣成本 = \frac{折扣百分比}{1-折扣百分比} \times \frac{360}{信用期-折扣期}$$

第 30 天付款,付 9 800＋200 元(放弃折扣成本额,多占用 20 天的应计利息)

$$放弃现金折扣成本 = \frac{2\%}{1-2\%} \times \frac{360}{30-10} = 36.73\%$$

36.73% 的资金成本远高于市场利率,买方应尽可能享受这现金折扣。

公司在放弃折扣的情况下,推迟付款的时间越长,其机会成本便会越小。如果[例 11 - 10]中的商业信用条件是"2/10,n/50",其放弃现金折扣成本则为:

$$\frac{2\%}{1-2\%} \times \frac{360}{50-10} = 18.37\%$$

3. 应付账款筹资的优点

(1) 易于取得。因为是在交易活动中自发产生的,不另付成本。

(2) 付款时间灵活。在付款的时间上,公司享有很大程度的自主权。

(3) 筹资弹性好。公司可根据生产经营活动的变化及时调整借款额度。

(三) 应付票据

应付票据是指公司进行延期付款的商品交易时,因采用商业汇票结算方式而产生的商业信用。支付期最长不得超过 6 个月。

根据承兑人不同可分为商业承兑汇票和银行承兑汇票。商业承兑汇票是指由收款人开出,经付款人承兑,或由付款人开出并承兑的汇票。银行承兑汇票是指由收款人或承兑申请人开出,由银行审查同意承兑的汇票。票据承兑后,承兑人即付款人有到期无条件付款的责任。

根据是否带息分为带息票据和无息票据。如是无息票据,则属于免费信用。如开出的是带息票据,则所承担的票据利息就是应付票据的筹资成本。

应付票据的利率一般比银行借款的利率低,且不用保持相应的补偿性余额和支付协议费,所以应付票据的融资成本低于银行借款成本。但是应付票据到期必须归还,如若延期便要交付罚金,因而风险较大。

（四）预收账款

预收账款是卖方公司在交付货物之前向买方预先收取部分或全部货款的信用形式。预收账款相当于卖方向买方取得一笔借款,然后用商品或劳务偿还。预收账款一般用于产品生产周期长、所需资金较多的货物销售,也可在卖方已知买方信用欠佳时使用。

此外,公司往往还存在一些在非商品交易中产生的应付而未付的费用,如应付职工薪酬、应交税费、其他应付款等。这些应付费用一般是受益在先,支付在后,支付期晚于发生期,因此在支付之前可以为公司所用。应付费用的成本费用通常为零,但其期限具有强制性,不能由公司自由使用,公司如果无限期地拖欠应付费用,就有可能产生较高的显性或隐性成本。

（五）商业信用筹资的优缺点

1. 商业信用筹资的优点

（1）商业信用是伴随商品交易自然产生取得的,最大的优越性在于容易取得。对于大多数公司来说,商业信用是一种持续性的信贷形式,且无须正式办理筹资手续。

（2）商业信用融资可能不需要成本或成本很低（如果没有现金折扣或不放弃现金折扣,则利用商业信用没有实际成本）。

（3）商业信用融资具有较大的弹性,能够随着购买或销售规模的变化而自动地扩张或缩小。

2. 商业信用筹资的缺点

（1）商业信用的期限较短,应付账款尤其如此,如果公司要取得现金折扣,则期限更短。

（2）对应付方而言,如果放弃现金折扣或者严重拖欠,其付出的成本很高。

二、短期借款管理

短期借款是指公司向银行以及其他金融机构借入的期限在一年以内（含1年）的借款。在短期债务筹资中,短期借款的重要性仅次于商业信用。短期借款主要解决企业经营周转中的资金需求。

（一）短期借款的种类

目前,我国短期借款按照目的和用途分为生产周转借款、临时借款、结算借款、票据贴现借款等。按照国际惯例,短期借款往往按偿还方式不同分为一次性偿还借款和分期偿还借款;按利息支付方法的不同分为收款法借款、贴现法借款和加息法借款;按有无担保分为抵押借款和信用借款。

短期借款可以随企业的需要安排,便于灵活使用,但其突出的缺点是短期内要归还,且可能会附带很多附加条件。

（二）银行借款的信用条件

1. 信贷额度

信贷（信用）额度,又叫信贷限额,是指银行对借款人规定的无担保贷款的最高限额。信贷限额的有效期通常为一年,但根据情况也可延期一年,在期限内和批准的信贷限额内,可循环使用。但是,银行并不承担必须全部提供信贷限额的义务。如果企业信誉恶化,即使银行曾同意过按信贷限额提供贷款,企业也可能得不到借款。这时,银行不会承担法律责任。

信贷额度就像信用卡允许透支的最高额度,而贷款额就像信用卡透支的实际额度,至于利息,就像一张没有进行过任何透支的信用卡一样,是不需要付息的。

2. 周转信贷协议

周转信贷协议是银行具有法律义务地承诺提供不超过某一最高限额的贷款协议。在协定的有效期内,只要企业的借款总额不超过最高限额,银行必须满足企业任何时候提出的借款要求。企业享用周转授信协议,通常要就贷款限额的未使用部分付给银行一笔承诺费。

例如,某周转授信协议为 1 000 万元,承诺费为 0.2%,借款企业年度内使用了 600 万元,余额 400 万元,该年度借款企业就要向银行支付承诺费 0.8 万元。这是银行向企业提供此项贷款的一种附加条件。

周转信贷协定的有效期通常超过 1 年,但实际上贷款每几个月发放一次,所以这种信贷具有短期和长期借款的双重特点。

3. 补偿性余额

补偿性余额是银行要求借款企业在银行中保留一定数额的存款余额,约为借款数额的 10%～20%。从银行的角度讲,补偿性余额可降低贷款风险,补偿其可能遭受的贷款损失。对于借款企业来说,补偿性余额提高了借款的实际利率。

例如,某企业按年利率 8% 向银行借款 10 万元,银行要求维持贷款限额 15% 的补偿性余额,那么企业实际可用的借款只有 8.5 万元,该项借款的实际利率为：

$$实际利率 = \frac{利息}{实得本金} = \frac{10 \times 8\%}{8.5} \times 100\% = 9.4\%$$

4. 抵押借款

银行向财务风险较大的企业或对其信誉不甚有把握的企业发放贷款,有时需要有抵押品担保,以减少自己蒙受损失的风险。短期借款的抵押品经常是借款企业的应收账款、存货、股票、债券等。银行接受抵押后,将根据抵押品的面值决定贷款金额,一般为抵押品面值的 30%～90%。这一比例的高低,取决于抵押品的变现能力和银行的风险偏好。

抵押借款的成本通常高于非抵押借款,这是因为银行主要向信誉好的客户提供非抵押贷款,而将抵押贷款看成是一种风险投资,故而收取较高的利率；同时银行管理抵押贷款要比管理非抵押贷款困难,为此往往另外收取手续费。

5. 偿还条件

贷款的偿还有到期一次偿还和在贷款期内定期（每季、月）等额偿还两种方式。一般来讲,企业不希望采用后一种偿还方式,因为这会提高借款的实际利率；而银行不希望采用前一种偿还方式,因为这会加重企业的财务负担,增加企业的拒付风险,同时会降低实际贷款利率。

6. 其他承诺

银行有时还会要求企业为取得贷款而做出其他承诺,如及时提供财务报表、保持适当的财务水平(如特定的财务比率等)。如企业违背所做出的承诺,银行可要求企业立即偿还全部贷款。

(三)借款利息的支付方式

短期借款的利息支付方式有收款法、贴现法和加息法三种,付息方式不同,短期借款成本计算也有所不同。

1. 收款法

收款法是在借款到期时向银行支付利息的计息方法,银行向企业发放的贷款多采用这种计息方法。采用收款法时,短期贷款的实际利率等于名义利率。

2. 贴现法

贴现法又称折价法,是指银行向企业发放贷款时,先从本金中扣除利息部分,到期时借款企业偿还贷款全部本金的一种计息方法。在这种计息方式下,企业可利用的贷款额只是本金减去利息部分后的差额,因此贷款的实际利率高于名义利率。

【例 11-11】 某企业从银行取得借款 10 000 元,期限 1 年,年利率(即名义利率)为 8%,利息额 800 元(=10 000×8%)。按照贴现法付息,企业实际可利用的贷款为 9 200 元(=10 000-800),该项借款的实际利率为:

$$800 \div (10\ 000 - 800) \times 100\% = 8.7\%$$

3. 加息法

即分期偿还借款,是银行发放分期等额偿还贷款时采用的利息收取方法。在分期等额偿还贷款的情况下,银行将根据名义利率计算的利息加到贷款本金上,计算出贷款的本息和,要求企业在贷款期内分期等额偿还本息。由于贷款分期均衡偿还,借款企业实际上只平均使用了贷款本金的半数,却支付全额利息。这样,企业所负担的实际利率大约是名义利率的 2 倍。

【例 11-12】 某企业借入(名义)年利率为 12%的贷款 20 000 元,分 12 个月等额偿还本息。该项借款的实际利率为:

$$\frac{20\ 000 \times 12\%}{20\ 000 \div 2} \times 100\% = 24\%$$

(四)短期借款筹资的优缺点

1. 短期借款筹资的优点

(1)取得简便快捷。银行资金充足,能够随时提供较多的短期借款。

(2)具有弹性。

(3)成本较低。

2. 短期借款筹资的缺点

(1)期限短,偿债压力大,财务风险高。

(2)利息成本具有不确定性。

小思考

自然产生的债务企业是不是可以长时间无成本占用,为什么?

即测即评

1.(单选)银行短期借款筹资方式的优点是(　　)。

A. 筹资成本低　　　　　　　　　　B. 偿债压力小

C. 财务风险低　　　　　　　　　　D. 能提高公司信誉

2.(多选)商业信用的具体形式有(　　)。

A. 应付账款　　　　B. 应付票据　　　　C. 预收账款　　　　D. 短期借款

3.(单选)某企业借入(名义)年利率为8%的贷款40 000元,分12个月等额偿还本息。按加息法计算利息,该项借款的实际利率为(　　)

A. 8%　　　　　　B. 10%　　　　　　C16%　　　　　　D. 12%

4.(判断)有代价信用是买方公司超过规定的信用期推迟付款而强制获得的信用。

(　　)

本章小结

1. 营运资本有广义和狭义之分。广义的营运资本又称总营运资本,是指一个公司在正常经营活动中投放在流动资产上的资金总额;狭义的营运资本又称净营运资本,是指流动资产减去流动负债后的余额。流动资产主要包括货币资金、交易性金融资产、应收票据及应收账款、预付款项、存货等,而流动负债则主要包括短期借款、应付债券等。

2. 企业持有现金是为了满足对现金的交易需求、预防需求及投机需求,但过量持有现金会导致企业的获利能力降低,为此必须确定最佳现金持有金额。最佳现金持有量的确定方法有成本分析模式、存货模式和随机模式等。现金的日常收支管理包括现金安全管理、现金收付款管理。

3. 企业持有应收账款的原因是增加销售量和降低存货规模,但相应地要承担应收账款的信用成本,主要包括机会成本、管理成本和坏账成本。信用政策是企业为了实现应收账款管理目标而制订的赊销与收账政策,包括信用标准、信用条件和收账政策三部分内容。应收账款日常管理的主要措施包括信用调查、信用评估和应收账款收回的监控。

4. 企业持有存货的动机包括保证生产和销售的正常进行,获取规模效益等。与存货相关的成本包括取得成本、储存成本和缺货成本三项。存货决策主要有经济订货量基本模型、基本模型的扩展。存货的日常管理和控制方法主要有 ABC 分类控制法、适时制库存控制系统、建立计算机存货控制系统等。

5. 商业信用是在商品交易中由于延期付款或商业信用预收货款所形成的公司间的借贷关系。商业信用融资具有成本低、程序简单和自然生成等特点,运用广泛,在公司短期负债筹资中占有相当大的比例。商业信用的具体形式有应付账款、应付票据、预收账款等。短期借款是指公司向银行以及其他金融机构借入的期限在一年以内(含 1 年)的借款。在短期债务筹资中,短期借款的重要性仅次于商业信用。

关键术语

营运资本	经营周期	现金周期	机会成本	管理成本	短缺成本
坏账成本	信用政策	信用标准	信用条件	收账政策	经济订货量
商业信用	信贷额度	周转信贷协议	补偿性余额	收款法	贴现法
加息法					

复习思考题

1. 什么是营运资本? 营运资本管理策略有哪些?

2. 什么是经营周期与现金周期? 如何计算?

3. 现金的定量管理模式有哪些? 各种模式有何特点?

4. 有关应收账款的成本有哪些?

5. 信用政策的要素有哪些?

6. 评估顾客信用的"5C"是指什么?

7. 存货管理的目标是什么?

8. 影响存货经济订货量的因素有哪些?

9. ABC 控制法的要点是什么?

10. 短期借款中贴现法借款和加息法贷款的实际利率如何计算?

11. 企业放弃现金折扣的成本如何计算?

【计算题】

1. 假设某企业明年需要现金 8 400 万元,已知有价证券的报酬率为 7%,将有价证券转换为现金的转换成本为 150 元。

要求:

(1) 计算最佳现金持有量;

(2) 计算相关最低总成本。

2. A 企业 2020 年赊销收入净额为 2 000 万元,营业成本为 1 600 万元;年初、年末应收账款余额分别为 200 万元和 400 万元;年初、年末存货余额分别为 200 万元和 600 万元;年末速动比率为 1.2,年末现金比率为 0.7。假定该企业流动资产由速动资产和存货组成,速动资产由应收账款和现金资产组成,一年按 360 天计算。

要求:

(1) 计算 2020 年应收账款周转天数;

(2) 计算 2020 年存货周转天数。

3. 某企业生产中全年需要某种材料 2 000 千克,每千克买价 20 元,每次订货费用 50 元,单位储存成本为买价的 25%。确定该企业最佳采购批量和全年的采购次数。

4. 某企业全年采用某种零件 37 500 件,每件价格为 3 元。已知订货成本为每次 30 元,单位储存费用 1.5 元/件。如每天送货量为 1 000 件,每天耗用 625 件。

要求：

（1）计算企业经济订货批量；

（2）企业每次订购多少件才能使该零件的总成本最低？

5. 某企业的信用政策为（2/10,1/20,n/90），预计销售收入为 5 400 万元，将有 30% 的货款于第 10 天收到，20% 的货款于第 20 天收到，其余 50% 的货款于第 90 天收到（前两部分货款不会产生坏账，后一部分货款的坏账损失率为该部分货款的 4%），收账费用为 50 万元。企业的资金成本率为 8%，应收账款的变动成本率为 60%。

要求：

（1）应收账款平均收账天数；

（2）应收账款平均余额；

（3）维持应收账款所需资金；

（4）应收账款机会成本；

（5）坏账成本；

（6）采用乙方案的信用成本。

6. 某企业借入（名义）年利率为 8% 的贷款 1 000 元，分 12 个月等额偿还本息。

要求：计算该项贷款的实际利率。

第十二章　公司并购

📚 **学习目标**

1. 掌握公司并购的概念
2. 掌握公司并购的动因和类型
3. 了解公司并购的流程
4. 掌握公司的价值评估方法
5. 了解公司并购融资与对价支付
6. 了解公司并购后整合的种类

📖 **引导案例**

寓言故事一：良弓与利箭——"1＋1＞2"

有一个人背着一把大弓，四处游历。他那张弓确实是漂亮：有着雕花的弓弯，以及上好牛皮做的弓弦，可就是空背在背上，英雄无用武之地。有人好奇地问他："为什么只见你有弓而没有箭呢？"那人骄傲地回答说："我的弓是最好的弓，可惜还没有发现可供它使用的箭！"

又有人拿着一支箭，到处转悠。他那支箭确实是支好箭：箭头包着银，锐利而闪闪发亮，箭尾上带着漂亮的羽毛。可是这支箭只能一天到晚提在这个人手中，不能实现它远大的理想。有人走过去不解地问："怎么你只是手里拿着一支箭空转悠，你的弓呢？"那人不以为然地笑笑说："我这支箭太好了，举世无双，可惜还没有见到能发射它的好弓！"

这两人的话被后羿知晓后，后羿立即找到那个有良弓的人，又找到那个有利箭的人，对他们说："你们的弓和箭的确都是上好的，可是，你的箭再锐，不用弓发射，也只能束之高阁或被你永远地握在手里；再说你的弓，再好的弓如果没有箭，也只能是空泛无用的弓。"

这两个人听了后羿一番话后，似乎有些明白了，于是后羿对他俩说："来，把你们的良弓和利箭合在一起，我来教你们射箭，你们来真正地领略一下你们的弓和箭好在哪里吧！"

寓言故事二：两块石头——不美满的并购婚姻

很久以前，有一座山，山上有很多石头。

日复一日，年复一年，山上的每块石头都安居乐业，过着幸福祥和的日子，处处洋溢着安定繁荣的景象。

天有不测风云，一场史无前例的暴风雨突然来临。暴风雨将山上的石头冲击得东倒西歪。山上的情形一片狼藉，但更大的灾难还在后头。

暴风雨过后，山上的石头慢慢滑向山脚。

有两块石头也向山下缓缓滑行，它们发现了对方。

石头甲大声说："朋友，救救我，我快坚持不住了。"

正在下滑的石头乙也想找块石头帮帮自己。它慢慢地走到石头甲的身边,对它说:"别怕! 我们抱在一起就会没事的。"

于是,它们慢慢地拥抱在一起。

但出乎它们意料,它们非但没有停下来,反而下滑得更快了。

【故事中的财务知识】

寓言故事一:只有傻瓜才会只拿一把举世无双的弓而不带箭上战场。"商场如战场"。任何有某一项核心资源、有核心竞争能力的公司,都无法凭借一项优势去争取市场。适当的时候要对合适的对象进行并购,充分利用双方的资源和优势,实现双赢,达到"1+1>2"的经营境界。

寓言故事二:

故事中的两块石头就像低迷时期的两家公司,它们希望通过合并,减少业务的下滑趋势,但是却因为合并后增加的种种难题,反而加快了下滑的速度,最终给双方都带来了灭顶之灾。所以,要不要联合、联盟,选择何种方式联盟合作,是公司应该认真思考的问题。

引　言

近年来,各行业、各领域的企业通过合并和股权、资产收购等多种形式积极进行整合,兼并重组步伐加快。本章主要围绕公司并购中的财务问题展开,着重介绍了以下三个方面的问题:一是公司并购的动因、类型和并购流程;二是公司的价值评估方法、公司并购融资与对价支付;三是公司并购完成后整合阶段可能面临的问题。学习这些内容,有助于学习者了解并购重组及其中涉及的财务问题。

第一节　公司并购概述

一、公司并购及其类型

公司并购的内涵包括兼并(Merger)和收购(Acquisition)。其中,兼并是指两个或两个以上的公司根据契约关系进行股权合并,以实现生产要素的优化组合;收购是指一家公司用现金或者有价证券购买另一家公司的股票或者资产,以获得对该公司的全部资产或者某项资产的所有权,或对该公司的控制权。企业之间的兼并与收购行为,是企业法人在平等自愿、等价有偿基础上,以一定的经济方式取得其他法人产权的行为,是企业进行资本运作和经营的一种主要形式。

公司并购的类型可按以下维度划分。

(一)按照并购后双方法人地位的变化情况划分

1. 收购控股

收购控股是指并购后并购双方都不解散,并购方收购被并购公司至控股地位。

2. 吸收合并

吸收合并是指并购后并购方存续,并购对象解散。

3. 新设合并

新设合并是指并购后并购双方都解散，重新成立一个具有法人地位的公司。这种并购在我国尚不多见。

（二）按照并购双方行业相关性划分

按照并购双方所处行业相关性，公司并购可以分为横向并购、纵向并购和混合并购。

1. 横向并购

横向并购是指生产同类产品或生产工艺相近的公司之间的并购，实质上是竞争对手之间的合并。

横向并购的优点：第一，可以迅速扩大生产规模，节约共同费用，便于提高通用设备的使用效率；第二，便于在更大范围内实现专业分工协作；第三，便于统一技术标准，加强技术管理和进行技术改造；第四，便于统一销售产品和采购原材料等，形成产销的规模经济。但是，横向并购存在破坏竞争形成垄断的缺点，因此常常受到限制。

2. 纵向并购

纵向并购是指与公司的供应商或客户的合并，即优势公司将同本公司生产紧密相关的上下游公司并购过来，形成纵向生产一体化。按照并购公司与被并购公司在价值链中所处的相对位置，又可以将纵向并购进一步区分为前向一体化和后向一体化。

纵向并购的优点：第一，能够扩大生产经营规模，节约通用的设备费用等；第二，可以加强生产过程各环节的配合，可以加速生产流程，缩短生产周期，有利于协作化生产和节约交易费用；第三，通过市场交易行为内部化，有助于减少市场风险，节省交易费用，同时易于设置进入壁垒。但是，纵向并购的缺点在于，公司生存发展受市场因素影响较大，容易导致连锁反应。

3. 混合并购

混合并购是指既非竞争对手又非现实中或潜在的客户或供应商的公司之间的并购。主要包括：① 产品扩张性并购，即为了扩大经营范围生产相关产品的公司间发生的并购，如轿车生产公司并购运输卡车生产公司；② 市场扩张性并购，即一家公司为了扩大销售市场而对其他地区生产同类产品的公司进行的并购；③ 生产和经营彼此毫无关系的若干公司之间的并购。

【例 12-1】 A 集团公司是一家大型国有公司，主要有三大业务板块：一是五金用品生产和销售业务，主要集中在 B 分公司；二是纺织用品生产和销售业务，主要集中在 C 分公司；三是机械生产和销售业务，主要集中在 D 分公司。D 分公司为 A 集团公司的全资子公司；A 集团公司除 D 分公司外，无其他关联公司。2019 年，A 集团公司从 E 上市公司原股东处购入 E 上市公司 70% 的有表决权股份。E 上市公司是一家从事中性机械生产和销售的公司，与 A 集团公司的 D 分公司在业务和地域上具有很高程度的相似性和互补性。

试分析 A 集团公司 2019 年购入 E 上市公司 70% 股权的行为是属于横向并购还是纵向并购，请简要说明理由。

在本例中，A 集团公司 2019 年购入 E 上市公司股权属于横向并购。其理由包括：① E 上市公司与 A 集团公司的 D 分公司生产的产品属于同一大类；② 两者在业务上和地域上存在很强的相似性和互补性；③ 两者在合并前属于竞争对手。

【例 12-2】 A 公司是一家大型的跨国能源公司。2019 年，A 公司决定向汽车制造行业进军。其战略目的是依托油气主业，开发生产新能源汽车，进行产融结合，实现跨越式发展。B 公司是知名汽车制造公司。2020 年 1 月 1 日，A 公司签订协议以 20 亿元的价格购入与其无关联关系的 B 公司 75％的有表决权股份。

试分析该项并购属于横向并购、纵向并购还是混合并购？

在本例中,该并购属于混合并购。其理由是,参与并购的双方既非竞争对手又非现实中或潜在的客户或供应商。

(三) 按照被并购公司意愿划分

按照并购是否取得被并购公司的同意和认可,公司并购可以分为善意并购和敌意并购。

1. 善意并购

善意并购是指并购方事先与被并购公司协商、征得其同意并通过谈判达成并购条件,双方管理层通过协商来决定并购的具体安排,在此基础上完成并购活动的一种并购。

2. 敌意并购

敌意并购是指并购方在并购被并购公司时遭到被并购公司抗拒但仍然强行并购,或者并购方事先没有与被并购公司进行协商,直接向被并购公司的股东开出价格或者收购要约的一种并购。

(四) 按照并购的形式划分

1. 间接收购

间接收购是指通过收购被并购公司大股东而获得对其最终控制权。这种收购方式相对简单。

2. 要约收购

要约收购是指并购公司对被并购公司所有股东发出收购要约,以特定价格收购股东手中持有的被并购公司全部或部分股份(30％)。

3. 二级市场收购

二级市场收购是指并购公司直接在二级市场上购买被并购公司的股票并实现控制被并购公司的目的。

4. 协议收购

协议收购是指并购公司直接向被并购公司提出并购要求,双方通过磋商商定并购的各种条件,达到并购目的。

5. 股权拍卖收购

股权拍卖收购是指被并购公司原股东所持股权因涉及债务诉讼等事项进入司法拍卖程序,收购方借机通过竞拍取得被并购公司控制权。

(五) 按照并购支付的方式划分

1. 现金支付式并购

现金支付式并购是指并购公司通过用现金购买被并购公司的资产,或者用现金购买被并购公司股权的方式达到获取被并购公司控制权目的的并购方式。

2. 股权支付式并购

股权支付式并购是指并购公司通过以自己的股权换取被并购公司股权,或者换取被并购公司资产的方式达到获取被并购公司控制权目的的并购方式。

3.混合支付式并购

混合支付式并购是指并购公司利用多种支付工具的组合,达成并购交易获取被并购公司控制权的并购方式。

二、公司并购的动因

并购活动是复杂而神秘的。一直以来,理论界和实务界都关心这样一个问题:公司并购究竟是出于何种考虑,纷繁复杂的并购活动背后公司真实的并购动机究竟是什么?总体上看,促成公司并购的动因主要包括追求协同效应、加速自身发展、资本市场驱动以及管理层自大驱动等,此处着重对常见的前两类动机进行说明。

(一)追求协同效应

追求协同效应是公司进行并购最常见的动机,被理论界和实务界所广泛认可。这不仅由于公司并购可能带来诸如营业成本降低、管理费用下降等好处,还在于公司并购所阐述的协同效应可以运用经济学的理论和方法进行很好的解释。协同效应主要体现于下述三方面。

1.经营协同

经营协同是指并购给公司生产经营活动在效率方面带来的变化及效率的提高所产生的效益。主要表现在以下四个方面:

(1)规模经济。规模经济是指随着生产规模的扩大,单位产品所负担的固定费用下降从而导致收益率的提高。显然,规模经济效应的获取主要是针对横向并购而言的,两家生产经营相同或相似产品的公司合并后,有可能在供、产、销的任何一个环节和任何人、财、物的任何一个方面获取规模经济效应。

(2)纵向一体化。纵向一体化主要是针对纵向并购而言的,在纵向并购中,被并购公司要么是并购公司的原材料或零部件供应商,要么是并购公司产品的买主或顾客。纵向一体化可以加强生产过程各环节的配合,有利于协作化生产;还可以减少商品流转的中间环节,节约交易成本和营销费用。

(3)获取市场力或垄断权。获取市场力或垄断权主要是针对横向并购而言的,两家产销同一产品的公司相合并,有可能导致该行业的自由竞争程度降低,并购后的公司可以借机提高产品价格,获取垄断利润。

(4)资源互补。并购可以达到资源互补从而优化资源配置的目的。

2.管理协同

管理协同是指并购给公司管理活动在效率方面带来的变化及效率的提高所产生的效益。主要表现在以下三个方面:

(1)节省管理费用。通过并购将许多公司置于同一公司领导之下,公司一般管理费用在更多数量的产品中分摊,单位产品的管理费用可以大大减少。

(2)提高公司的运营效率。根据差别效率理论,如果甲公司的管理层比乙公司更有效率,在甲公司并购了乙公司之后,乙公司的效率会被提高到甲公司的水平,即整体效率水平将由于此类并购活动而提高。

(3)充分利用过剩的管理资源。如果并购公司具有高效的管理资源,且管理资源过剩,那么,通过并购资产状况良好但管理不善的公司,并购公司高效的管理资源将得以有效且充分利用,可以改善被并购公司的绩效,双方效率均会提高。

3. 财务协同

财务协同是指并购在财务方面给公司带来的收益。

(1) 公司内部现金流入更为充足,利用更为合理。一方面,被并购公司可以从并购公司得到闲置的资金,增加公司内部资金的创造机能,使现金流入更为充足。另一方面,混合并购使得公司经营所涉及的行业不断增加,经营多样化为公司提供了丰富的投资选择方案,公司可以从中选取最为有利的项目。

(2) 公司资本扩大,破产风险相对降低,偿债能力和取得外部借款的能力提高。

(3) 公司的筹集费用降低。并购后公司可以根据整个公司的需要筹集资金,避免了各自为政的筹资方式。整体性筹资的费用要明显小于各公司单独多次筹资的费用之和。

(4) 实现合理避税。如果被并购公司存在未抵补亏损,而并购公司每年生产经营过程中产生大量的利润,并购公司可以低价获取亏损公司的控制权,利用其亏损抵减未来期间应纳税所得额,从而取得一定的税收利益。

【例 12 - 3】 A 公司和 B 公司是两家规模相当、产品类似、设在同一地区的小型生产公司,属于竞争对手。两家公司都因处于成长期,面临流动资金短缺问题,需要依靠银行借款缓解,但由于公司规模小,向银行贷款时缺乏议价能力,融资成本较高。2019 年,A 公司和 B 公司完成了公司合并,共同组成了一家全新的公司,即 C 公司。C 公司凭借公司合并后的规模,经与银行谈判成功签订了较低利率的长期借款合同。同样,C 公司因规模扩大在与供应商的谈判中降低了采购成本。试分析该合并发挥了何种协同效应。

在这个例子中,公司并购行为带来的协同效应体现为:"C 公司因规模扩大在与供应商的谈判中降低了采购成本"属于经营协同效应;"经与银行谈判成功签订了较低利率的长期借款合同"属于财务协同效应。

(二) 加速自身发展

在激烈的市场竞争中,公司只有不断发展才能生存下去。公司发展既可以依赖自身积累和内部投资,也可以通过并购实现。两者相比,并购方式的效率更高。

1. 并购可以让公司迅速实现规模扩张

通过并购方式,公司可以克服内部投资方式下项目建设周期、资源获取以及配置等因素对公司发展速度的制约,在极短的时间内将规模做大,实现规模扩张。

2. 并购可以突破壁垒和规模的限制,迅速实现发展

公司进入一个新的行业会遇到各种各样的壁垒,包括资金、技术、渠道、顾客、经验、行业规模等。如果公司采用并购的方式,先控制该行业的原有公司,则可以绕开这一系列的壁垒,使公司以较低的成本和风险迅速进入某一行业。

3. 并购可以主动应对外部环境变化

通过并购,公司可以进一步发展全球化、多元化经营,开发新市场或者利用生产要素优势建立新的生产网,在市场需求下降、生产能力过剩的情况下,抢占市场份额,有效应对外部环境的变化。

4. 加强市场控制能力,降低经营风险

通过并购,公司可以获取竞争对手的市场份额,迅速扩大市场占有率,增强公司在市场上的竞争能力,提升扩大盈利水平。同时,公司通过迅速实现多元化经营,可以达到降低投资组合风险,实现综合收益的目的。

5. 获取价值被低估的公司

证券市场中上市公司的价值可能被低估。如果公司认为,并购后可以比被并购公司原来的经营者管理得更好,则收购价值被低估的公司并通过改善其经营管理后重新出售,可以在短期内获得巨额收益。

知识拓展

请扫码 →  并购

小思考

1. 收购控股、吸收合并和新设合并三种情况下双方法人地位如何变化?

2. 协同效应主要表现在哪些方面?

3. 公司并购的动因有哪些?

即测即评

1.（单选）A 公司与 B 公司合并,合并后 A、B 两家公司解散,成立一家新的公司 C,这种合并是(　　　)。

A. 吸收合并　　　　　B. 新设合并　　　　　C. 混合并购　　　　　D. 横向并购

2.（单选）一家整车生产企业并购一家汽车配件生产企业,这种并购属于(　　　)。

A. 横向并购　　　　　B. 新设并购　　　　　C. 纵向并购　　　　　D. 混合并购

3.（多选）公司并购所阐述的协同效应主要包括(　　　)。

A. 经营协同　　　　　B. 经济协同　　　　　C. 管理协同　　　　　D. 财务协同

4.（判断）公司通过纵向并购可以实现纵向产业一体化,有利于相互协作,缩短生产经营周期,节约费用。　　　　　　　　　　　　　　　　　　　　　　　(　　　)

5.（判断）公司通过混合并购可以实现多元化经营,分散投资风险。　　　　(　　　)

第二节　公司并购流程

一、制定并购战略规划

公司开展并购活动首先要明确并购动机与目的,并结合公司发展战略和自身实际情况,制定并购战略规划。公司有关部门应当根据并购战略规划,通过详细的信息收集和调研,为决策层提供可并购对象。

并购战略规划的内容包括公司并购需求分析、并购目标的特征、并购支付方式和资金来源规划、并购风险分析等。

二、选择并购对象

选择并购对象是一个必须经过的环节,也是并购的重要环节。它通常包括选择并购行

业和被并购公司两个层面。

首先，根据公司未来的发展愿景，选择欲实施并购的行业，展开行业分析。分析内容主要包括以下五个方面：一是行业的结构分析，该行业按规模划分的公司数量、行业的集中度、行业的地区分布和一体化程度；二是行业的增长情况分析，该行业处于产品生命周期的哪一个阶段，未来的成长性如何，影响增长的因素主要有哪些；三是行业的竞争状况分析，该行业的主要竞争对手有哪些，他们的竞争战略和优势是什么，潜在的竞争对手如何；四是行业的主要客户和供应商；五是政府、法律对该行业的影响和制约情况分析。

其次，选择被并购公司。此时通常需要考虑以下因素：一是并购对象的财务状况，包括变现能力、盈利能力、运营效率以及负债情况；二是核心技术与开发能力，包括技术的周期性和可替代性、技术的先进性、技术开发和保护情况、研发人员的创新能力和研发资金的投入情况；三是公司的管理体系，包括公司治理结构高层管理人员的能力以及公司文化；四是公司在行业中的地位，包括市场占有率、公司形象、公司与政府、客户和主要供应商之间的关系。

三、发出并购意向书

在并购过程中，并购公司往往会向被并购公司发出并购意向书，但这个环节不是法律要求的必经步骤。实践中也有很多公司在进行并购时，只是与被并购公司直接接触，以口头商谈替代并购意向书。

一般来说，并购意向书的内容要简明扼要。其中，保密条款、排他协商条款、费用分摊条款、提供资料与信息条款和终止条款有法律约束力，其他条款的效力视并购双方的协商结果来定，不具有法律约束力。

四、进行尽职调查

在被并购公司同意并购时，并购公司需进一步对被并购公司进行详细的尽职调查，以确定交易价格与其他条件。

并购尽职调查，又称为谨慎性调查，一般是并购公司在与被并购公司达成初步合作意向后，经协商一致，并购公司对被并购公司一切与本次并购有关的事项进行现场调查、资料分析的一系列活动。从调查范围看，并购尽职调查主要包括被并购公司的营运、规章制度及有关契约、财务等方面的内容。尽职调查报告应全面反映尽职调查工作内容，并对调查收集的资料进行全面客观的分析判断。尽职调查报告应将调查中发现的问题一一列示，并对实体上、程序上应注意的问题及解决的方案特别说明，避免最后并购活动的失败。

五、进行价值评估

并购价值评估主要确定有关公司的价值以及并购增值，是公司并购中制定并购策略、评价并购方案、分析并购增值来源、确定并购支付成本的主要依据之一，因此价值评估是公司并购的中心环节，有着特殊的重要地位。并购价值评估主要是确定四个方面的价值：并购公司价值、被并购公司价值、并购后整体公司价值和并购净收益。

六、开展并购谈判

谈判主要涉及并购的形式、交易价格、支付方式与期限、交接时间与方式、人员的处理、有关手续的办理与配合、整个并购活动进程的安排、各方应做的工作与应尽的义务等重大问题。具体细化后的问题要落实在合同条款中,形成待批准签订的合同文本。

七、做出并购决策

(一)并购可行性决策

公司并购的基本原则是成本效益原则,一般情况下,若并购能获得正的并购净收益,就被认为是可行的。并购净收益计算方式如下:

$$并购收益=并购后整体公司价值-并购前并购公司价值-并购前被并购公司价值$$
$$并购净收益=并购收益-并购溢价-并购费用$$

其中,

$$并购溢价=并购价格-并购前被并购公司价值$$

【例12-4】 A公司和B公司为两家在行业内有较高知名度的家用电器制造商,其中冰箱产品的市场价格竞争较激烈。A公司规模较大,市场占有率相对更高。B公司原本以电视为主打产品,近几年进行战略调整侧重发展冰洗产品,但冰箱的生产和销售规模相对较小。今年,B公司在零度保鲜的关键技术方面有了重大专利技术突破,需要投入资金扩大规模和开拓市场,但资金储备不足。A公司财务状况良好,资金充足,并以发展为行业主导公司为战略愿景。基于上述情况,2019年,A公司积极筹备并购B公司。

A公司准备收购B公司100%的股权。A公司的估计价值为40亿元,B公司的估计价值为10亿元。A公司收购B公司后,两家公司经过整合,价值将达到56亿元。B公司要求的股权转让出价为12亿元。A公司预计在收购价款外,还要发生审计费、评估费、律师费、财务顾问费、职工安置、解决债务纠纷等并购交易费用支出1亿元。

(1)计算并购收益和并购净收益。

并购收益=56-(40+10)=6(亿元)

并购溢价=12-10=2(亿元)

并购净收益=6-2-1=3(亿元)

(2)做出并购决策。

A公司并购B公司后能够产生3亿元的并购净收益,从财务管理角度分析,此项并购交易是可行的。

(二)并购双方形成决议

并购具有可行性,谈判有了结果且合同文本已拟出,这时就需要依法召开并购双方董事会,形成决议。形成决议后,董事会还应将该决议提交股东大会讨论,由股东大会予以批准。

八、完成并购交易

首先,并购双方根据价值评估确定的交易底价,协商确定最终成交价,并由双方法定代表人签署正式的并购合同,明确双方在并购活动中享有的权利和承担的义务。

并购合同生效后,并购公司应该按照合同约定的支付方式,将现金或股票、债券等形式的出价文件交付给被并购公司。随后,并购双方要进行交接,主要包括产权交接、财务交接、管理交接、变更登记、发布公告等事宜。

九、进行并购整合

并购交易结束后,并购公司应尽快就并购后的公司进行整合,包括战略整合、管理整合、财务整合、人力资源整合、公司文化整合以及其他方面的整合,有关组织结构、关键职位、报告关系、下岗、重组及影响职业的其他方面的决定应该尽快制定、宣布并执行。

小思考

1. 什么是并购收益、并购溢价和并购净收益? 三者之间有什么关系?
2. 公司并购的中心环节是什么?
3. 并购价值评估主要涉及哪几方面?

即测即评

1.(多选)在进行并购决策分析时,可能用到的计算公式正确的有( )。
A. 并购收益=并购后整体公司价值-并购前并购公司价值-并购前被并购公司价值
B. 并购净收益=并购收益-并购溢价-并购费用
C. 并购溢价=并购前被并购公司价值-并购价格
D. 并购溢价=并购价格-并购前被并购公司价值
2.(多选)并购价值评估主要需要确定的价值包括( )。
A. 并购公司价值
B. 被并购公司价值
C. 并购后整体公司价值
D. 并购净收益
3.(判断)当并购双方初步达成意向并拟出合同文本后,依法召开并购双方董事会,形成决议即可批准。　　　　　　　　　　　　　　　　　　　　　　( )
4.(判断)并购价值评估是公司并购中制定并购策略、评价并购方案、分析并购增值来源、确定并购支付成本的主要依据之一。　　　　　　　　　　　　　　　( )

第三节　公司并购融资与对价支付

一、并购融资渠道

并购融资渠道包括内部融资渠道和外部融资渠道。

内部融资渠道是指从公司内部开辟资金来源,主要包括公司自有资金、公司应付税款和利息、应付账款、其他应付款、应付职工薪酬等。这一方式下,公司不必对外支付借款成本,风险很小。

外部融资渠道是指公司从外部所开辟的资金来源,包括直接融资和间接融资。直接融资是指不通过中介机构(如银行、证券公司等),直接由公司面向社会融资。间接融资是指公司通过利用金融市场中介组织借入的资金而形成的一种融资方式,主要包括向银行及非银行金融机构(如信托公司、保险公司、证券公司)贷款。

二、并购融资方式

(一)债务融资

债务融资是指收购公司通过举债的途径筹措到公司并购过程所需资金的一种融资方式。债务融资往往通过银行、非银行金融机构、民间等渠道,采用申请贷款、发放债券、利用商业信用、租赁等方式筹措资金。

1. 并购贷款

并购贷款是指并购公司向商业银行申请获得的,用于支付并购股权对价款项的本外币借款。

2. 票据融资

用票据为公司并购进行融资,有两种途径:其一,票据本身可以作为一种支付手段直接进行融资;其二,可以在并购前出售票据,以获取并购所需资金。

3. 债券融资

公司债券的种类很多,主要包括:① 抵押债券;② 信用债券;③ 无息债券;④ 浮动利率债券;⑤ 垃圾债券。

4. 租赁融资

公司可以通过售后回租等租赁手段获取并购所需资金。

(二)权益融资

在公司并购中,发行普通股票进行融资具体又可分为发行新股并购和换股并购两种形式。

1. 发行新股并购

并购公司在股票市场上发行新股或向原股东配售新股,即公司通过发行股票并用销售股票所得价款为并购支付交易价款。

2. 换股并购

换股并购以股票作为并购的支付手段。根据换股方式的不同可以分为增资换股、母子公司交叉换股、库藏股换股等。其中比较常见的方式是并购公司通过发行新股或从原股东手中回购股票,然后再进行交换。

(三)混合融资

混合融资包括可转换债券和认股权证等形式。

1. 可转换债券

可转换债券是指在一定时期内,可以按规定的价格或一定的比例,由持有人自由选择转换为普通股的债券。

2. 认股权证

认股权证是公司发行的长期选择权证,它允许持有人按照某一特定的价格购买一定数额的普通股。它通常被用来作为给予债券持有者一种优惠而随同债券发行,以吸引潜在的投资者。

(四)其他特殊融资方式

1. 过桥贷款

过桥贷款是指投资银行为了促使并购交易迅速达成而提供的贷款,这笔贷款日后由并购公司公开发行新的高利率、高风险债券所得款项,或以并购完成后收购者出售部分资产、部门或业务等所得资金进行偿还。

2. 杠杆收购

杠杆收购是指并购公司主要以借债方式购买被并购公司的产权,继而以被并购公司的资产或现金流来偿还债务的方式。按照被并购公司经理层是否参与本公司的收购划分,可将杠杆收购划分为经理层收购和非经理层收购。

3. 卖方融资

公司并购中一般都是买方融资,但当买方没有条件从贷款机构获得抵押贷款时,或市场利率太高,买方不愿意按市场利率获得贷款时,如果卖方出售资产的愿望迫切,也可能愿意以低于市场的利率为买方提供所需资金。买方在完全付清贷款以后才得到该资产的全部产权,如果买方无力偿还贷款,则卖方可以收回该资产。

4. 信托

信托融资并购是由信托机构向投资者融资购买并购公司能够产生现金流的信托财产,并购公司则用该信托资金完成对被并购公司的收购。

5. 资产证券化

资产证券化是指将具有共同特征的、流动性较差的盈利资产集中起来,以资产所产生的预期现金流为支撑,在资本市场发行证券进行融资的行为。

三、并购对价支付

(一)现金支付方式

现金支付方式是指并购公司支付一定数量的现金,以取得被并购公司的控制权。

1. 用现金购买资产

用现金购买资产,是指并购公司使用现金购买被并购公司绝大部分或全部资产,以实现对被并购公司的控制。

2. 用现金购买股权

用现金购买股权,是指并购公司以现金购买被并购公司的大部分或全部股权,以实现对被并购公司的控制。

(二)股权支付方式

股权支付方式是指并购公司以股权交易的方式来换取被并购公司的部分或全部资产或股权。股权支付方式包括用股权换取资产和用股权换取股权两种形式。

1. 用股权换取资产

用股权换取资产,是指并购公司以自己的股权交换被并购公司部分或全部资产。

2. 用股权换取股权

用股权换取股权,又称"换股",是指并购公司以自己的部分股权交换被并购公司的大部分或全部股权,通常要达到控股的股数。通过这种形式的并购,被并购公司往往会成为并购公司的子公司。

在换股并购中,换股比例的确定是最关键的一环。换股比例是指为了换取被并购公司的一般普通股股票,并购公司需要发行并支付的普通股股数。

确定换股比例的方法主要有三种。

(1) 每股净资产之比:

　　　换股比例＝目标公司当前的每股净资产÷并购公司当前的每股净资产

(2) 每股收益之比:

　　　换股比例＝被并购公司当前的每股收益÷并购公司当前的每股收益

(3) 每股市价之比:

　　　换股比例＝被并购公司当前的每股市价÷并购公司当前的每股市价

(三) 混合支付方式

混合支付方式是指综合使用多种支付工具,完成公司并购并掌握被并购公司所有权的支付方式。并购公司支付的对价除现金、股权外,还可能包括可转换公司债券、一般公司债券、认股权证、资产支持受益凭证,或者表现为以上多种方式的组合。混合支付方式还包括债权转股权方式、承债方式、无偿划拨方式等。

小思考

1. 比起外部融资渠道,内部融资渠道有什么优势?
2. 换股并购中如何确定换股比例?
3. 什么是可转换债券和认股权证? 它们属于何种融资方式?

即测即评

1. (单选)公司并购采用股票支付方式的优点是(　　)。
A. 并购公司原有股东控制权不会被稀释
B. 目标公司原有股东不会丧失其股权
C. 不会引起股票价格波动
D. 手续简单快捷,可迅速完成并购
2. (单选)下列关于公司自由现金流量的说法中,不正确的是(　　)。
A. 公司自由现金流量不包括公司为债权人创造的现金流量
B. 公司自由现金流量是全部现金流入量扣除成本费用和必要的投资后剩余的现金流量

C. 公司自由现金流量是以公司为主体计算的现金流量

D. 公司自由现金流量是公司在一定期间内为包括普通股股东、优先股股东和债权人在内的所有投资者创造的净现金流量

3.（多选）采用现金支付方式进行公司并购的主要优点有（　　）。

A. 简单快捷，易于为并购双方所接受

B. 不会形成沉重的财务负担

C. 估价简单明了

D. 对于目标公司股东而言，可以推迟资本利得的确认从而享受税收优惠

4.（多选）采用股票支付方式进行公司并购需要考虑的影响因素有（　　）。

A. 并购公司的股权结构　　　　　　B. 财务杠杆的变化

C. 当前股票价格水平　　　　　　　D. 每股利润的变化

5.（判断）采用股票支付方式进行公司并购会使并购公司原有股东的控制权被稀释。（　　）

第四节　公司并购后的整合

随着并购逐渐成为公司扩张的主要方式之一，并购效率对于公司发展战略的重要性得到凸显。并购效率理论从并购后对企业效率改进的角度进行考察，认为并购和其他形式的资产重组活动有着潜在的社会效益。通过一系列程序取得了被并购公司的控制权，只是完成了并购目标的一半。在并购完成后，必须对被并购公司进行整合，使其与公司的整体战略、经营协调一致、互相配合，是提高并购效率的重要保障。

一、战略整合

战略整合是指并购公司根据并购双方的内部自身情况和外部战略环境，将被并购公司未来的战略安排或并购后的经营发展战略进行调整，以适应新的竞争环境，形成战略优势或协同效应。

（一）战略整合的内容

1. 总体战略整合

总体战略整合是指根据并购后的公司使命与目标，对并购后公司所做的全局性、长远性谋划，明确双方公司在整个战略整合体系中的地位和作用，对双方公司的总体战略进行调整、融合与重构，以确定并购后公司的经营范围、方向和道路的过程。

2. 经营战略整合

经营战略整合是指为提高公司整体的盈利能力和核心竞争力，对双方公司的经营战略进行调整、磨合和创新的过程。

3. 职能战略整合

职能战略整合是指在总体战略和经营战略的指导下，将双方公司的职能战略融合为一个有机整体的过程。整合的目的是确保并购后公司职能战略的顺利实施和战略目标的实现。

（二）战略整合的模式

1. 命令模式

命令模式是指并购公司管理层制定被并购公司的经营战略,然后由被并购公司的管理层去实施的一种战略执行模式。在该模式中,并购公司管理层侧重关注战略整合的制定过程。

2. 变革模式

变革模式是指通过改变被并购公司的组织行为来执行并购公司战略的一种战略执行模式。与命令模式相比,其重点在于战略的执行而非战略的计划。

3. 协作模式

协作是指通过并购双方管理层的共同协商而进行战略整合的一种战略执行方式。该模式强调并购双方成员的共同参与,通过协商提高选择的正确性和战略执行度。

（三）战略整合的重点

战略整合的重点在于战略业务重组,围绕核心能力构筑和培育公司的战略性资产。在战略整合管理过程中,应首先识别出并购双方在资源、技能和知识之间的互补性。对于具有战略性资产特征的要素,在整合过程中要进行重组整合。对于不具有战略性资产特征的要素可以剥离。在剥离过程中,要以不影响战略性资产发挥作用为原则,具体可以通过调整经营策略、组织现金流及进行资产置换等方式进行。

二、制度整合

制度整合是指在达成并购交易后,系统分析影响管理效果的管理制度及管理机制,并对其进行整体设计、系统规划、层层控制,以使既定的并购目标如期实现的过程。

（一）制度整合的内容

1. 思想的整合

并购双方要融合和统一管理思想,树立现代管理理念,拓展管理视野和边界,追求管理上的新境界,并以先进的管理思想指导公司的管理活动。

2. 制度规范的整合

并购公司要制定规范的、完整的管理制度和法规,替代原有的制度和法规,作为公司成员行为的准则和秩序的保障。

3. 机制的整合

并购后的公司要建立一套现代公司管理运行机制,明晰产权,规范法人治理结构,实行决策、执行、监督既相互制约又相互协调的科学领导体制,从而促进公司管理机制的优化和管理水平的提升。

（二）制度整合的步骤

1. 调查分析

充分把握并购双方在管理上的差异和优劣,为整合计划的制订和实施提供客观依据。

2. 移植

并购公司在被并购公司内部推行自己的管理模式称为移植。

3. 融合创新

充分汲取双方的优秀管理思想和经验,制定新的管理制度,建立新的管理机制,进行创新或突破。

三、财务整合

财务整合是指并购公司对被并购公司的财务事项、财务活动、财务关系等方面的整合,并购双方通过采用一定的财务手段对其财务管理系统进行优化和升级,最终实现对并购后公司经营、投资、融资等财务活动的有效管理以及发挥财务协同的重要作用。

（一）财务整合的内容

主要包括 7 个方面:
(1) 财务管理目标的整合;
(2) 会计人员及组织机构的整合;
(3) 会计政策及会计核算体系的整合;
(4) 财务管理制度体系的整合;
(5) 存量资产的整合;
(6) 资金流量的整合;
(7) 业绩评估考核体系的整合。

（二）财务整合的运作策略

财务整合涉及公司经营管理的各个方面,需要运用策略,刚柔并济。

(1) "刚性"处理。一是规范法人治理结构,实现集团财务控制,明确公司的财权关系,保证母公司对子公司的控制权;二是在财务组织结构的调整、财务负责人的委派和会计人员的任用方面,必须采取强有力的措施,保证财务组织运行的畅通;三是对被并购公司实施严格的财务管理控制,建立一系列的报告制度、信息交流制度、审批权限制度、内部绩效考核制度等;四是实施全面预算管理,严格经营风险和管理风险控制,实施动态监控。

(2) "柔性"处理。凡涉及员工的考核指标、岗位薪酬、福利待遇、费用标准等方面的财务整合内容,需要进行广泛的调查研究和细致的宣传说服工作,以取得大部分员工的接受和支持。

四、人力资源整合

人力资源整合是指在公司并购后,并购双方要引导公司内部各员工的目标与公司整体战略和管理的目标相一致,充分利用人力资源来提高公司经济效益的过程。

（一）人力资源整合的原则

在人力资源整合中一般需贯彻的原则如下:
(1) 平稳过渡原则;
(2) 积极性优先原则;

（3）保护人才原则；

（4）降低成本原则；

（5）多种方式组合原则。

（二）人力资源整合的措施

并购后，具体实施人力资源整合的方案应该包括以下要素和环节：

（1）成立并购过渡小组。成立一个由并购双方和第三方共同组成的并购过渡小组是调整并购活动、制定并购决策的有效方法。

（2）稳定人力资源政策。并购后如果对整合产生的摩擦甚至对抗处理不当，必然会引起"人才地震"。为此，公司应稳定人力资源政策，明确对人才的态度，采取切实可行的措施，留住或稳定重要人才。

（3）选派合适的整合主管人员。并购公司对被并购公司实现有效控制的最直接、最可靠的办法，就是选派既具有专业经营管理才能，同时又忠诚可靠的人担任被并购公司的整合主管。

（4）加强管理沟通。为了避免员工抗拒收购，被并购公司应安排一系列员工沟通会议或职工大会，让员工全面了解公司被收购的情况和公司今后的发展战略，讲明员工最关心的利益问题，听取员工的意见，进而对原计划进行更切合实际情况的修正。

（5）必要的人事整顿。在充分沟通并了解被并购公司的人力资源状况后，并购公司就可以进行人员调整，在增强其竞争意识和紧迫感的同时，挖掘人力资源潜力，实现并购协同效应，提高经营绩效。

（6）建立科学的考核和激励机制。并购整合中稳定人力资源的政策还需要有实质性的激励措施相配合。应从员工个人的切身利益着想，给予优惠的任用条件，制定有吸引力的激励措施，使员工产生对未来前途的安全感，对并购公司的认同感和归属感，从而激发其责任感和使命感。

五、公司文化整合

公司文化整合是指在公司并购后将相异或矛盾的文化特质在相互适应后形成一种和谐的、更具生命力和市场竞争力的文化体系。

（一）公司文化整合的模式

（1）同化模式。同化模式就是并购公司用自己的文化完全取代被并购公司的文化。

（2）一体化模式。一体化模式强调并购双方组织间某些文化要素的相互渗透和共享，往往会催生一种包容的混合文化。

（3）隔离模式。隔离模式是指被并购公司尽量保留其所有的文化要素和实践，即保持它的独立性和公司特征。由于可以保留自己的文化和实践，成员也不需要在行为上做太多的变化，因此隔离模式是被并购公司最容易接受的。

（4）破坏模式。破坏模式既造成文化个性的破坏，又拒绝采用新的文化，会导致被并购公司作为一个文化和组织实体都不复存在。因此，它是风险最高、最难管理的模式。

（二）公司文化整合的步骤

文化整合主要包括以下步骤：

（1）找出双方公司文化上的异同点；

（2）找出文化整合的主要障碍；

（3）确立公司文化发展的理想模式；

（4）在继承、沟通、融合的基础上创新公司文化。

小思考

1. 公司并购后的整合要从哪几方面进行？

2. 公司并购后进行财务整合的策略是什么？

3. 并购后公司文化整合有哪些模式？

即测即评

1.（多选）公司并购后，战略整合的主要模式包括（　　　　）。

A. 命令模式　　　　B. 变革模式　　　　C. 协作模式　　　　D. 互助模式

2.（多选）公司并购后，管理整合的常用方法包括（　　　　）。

A. 调查分析法　　　　　　　　　　B. 对比分析法

C. 重点突破法　　　　　　　　　　D. 示范表率法

3.（判断）财务整合涉及公司经营管理的方方面面，需要运用策略刚柔并济地进行处理。

（　　　）

4.（判断）文化整合的一体化模式是指用并购公司的文化完全取代被并购公司的文化。

（　　　）

本章小结

本章探讨的主要问题是公司并购的原因、类型、流程、方式等，并具体介绍了并购过程中常用的一些分析方法。主要包括以下方面：

（1）公司并购的动因与类型，公司并购的大致流程。

（2）公司并购融资渠道与方式，并购对价的支付方式。

（3）公司并购后的整合，包括战略整合、管理整合、财务整合、人力资源整合和文化整合。

关键术语

并购	协同效应	并购融资	对价支付	战略整合
管理整合	财务整合	人力资源整合	文化整合	

复习思考题

1. 什么是公司并购？

2. 运用收益法评估公司并购价值，有哪些优点和不足？

3. 并购对价的常用支付方式有哪些?

4. 并购后的财务整合主要包括哪些内容? 有何意义?

【计算题】

1. A 公司准备收购 B 公司 100％ 的股权。A 公司的估计价值为 24 亿元,B 公司的估计价值为 6 亿元。A 公司收购 B 公司后,两家公司经过整合,价值将达到 36 亿元。B 公司要求的股权转让出价为 9 亿元。A 公司预计在收购价款外,还要发生审计费、评估费、律师费、财务顾问费、职工安置、解决债务纠纷等并购交易费用支出 8 000 万元。

要求:计算并购收益和并购净收益,并评价此项并购交易是否可行。

2. A 公司的总市值为 18 000 万元,B 公司的总价值为 12 000 万元。A 公司计划以现金支付方式收购 B 公司的全部股权,估计并购之后会产生协同效应,合并后的公司经营效率将得到明显提高。估计并购后公司价值将达到 36 000 万元,A 公司收购 B 公司股份时将支付 1 000 万元的溢价,并且会发生并购费用 300 万元。

要求:计算 A 公司该项收购活动可获得的并购净收益。

3. A 公司准备收购 B 公司 100％ 的股权,经过综合比较,A 公司管理层决定采用市盈率法对 B 公司价值进行评估,根据调查发现,资本市场上与 B 公司具有可比性的公司的平均市盈率为 15 倍。A 公司确定的决策期间为未来 3 年,在未来 3 年中,B 公司预计年均可以实现净利润为 6 800 万元。

要求:请对 B 公司进行估值。

课程思政案例

在中美贸易摩擦背景下,如何提升中国企业跨境并购效率,降低并购后整合风险?

海外投资并购是一项高风险活动,根据德勤 2017 年中国企业海外并购及并购整合现状调查数据,可知并购后整合执行不力导致的交易失败占整体失败交易的 53％,并购前操作不力导致的并购失败占 30％,交易谈判过程中导致并购终止的案例占整体失败案例的 17％,因此如何降低并购后整合风险对于提升跨境并购效率具有重要意义。

近年来中国政府出台一系列“一带一路”政策,助力中国企业“走出去”战略。如 2019 年 3 月,十三届人大二次会议通过《中华人民共和国外商投资法》;4 月,中国财政部与多国共同发起《“一带一路”国家关于加强会计准则合作的倡议》;8 月,国务院出台《关于印发 6 个新设自由贸易试验区总体方案的通知》等。随着中国政府“一带一路”政策的推进,中国企业与“一带一路”及沿线国家投资、并购活动日益增多。

【课程思政要点】近期中美贸易摩擦持续升级,为中国企业海外并购投资活动又带来了新的风险,在各国间经济、法律、文化等差异较大的背景下,如何才能提升海外并购效率,降低并购后整合风险?

引导学生从海外并购角度思考如何提升企业跨境并购效率,降低并购后整合风险。

附录　常用系数表

附表一　复利终值系数表

期　数	1%	2%	3%	4%	5%	6%	7%	8%	9%	10%
1	1.010 0	1.020 0	1.030 0	1.040 0	1.050 0	1.060 0	1.070 0	1.080 0	1.090 0	1.100 0
2	1.020 1	1.040 4	1.060 9	1.081 6	1.102 5	1.123 6	1.144 9	1.166 4	1.188 1	1.210 0
3	1.030 3	1.061 2	1.092 7	1.124 9	1.157 6	1.191 0	1.225 0	1.259 7	1.295 0	1.331 0
4	1.040 6	1.082 4	1.125 5	1.169 9	1.215 5	1.262 5	1.310 8	1.360 5	1.411 6	1.464 1
5	1.051 0	1.104 1	1.159 3	1.216 7	1.276 3	1.338 2	1.402 6	1.469 3	1.538 6	1.610 5
6	1.061 5	1.126 2	1.194 1	1.265 3	1.340 1	1.418 5	1.500 7	1.586 9	1.677 1	1.771 6
7	1.072 1	1.148 7	1.229 9	1.315 9	1.407 1	1.503 6	1.605 8	1.713 8	1.828 0	1.948 7
8	1.082 9	1.171 7	1.266 8	1.368 6	1.477 5	1.593 8	1.718 2	1.850 9	1.992 6	2.143 6
9	1.093 7	1.195 1	1.304 8	1.423 3	1.551 3	1.689 5	1.838 5	1.999 0	2.171 9	2.357 9
10	1.104 6	1.219 0	1.343 9	1.480 2	1.628 9	1.790 8	1.967 2	2.158 9	2.367 4	2.593 7
11	1.115 7	1.243 4	1.384 2	1.539 5	1.710 3	1.898 3	2.104 9	2.331 6	2.580 4	2.853 1
12	1.126 8	1.268 2	1.425 8	1.601 0	1.795 9	2.012 2	2.252 2	2.518 2	2.812 7	3.138 4
13	1.138 1	1.293 6	1.468 5	1.665 1	1.885 6	2.132 9	2.409 8	2.719 6	3.065 8	3.452 3
14	1.149 5	1.319 5	1.512 6	1.731 7	1.979 9	2.260 9	2.578 5	2.937 2	3.341 7	3.797 5
15	1.161 0	1.345 9	1.558 0	1.800 9	2.078 9	2.396 6	2.759 0	3.172 2	3.642 5	4.177 2
16	1.172 6	1.372 8	1.604 7	1.873 0	2.182 9	2.540 4	2.952 2	3.425 9	3.970 3	4.595 0
17	1.184 3	1.400 2	1.652 8	1.947 9	2.292 0	2.692 8	3.158 8	3.700 0	4.327 6	5.054 5
18	1.196 1	1.428 2	1.702 4	2.025 8	2.406 6	2.854 3	3.379 9	3.996 0	4.717 1	5.559 9
19	1.208 1	1.456 8	1.753 5	2.106 8	2.527 0	3.025 6	3.616 5	4.315 7	5.141 7	6.115 9
20	1.220 2	1.485 9	1.806 1	2.191 1	2.653 3	3.207 1	3.869 7	4.661 0	5.604 4	6.727 5
21	1.232 4	1.515 7	1.860 3	2.278 8	2.786 0	3.399 6	4.140 6	5.033 8	6.108 8	7.400 2
22	1.244 7	1.546 0	1.916 1	2.369 9	2.925 3	3.603 5	4.430 4	5.436 5	6.658 6	8.140 3
23	1.257 2	1.576 9	1.973 6	2.464 7	3.071 5	3.819 7	4.740 5	5.871 5	7.257 9	8.954 3
24	1.269 7	1.608 4	2.032 8	2.563 3	3.225 1	4.048 9	5.072 4	6.341 2	7.911 1	9.849 7
25	1.282 4	1.640 6	2.093 8	2.665 8	3.386 4	4.291 9	5.427 4	6.848 5	8.623 1	10.835
26	1.295 3	1.673 4	2.156 6	2.772 5	3.555 7	4.549 4	5.807 4	7.396 4	9.399 2	11.918
27	1.308 2	1.706 9	2.221 3	2.883 4	3.733 5	4.822 3	6.213 9	7.988 1	10.245	13.110
28	1.321 3	1.741 0	2.287 9	2.998 7	3.920 1	5.111 7	6.648 8	8.627 1	11.167	14.421
29	1.334 5	1.775 8	2.356 6	3.118 7	4.116 1	5.418 4	7.114 3	9.317 3	12.172	15.863
30	1.347 8	1.811 4	2.427 3	3.243 4	4.321 9	5.743 5	7.612 3	10.063	13.268	17.449
40	1.488 9	2.208 0	3.262 0	4.801 0	7.040 0	10.286	14.975	21.725	31.409	45.259
50	1.644 6	2.691 6	4.383 9	7.106 7	11.467	18.420	29.457	46.902	74.358	117.39
60	1.816 7	3.281 0	5.891 6	10.520	18.679	32.988	57.946	101.26	176.03	304.48

293

续 表

期 数	12%	14%	15%	16%	18%	20%	24%	28%	32%	36%
1	1.120 0	1.140 0	1.150 0	1.160 0	1.180 0	1.200 0	1.240 0	1.280 0	1.320 0	1.360 0
2	1.254 4	1.299 6	1.322 5	1.345 6	1.392 4	1.440 0	1.537 6	1.638 4	1.742 4	1.849 6
3	1.404 9	1.481 5	1.520 9	1.560 9	1.643 0	1.728 0	1.906 6	2.097 2	2.300 0	2.515 5
4	1.573 5	1.689 0	1.749 0	1.810 6	1.938 8	2.073 6	2.364 2	2.684 4	3.036 0	3.421 0
5	1.762 3	1.925 4	2.011 4	2.100 3	2.287 8	2.488 3	2.931 6	3.436 0	4.007 5	4.652 6
6	1.973 8	2.195 0	2.313 1	2.436 4	2.699 6	2.986 0	3.635 2	4.398 0	5.289 9	6.327 5
7	2.210 7	2.502 3	2.660 0	2.826 2	3.185 5	3.583 2	4.507 7	5.629 5	6.982 6	8.605 4
8	2.476 0	2.852 6	3.059 0	3.278 4	3.758 9	4.299 8	5.589 5	7.205 8	9.217 0	11.703
9	2.773 1	3.251 9	3.517 9	3.803 0	4.435 5	5.159 8	6.931 0	9.223 4	12.167	15.917
10	3.105 8	3.707 2	4.045 6	4.411 4	5.233 8	6.191 7	8.594 4	11.806	16.060	21.647
11	3.478 5	4.226 2	4.652 4	5.117 3	6.175 9	7.430 1	10.657	15.112	21.199	29.439
12	3.896 0	4.817 9	5.350 3	5.936 0	7.287 6	8.916 1	13.215	19.343	27.983	40.038
13	4.363 5	5.492 4	6.152 8	6.885 8	8.599 4	10.699	16.386	24.759	36.937	54.451
14	4.887 1	6.261 3	7.075 7	7.987 5	10.147	12.839	20.319	31.691	48.757	74.053
15	5.473 6	7.137 9	8.137 1	9.265 5	11.974	15.407	25.196	40.565	64.359	100.71
16	6.130 4	8.137 2	9.357 6	10.748	14.129	18.488	31.243	51.923	84.954	136.97
17	6.866 0	9.276 5	10.761	12.468	16.672	22.186	38.741	66.461	112.14	186.28
18	7.690 0	10.575	12.376	14.463	19.673	26.623	48.039	85.071	148.02	253.34
19	8.612 8	12.056	14.232	16.777	23.214	31.948	59.568	108.89	195.39	344.54
20	9.646 3	13.744	16.367	19.461	27.393	38.338	73.864	139.38	257.92	468.57
21	10.804	15.668	18.822	22.575	32.324	46.005	91.592	178.41	340.45	637.26
22	12.100	17.861	21.645	26.186	38.142	55.206	113.57	228.36	449.39	866.67
23	13.552	20.362	24.892	30.376	45.008	66.247	140.83	292.30	593.20	1 178.7
24	15.179	23.212	28.625	35.236	53.109	79.497	174.63	374.14	783.02	1 603.0
25	17.000	26.462	32.919	40.874	62.669	95.396	216.54	478.90	1 033.6	2 180.1
26	19.040	30.167	37.857	47.414	73.949	114.48	268.51	613.00	1 364.3	2 964.9
27	21.325	34.390	43.535	55.000	87.260	137.37	332.96	784.64	1 800.9	4 032.3
28	23.884	39.205	50.066	63.800	102.97	164.84	412.86	1 004.3	2 377.2	5 483.9
29	26.750	44.693	57.576	74.009	121.50	197.81	511.95	1 285.6	3 137.9	7 458.1
30	29.960	50.950	66.212	85.850	143.37	237.38	634.82	1 645.5	4 142.1	10 143
40	93.051	188.88	267.86	378.72	750.38	1 469.8	5 455.9	19 427	66 521	*
50	289.00	700.23	1 083.7	1 670.7	3 927.4	9 100.4	46 890	*	*	*
60	897.60	2 595.9	4 384.0	7 370.2	20 555	56 348	*	*	*	*

注：* ＞99 999

复利终值系数＝$(1+i)^n$，$F=P(1+i)^n$

式中，P——现值或初始值；i——报酬率或利率；n——计息期数；F——终值或本利和。

附表二 复利现值系数表

期 数	1%	2%	3%	4%	5%	6%	7%	8%	9%	10%
1	0.990 1	0.980 4	0.970 9	0.961 5	0.952 4	0.943 4	0.934 6	0.925 9	0.917 4	0.909 1
2	0.980 3	0.961 2	0.942 6	0.924 6	0.907 0	0.890 0	0.873 4	0.857 3	0.841 7	0.826 4
3	0.970 6	0.942 3	0.915 1	0.889 0	0.863 8	0.839 6	0.816 3	0.793 8	0.772 2	0.751 3
4	0.961 0	0.923 8	0.888 5	0.854 8	0.822 7	0.792 1	0.762 9	0.735 0	0.708 4	0.683 0
5	0.951 5	0.905 7	0.862 6	0.821 9	0.783 5	0.747 3	0.713 0	0.680 6	0.649 9	0.620 9
6	0.942 0	0.888 0	0.837 5	0.790 3	0.746 2	0.705 0	0.666 3	0.630 2	0.596 3	0.564 5
7	0.932 7	0.870 6	0.813 1	0.759 9	0.710 7	0.665 1	0.622 7	0.583 5	0.547 0	0.513 2
8	0.923 5	0.853 5	0.789 4	0.730 7	0.676 8	0.627 4	0.582 0	0.540 3	0.501 9	0.466 5
9	0.914 3	0.836 8	0.766 4	0.702 6	0.644 6	0.591 9	0.543 9	0.500 2	0.460 4	0.424 1
10	0.905 3	0.820 3	0.744 1	0.675 6	0.613 9	0.558 4	0.508 3	0.463 2	0.422 4	0.385 5
11	0.896 3	0.804 3	0.722 4	0.649 6	0.584 7	0.526 8	0.475 1	0.428 9	0.387 5	0.350 5
12	0.887 4	0.788 5	0.701 4	0.624 6	0.556 8	0.497 0	0.444 0	0.397 1	0.355 5	0.318 6
13	0.878 7	0.773 0	0.681 0	0.600 6	0.530 3	0.468 8	0.415 0	0.367 7	0.326 2	0.289 7
14	0.870 0	0.757 9	0.661 1	0.577 5	0.505 1	0.442 3	0.387 8	0.340 5	0.299 2	0.263 3
15	0.861 3	0.743 0	0.641 9	0.555 3	0.481 0	0.417 3	0.362 4	0.315 2	0.274 5	0.239 4
16	0.852 8	0.728 4	0.623 2	0.533 9	0.458 1	0.393 6	0.338 7	0.291 9	0.251 9	0.217 6
17	0.844 4	0.714 2	0.605 0	0.513 4	0.436 3	0.371 4	0.316 6	0.270 3	0.231 1	0.197 8
18	0.836 0	0.700 2	0.587 4	0.493 6	0.415 5	0.350 3	0.295 9	0.250 2	0.212 0	0.179 9
19	0.827 7	0.686 4	0.570 3	0.474 6	0.395 7	0.330 5	0.276 5	0.231 7	0.194 5	0.163 5
20	0.819 5	0.673 0	0.553 7	0.456 4	0.376 9	0.311 8	0.258 4	0.214 5	0.178 4	0.148 6
21	0.811 4	0.659 8	0.537 5	0.438 8	0.358 9	0.294 2	0.241 5	0.198 7	0.163 7	0.135 1
22	0.803 4	0.646 8	0.521 9	0.422 0	0.341 8	0.277 5	0.225 7	0.183 9	0.150 2	0.122 8
23	0.795 4	0.634 2	0.506 7	0.405 7	0.325 6	0.261 8	0.210 9	0.170 3	0.137 8	0.111 7
24	0.787 6	0.621 7	0.491 9	0.390 1	0.310 1	0.247 0	0.197 1	0.157 7	0.126 4	0.101 5
25	0.779 8	0.609 5	0.477 6	0.375 1	0.295 3	0.233 0	0.184 2	0.146 0	0.116 0	0.092 3
26	0.772 0	0.597 6	0.463 7	0.360 7	0.281 2	0.219 8	0.172 2	0.135 2	0.106 4	0.083 9
27	0.764 4	0.585 9	0.450 2	0.346 8	0.267 8	0.207 4	0.160 9	0.125 2	0.097 6	0.076 3
28	0.756 8	0.574 4	0.437 1	0.333 5	0.255 1	0.195 6	0.150 4	0.115 9	0.089 5	0.069 3
29	0.749 3	0.563 1	0.424 3	0.320 7	0.242 9	0.184 6	0.140 6	0.107 3	0.082 2	0.063 0
30	0.741 9	0.552 1	0.412 0	0.308 3	0.231 4	0.174 1	0.131 4	0.099 4	0.075 4	0.057 3
35	0.705 9	0.500 0	0.355 4	0.253 4	0.181 3	0.130 1	0.093 7	0.067 6	0.049 0	0.035 6
40	0.671 7	0.452 9	0.306 6	0.208 3	0.142 0	0.097 2	0.066 8	0.046 0	0.031 8	0.022 1
45	0.639 1	0.410 2	0.264 4	0.171 2	0.111 3	0.072 7	0.047 6	0.031 3	0.020 7	0.013 7
50	0.608 0	0.371 5	0.228 1	0.140 7	0.087 2	0.054 3	0.033 9	0.021 3	0.013 4	0.008 5
55	0.578 5	0.336 5	0.196 8	0.115 7	0.068 3	0.040 6	0.024 2	0.014 5	0.008 7	0.005 3

期　数	12%	14%	15%	16%	18%	20%	24%	28%	32%	36%
1	0.892 9	0.877 2	0.869 6	0.862 1	0.847 5	0.833 3	0.806 5	0.781 3	0.757 6	0.735 3
2	0.797 2	0.769 5	0.756 1	0.743 2	0.718 2	0.694 4	0.650 4	0.610 4	0.573 9	0.540 7
3	0.711 8	0.675 0	0.657 5	0.640 7	0.608 6	0.578 7	0.524 5	0.476 8	0.434 8	0.397 5
4	0.635 5	0.592 1	0.571 8	0.552 3	0.515 8	0.482 3	0.423 0	0.372 5	0.329 4	0.292 3
5	0.567 4	0.519 4	0.497 2	0.476 1	0.437 1	0.401 9	0.341 1	0.291 0	0.249 5	0.214 9
6	0.506 6	0.455 6	0.432 3	0.410 4	0.370 4	0.334 9	0.275 1	0.227 4	0.189 0	0.158 0
7	0.452 3	0.399 6	0.375 9	0.353 8	0.313 9	0.279 1	0.221 8	0.177 6	0.143 2	0.116 2
8	0.403 9	0.350 6	0.326 9	0.305 0	0.266 0	0.232 6	0.178 9	0.138 8	0.108 5	0.085 4
9	0.360 6	0.307 5	0.284 3	0.263 0	0.225 5	0.193 8	0.144 3	0.108 4	0.082 2	0.062 8
10	0.322 0	0.269 7	0.247 2	0.226 7	0.191 1	0.161 5	0.116 4	0.084 7	0.062 3	0.046 2
11	0.287 5	0.236 6	0.214 9	0.195 4	0.161 9	0.134 6	0.093 8	0.066 2	0.047 2	0.034 0
12	0.256 7	0.207 6	0.186 9	0.168 5	0.137 2	0.112 2	0.075 7	0.051 7	0.035 7	0.025 0
13	0.229 2	0.182 1	0.162 5	0.145 2	0.116 3	0.093 5	0.061 0	0.040 4	0.027 1	0.018 4
14	0.204 6	0.159 7	0.141 3	0.125 2	0.098 5	0.077 9	0.049 2	0.031 6	0.020 5	0.013 5
15	0.182 7	0.140 1	0.122 9	0.107 9	0.083 5	0.064 9	0.039 7	0.024 7	0.015 5	0.009 9
16	0.163 1	0.122 9	0.106 9	0.093 0	0.070 8	0.054 1	0.032 0	0.019 3	0.011 8	0.007 3
17	0.145 6	0.107 8	0.092 9	0.080 2	0.060 0	0.045 1	0.025 8	0.015 0	0.008 9	0.005 4
18	0.130 0	0.094 6	0.080 8	0.069 1	0.050 8	0.037 6	0.020 8	0.011 8	0.006 8	0.003 9
19	0.116 1	0.082 9	0.070 3	0.059 6	0.043 1	0.031 3	0.016 8	0.009 2	0.005 1	0.002 9
20	0.103 7	0.072 8	0.061 1	0.051 4	0.036 5	0.026 1	0.013 5	0.007 2	0.003 9	0.002 1
21	0.092 6	0.063 8	0.053 1	0.044 3	0.030 9	0.021 7	0.010 9	0.005 6	0.002 9	0.001 6
22	0.082 6	0.056 0	0.046 2	0.038 2	0.026 2	0.018 1	0.008 8	0.004 4	0.002 2	0.001 2
23	0.073 8	0.049 1	0.040 2	0.032 9	0.022 2	0.015 1	0.007 1	0.003 4	0.001 7	0.000 8
24	0.065 9	0.043 1	0.034 9	0.028 4	0.018 8	0.012 6	0.005 7	0.002 7	0.001 3	0.000 6
25	0.058 8	0.037 8	0.030 4	0.024 5	0.016 0	0.010 5	0.004 6	0.002 1	0.001 0	0.000 5
26	0.052 5	0.033 1	0.026 4	0.021 1	0.013 5	0.008 7	0.003 7	0.001 6	0.000 7	0.000 3
27	0.046 9	0.029 1	0.023 0	0.018 2	0.011 5	0.007 3	0.003 0	0.001 3	0.000 6	0.000 2
28	0.041 9	0.025 5	0.020 0	0.015 7	0.009 7	0.006 1	0.002 4	0.001 0	0.000 4	0.000 2
29	0.037 4	0.022 4	0.017 4	0.013 5	0.008 2	0.005 1	0.002 0	0.000 8	0.000 3	0.000 1
30	0.033 4	0.019 6	0.015 1	0.011 6	0.007 0	0.004 2	0.001 6	0.000 6	0.000 2	0.000 1
35	0.018 9	0.010 2	0.007 5	0.005 5	0.003 0	0.001 7	0.000 5	0.000 2	0.000 1	*
40	0.010 7	0.005 3	0.003 7	0.002 6	0.001 3	0.000 7	0.000 2	0.000 1	*	*
45	0.006 1	0.002 7	0.001 9	0.001 3	0.000 6	0.000 3	0.000 1	*	*	*
50	0.003 5	0.001 4	0.000 9	0.000 6	0.000 3	0.000 1	*	*	*	*
55	0.002 0	0.000 7	0.000 5	0.000 3	0.000 1	*	*	*	*	*

注：* < 0.000 1

复利现值系数 $= (1+i)^{-n}$，$P = \dfrac{F}{(1+i)^n} = F(1+i)^{-n}$

式中，P——现值或初始值；i——报酬率或利率；n——计息期数；F——终值或本利和。

附表三　年金终值系数表

期　数	1%	2%	3%	4%	5%	6%	7%	8%	9%	10%
1	1.000 0	1.000 0	1.000 0	1.000 0	1.000 0	1.000 0	1.000 0	1.000 0	1.000 0	1.000 0
2	2.010 0	2.020 0	2.030 0	2.040 0	2.050 0	2.060 0	2.070 0	2.080 0	2.090 0	2.100 0
3	3.030 1	3.060 4	3.090 9	3.121 6	3.152 5	3.183 6	3.214 9	3.246 4	3.278 1	3.310 0
4	4.060 4	4.121 6	4.183 6	4.246 5	4.310 1	4.374 6	4.439 9	4.506 1	4.573 1	4.641 0
5	5.101 0	5.204 0	5.309 1	5.416 3	5.525 6	5.637 1	5.750 7	5.866 6	5.984 7	6.105 1
6	6.152 0	6.308 1	6.468 4	6.633 0	6.801 9	6.975 3	7.153 3	7.335 9	7.523 3	7.715 6
7	7.213 5	7.434 3	7.662 5	7.898 3	8.142 0	8.393 8	8.654 0	8.922 8	9.200 4	9.487 2
8	8.285 7	8.583 0	8.892 3	9.214 2	9.549 1	9.897 5	10.260	10.637	11.029	11.436
9	9.368 5	9.754 6	10.159	10.583	11.027	11.491	11.978	12.488	13.021	13.580
10	10.462	10.950	11.464	12.006	12.578	13.181	13.816	14.487	15.193	15.937
11	11.567	12.169	12.808	13.486	14.207	14.972	15.784	16.646	17.560	18.531
12	12.683	13.412	14.192	15.026	15.917	16.870	17.889	18.977	20.141	21.384
13	13.809	14.680	15.618	16.627	17.713	18.882	20.141	21.495	22.953	24.523
14	14.947	15.974	17.086	18.292	19.599	21.015	22.551	24.215	26.019	27.975
15	16.097	17.293	18.599	20.024	21.579	23.276	25.129	27.152	29.361	31.773
16	17.258	18.639	20.157	21.825	23.658	25.673	27.888	30.324	33.003	35.950
17	18.430	20.012	21.762	23.698	25.840	28.213	30.840	33.750	36.974	40.545
18	19.615	21.412	23.414	25.645	28.132	30.906	33.999	37.450	41.301	45.599
19	20.811	22.841	25.117	27.671	30.539	33.760	37.379	41.446	46.019	51.159
20	22.019	24.297	26.870	29.778	33.066	36.786	40.996	45.762	51.160	57.275
21	23.239	25.783	28.677	31.969	35.719	39.993	44.865	50.423	56.765	64.003
22	24.472	27.299	30.537	34.248	38.505	43.392	49.006	55.457	62.873	71.403
23	25.716	28.845	32.453	36.618	41.431	46.996	53.436	60.893	69.532	79.543
24	26.974	30.422	34.427	39.083	44.502	50.816	58.177	66.765	76.790	88.497
25	28.243	32.030	36.459	41.646	47.727	54.865	63.249	73.106	84.701	98.347
26	29.526	33.671	38.553	44.312	51.114	59.156	68.677	79.954	93.324	109.18
27	30.821	35.344	40.710	47.084	54.669	63.706	74.484	87.351	102.72	121.10
28	32.129	37.051	42.931	49.968	58.403	68.528	80.698	95.339	112.97	134.21
29	33.450	38.792	45.219	52.966	62.323	73.640	87.347	103.97	124.14	148.63
30	34.785	40.568	47.575	56.085	66.439	79.058	94.461	113.28	136.31	164.49
40	48.886	60.402	75.401	95.026	120.80	154.76	199.64	259.06	337.88	442.59
50	64.463	84.579	112.80	152.67	209.35	290.34	406.53	573.77	815.08	1 163.9
60	81.670	114.05	163.05	237.99	353.58	533.13	813.52	1 253.2	1 944.8	3 034.8

期　数	12%	14%	15%	16%	18%	20%	24%	28%	32%	36%
1	1.000 0	1.000 0	1.000 0	1.000 0	1.000 0	1.000 0	1.000 0	1.000 0	1.000 0	1.000 0
2	2.120 0	2.140 0	2.150 0	2.160 0	2.180 0	2.200 0	2.240 0	2.280 0	2.320 0	2.360 0
3	3.374 4	3.439 6	3.472 5	3.505 6	3.572 4	3.640 0	3.777 6	3.918 4	4.062 4	4.209 6
4	4.779 3	4.921 1	4.993 4	5.066 5	5.215 4	5.368 0	5.684 2	6.015 6	6.362 4	6.725 1
5	6.352 8	6.610 1	6.742 4	6.877 1	7.154 2	7.441 6	8.048 4	8.699 9	9.398 3	10.146
6	8.115 2	8.535 5	8.753 7	8.977 5	9.442 0	9.929 9	10.980	12.136	13.406	14.799
7	10.089	10.731	11.067	11.414	12.142	12.916	14.615	16.534	18.696	21.126
8	12.300	13.233	13.727	14.240	15.327	16.499	19.123	22.163	25.678	29.732
9	14.776	16.085	16.786	17.519	19.086	20.799	24.713	29.369	34.895	41.435
10	17.549	19.337	20.304	21.322	23.521	25.959	31.643	38.593	47.062	57.352
11	20.655	23.045	24.349	25.733	28.755	32.150	40.238	50.399	63.122	78.998
12	24.133	27.271	29.002	30.850	34.931	39.581	50.895	65.510	84.320	108.44
13	28.029	32.089	34.352	36.786	42.219	48.497	64.110	84.853	112.30	148.48
14	32.393	37.581	40.505	43.672	50.818	59.196	80.496	109.61	149.24	202.93
15	37.280	43.842	47.580	51.660	60.965	72.035	100.82	141.30	198.00	276.98
16	42.753	50.980	55.718	60.925	72.939	87.442	126.01	181.87	262.36	377.69
17	48.884	59.118	65.075	71.673	87.068	105.93	157.25	233.79	347.31	514.66
18	55.750	68.394	75.836	84.141	103.74	128.12	195.99	300.25	459.45	700.94
19	63.440	78.969	88.212	98.603	123.41	154.74	244.03	385.32	607.47	954.28
20	72.052	91.025	102.44	115.38	146.63	186.69	303.60	494.21	802.86	1 298.8
21	81.699	104.77	118.81	134.84	174.02	225.03	377.46	633.59	1 060.8	1 767.4
22	92.503	120.44	137.63	157.42	206.34	271.03	469.06	812.00	1 401.2	2 404.7
23	104.60	138.30	159.28	183.60	244.49	326.24	582.63	1 040.4	1 850.6	3 271.3
24	118.16	158.66	184.17	213.98	289.49	392.48	723.46	1 332.7	2 443.8	4 450.0
25	133.33	181.87	212.79	249.21	342.60	471.98	898.09	1 706.8	3 226.8	6 053.0
26	150.33	208.33	245.71	290.09	405.27	567.38	1 114.6	2 185.7	4 260.4	8 233.1
27	169.37	238.50	283.57	337.50	479.22	681.85	1 383.1	2 798.7	5 624.8	11 198
28	190.70	272.89	327.10	392.50	566.48	819.22	1 716.1	3 583.3	7 425.7	15 230
29	214.58	312.09	377.17	456.30	669.45	984.07	2 129.0	4 587.7	9 802.9	20 714
30	241.33	356.79	434.75	530.31	790.95	1 181.9	2 640.9	5 873.2	12 941	28 172
40	767.09	1 342.0	1 779.1	2 360.8	4 163.2	7 343.9	22 729	69 377	207 874	609 890
50	2 400.0	4 994.5	7 217.7	10 436	21 813	45 497	195 373	819 103	＊	＊
60	7 471.6	18 535	29 220	46 058	114 190	281 733	＊	＊	＊	＊

注：＊＞999 999.99

年金终值系数 $= \dfrac{(1+i)^n - 1}{i}$，$F = A\dfrac{(1+i)^n - 1}{i}$

式中，A——每期等额支付（或收入）的金额；i——报酬率或利率；n——计息期数；F——年金终值。

附表四　年金现值系数表

期　数	1%	2%	3%	4%	5%	6%	7%	8%	9%	10%
1	0.990 1	0.980 4	0.970 9	0.961 5	0.952 4	0.943 4	0.934 6	0.925 9	0.917 4	0.909 1
2	1.970 4	1.941 6	1.913 5	1.886 1	1.859 4	1.833 4	1.808 0	1.783 3	1.759 1	1.735 5
3	2.941 0	2.883 9	2.828 6	2.775 1	2.723 2	2.673 0	2.624 3	2.577 1	2.531 3	2.486 9
4	3.902 0	3.807 7	3.717 1	3.629 9	3.546 0	3.465 1	3.387 2	3.312 1	3.239 7	3.169 9
5	4.853 4	4.713 5	4.579 7	4.451 8	4.329 5	4.212 4	4.100 2	3.992 7	3.889 7	3.790 8
6	5.795 5	5.601 4	5.417 2	5.242 1	5.075 7	4.917 3	4.766 5	4.622 9	4.485 9	4.355 3
7	6.728 2	6.472 0	6.230 3	6.002 1	5.786 4	5.582 4	5.389 3	5.206 4	5.033 0	4.868 4
8	7.651 7	7.325 5	7.019 7	6.732 7	6.463 2	6.209 8	5.971 3	5.746 6	5.534 8	5.334 9
9	8.566 0	8.162 2	7.786 1	7.435 3	7.107 8	6.801 7	6.515 2	6.246 9	5.995 2	5.759 0
10	9.471 3	8.982 6	8.530 2	8.110 9	7.721 7	7.360 1	7.023 6	6.710 1	6.417 7	6.144 6
11	10.367 6	9.786 8	9.252 6	8.760 5	8.306 4	7.886 9	7.498 7	7.139 0	6.805 2	6.495 1
12	11.255 1	10.575 3	9.954 0	9.385 1	8.863 3	8.383 8	7.942 7	7.536 1	7.160 7	6.813 7
13	12.133 7	11.348 4	10.635 0	9.985 6	9.393 6	8.852 7	8.357 7	7.903 8	7.486 9	7.103 4
14	13.003 7	12.106 2	11.296 1	10.563 1	9.898 6	9.295 0	8.745 5	8.244 2	7.786 2	7.366 7
15	13.865 1	12.849 3	11.937 9	11.118 4	10.379 7	9.712 2	9.107 9	8.559 5	8.060 7	7.606 1
16	14.717 9	13.577 7	12.561 1	11.652 3	10.837 8	10.105 9	9.446 6	8.851 4	8.312 6	7.823 7
17	15.562 3	14.291 9	13.166 1	12.165 7	11.274 1	10.477 3	9.763 2	9.121 6	8.543 6	8.021 6
18	16.398 3	14.992 0	13.753 5	12.659 3	11.689 6	10.827 6	10.059 1	9.371 9	8.755 6	8.201 4
19	17.226 0	15.678 5	14.323 8	13.133 9	12.085 3	11.158 1	10.335 6	9.603 6	8.950 1	8.364 9
20	18.045 6	16.351 4	14.877 5	13.590 3	12.462 2	11.469 9	10.594 0	9.818 1	9.128 5	8.513 6
21	18.857 0	17.011 2	15.415 0	14.029 2	12.821 2	11.764 1	10.835 5	10.016 8	9.292 2	8.648 7
22	19.660 4	17.658 0	15.936 9	14.451 1	13.163 0	12.041 6	11.061 2	10.200 7	9.442 4	8.771 5
23	20.455 8	18.292 2	16.443 6	14.856 8	13.488 6	12.303 4	11.272 2	10.371 1	9.580 2	8.883 2
24	21.243 4	18.913 9	16.935 5	15.247 0	13.798 6	12.550 4	11.469 3	10.528 8	9.706 6	8.984 7
25	22.023 2	19.523 5	17.413 1	15.622 1	14.093 9	12.783 4	11.653 6	10.674 8	9.822 6	9.077 0
26	22.795 2	20.121 0	17.876 8	15.982 8	14.375 2	13.003 2	11.825 8	10.810 0	9.929 0	9.160 9
27	23.559 6	20.706 9	18.327 0	16.329 6	14.643 0	13.210 5	11.986 7	10.935 2	10.026 6	9.237 2
28	24.316 4	21.281 3	18.764 1	16.663 1	14.898 1	13.406 2	12.137 1	11.051 1	10.116 1	9.306 6
29	25.065 8	21.844 4	19.188 5	16.983 7	15.141 1	13.590 7	12.277 7	11.158 4	10.198 3	9.369 6
30	25.807 7	22.396 5	19.600 4	17.292 0	15.372 5	13.764 8	12.409 0	11.257 8	10.273 7	9.426 9
35	29.408 6	24.998 6	21.487 2	18.664 6	16.374 2	14.498 2	12.947 7	11.654 6	10.566 8	9.644 2
40	32.834 7	27.355 5	23.114 8	19.792 8	17.159 1	15.046 3	13.331 7	11.924 6	10.757 4	9.779 1
45	36.094 5	29.490 2	24.518 7	20.720 0	17.774 1	15.455 8	13.605 5	12.108 4	10.881 2	9.862 8
50	39.196 1	31.423 6	25.729 8	21.482 2	18.255 9	15.761 9	13.800 7	12.233 5	10.961 7	9.914 8
55	42.147 2	33.174 8	26.774 4	22.108 6	18.633 5	15.990 5	13.939 9	12.318 6	11.014 0	9.947 1

期　数	12%	14%	15%	16%	18%	20%	24%	28%	32%	36%
1	0.892 9	0.877 2	0.869 6	0.862 1	0.847 5	0.833 3	0.806 5	0.781 3	0.757 6	0.735 3
2	1.690 1	1.646 7	1.625 7	1.605 2	1.565 6	1.527 8	1.456 8	1.391 6	1.331 5	1.276 0
3	2.401 8	2.321 6	2.283 2	2.245 9	2.174 3	2.106 5	1.981 3	1.868 4	1.766 3	1.673 5
4	3.037 3	2.913 7	2.855 0	2.798 2	2.690 1	2.588 7	2.404 3	2.241 0	2.095 7	1.965 8
5	3.604 8	3.433 1	3.352 2	3.274 3	3.127 2	2.990 6	2.745 4	2.532 0	2.345 2	2.180 7
6	4.111 4	3.888 7	3.784 5	3.684 7	3.497 6	3.325 5	3.020 5	2.759 4	2.534 2	2.338 8
7	4.563 8	4.288 3	4.160 4	4.038 6	3.811 5	3.604 6	3.242 3	2.937 0	2.677 5	2.455 0
8	4.967 6	4.638 9	4.487 3	4.343 6	4.077 6	3.837 2	3.421 2	3.075 8	2.786 0	2.540 4
9	5.328 2	4.946 4	4.771 6	4.606 5	4.303 0	4.031 0	3.565 5	3.184 2	2.868 1	2.603 3
10	5.650 2	5.216 1	5.018 8	4.833 2	4.494 1	4.192 5	3.681 9	3.268 9	2.930 4	2.649 5
11	5.937 7	5.452 7	5.233 7	5.028 6	4.656 0	4.327 1	3.775 7	3.335 1	2.977 6	2.683 4
12	6.194 4	5.660 3	5.420 6	5.197 1	4.793 2	4.439 2	3.851 4	3.386 8	3.013 3	2.708 4
13	6.423 5	5.842 4	5.583 1	5.342 3	4.909 5	4.532 7	3.912 4	3.427 2	3.040 4	2.726 8
14	6.628 2	6.002 1	5.724 5	5.467 5	5.008 1	4.610 6	3.961 6	3.458 7	3.060 9	2.740 3
15	6.810 9	6.142 2	5.847 4	5.575 5	5.091 6	4.675 5	4.001 3	3.483 4	3.076 4	2.750 2
16	6.974 0	6.265 1	5.954 2	5.668 5	5.162 4	4.729 6	4.033 3	3.502 6	3.088 2	2.757 5
17	7.119 6	6.372 9	6.047 2	5.748 7	5.222 3	4.774 6	4.059 1	3.517 7	3.097 1	2.762 9
18	7.249 7	6.467 4	6.128 0	5.817 8	5.273 2	4.812 2	4.079 9	3.529 4	3.103 9	2.766 8
19	7.365 8	6.550 4	6.198 2	5.877 5	5.316 2	4.843 5	4.096 7	3.538 6	3.109 0	2.769 7
20	7.469 4	6.623 1	6.259 3	5.928 8	5.352 7	4.869 6	4.110 3	3.545 8	3.112 9	2.771 8
21	7.562 0	6.687 0	6.312 5	5.973 1	5.383 7	4.891 3	4.121 2	3.551 4	3.115 8	2.773 4
22	7.644 6	6.742 9	6.358 7	6.011 3	5.409 9	4.909 4	4.130 0	3.555 8	3.118 0	2.774 6
23	7.718 4	6.792 1	6.398 8	6.044 2	5.432 1	4.924 5	4.137 1	3.559 2	3.119 7	2.775 4
24	7.784 3	6.835 1	6.433 8	6.072 6	5.450 9	4.937 1	4.142 8	3.561 9	3.121 0	2.776 0
25	7.843 1	6.872 9	6.464 1	6.097 1	5.466 9	4.947 6	4.147 4	3.564 0	3.122 0	2.776 5
26	7.895 7	6.906 1	6.490 6	6.118 2	5.480 4	4.956 3	4.151 1	3.565 6	3.122 7	2.776 8
27	7.942 6	6.935 2	6.513 5	6.136 4	5.491 9	4.963 6	4.154 2	3.566 9	3.123 3	2.777 1
28	7.984 4	6.960 7	6.533 5	6.152 0	5.501 6	4.969 7	4.156 6	3.567 9	3.123 7	2.777 3
29	8.021 8	6.983 0	6.550 9	6.165 6	5.509 8	4.974 7	4.158 5	3.568 7	3.124 0	2.777 4
30	8.055 2	7.002 7	6.566 0	6.177 2	5.516 8	4.978 9	4.160 1	3.569 3	3.124 2	2.777 5
35	8.175 5	7.070 0	6.616 6	6.215 3	5.538 6	4.991 5	4.164 4	3.570 8	3.124 8	2.777 7
40	8.243 8	7.105 0	6.641 8	6.233 5	5.548 2	4.996 6	4.165 9	3.571 2	3.125 0	2.777 8
45	8.282 5	7.123 2	6.654 3	6.242 1	5.552 3	4.998 6	4.166 4	3.571 4	3.125 0	2.777 8
50	8.304 5	7.132 7	6.660 5	6.246 3	5.554 1	4.999 5	4.166 6	3.571 4	3.125 0	2.777 8
55	8.317 0	7.137 6	6.663 6	6.248 2	5.554 9	4.999 8	4.166 6	3.571 4	3.125 0	2.777 8

注:年金现值系数 $=\dfrac{1-(1+i)^{-n}}{i}$,$P=A\dfrac{1-(1+i)^{-n}}{i}$

式中,A——每期等额支付(或收入)的金额;i——报酬率或利率;n——计息期数;P——年金现值。

附表五 e^{rt} 的值:1 元的连续复利终值

r	1%	2%	3%	4%	5%	6%	7%	8%	9%	10%
0										
1	1.010 1	1.020 2	1.030 5	1.040 8	1.051 3	1.061 8	1.072 5	1.083 3	1.094 2	1.105 2
2	1.020 2	1.040 8	1.061 8	1.083 3	1.105 2	1.127 5	1.150 3	1.173 5	1.197 2	1.221 4
3	1.030 5	1.061 8	1.094 2	1.127 5	1.161 8	1.197 2	1.233 7	1.271 2	1.310 0	1.349 9
4	1.040 8	1.083 3	1.127 5	1.173 5	1.221 4	1.271 2	1.323 1	1.377 1	1.433 3	1.491 8
5	1.051 3	1.105 2	1.161 8	1.221 4	1.284 0	1.349 9	1.419 1	1.491 8	1.568 3	1.648 7
6	1.061 8	1.127 5	1.197 2	1.271 2	1.349 9	1.433 3	1.522 0	1.616 1	1.716 0	1.822 1
7	1.072 5	1.150 3	1.233 7	1.323 1	1.419 1	1.522 0	1.632 3	1.750 7	1.877 6	2.013 8
8	1.083 3	1.173 5	1.271 2	1.377 1	1.491 8	1.616 1	1.750 7	1.896 5	2.054 4	2.225 5
9	1.094 2	1.197 2	1.310 0	1.433 3	1.568 3	1.716 0	1.877 6	2.054 4	2.247 9	2.459 6
10	1.105 2	1.221 4	1.349 9	1.491 8	1.648 7	1.822 1	2.013 8	2.225 5	2.459 6	2.718 3
11	1.116 3	1.246 1	1.391 0	1.552 7	1.733 3	1.934 8	2.159 8	2.410 9	2.691 2	3.004 2
12	1.127 5	1.271 2	1.433 3	1.616 1	1.822 1	2.054 4	2.316 4	2.611 7	2.944 7	3.320 1
13	1.138 8	1.296 9	1.477 0	1.682 0	1.915 5	2.181 5	2.484 3	2.829 2	3.222 0	3.669 3
14	1.150 3	1.323 1	1.522 0	1.750 7	2.013 8	2.316 4	2.664 5	3.064 9	3.525 4	4.055 2
15	1.161 8	1.349 9	1.568 3	1.822 1	2.117 0	2.459 6	2.857 7	3.320 1	3.857 4	4.481 7
16	1.173 5	1.377 1	1.616 1	1.896 5	2.225 5	2.611 7	3.064 9	3.596 6	4.220 7	4.953 0
17	1.185 3	1.404 9	1.665 3	1.973 9	2.339 6	2.773 2	3.287 1	3.896 2	4.618 2	5.473 9
18	1.197 2	1.433 3	1.716 0	2.054 4	2.459 6	2.944 7	3.525 4	4.220 7	5.053 1	6.049 6
19	1.209 2	1.462 3	1.768 3	2.138 3	2.585 7	3.126 8	3.781 0	4.572 2	5.529 0	6.685 9
20	1.221 4	1.491 8	1.822 1	2.225 5	2.718 3	3.320 1	4.055 2	4.953 0	6.049 6	7.389 1
21	1.233 7	1.522 0	1.877 6	2.316 4	2.857 7	3.525 4	4.349 2	5.365 6	6.619 4	8.166 2
22	1.246 1	1.552 7	1.934 8	2.410 9	3.004 2	3.743 4	4.664 6	5.812 4	7.242 7	9.025 0
23	1.258 6	1.584 1	1.993 7	2.509 3	3.158 2	3.974 9	5.002 8	6.296 5	7.924 8	9.974 2
24	1.271 2	1.616 1	2.054 4	2.611 7	3.320 1	4.220 7	5.365 6	6.821 0	8.671 1	11.023 2
25	1.284 0	1.648 7	2.117 0	2.718 3	3.490 3	4.481 7	5.754 6	7.389 1	9.487 7	12.182 5
26	1.296 9	1.682 0	2.181 5	2.829 2	3.669 3	4.758 8	6.171 9	8.004 5	10.381 2	13.463 7
27	1.310 0	1.716 0	2.247 9	2.944 7	3.857 4	5.053 1	6.619 4	8.671 1	11.358 9	14.879 7
28	1.323 1	1.750 7	2.316 4	3.064 9	4.055 2	5.365 6	7.099 3	9.393 3	12.428 6	16.444 6
29	1.336 4	1.786 0	2.386 9	3.189 9	4.263 1	5.697 3	7.614 1	10.175 7	13.599 1	18.174 1
30	1.349 9	1.822 1	2.459 6	3.320 1	4.481 7	6.049 6	8.166 2	11.023 2	14.879 7	20.085 5
35	1.419 1	2.013 8	2.857 7	4.055 2	5.754 6	8.166 2	11.588 3	16.444 6	23.336 1	33.115 5
40	1.491 8	2.225 5	3.320 1	4.953 0	7.389 1	11.023 2	16.444 6	24.532 5	36.598 2	54.598 2
45	1.568 3	2.459 6	3.857 4	6.049 6	9.487 7	14.879 7	23.336 1	36.598 2	57.397 5	90.017 1
50	1.648 7	2.718 3	4.481 7	7.389 1	12.182 5	20.085 5	33.115 5	54.598 2	90.017 1	148.413 2
55	1.733 3	3.004 2	5.207 0	9.025 0	15.642 6	27.112 6	46.993 1	81.450 9	141.175 0	244.691 9
60	1.822 1	3.320 1	6.049 6	11.023 2	20.085 5	36.598 2	66.686 3	121.510 4	221.406 4	403.428 8

注:连续复利终值$=e^{rt}$。例如,以 10%的年利率连续复利,则今天投资 1 元,第 1 年年末的价值为 1.105 2 元,第 2 年年末的价值为 1.221 4 元。

参考文献

［1］荆新,王化成,刘俊彦.财务管理学［M］.8 版.北京:中国人民大学出版社,2018.

［2］王玉春.财务管理［M］.6 版.南京:南京大学出版社,2018.

［3］中国注册会计师协会.财务成本管理［M］.北京:中国财政经济出版社,2020.

［4］徐高.金融经济学二十五讲［M］.北京:中国人民大学出版社,2018.

［5］斯蒂芬·A.罗斯,等.公司理财［M］.11 版.吴世农,等,译.北京:机械工业出版社,2019.

［6］斯蒂芬·A.罗斯,等.公司理财精要［M］.北京:机械工业出版社,2019.

［7］理查德·A.布雷利,等.公司金融［M］.12 版.赵冬青,译.北京:机械工业出版社,2018.

［8］让·梯若尔.公司金融理论［M］.王永青,等,译.北京:中国人民大学出版社,2014.

［9］尤金·F.布里格姆,迈克尔·C.埃哈特.财务管理:理论与实践［M］.毛薇,等,译.北京:清华大学出版社,2005.

［10］周守华.财务管理理论前沿专题［M］.北京:中国人民大学出版社,2013.

［11］黎毅,齐灶娥,李建良.财务管理［M］.大连:东北财经大学出版社,2015.

［12］财政部会计资格评价中心.中级会计资格财务管理［M］.北京:经济科学出版社,2018.

［13］杨忠智.财务管理［M］.厦门:厦门大学出版社,2019.

［14］隋静.财务管理［M］.北京:北京交通大学出版社,2013.

［15］曹剑锋.财务管理［M］.北京:经济科学出版社,2014.

［16］王培培.财务管理［M］.大连:东北财经大学出版社,2019.

［17］江希和.财务管理［M］.北京:北京师范大学出版社,2018.

［18］刘大进,邵林.公司理财学基础与应用［M］.北京:清华大学出版社,2016.

［19］张涛.财务管理学［M］.北京:经济科学出版社,2019.

［20］吴立范,周天芸.公司财务管理［M］.北京:机械工业出版社,2010.